SAME

The Same Planet

同一颗星球

PLANET

在 山 海 之 间

在 星 球 之 上

南非之泪

A South African History

环境、权力与不公

ENVIRONMENT, POWER, AND INJUSTICE

［美］南希·J. 雅各布斯—著

王富银—译

张瑾—审校

江苏人民出版社

图书在版编目（CIP）数据

南非之泪：环境、权力与不公 ／（美）南希·J. 雅
各布斯著；王富银译. — 南京：江苏人民出版社，
2023.9
（"同一颗星球"丛书）
书名原文：Environment, Power, and Injustice：A
South African History
ISBN 978 - 7 - 214 - 27414 - 4

Ⅰ. ①南… Ⅱ. ①南… ②王… Ⅲ. ①南非—历史
Ⅳ. ①K47

中国版本图书馆 CIP 数据核字（2022）第 153079 号

书　　　名　南非之泪：环境、权力与不公
著　　　者　[美]南希·J. 雅各布斯
译　　　者　王富银
审　　　校　张　瑾
责 任 编 辑　孟　璐
装 帧 设 计　小　九
责 任 监 制　王　娟
出 版 发 行　江苏人民出版社
地　　　址　南京市湖南路 1 号 A 楼，邮编：210009
照　　　排　江苏凤凰制版有限公司
印　　　刷　南京新世纪联盟印务有限公司
开　　　本　652 毫米×960 毫米　1/16
印　　　张　23.25　插页 4
字　　　数　288 千字
版　　　次　2023 年 9 月第 2 版
印　　　次　2023 年 9 月第 1 次印刷
标 准 书 号　ISBN 978 - 7 - 214 - 27414 - 4
定　　　价　98.00 元

（江苏人民出版社图书凡印装错误可向承印厂调换）
审图号：GS(2021)5461 号

献给我的父亲弗雷德·雅各布斯，
怀念我的母亲艾琳·雅各布斯

总　序

这套书的选题，我已经默默准备很多年了，就连眼下的这篇总序，也是早在六年前就已起草了。

无论从什么角度讲，当代中国遭遇的环境危机，都绝对是最让自己长期忧心的问题，甚至可以说，这种人与自然的尖锐矛盾，由于更涉及长时段的阴影，就比任何单纯人世的腐恶，更让自己愁肠百结、夜不成寐，因为它注定会带来更为深重的，甚至根本无法再挽回的影响。换句话说，如果政治哲学所能关心的，还只是在一代人中间的公平问题，那么生态哲学所要关切的，则属于更加长远的代际公平问题。从这个角度看，如果偏是在我们这一代手中，只因为日益膨胀的消费物欲，就把原应递相授受、永续共享的家园，糟蹋成了永远无法修复的、连物种也已大都灭绝的环境，那么，我们还有何脸面去见列祖列宗？我们又让子孙后代去哪里安身？

正因为这样，早在尚且不管不顾的 20 世纪末，我就大声疾呼这方面的"观念转变"了："……作为一个鲜明而典型的案例，剥夺了起码生趣的大气污染，挥之不去地刺痛着我们：其实现代性的种种负面效应，并不是离我们还远，而是构成了身边的基本事实——不管我们是否承认，它都早已被大多数国民所体认，被陡然上升的死亡率所证实。准此，它就不可能再被轻轻放过，而必须被投以全力的警觉,就像当年全力捍卫'改革'时一样。"①

的确,面对这铺天盖地的有毒雾霾,乃至危如累卵的整个生态,作为长期惯于书斋生活的学者,除了去束手或搓手之外,要是觉得还能做点什么的话,也无非是去推动新一轮的阅读,以增强全体国民,首先是知识群体的环境意识,唤醒他们对于自身行为的责任伦理,激活他们对于文明规则的从头反思。无论如何,正是中外心智的下述反差,增强了这种阅读的紧迫性:几乎全世界的环境主义者,都属于人文类型的学者,而唯独中国本身的环保专家,却基本都属于科学主义者。正由于这样,这些人总是误以为,只要能用上更先进的科技手段,就准能改变当前的被动局面,殊不知这种局面本身就是由科技"进步"造成的。而问题的真正解决,却要从生活方式的改变入手,可那方面又谈不上什么"进步",只有思想观念的幡然改变。

幸而,在熙熙攘攘、利来利往的红尘中,还总有几位谈得来的出版家,能跟自己结成良好的工作关系,而且我们借助于这样的合作,也已经打造过不少的丛书品牌,包括那套同样由江苏人民出版社出版的、卷帙浩繁的"海外中国研究丛书";事实上,也正是在那套丛书中,我们已经推出了聚焦中国环境的子系列,包括那本触目惊心的《一江黑水》,也包括那本广受好评的《大象的退却》……不过,我和出版社的同事都觉得,光是这样还远远不够,必须另做一套更加专门的丛书,来译介国际上研究环境历史与生态危机的主流著作。也就是说,正是迫在眉睫的环境与生态问题,促使我们更要去超越民族国家的疆域,以便从"全球史"的宏大视野,来看待当代中国由发展所带来的问题。

这种高瞻远瞩的"全球史"立场,足以提升我们自己的眼光,去把地表上的每个典型的环境案例都看成整个地球家园的有机脉

---

① 刘东:《别以为那离我们还远》,载《理论与心智》,浙江大学出版社 2015 年版,第 89 页。

动。那不单意味着，我们可以从其他国家的环境案例中找到一些珍贵的教训与手段，更意味着，我们与生活在那些国家的人们，根本就是在共享着"同一个"家园，从而也就必须共担起沉重的责任。从这个角度讲，当代中国的尖锐环境危机，就远不止是严重的中国问题，还属于更加深远的世界性难题。一方面，正如我曾经指出过的："那些非西方社会其实只是在受到西方冲击并且纷纷效法西方以后，其生存环境才变得如此恶劣。因此，在迄今为止的文明进程中，最不公正的历史事实之一是，原本产自某一文明内部的恶果，竟要由所有其他文明来痛苦地承受……"①而另一方面，也同样无可讳言的是，当代中国所造成的严重生态失衡，转而又加剧了世界性的环境危机。甚至，从任何有限国度来认定的高速发展，只要再换从全球史的视野来观察，就有可能意味着整个世界的生态灾难。

正因为这样，只去强调"全球意识"都还嫌不够，因为那样的地球表象跟我们太过贴近，使人们往往会鼠目寸光地看到，那个球体不过就是更加新颖的商机，或者更加开阔的商战市场。所以，必须更上一层地去提倡"星球意识"，让全人类都能从更高的视点上看到，我们都是居住在"同一颗星球"上的。由此一来，我们就热切地期盼着，被选择到这套译丛里的著作，不光能增进有关自然史的丰富知识，更能唤起对于大自然的责任感，以及拯救这个唯一家园的危机感。的确，思想意识的改变是再重要不过了，否则即使耳边充满了危急的报道，人们也仍然有可能对之充耳不闻。甚至，还有人专门喜欢到电影院里，去欣赏刻意编造这些祸殃的灾难片，而且其中的毁灭场面越是惨不忍睹，他们就越是愿意乐呵呵地为之掏钱。这到底是麻木还是疯狂呢？抑或是两者兼而有之？

不管怎么说，从更加开阔的"星球意识"出发，我们还是要借这套书去尖锐地提醒，整个人类正搭乘着这颗星球，或曰正驾驶着这

---

① 刘东：《别以为那离我们还远》，载《理论与心智》，第 85 页。

颗星球,来到了那个至关重要的,或已是最后的"十字路口"!我们当然也有可能由于心念一转而做出生活方式的转变,那或许就将是最后的转机与生机了。不过,我们同样也有可能——依我看恐怕是更有可能——不管不顾地懵懵懂懂下去,沿着心理的惯性而"一条道走到黑",一直走到人类自身的万劫不复。而无论选择了什么,我们都必须在事先就意识到,在我们将要做出的历史性选择中,总是凝聚着对于后世的重大责任,也就是说,只要我们继续像"击鼓传花"一般地,把手中的危机像烫手山芋一样传递下去,那么,我们的子孙后代就有可能再无容身之地了。而在这样的意义上,在我们将要做出的历史性选择中,也同样凝聚着对于整个人类的重大责任,也就是说,只要我们继续执迷与沉湎其中,现代智人(homo sapiens)这个曾因智能而骄傲的物种,到了归零之后的、重新开始的地质年代中,就完全有可能因为自身的缺乏远见,而沦为一种遥远和虚缈的传说,就像如今流传的恐龙灭绝的故事一样……

　　2004 年,正是怀着这种挥之不去的忧患,我在受命为《世界文化报告》之"中国部分"所写的提纲中,强烈发出了"重估发展蓝图"的呼吁——"现在,面对由于短视的和缺乏社会蓝图的发展所带来的、同样是积重难返的问题,中国肯定已经走到了这样一个关口:必须以当年讨论'真理标准'的热情和规模,在全体公民中间展开一场有关'发展模式'的民主讨论。这场讨论理应关照到存在于人口与资源、眼前与未来、保护与发展等一系列尖锐矛盾。从而,这场讨论也理应为今后的国策制订和资源配置,提供更多的合理性与合法性支持"①。2014 年,还是沿着这样的问题意识,我又在清华园里特别开设的课堂上,继续提出了"寻找发展模式"的呼吁:"如果我们不能寻找到适合自己独特国情的'发展模式',而只是在

———————

① 刘东:《中国文化与全球化》,载《中国学术》,第 19—20 期合辑。

盲目追随当今这种传自西方的、对于大自然的掠夺式开发,那么,人们也许会在很近的将来就发现,这种有史以来最大规模的超高速发展,终将演变成一次波及全世界的灾难性盲动。"①

所以我们无论如何,都要在对于这颗"星球"的自觉意识中,首先把胸次和襟抱高高地提升起来。正像面对一幅需要凝神观赏的画作那样,我们在当下这个很可能会迷失的瞬间,也必须从忙忙碌碌、浑浑噩噩的日常营生中,大大地后退一步,并默默地驻足一刻,以便用更富距离感和更加陌生化的眼光来重新回顾人类与自然的共生历史,也从头来检讨已把我们带到了"此时此地"的文明规则。而这样的一种眼光,也就迥然不同于以往匍匐于地面的观看,它很有可能会把我们的眼界带往太空,像那些有幸腾空而起的宇航员一样,惊喜地回望这颗被蔚蓝大海所覆盖的美丽星球,从而对我们的家园产生新颖的宇宙意识,并且从这种宽阔的宇宙意识中,油然地升腾起对于环境的珍惜与挚爱。是啊,正因为这种由后退一步所看到的壮阔景观,对于全体人类来说,甚至对于世上的所有物种来说,都必须更加学会分享与共享、珍惜与挚爱、高远与开阔,而且,不管未来文明的规则将是怎样的,它都首先必须是这样的。

我们就只有这样一个家园,让我们救救这颗"唯一的星球"吧!

刘东

2018 年 3 月 15 日改定

---

① 刘东:《再造传统:带着警觉加入全球》,上海人民出版社 2014 年版,第 237 页。

目 录

导　读

　　在世界环境史版图中,非洲是一个重要的、不可缺少的有机组成部分。在非洲环境史研究中,南非环境史研究无疑走在前列。与非洲其他区域的环境史研究主要由外国学者推动相比,南非环境史研究是两条腿走路,本土学者和外国学者共同发力,使之不仅与国际环境史研究交响共振,而且贡献了南非的成果和独特性。美国学者南希·雅各布斯的《南非之泪:环境、权力与不公》(原名《环境、权力与不公:一部南非史》)就是这部交响乐中承上启下、动人心弦的华章。

视角

　　2003 年,在南非史研究领域,几乎同时出版了两部重要著作,分别是英国牛津大学塞西尔·罗德斯种族关系讲席教授威廉·贝纳特的《南非环境保护的兴起:1770—1950 年的殖民者、牲畜和环境》,和美国布朗大学助理教授南希·雅各布斯的《环境、权力与不公》。威廉是研究南非社会史和环境史的新一代领军人物,在此之前已经出版了《庞多兰的政治经济学(1860—1930)》(专著)和《环境与历史:美国和南非驯化自然的比较》(合著)。从他的学术轨迹和脉络中可以发现,1979 年在淑娜·马科斯指导下从伦敦大学获得博士学位时,他深受英国左派社会史的影响,注重研究南非农村社会分化和反抗。但在研究农村流动劳工的产生和发展过程中,他逐渐发现种族歧视和国家权力并不是导致农村贫困化的唯一原因,自然环境以及获取资源的机会也是不可忽视的因素。顺着这样的思路,他从社会史研究转向了环境史研究,先后以《南部非洲研究》杂志为平台组织了多次研讨会,探讨农村反抗的环境根源以及环境保护的思想渊源等。《南非环境保护的兴起》就是其深入研究环境史的结晶。南希1995年在印第安纳大学(伯明顿)获得历史学博士学位,《环境、权力与不公》就是在博士论文基础上充分修改而成的。与威廉从社会史进入环境史的路径不同,美国的南非史研究中并没有强烈的社会史研究传统,但早在20世纪70年代兴起的美国环境史研究在80年代后期出现了社会转向,尤其是在城市环境史研究中对种族、阶级和性别给予特别的重视。南希的博士生导师菲利斯·马丁并不擅长南非史,也不研究环境史,但她研究布拉柴维尔城市史、比属刚果的妇女史等。从某种程度上说,她也是把美国的历史学"碎片化"应用于非洲史研究的实践者。在她的指导下,南希自然从美国环境史研究的新潮流出发,研究南非历史。由此可见,虽然美英南非史研究的学术传统不同,但殊途同归,都走向了把社会史与环境史相结合的研究路径。

然而,与美国环境史研究的社会转向不同的是,南希把时间跨度延伸到工业化之前,把关键词由正义(Justice)转为不公(Injustice)。即早在殖民统治之前,非洲人社会就存在着对自然资源占有和使用的不公,并在此基础上形成了社会分化,主要体现为阶层和性别的分野。殖民入侵之后,随着白人对河流上游和泉眼所在地的抢占,社会分化中加入了种族维度。处于不同集团的人利用资源环境的方式即生产方式和再生产方式也很不相同。在这两个进程中,权力既是连接人与环境的枢纽,也是促使人与人关系变化的关键。换言之,南希在借鉴美国环境史已有研究成果时,还把它与库鲁曼的历史相结合,形成了自己的独特社会环境史视角。

与国内的非洲史研究不同,威廉和南希都采用了地区史研究

(local history)的视角。威廉以卡鲁和东开普地区为重点,南希聚焦于南非西北部、临近喀拉哈里沙漠的库鲁曼。英国是老牌殖民帝国,在它的南非史研究中,先后形成了殖民史、帝国史、共和史、自由主义史和新社会史等范式,研究的内容逐渐由在南非的白人(阿非利卡人和英裔白人)转向土著,研究的地域从白人居住的城市和农场向黑人保留地转变,研究的范围从以白人为代表的整体(以偏概全)南非史向地区史转变。换言之,地区史研究是南非历史研究走向深入和具体化的需要和结果。威廉从写博士论文起就聚焦于农民反抗较为激烈的地区,在关注旱灾和疾病的基础上深入当地环境,纵向挖掘,建构出反映当地风土人情的、融环境、生产、社会、科学和保护于一炉的环境史。当然,在地区的选择方面,要依据主题来选取最具典型性的地方,从而使地区史研究能够折射出普遍性,进而形成具有代表性的南非环境史。这是通过解剖麻雀认识五脏俱全的雀类的路径。由于美国制裁南非种族主义政府以及美国学者在研究南非时的矛盾心理(政治正确和历史研究客观性的张力),美国的南非研究不可能像英国那样,而是要采用美国式的路径。具体而言,就是利用美国和南非都有明显的边疆扩张的历史的共性,相互映照,进行边疆史的比较研究。边疆不仅仅是边界地区,更是不同种族、文化、生产方式、环境观等的交汇区。在与美国边疆史研究的对照中,南非形成的白人霸权主张逐渐被消解。在与南非边疆史研究的对照中,所谓"美国精神"也需要被重新认识。美国的环境史研究虽然是环境主义运动兴起和历史研究分化共同作用的结果,但它的一个学术渊源是边疆史学。在这种学术背景中,南希自然而然就选择了曾经是边疆区的库鲁曼作为自己研究的基地和对象。从地理和环境方面看,库鲁曼位于喀拉哈里沙漠边缘,是一个生态交错区;从种族构成来看,是茨瓦纳人和白人殖民者的混居区;从生产和生活方式来看,是狩猎采集、放牧和流动农耕与定居农耕、矿业开采、服务经济等的转型区;

从文化来看,是传教士和殖民官员代表的英国殖民文化与非洲文化博弈之地;从政治来看,是实施殖民与种族歧视、隔离和"分别发展"与反殖民、反隔离的前哨阵地。从18世纪到20世纪,库鲁曼这块在传统历史研究中并不起眼的土地上上演了一幕又一幕的、不断变化的、环境与人相互作用的生动历史剧。

框架

全书共分九章,其中第一章是导论,第九章是结论,其他七章基本上以时间为序。就历史叙述而言,大体上可以按时间为序分为四个阶段,分别是:殖民接触前(传教士到来之前,第二章),边疆时期(19世纪大部分时间,第三章),殖民时期(19世纪80年代到南非联邦建立,第四和五章),种族隔离时期(20世纪大部分时间,第六、七、八章)。显然,这是从整个南非史出发作出的一个历史分期。具体到库鲁曼的历史和研究专题,这个分期就需要作适当调整,于是,不同章所涉时段就会时有交叠,按政治发展分期和按生产方式转变分期兼而有之。

在第一章中,作者明确指出,本书的目标是通过梳理丰富的资料来展示人与环境互动的历史、通过研究不同人群与环境的关系来展示人与人之间的关系史,进而建构库鲁曼的社会环境史,并发现看似平静的历史表象背后的动力。其所以提出这样的研究课题,主要出于两方面考虑。一是库鲁曼无论是在社会史研究中还是在环境史研究中都是没有引起重视的地方。没有得到研究并不意味着库鲁曼的历史不重要,相反,这个先前由于资料和方法限制而没有得到研究的地方很值得进行深入研究,因为它是生态、种族、生产方式、文化和政治社会的混杂区和冲突区。另外,随着口述史学、农村快速评估技术等的成熟和运用,对这个仅凭档案不足以进行历史研究的地方的研究成为可能。二是无论是美国环境史研究还是非洲环境史和南非环境史研究都有需要突破的地方,以库鲁曼为研究对象可以推进这三方面的研究。非洲环境史研究中充斥着"退化叙述",这在促使环境史研究兴起时确实起到了积极作用,但它本身就是需要解构的"约定俗成的知识",同时也忽视了非洲人和环境的韧性和适应能力。美国环境史研究强调先前的历史学研究中缺失的环境的作用,从而形成对历史的新理解,但是这似乎从一个极端走向了另一个极端,尽管它极力避免落入环境决定论的窠臼。南希希望通过对库鲁曼的研究来平衡美国环境史研究中出现的这种不平衡现象,强调社会分化形塑了不同人群与环境的关系。南非环境史研究虽然在自然资源利用和自然灾害史、黑白人的环境保护主义、城市环境卫生史等方面取得了进展,但由于它主要脱胎于修正派史学,其理论基础仍停留在人类中心主义,没有看到环境的内在价值。南希通过对库鲁曼的研究,期待突破仅仅把环境当成是人类历史上演的舞台或背景的做法,进而发现环境在历史发展中的能动性,或把环境变成与人类一起创造历史的动力之源。

从全书的内容和结构安排来看,作者形成了自己的分析框架。大体上由环境、生产、社会和国家组成的相互作用的网络结构,其中处于枢纽地位、把各方面联系在一起的是权力。库鲁曼的环境既是由气候、土壤、水源、动植物和矿产资源等组成的自然生物体,也是由殖民者和种族主义政府扶持的酋长等出于政治目的而形成的社会文化建构,如驴被建构成了导致牧草退化的动物。就气候而言,它既不是静止不变的,也不是呈持续干燥的趋势,而是发生周期性变化。由于社会分化和生产变化,不同人群对气候变化的反应和认识是大不相同的,换言之,气候的真实变化和人们的感受并不匹配。就水源而言,接近河流上游或泉眼的权力在很大程度上影响着不同人群对生产方式的选择。由此可见,环境为经济和社会发展提供了各种可能性,但到底哪种可能性会成为历史事实,还需要国家、部落等权力主体,以及不同类型的生产者等参与并共同作用才能实现。无论是殖民之前的非洲人社会还是殖民者入侵后的混合社会,都发生了在资源环境利用基础上的分化。这一分化在殖民前表现为建立在亲属关系基础上的头人和族人(狩猎采集者和放牧者)的关系,殖民后表现为白人殖民者和非洲人头人以及族人的关系,种族隔离时期表现为白人政府官员、白人农场主、非洲酋长、流动耕种者、游牧者和流动劳工等的关系。显然,把环境与社会分化联系在一起的是生产方式,无论是狩猎采集还是放牧农耕或采矿,都是利用当地环境的产物,但是哪个族群、性别从事哪种生产方式,还需要考虑权力和人的因素。另外,随着时间的推移,哪个族群、性别和阶层从事哪种生产方式也不是固定不变的,相反它会随着不同族群、性别、阶层在权力结构中地位的变化以及积累的财富数量的变化而变化。例如非洲男子由殖民前主要从事牧牛这种掌握财富的生产方式转向殖民后的流动劳工和帮助农耕的生产方式等。社会分化形成氏族、部落甚至王国,而殖民者的侵入人为破坏了已经开始的历史进程,把殖民政权强加给当地人,并在实施种族隔离政策时人为制造出白人南非和"博普塔茨瓦纳"两个国家。与这些国家建立相伴的是人为形成的新阶层以及不同的利用环境的生产方式和社会结构。例如,为了实行种族隔离和分别发展,白人南非人为制造出黑人部落及其酋长以及公有土地制度。这些酋长在白人种族主义者帮助下以公有土地制度为基础剥削部落平民的劳动成果,甚至抢占他们的土地和牧场;为了维持自己对牛产的垄断以及建立在此基础上的社会地位,对平民饲养的驴进行疯狂屠杀,从而调整不同阶层的牧场利用权利和方式。从中可以看出,国家和社会在调整人与环境关系中的作用。

通过采用网络关系结构分析库鲁曼200多年的社会环境史,可以得出一些新的结论。第一,库鲁曼人粗放的生产方式是与当地环境相适应的方式,并非只要是集约的生产方式就会适合库鲁曼的环境。换言之,并非集约就是好的。第二,对于库鲁曼人生产方式的改变,不能像殖民者那样理解为环境破坏和衰落,而应该看到危机中的转机,看到其中孕育的创新。换言之,非洲人在面对环境和社会的压力时表现出了应有的适应力和创造力。第三,权力在库鲁曼社会环境史中处于核心位置。权力不仅反映了社会的结构性不平等,也形成不同人群与环境相互作用的差异,更影响到不同人群对具体历史事件的价值和道德判断,甚至适当的权力关系还能改善环境或使环境恶化。第四,权力随着历史发展而在不同类别(阶级、性别和种族)中转移,进而改变其与环境的关系(认识和实践)。第五,权力从白人转移到黑人手里并不能迅速改变库鲁曼的环境不平等,根本在于重新发现非洲人的真正传统、解构种族主义者人为制造的"传统",进而重新发明传统,形成新的权力结构,进而形成新的人与人之间以及人与环境之间的相处之道。

史料

对历史研究和叙述来说,史料是基础。没有充分的史料,就不能建构出历史叙述;没有对史料的合理理解,就不能建构出具有时代特点的历史。作为跨学科的研究领域,环境史研究不但需要搜集和利用文献等传统史料,还需要搜集和利用与环境变迁相关的非文献资料。与文献资料丰富的其他地区的环境史研究不同,南非环境史研究还要通过田野调查等方式搜集和利用口述资料。对不同来源和类型的史料的理解也需要采用不同学科的概念、利用不同学科的基本理论来进行。所有这些都在南希的这本书中得到了充分体现。

自兰克史学以来,档案在历史研究中处于第一重要的位置。南希从南非到英国走访了多个档案馆和图书馆(主要包括英国公共档案馆、伦敦大学亚非学院图书馆世界使团收藏、开普敦档案馆、比勒陀利亚国家档案馆、库鲁曼莫法特使团收藏等),查阅了大量档案文献。这些档案主要分为三类,分别是:殖民地文件、传教士信件、种族隔离政府管理和开发黑人家园的文件。殖民地文件主要提供了 19 世纪后期关于殖民地合并、殖民地农业开发等的重要信息。传教士信件虽然重点记录了传教信息，但其中也包含与传教相关的对自然灾害和当地人生产和生活方式的记载。种族隔离政府的文件主要涉及原住民事务部、班图管理和开发部、灌溉部、土地部等机构，主要记录了种族隔离和分别发展政策、土壤保护和改良计划及其实施的情况。尽管这些档案大都已经进行了初步分类，有些档案的管理已经计算机化，但要从浩如烟海的档案中找出与自己的研究主题相关的部分，不仅非常耗时耗力，还需要对南非历史和库鲁曼历史的广博知识以及对自己研究主题的极度敏感。找到这些史料，并不意味着就能构建出自己心目中的历史。其中最大的问题和挑战是，这些史料并不是专门记录非洲人的生产和生活的，换言之，不是非洲人的记录，因为非洲人不能为自己发声。要想在这些具有偏见的史料中找出非洲人的声音，就需要进行批判性利用。一是通过仔细分辨外来者的背景和偏见，在与当时当地的社会和自然环境的一起检视中，还原非洲人的声音，尤其是生产实践这种反映非洲人历史能动性的历史活动。二是对这些以白人为主的档案内容进行"逆其纹理"的分析，从而找到与白人殖民者相对的非洲人的声音。当然，传教士同殖民官员及种族隔离主义者有所不同，分析时也要有所区别。尽管通过采用适当技术手段，可以部分还原非洲人的声音，但档案对于了解非洲人来说毕竟不是直接资料。

在非洲历史研究中，在大部分情况下获取直接资料需要采用实地调查和口述史学的方法以及快速农村评价技术。为了获得第一手资料，南希在大约 1 000 平方公里的范围内，16 个工作点上，分别在 1991、1994、1997 和 1998 年进行了多次实地调查和采访。实地调查不但能够对当地环境和社会产生切身的体会，还能通过采访、问卷调查、与当地人共同生活生产等方式获得一种观察"他者"

的"内部人的眼界",从而获得最真实和有效的资料。由于是对当代人进行调查采访,因而获得的资料大多是混杂性的,需要通过与考古遗存、文献档案等资料进行对照,从而甄别和确定其历时性。在1991年,南希共进行了29次访谈,包括单独访谈和问卷调查,使用的语言包括英语和茨瓦纳语,有时还借助当地的翻译。为了确保所获内容的客观性和历时性,她有时找记忆力好的老人进行开放式谈话,有时对不同的人问同样的问题,进而甄别出不同人对同一事物表述中的一致性和差异性。口述史学从理论到实践都相对比较成熟,已经成为非洲史研究中常用的方法,但其适用于具有良好记忆传统的族群起源、巫术传说、宫廷世系、国王事迹等传统史学关注的内容,对资源环境、生产活动等表现出无力感。

20世纪70年代在欧美国家兴起的快速农村评估法就是为了解决发展项目设计和实施过程中出现的资料失实或无效问题而发明的。为了对准备实施发展计划的地区进行快速而有效(相对于先前的长期而无效的)的评估,需要进行多项准备,分别是:收集浏览已有信息(档案、年报、统计资料、学术论文等),学习当地技术知识(土壤、季节、动植物、农业实践、饮食等),确定和使用关键指标(如土壤颜色、出生重量、居住条件等),组成多学科的研究小组开展工作(如农学家、生态学家、环境科学家,与社会科学家、人文学家等搭伴),寻找和利用当地研究者协助工作(农牧业者、教师、商人、基层官员等),确定当地关键信息员(便于获得资料并能组织当地人参与访谈的当地专家)。在做好这些知识和组织准备之后,开始进行工作,主要有四种方式,分别是:小组访谈,指导性访谈(不设正式访谈问题清单,但准备了具有逻辑联系的问题链),直接观察(自己游历走访,以便纠正当地人的固有偏见),空中观察和勘测。为了能够顺利进行自己的调查,南希还和当地人分享了自己的文献研究成果,为当地人争取对在种族隔离制度时期遭受损失的赔偿发挥了积极作用。这种互惠的做法一方面消除了当地人对外来者的戒心，另一方面也得到他们允许进行采访和使用采访资料的承诺。1997年，南希进行了42次小组访谈，1998年，进行了12次半结构式访谈和几次由24人组成的小组访谈。集体访谈使用不识字的非洲人能够接受和理解的方式，或者用画图方式展示土地利用规模的变化，或者用豆子的数量表示饲草植物的价值和牛、羊、驴对不同种类饲草的偏好。通过对获得的几组结果进行交叉验证，大体上能够获得比较客观的结论。然后，通过与农业专家和植物学家以及受访人共同进行现场勘察，确定植物的名称和分布范围以及农牧生产与环境关系的变化程度。在集体访谈中，南希及其团队专注于倾听受访人就社会分化、降雨量变化、饮食结构、畜群构成、牧场上的草木比例、牲畜疾病等进行的讨论，同时及时追问不同现象和观点背后的原因。另外，由于这些访谈并非文字资料，因此必须进行实况录像，然后整理出笔记，经过对所获信息评估后，再进行解释。录像记录了访谈发生的时间地点和场景，与整理出来的文字相互印证，就能客观地展现非洲人的真实看法。与问卷式调查相比，快速农村评估是开放式的，受访者较少受到采访者左右。

研究农村的社会环境史需要对自然环境的基线和变化进行复原，这就需要利用传统历史学研究不常用的科学资料，例如气候和天气变化记录，地面景观变化航拍图，人口和牲畜数量统计等。库鲁曼地区是半干旱地区，降雨量对农业生产和当地人的生活至关重要，而且在访谈中当地人把生活困难归因于气候越来越干燥。南希找到了南非自1932年以来的降水量记录，并请气象学家进行专业分析，发现1932年至1997年降水量并没有明显减少，但存在以20年为限的周期。这个发现说明，降水量并不是影响当地农业生产的主要或决定性因素，相反泉水和地下水对农牧民的生产和生活影响巨大。当地人感觉天气越来越干旱，实际上是对生活越来越艰难的一种扩大性投射自然的反应，是值得研究的一种文化建构。进入种族隔离时期后,南非白人政府在库鲁曼地区通过强迫迁移和改良运动的方式建立土著保留地。种族隔离政策和实践对当地环境以及非洲人的生产方式造成何种影响,先前主要通过口述史料进行判断,南希收集了测量局1958、1965、1972和1981年的航拍照片,并请专家帮助辨认和解读。发现在远离金合欢草原的河谷地带,白人进行集约种植,而在黑人定居点周围植被稀疏,砾石裸露;在改良计划实施后的黑人定居点附近,牧场出现过度放牧和植被稀薄甚至灌木丛化增多的现象。从这些不同年份航拍图的对比中,可以直观地看到黑人定居点和保留地并没有转向集约生产,相反牧场发生了植被退化。与此同时,饲养牛的人就把驴饲养量上升与牧场植被灌木丛化联系在一起,认为驴破坏了牧场,于是要减少驴的数量。这种解释依据的是过时的牧场生态之演替和顶级理论,即母牛牧场是顶级群落,过度养驴破坏了草场,导致灌木丛生,从而形成生态演替。这种稳定的顶级群落并不符合半干旱地区的植被演化,其实变化是正常的自然现象,而稳定只是暂时的偶然现象。在这个过程中,随着降雨量、土壤类型和水分、空间等的变化,牧场上的草木比会发生自然变化。换言之,这种变化主要不是人为因素造成的,而是正常的,不能用退化来概括。

总之,研究南非社会环境史,不但需要收集文字资料和图像资料,还要进行实地研究,获取直观感受。更重要的是,所有这些资料都要采用适当的技术、最新的理论进行解读,从而建构出不同以往的、具有时代特点的新型历史。如前所述,《环境、权力与不公》是立足库鲁曼,关注南非、非洲和美国的社会环境史。这样的研究不仅对已有的理论有所补充和完善,还对库鲁曼和南非未来的发展提供了基线和启示。

意义

南希在自己的研究中采用了美国环境史研究的重要代表人物

唐纳德·沃斯特和卡洛琳·麦茜特关于环境史的定义和理论。沃斯特认为，环境史是研究自然在人类生活中的角色和地位的历史，因为在先前的自然研究中几乎没有历史，在历史研究中几乎没有自然。具体而言，环境史研究有三方面的内容，分别是自然如何演变，经济如何与自然相互作用，以及人如何感知自然。麦茜特为环境史增加了性别维度，强调人类再生产与自然的关系。具体的研究路径就是沃斯特所倡导的农业生态史。从理论上讲，这三个层面不是从自然到技术再到意识的决定论，而是置于具体时空背景中的开放关系。其中，自然的模式转换同生产和意识的模式转换会互相影响，其权重因具体问题而异。从研究实践来看，沃斯特更注重研究作为经济文化的资本主义与大平原生态特别是顶级群落变化的关系，认为不能把尘暴看成纯粹的自然现象，资本主义是造成尘暴的主要原因。但南希的研究并没有停留在沃斯特的框架中，而是通过库鲁曼的社会环境史研究扩充丰富了这个框架。一是在纵向上追溯到前殖民时代，分析了非洲人农业生产与环境的关系以及建立在生产基础上的社会性别分工，超越了资本主义的时限；二是从横向上引入了权力和国家概念，突破了农业生产及其相应的文化逻辑的局限，形成了把环境、政治、经济和社会进行综合分析的路径；三是在分析库鲁曼的人与环境关系以及人与人之间关系的变化时，既强调了权力的作用，也没有忽视自然变化的因素。即使分析库鲁曼农业生产方式的变化，也没有单纯归结为市场及其文化的作用。

在研究人口增长与农业发展的关系时，南希以埃斯特·博塞拉普的发展理论为出发点。博塞拉普认为，人口增长不是农业发展的结果，而是一个独立于食物供给的变量。促进农业发展的主要方式是部落或村庄全部土地的集约化生产。人口压力是引起土地利用、农业技术、土地保有制度和居住方式变化的主要原因。随着人口增长，土地利用会经历从粗放生产到集约生产的转变，其中突出的表现在于流动耕作中休耕期缩短，直至变成定居农耕甚或是一年两熟或多熟。此时农业总产量上升，人均产量却在下降，人们的休闲时间在缩短。随着生产方式的变化，农业生产技术也从用点种棒发展到锄再到犁，土地保有也逐渐从集体共有变成私人所有。虽然随着人口增加，人均产量下降，但整个农业经济的规模和总量都在增长。换言之，在传统农业社会，人口增长带动了农业发展。另外，在经济发展中，妇女通常被边缘化，并未从发展中获利。博塞拉普认为，应该摒弃单纯从收入增加来衡量发展的狭隘认识，转向关注包括妇女在内的所有人的福利和创造性发挥的新认识。

南希通过研究库鲁曼的社会环境史，在一定程度上修正了博塞拉普的经典解释。第一，她在观察生产方式的转变时引入了环境因素，而不是单独从人口增长来解释。环境为不同人群形成自己的生产方式提供了可能性，缺水和缺磷的半干旱地区几乎不可能形成集约种植的生产方式，河谷上游和泉眼附近的地区有可能形成集约种植的生产方式，但种族不平等的现实使得只有白人农场主才有可能做到，非洲人依然没有可能。第二，环境制约不是绝对的，更重要的是国家权力和与外部经济的联系在很大程度上限制了农业生产的技术和经营方式改进。即使是在实行改良计划和定居计划之后，大量非洲人被集中安置在保留地和黑人家园，人口与土地之比大幅度上升，也并未出现博塞拉普所预言的从粗放向集约的转变。虽然灌溉提供了克服干旱的可能性，但种族主义政府的分别发展政策阻碍了非洲人向集约生产的转变。分别发展的本质是把保留地和黑人家园变成白人经济所需要的劳动力基地。虽然使用化肥可以改良土壤肥力，但国家只给白人农场主提供农业财政支持，非洲人不但贫困化，而且根本得不到政府财政支持。非洲男性大多进入矿区从事雇佣劳动或进入城市从事服务业，非洲女性因为家庭主要经济来源改变、粗放式生产的劳动强度低等而没有强大动力从粗放式农业生产转为集约式农业生产。第三，集约生产并不一定就比粗放生产更先进，这两者之间的关系并不是线性的替代关系，而是并列关系。其实，非洲人选择粗放生产并不是因为他们不会利用先进生产技术，也不是因为他们懒惰，不愿意在生产中投入更多劳动，而是因为他们了解当地的环境，知道如何与当地环境相处，知道何种技术最适合当地环境，知道如何以较低的风险和劳动获得所需食物。换言之，从非洲人的角度来看，无论是粗放还是集约，适合当地环境和能够降低风险的就是好的。

在研究种族隔离时期的库鲁曼环境史时，南希借鉴了马赫穆德·马穆达尼的殖民国家与部落的关系的理论。美国环境史的"文化转向"把种族、阶级和性别引入环境史研究，但主要关注城市的环境不平等和生态种族主义。研究非洲历史的马穆达尼认为，工业化国家的权力主要存在于公民社会基础上的城市，其作用是保护公民权利，但非洲殖民时期的国家权力是殖民者人为建构起来的，是以种族主义面目出现的，强制发明出来的部落执行某种发明出来的传统或习惯的权力。在殖民经济发展进程中，从非洲农村出来的流动劳工虽然部分摆脱了传统或习惯的束缚，但并没有成为城市的公民，相反却在种族主义法律体系中成为无法定居城市的漂泊者。在非洲农村，人为制造出来的部落和酋长成为种族主义统治的帮凶，成为发明的传统或习惯的捍卫者。在非洲史研究中，许多被称为传统的并不是非洲固有的文化，而是殖民者为了建立和巩固殖民国家发明的，就像欧洲人发明传统一样。发明出来的非洲部落是静止的、等级制的、长者权威的。在这个部落里，必须遵守传统，包括土地共有、长幼有序、男女有别、内外有别等。这种传统本质上不是恢复非洲的真正传统，而是把欧洲发明的传统移植到非洲，从而为实现欧洲人的统治制造一个人为的基础。这些研究在一定程度上揭示了殖民统治非洲的本质和技巧。

南希把马穆达尼的理论应用到库鲁曼社会环境史的研究中，

丰富并扩展了它的解释力。种族隔离制度是殖民主义最为极端的形式。南非的种族隔离制度经历了种族歧视、种族隔离和分别发展三个阶段,其目标就是把占人口绝大多数的非洲人变成南非土地上的不完全的外国人。非洲人在名义上拥有独立国家,但实际上在经济、政治、军事和外交等方面都受白人南非政府的控制。为了达成这个目标,殖民者就要制造出一个又一个的非洲人部落,形成有利于种族隔离的传统。这个部落逐渐演变成分别发展时期的"非洲人国家"。这种发明出来的机构和习惯在环境史中处于什么位置? 发挥了什么作用?

库鲁曼地区的酋长制早在 19 世纪后期就被开普殖民地消灭,非洲人在经济上向私有制转变,在政治上向自由选举转变。但在英布战争以及随后南非联邦建立后,开普殖民地的政策被种族隔离政策取代。随着《原住民土地法》和《原住民事务管理法》等的先后颁布,南非联邦政府在库鲁曼地区设立了酋长制。虽然现任酋长与先前的酋长存在血缘关系,但其统治思想和制度框架完全由南非联邦政府设计和实施。换言之,这个酋长制已经不是原住民的酋长制,而是为种族隔离服务的工具。在酋长管辖范围内,按习惯法统治,但习惯法也是按照殖民者的意志发明出来的。这些酋长制和习惯法披着传统的外衣,实际上形成了新的非洲人与环境的关系,先前已经形成的黑人可以购买和保有土地的做法被完全取缔,代之以酋长控制下的保留地共有土地。占有河谷地带和保有作为财富的牛成为酋长及其统治阶层的特权,而广大的民众只能在贫瘠和有限的土地上耕作并饲养驴。这种间接统治模式的建立把白人与非洲人酋长在一定程度上变成了同一个阶层,非洲人酋长成为南非联邦在黑人保留地的代理人,成为先进生产力的代表;相反,非洲人民众成为完全脱离了原来的互惠关系的被统治者,成为落后生产力的实践者,突出表现就是对环境的破坏性利用,如驴过度啃食草地造成地表荒漠化,粗放生产不利于提高土地利用效率,非洲人抵制改良和定居计划是反对环境保护等。在实施分别发展计划后,尤其是在博普塔茨瓦纳获得"独立"之后,非洲人民众与酋长阶层的矛盾越发激化,最终演变成没有事实依据的驴屠杀事件。虽然牛的数量远远超过驴,牛对草地的要求比驴更高,但养牛的酋长阶层与白人种族主义者一起虚构了过度养驴导致草场退化的迷思,并采取了极其残暴的杀戮方式来解决他们虚构的问题。显然,采取这种方式实际上并不完全是针对驴,还是借助环境问题形成对非洲人的威慑和权力显示,从而平息非洲人对种族隔离制度的反抗。

库鲁曼的实例表明,种族隔离制度是通过发明传统而建立的。无论是酋长制还是习惯法都是徒具传统之名,而行种族隔离之实的结果。在分析这个对非洲历史影响深远的事件时,采用环境史的视角能够揭示这个虚构背后的人与环境关系的人为建构性质。保留地和黑人家园的人地关系并不是自然发展的结果,而是种族隔离政府与部落酋长共同建构的,这种人为建构的关系在很大程度上又是通过使用国家权力来维持的。在这个过程中,非洲民众及其生产和生活方式被虚构为环境破坏型,这一虚构又成为"约定俗成的常识",进而为强制迁移和集中居住等改良计划提供理论基础。这种经过改造的人地关系不但没能保护环境,反而在环境恶化中把种族隔离制度推向极端。换言之,非洲人(酋长和平民)、种族隔离主义者、环境之间的关系被权力极度扭曲,种族隔离制度在强化的同时,也为它的垮台准备了环境和社会基础。显然,南希通过研究库鲁曼的案例揭示了马穆达尼一般性理论中的极端性,通过研究种族隔离制度下的人地关系展现了权力、环境和种族之间的复杂性和矛盾性。

总之,南希这本《环境、权力与不公》是一本视角独特、内容丰富、富有启发性的著作,是研究环境史和社会史时绕不过去的一本著作,对中国的南非史、非洲史、环境史、社会史研究者都是值得关注和仔细阅读体会的。我之所以写这个导读,不仅仅是因为这本书很重要,很有价值,还因为我与作者的一段渊源。2002年7月,我赴美国布朗大学进修环境史,我的合作者之一就是南希(另一位是研究美国环境史的卡尔·雅各比)。在布朗的一学年期间,我听了她开的所有课程,包括非洲史、南非环境史等,参与了她的"南非石棉矿害研究小组"的所有讨论,随她参加了几次学术活动,几次受邀到她学校分配的宿舍和自家的房子去做客,与她的先生彼得和两个孩子韦斯和埃尔莎(埃尔莎是她从非洲收养的女儿)相熟,目睹了她在家里养的几只非洲鸟(那时她已转向自己的第二个研究课题"非洲鸟学和鸟学知识的混杂")。从这些接触中,我了解到非洲史和非洲环境史研究在美国学术研究中都是小众学科,但南希不为现实所动,全情投入。这种精神不但给我留下了深刻印象,也让我深受感动。她在主办"美国环境史学会2003年年会"时,给我一个非常难得的参会机会。这是我第一次用英文在正式的学术会议上发表论文,也是我第一次发表英文论文。更重要的是,在会议间隙,她把我介绍给了研究非洲环境史的大家威廉·贝纳特、詹姆斯·麦卡恩等,研究世界环境史的大家约翰·麦克尼尔、贾雷德·戴蒙德等。这为我后来在北大邀请国际一流学者、举办高水平的学术讲座开了个好头。2003年5月,北京流行传染性非典型肺炎(SARS)病毒,回国后能否再进行直接的学术交流,我们心中没底。南希拿出自己珍藏的十多本非洲环境史和世界环境史的著作送给我,这对我是一种无声的鼓励和支持。此后,我们多次在国际学术会议上见面,也保持着电邮联系,不但交流各自的学术研究情况,还交换孩子们成长的动态。2003年,她的著作出版后,她第一时间寄给我,我当即把它作为我开设的"南非环境史"研究生课程的必读书,与选课研究生一起研读。在那时,我就萌发了要为这本书写点什么的想法,后来由于各种事务缠身,没能实现这个想法。但这一次,是这本书第二版的审校者张瑾教授和江苏人民出版社的编辑孟璐女士给我机会，帮我完成了这个埋藏在心中18年的心愿。当我把这个邀约告诉南希时，她也非常高兴，并极力鼓励我放开来写。在此衷心感谢作者、译者和编辑的信任。

包茂红

前　言

本研究的成书得益于几次慷慨赠予。我曾经获得如下支持：1991 年的富布赖特海斯奖学金；1994 年第二学期印第安纳大学艺术与科学学院研究基金；1997—1998 年度美国社会科学理事会/社会科学研究理事会国际项目博士后奖学金（美国国家人文基金会资助）；1998 年美国历史协会的伯纳多特·E.施密特奖学金。感谢 1997 年布朗大学师资处的初级休假制度以及对本书出版承销的补助。感谢南非普查和地图理事会总局许可在本书中使用他们拥有版权的地图材料、航拍照片。还要感谢金伯利的麦克格雷戈博物馆授权使用库鲁曼地区受版权保护的历史照片。

在我所有要致谢的帮助和支持中，我要从我的老师们开始说起。首先，我要感谢凯尔文学院的教授们，是他们让我思考正义问题，鼓励我从事学术研究。特别要感谢华莱士·布拉特和芭芭拉·卡维尔。凯尔文学院的艾伦·博萨克教了我一个学期，对我影响重大。我在加州大学洛杉矶分校做非洲研究并获得硕士学位，在此期间，理查德·斯卡拉和约瑟夫·劳尔给我提供了慷慨帮助。我学术生涯中做出的最重大的决定应该就是到印第安纳大学历史系攻读博士学位。在那里我得到了启发与不懈支持。特别感谢我的博士生导师菲利斯·马丁。在共同审阅和探讨学术研究时，她总是那么和蔼可亲、循循善诱。她放手让我自由从事环境史研究。同样，在印第安纳大学，我从同事那里受益匪浅，其中有兰德尔·贝克、乔治·布鲁克斯、威廉·科恩、保拉·格尔希克、约翰·汉森、C. R. D. 哈里斯，以及帕特里克·欧米拉。

接下来我要感谢我的同事们。特别荣幸成为印第安纳大学已故克里斯托弗·格雷的同学，从而得以认识并向埃里森·舒特学习。在布卢明顿期间，莫伊拉·维德金德、汉克·霍夫曼让我前所未有地认识到了环境的重要性。此书的成书期间，我因为访谈了很多人而学到了研究非洲问题和环境问题的新方法。我要感谢长期支持我的如下人员：凯文·希林顿、彼得·斯奈曼、尼尔·帕森斯、查尔斯·范·昂赛雷恩、扬-巴特·格瓦尔德、约翰·莱特、罗伯特·哈姆林、吉姆·吉布林、吉姆·麦卡恩、琼·卡拉瑟斯，已故的罗斯·埃奇库姆、格雷格·马多克斯、特蕾莎·巴恩斯、杰米·曼森、汤姆·约翰逊、克里斯·康德、以马内利·克里克、拉维·拉严、劳拉·米歇尔、德瑞克·费伊、乔舒亚·佛利斯特、罗伯特·戈登、乔克·麦卡洛克、大卫·沃德、苏珊·维特尔、理查德·麦德森、金·尤斯敦-布朗、基斯·布茨曼、安迪·曼森、詹姆斯·德拉蒙德、勒瑞特·塔赫姆以及大卫·法拉特。他们以各种方式帮助我：问我关键问题、回答我的提问，还阅读我的初稿。在这所有的同事中，罗斯·埃奇库姆、安迪·曼森、尼尔·帕森斯，还有詹姆斯·德拉蒙德曾经慷慨地邀请我到家中做客。

作为一个在南非进行研究工作的美国人，我面临很多后勤问题。多年来，莫法特项目人员给我提供了慷慨、热情的协助，艾伦和希尔德·巴特勒，还有已故的约瑟夫和玛乔丽·温、史蒂夫·德·格鲁希、玛莉安·洛芙迪，以及索菲·里特斯。除了给我提供住宿，莫法特项目人员还帮助我设计了网上研究计划。在开普敦和约翰内斯堡，我要感谢尼科·拜恩戴尔、罗伯和苏·史特尔茨纳，以及让尼娜·詹宁斯，还有彼得·伊博森，他们给我提供了延伸研究时期的住所。

做有价值的采访绝非易事，有人帮我找到了门道。感谢我的老朋友史蒂夫·米默惠曾向我介绍了"快速农村评估"（RRA）。特别感谢我的两名学生加入到我在库鲁曼进行的快速农村评估采访工作。以自愿者身份，梅根·韦普尔斯和克里斯汀·罗素想出了快速农村评估的具体办法，在库鲁曼山村附近探路、烹饪、清洗、维护机车，使每个人都很开心。班吉·莫萨拉和克格莫索·舍特作为翻译人员加入我们，还以合适的身份参与了采访。还有和我短暂合作从事翻译工作的人员：理查德·墨纪拉、康斯坦斯·保罗、罗塞·莫勒肯、波比·阿福克纳、班吉·莫萨拉、特索洛·斯廷坎普、维多利亚·萨斯姆，以及考潘诺·奇尔瓦。对于朱丽叶斯·莫戈迪、本杰明·巴纳特、高甘伟·莫察梅、彼得·莫科梅勒，特别是斯蒂芬·科特罗恩，我的感激之情更是不胜言表。有时候他们是翻译，但是他们所帮的忙远不止于此，他们对项目感兴趣，把我介绍给当地人并鼓励他们信任我，还给我了不少建议。很显然，本书中的采访得以完成是多方努力的结果，特别感谢那些帮助过我的人。

我必须要感谢那些给我采访机会的人。我的研究对于库鲁曼人没有直接的好处，但是他们对于我的提问总是认真对待，这很让我感动。约翰·莫莱玛告诉邻居说："虽然南希不是到这里帮助我们的，但是我们应该帮帮她。"像他这样的人使我受教良多。我要感谢所有在参考文献中提到的接受调查的人。因为我的很多采访是成组进行的，所以要感谢那些我以村名标注的人们。我和我的助手们在以下村落受到了特别热情的接待：波切切莱萨、曼尼汀、耐克文、盖-莫佩迪、巴塔拉洛斯、索丁、卡贡、塞迪本、盖-西博劳、盖-洛特哈尔、迈菲尼基、盖-迪博、罗格巴特、丘吉尔，以及莫替彼斯达特和库鲁曼镇上的一些人。

找到合适文献是我的研究面临的另外一大挑战，一名档案管理员同时又是图书管理员的朋友帮我完成了这项工作。我要特别感谢比勒陀利亚国家档案馆和开普敦开普档案馆的工作人员。他们的帮助耐心又尽责。另外，我关于保留地搬迁部分的研究要特别感谢库鲁曼社区与农村发展协会的人员协助，以及比勒陀利亚土地事物局的人员。这两个组织慷慨地与我分享了他们的资料。

在布朗大学，我要特别感谢非洲文献研究院历史系的成员，特别是那些对我的研究给予认真对待的人：约翰·托马斯、吉姆·坎贝尔、瑞特·琼斯、莫德·曼德尔、迈克尔·范登堡、凯利·史密斯、卡尔·雅各比，以及诶米·雷门斯奈德。与谢泼德·克里奇、彼得·欧文、布兰达·费米尼尔斯的交谈也对改进我的研究设想不无裨益。技术上我还依靠林·卡尔森制作地图，依靠杰斯·洛佩兹制作图表。我要感谢南希·绍库普的支持和校读。在布朗大学的乐事之一就是与学生一起开展工作。以下这些学生曾经阅读和评论了我的部分手稿：马修·兰格、凯瑟琳·拜耳和亚当·舒派克。感谢布朗大学的本科生教学研究协助项目，这使我能够有机会与伊丽莎·马戈利斯一起学习牛疫史，并与乔·温特一起学习制图。

感谢我在库鲁曼进行石棉个案项目研究中的合作人员。感谢我的同事索菲亚·吉斯汀、伦迪·布劳恩、约翰·特林伯、西姆维·姆布利，以及学生斯科特·布卡奥、克里斯汀·埃里克森、爱丽丝·基德、西奥·利布基、马克·曼素、姆福·马刺帕、阿尔米·马特洛克、卡吉索·莫其姆、凡诺姆冉素·恩多·拉卡托、凯西·罗伯茨、凯特·萨克斯顿，和露西亚·特林伯。感谢莫法特项目新来的主任理查德·艾特肯，他和简·阿高尔一道支持了本项目并成为有益的合作者。布朗大学的理查德·B.萨洛蒙教师研究奖以及师资主任的额外资助使我得以重返南非开展石棉研究。和我的团队重返库鲁曼使我对其历史以及当前的环境问题有了更深入的了解。感谢他们对工作和国际合作的付出。

按照惯例，致谢的最后一段是要表达我对家庭的感激。在密歇根州荷兰市的父母弗雷德·雅各布斯和已故的艾琳·雅各布斯一直鼓励我学习、看世界。他们的支持对我的研究至关重要。我的兄弟姐妹及其爱人们,不厌其烦地听我描述自己的研究,即使不感兴趣的部分也以幽默回应。特别要感谢我家族中从事历史研究的亲人,克莉丝和德克·毛夫妇阅读了我的部分手稿。最后,我的爱人彼得·海伍德,一位生物学家,为我和库鲁曼的莫法特教堂做出了贡献,他的慷慨、远见、诚实和天分都让我吃惊。他以各种方式帮助我的研究工作以及本研究的成书。除了幕后工作以外,他最为直观的贡献是提供了当代库鲁曼的图片以及教我图像合成技术。作为一个知心伴侣,他尤其注重思考如何以平衡的方式利用和保护环境,维护生存。

南希·雅各布斯

2002

第一章

走近库鲁曼

库鲁曼(Kuruman)[①],位于喀拉哈里(Karahari)沙漠高原上的一片开阔地域,那里金合欢丛生,对外界而言这里曾经是一个趣味横生的地方,而如今已魅力不再。19世纪早期,这片位于奥兰治河(Orange River)(见图1.1)的北部地区,是来自开普游客的遥远而充满异国情调的目的地。如今这里遍布灰尘、美景褪色,已经无法使人侧目,在《昔日非洲之路》上[②],它已如被遗弃的葡萄藤,等着枯萎。历史学家曾发现,茨瓦纳(Tswana)南部地区为19世纪的帝国瓜分狂潮研究提供了有力的证据,他们对此很感兴趣,便记录下了包括库鲁曼在内的地区的冗闻。但是,最终历史学家的兴趣从帝国吞并转向了殖民抗争与谈判。20世纪的南非生机勃勃,充斥着政治斗争与文化革新,而库鲁曼在历史学家眼中则人烟稀少,悄无声息,犹如一潭死水。简而言之,早期的时候,游人与历史学者均

---

① 库鲁曼,南非北部城市。既是一个城镇名称也是一个行政区域。本书中的"库鲁曼"一般是指1949年之前的行政区域,但偶尔也指城镇。本研究聚焦于该地区的黑人人口。

② Dan Jacobson, *Electronic Elephant: A Southern African Journey* (London: Hamish Hamilton, 1994), 125. "昔日非洲之路"是 P. H. R. Snyman, *Kuruman: Vervloë Pad na Afrika* (Pretoria: Human Sciences Research Council, 1992) 书名译文。

认为此地引人入胜，而最近却很少有人认为其有值得研究之处。

本书在于构建库鲁曼地区的社会环境历史。我的研究在于通过环境关系，证明人与环境的相互作用，以及人与人之间的相互作用。通过审视不同群体与其周边非人类环境的关系，我把 19 世纪与 20 世纪的情况一并叙述，并找寻这片寂静背后的历史发展动因。本书主要关注权力、社会差别及生态环境，主要讲述人们如何通过与环境的相互作用而与环境产生联系，当人们相互交往时，他们又是如何作用于环境的。

图 1.1　南非，基于公共领域的信息

最近发生的事件就能很好地说明这种相互影响。驴，通常被视为一种负重的滑稽动物，触动了贫困人群、环境与殖民经济之间的联动关系。驴并非南非的本地物种，20 世纪以后，库鲁曼黑人开始蓄养这种动物。相较于牛，驴特别能够适应这里的半干燥气候、疾病多发的自然环境，对当地手头缺钱的人们特别重要。20 世纪的种族隔离政策把当地的黑人排除在现代国家的公民身份之外，国家还擅自干涉他们的食物生产和定居模式。在官方的规划中，驴成了一种对环境不利的动物，到 20 世纪中期的时候，国家有计划地缩减它们的数量。另外,驴不同于牛,它们没有什么市场价值,因此也被经济规划师认定为是没有什么发展前景的物种。20世纪六七十年代南非臭名昭著的种族隔离背景下的"分别发展"政策,对库鲁曼地区的驴只数量产生了重要影响。"分别发展"的政策旨在最终建立一个"独立的"茨瓦纳,并美其名曰"博普塔茨瓦纳"(Bophuthatswana)。在博普塔茨瓦纳,权贵企业主导农村治理,精英阶层的农场主受到国家支持。随着1983年大旱的出现,一场危机悄然来临。由于牛的死亡率远高于驴,博普塔茨瓦纳政府怪罪驴消耗了本来应该留给牛的牧草。警员和部队突然进入村落,在一片混乱声中,他们野蛮射杀了超过10 000头驴,差不多是本地区驴的半数。这些驴的所有者没有得到任何事前协商,一旦有抗拒,就会受到威胁和恫吓。对很多人来说,开枪射杀、遭受的损失以及受到的惊吓成了种族隔离期间最为痛苦的经历;时至今日,政府和富人对他们在如此环境中的艰难度日仍进行阻挠和压制。

对驴的屠杀是本书中最引人注目的一个片断,让人记忆犹新,也正因如此,造就了一个宏大的故事。权力对环境的影响在分别发展之前同样明显。早期,那些有权力的人霸占对自己最为有利的环境资源,通常情况下,权力以种族等级分配。在种族隔离制度下,20世纪中期,很多黑人被迫从世代生活的河谷地区搬迁到喀拉哈里沙漠南部地区。白人强占了更多的河谷地区,黑人在干旱的不长树木的草原地区再也无法像以前一样从事耕作。从那个时期向前追溯,我们可以发现,19世纪初的库鲁曼,白人新建的城镇位于原来黑人村落的上游,他们从库鲁曼河攫取最为宝贵的水资源,导致位于下游的黑人村落出现水源枯竭现象。失去水源,再加上19世纪后期殖民所造成的土地剥离,茨瓦纳地区的人们失去了他们的生存之地,再也不能像白人那样拥有自己的土地,从而陷入了贫困。但是这种环境压迫在种族隔离之前和殖民统治时期就存在。19世纪初,茨瓦纳的酋长们把牛群的所有权收入囊中,牛群拥有者确定下来,而普通人则会成为为他们牧牛的人,女性和穷人被禁止拥有牛群,他们就只能干些饲养的苦活。

在每一项这样的分配中,人群都被通过种族、阶级和性别加以分划,不同的人群被赋予不同的权力和环境关系。强势群体总是以特别的方式攫取优势并通过操控他人的利益实现对自身优势地位的保存。在这些事件中,强势群体充分利用自身的环境优势,而那些被剥削者也总能找到方式缓和不利环境对自身的冲击。看似平和的人们,总能创造性地以自己的努力达成与环境的妥协。

在这些斗争中,环境已经超越了单纯的自然背景意义。它影响着最终的结果,既是奖品又是玩家。人们以特定的生活和耕作方式适应环境,新的社会关系从而得以形成。资本主义、基督教、殖民主义和种族隔离制度以各自的方式对锄作、犁耕、动物驯养、石棉矿上的工作产生影响。实际上,与环境的相互关系过滤了南非历史上的主要社会力量的影响。半干旱地区的金合欢草原及河谷地带成了与库鲁曼人最直接相关的环境,他们的关切不论是什么:降雨、庄稼、家畜、土地权、生存成本和产量,粮食生产权利始终位居首位。

因此,环境的视角会对我们理解这里人们曾经的生活提供真实性,并揭示以前没有注意到的社会变化力量。社会—环境视角提供了新的权力研究视域,它可以追溯其根源及权力行使的动机。本质上说,这一命题属于环境正义的范畴,环境正义已经成为当代社会活动家为边缘人群争取清洁、健康环境的主要内容。而环境不公——人们与其生物自然环境关系的结构上的不平等——存在于非工业化社会以及更早的时期。从这个角度看,库鲁曼过去的社会环境从来都不是平静的,库鲁曼今天的社会环境关系同样是令人担心的。

今日的喀拉哈里金合欢草原:一次旅行

喀拉哈里沙漠的边缘地带是一片热带草原——金合欢草原,

它是到达库鲁曼地区的必经之地。金合欢草原之名得自当地的主要野生植物"刺槐"。在靠近库鲁曼的一些地区生长着高高的刺槐和草皮,然而实际上这种典型的景观要比非洲自然摄影师所拍摄的稀疏得多。这里的土壤含石量高、贫瘠、干结,不时可以看到裸露的岩石。没有什么大型的树木和较高的草类。相反,中层的灌木丛是主要植被,它们细小而坚硬的叶子表明这里的降雨并不充沛。在喀拉哈里沙漠的边缘地带,你千万不要认为降雨是理所当然的事。茨瓦纳语中表示雨水的词是"普拉",意思是公众聚会。博茨瓦纳(Botswana)还把普拉作为自己的基本货币单位。但是,普拉太飘忽不定,干旱则是常有的事。博斯曼(H. C. Bosman)在他的短篇小说《返家》中就选择库鲁曼地区对小城流言进行讽刺描写——一个被抛弃的妇女面对丈夫的断绝信掩面而泣,而对外却说是:"她在库鲁曼的姐妹在写信讲述那里的干旱情况……'干旱很严重,从来信的页数可以得知。'"[1]

那里的干旱确实持久又频繁。金合欢草原地处亚热带地区,因此它的降雨主要集中在从10月到次年3月期间的南北回归线之间的热带辐合带(ITCZ)的季节性移动时段,属于低气压热带气候(见图1.2)。但是因为其位于回归线南侧,又靠近纳米布沙漠(Namib)和喀拉哈里沙漠的高气压地带,南北回归线之间的热带辐合带几乎无法带来任何雨水。气象站测得库鲁曼地带1932—1992年间的年平均降水量是416毫米。这么低的降水量对当地土地的利用有重大影响。在干旱的年份,高粱的栽种也会变少,虽然间或有年份雨水充足、收成好,甚至使当地农户觉得种植玉米也是可行的。问题的关键是:好年份和差年份的出现有周期性吗?或者说是否存在长期干燥的趋势?对历史学家来说,这是关键问题,因为人们可以接受煎熬、设法度过差年景,但是如果存在持续干燥的气

---

① Herman Charles Bosman, "The Homecoming," in *Selected Stories* (Pretoria: Human and Rousseau, 1980),38.

候趋势,除去人为的因素,仅仅这一项就足以破坏一个社会。正如本书第九章将要讨论的,库鲁曼倾向于后者。主流观点认为:降雨比过去有所减少。这种理论可以追溯到 19 世纪早期——并不仅仅在库鲁曼地区,整个国家都是这样。然而,如果说近 200 年的时间降水真的在持续减少,而今天竟然还有降雨,真是难以想象。

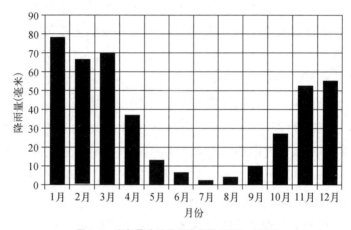

图 1.2　库鲁曼地区月平均雨量(1931—1997)

自 20 世纪早期,南非一直通过全国的站点记录降水量。气候学家对这些数据进行了分析,泰森(P. D. Tyson)对主流观点进行了决定性的反驳:"长久以来关于南非经历持续干燥的假设是站不住脚的。"相反,泰森提出了一个循环变化的理论模型,认为最有可能的是一个 18 年到 22 年的循环变化过程。[1] 南非气象局保留有库鲁曼地区自 1932 年以来的月降水统计数据。我以合约的形式,请一位气象学家,马克·马乔迪纳(Mark Majodina),分析了这些降雨变化数据,他对降雨最多的月份(自 1932 年至 1992 年的 1 月、2 月和 3 月)[2]进行了回归分析。包括 20 世纪七八十年代的降水量的

---

[1] P. D. Tyson, *Climate Change and Variability in Southern Africa* (Cape Town: Oxford University Press, 1987),68.另参见 Coleen Vogel, "160 Years of Rainfall of the Cape—Has There Been a Change?" *South African Journal of Science* 84(1988):724 – 726。

[2] Mark Majodina, "Report on Rainfall Variability Over Kuruman, May 1998." 报告可以在库鲁曼的罗伯特·莫法特图书馆找到。

最大波动值在内,他没有发现有数据支撑的降雨趋势,虽然在后半程研究中发现降雨变化幅度有所提升。他所发现的确实是循环现象,主要是 20 年一个循环,这契合了泰森的理论内容。偶然性降雨波动还表现为对全球天气现象的反应——厄尔尼诺现象和南方涛动现象[1]对热带、亚热带地区的天气和降水量的影响。如果最近的厄尔尼诺现象的加剧对全球气候造成变化,也将对未来的农业和畜牧业造成后续影响。但是,就有记录的库鲁曼地区历史看,气候变化不足以对当地的环境改变和经济变化做出解释。因此,接下来只能把干旱作为一个偶然事件看待,而不是一种长期趋势。缺乏降雨是个严重问题,但是长期的变化是干旱造成的后果,而不是降雨量。

图 1.3 和图 1.4[2] 显示的是 1932 年到 1997 年间的年降水量,并以季节区分。这两幅图表明了年份和季节降水的不可预测性,也让我们切身体会到这些年份生活在这样的环境中的处境。想象一下你是一个农民,想要种植高粱和玉米,每年的 10 月你会遥望天空,推算什么时间雨水充足,从而适时地播种。想象一下你因无法预测今年的降水是否会足以保障一季庄稼的那种焦虑心情。想象一下 1943 年经历的失望:春季雨水充足,到了夏季却少得可怜;或者像 1991 年所经历的意外惊喜:春季雨水不足而夏季降水却远超预期。想象一下在经历过 1973 年的干旱之后,遭遇 1974 年特大洪水以及此后几年丰沛降雨所带给你的震惊。感受一下经历 20 世纪 80 年代旷日持久的干旱诅咒时,眼睁睁看着自己的家畜被饿死的那份无助与沮丧。

---

[1] 南方涛动现象主要是指太平洋东南部和印度尼西亚上空的气压变化。厄尔尼诺现象主要是指秘鲁海岸的太平洋暖化现象。

[2] 图 1.3 和图 1.4 显示的降雨量是根据气象年份而不是自然年。因此 1932 年的降水量代表的是 1931 年 10 月开始的雨季。数据为库鲁曼城镇附近的气象站所收集。

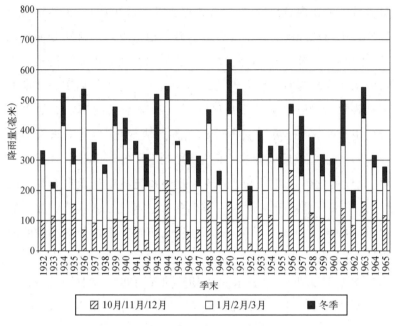

图 1.3　库鲁曼降雨量（1932—1965）

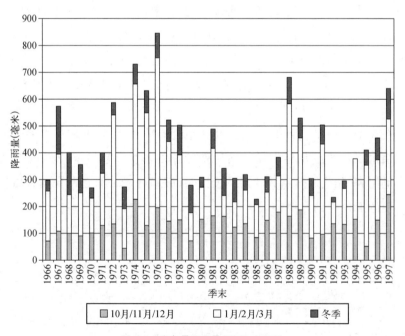

图 1.4　库鲁曼降雨量（1966—1997）

库鲁曼地区最可靠的水源不在天空,而在陆地。驱车从阿平顿(Upington)、金伯利(Kimberley)或者弗雷堡(Vryburg)经由高速公路而来的旅行者会一路经过广阔的金合欢灌木丛地带。而一旦他们进入城镇,看到大片的草地,就说明他们已经到达了绿洲地带(见图1.5)。如茵绿草、奇特的棕榈树、在草坪上寻觅昆虫的白鹭,这与你在历史课上所知道的"那里严重缺水"截然不同。水量充足是可能的,因为草坪的主人掌控水源。地下水是上天对盖普高原(Ghaap)的恩赐。盖普高原从东部的哈茨河谷(Harts River Valley)一路向西延展到150公里外的西部库鲁曼群山。它的表层是钙质结砾岩,一种白色粉性多空岩石,由冲击沉降形成。其下是白云石岩床,或者是钙质碳酸锰。和其他的白云石区域一样,这里属于喀斯特地形,也就是说,此地遍布岩洞、沉降坑以及地下水系。间或有玄武岩隔断岩洞,阻断地下暗河的水道,并迫使水流涌出地表形成泉源,在南非被称为"涌泉"或者"眼睛"[①]。遗憾的是,从来没有关于这一区域泉眼总体数量的全面统计,盖普高原有许多个泉眼,小到涓涓溪流大到"库鲁曼之睛",每天流出约2千万升的泉水。有些泉源是季节性的;有些比较大的还有集水区,他们不受年降雨的影响;有些已经永久性干涸了[②]。泉源本身就是很重要的资源,而周遭干旱的环境使其重要性显得比实际上更为突出。[③]

---

① "眼睛"一词的使用源于荷兰旧约,例如,Deuteronomy 33:28. Personal communication, Alan Butler, January 18,1994。

② Town Council of Kuruman Information Office brochure, "Kuruman," n. d. [1994—7]. 有关此册网页版本,可参见 http://www.epages.net/kuruman. 关于库鲁曼南部和东南部的泉水,包括曼尼汀(Manyeding)和科农(Konong)的泉水,可参见 J. Smit, "Groundwater Recharge in the Dolomite of the Ghaap Plateau near Kuruman in the Northern Cape, Republic of South Africa," *Water South Africa* 4 (April 1978):81—92. Interview with Eddie van Wyk, Assistant Director of Water Affairs, Kuruman。

③ 为了方便比较,请注意,库鲁曼之睛的出水量远不及很多在佛罗里达、密苏里和印第安纳喀斯特地区的泉眼,因为那些泉会有很多雨水注入。Richard L. Powell, "A Guide to the Selection of Limestone Caverns and Springs in the United States as National Landmarks," unpublished document, Indiana Geological Survey,1970.(感谢汉克·胡夫曼所提供的参考)

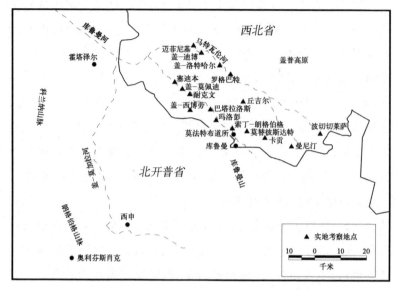

图1.5　今天的库鲁曼地区

南非最为著名的涌泉是"库鲁曼之睛"，它是镇上最大的看点，通常对外宣称是南非最大的泉眼。它的茨瓦纳名是"盖斯葛尼恩"（Gasegonyane）或"小葫芦"（little calabash），取自涌出水流的洞穴名。这充满魅力的名字现在已经名不符实了，因为20世纪70年代时规划人员通过封合洞穴对它进行了改造，以便更多的水被抽到镇上使用。今天，这里的部分水被抽吸到一块岩石的顶部，然后流洒到岩石下方的一个水塘里，美是美了，只是有了太明显的人工雕琢痕迹。涌泉的周边是一个悉心养护的小公园，遍植棕榈树，使得这片绿洲显得愈发神秘，但是涌泉确实是在当代南非，而非想象中的异域沙漠。泉水流过公园周围高高的铁栅栏，你就可以看到当地种族歧视的景观了。涌泉是库鲁曼河的源头，库鲁曼河一路流向西北方向，首先滋养白人家庭的花园。这些不同土地的用水正是库鲁曼地区最初实行种族隔离的目的所在。直到花园用完水后，剩下少量的水才会流到黑人聚居区。

库鲁曼这个城镇围绕涌泉分布。时至今日，库鲁曼已经成了一个不起眼的南非"多普"(dorp)①。公路两旁、沿主要街道分布的是和南非其他地方一样的银行、零售店、加油站。② 1994 年之前这些地方只允许白人居住,今天也只是少数几个黑人家庭在这里安家落户。只有在城镇的北侧,旅行者才可以看到为黑人服务的片区。这里商店的名字很独特:"不开玩笑蔬果店""塔拉洛—塔拉坪肉铺"。靠近公交车站和计程车候车处的多是小商小贩和很多的黑人行人。走过这里,公路向北延伸,两边是一小片平房,还有一片草坪。从居民花园到金合欢草原的过渡非常短。河道和灌溉区域很容易分辨,在公路的东侧有一排排与道路平行的树木。

库鲁曼河下游五公里就是莫法特布道中心,它是伦敦布道会在世界各地设立的分支机构,最早可以追溯到 1816 年在茨瓦纳人中进行福音传道的新教徒。这个中心也使库鲁曼成为人们一路向北行进的一个中间站,早期也促使英国当局在此设立行政管理中心。

今天,它是游人驻足库鲁曼的理由。把布道中心放在这里是因为这儿方便灌溉。以前建立的果园里还有微量的水果产出,但当年布道会的园地和麦地已经成了放牧场。布道会的园地自 19 世纪 20 代起一直保存良好,1838 年建立的石质教堂可以容纳 800 人,风姿依旧。但它周末时常是空荡荡的。由于 1950 年群区法案的实施,黑人教区居民不允许参与布道会活动,这里成了白人活动区。20 世纪 80 年代以后,原址的教学被复原,成为国家历史文物博物馆,一件保存完好的文物兼国家纪念就此而生。今天,教堂主要用来举办婚礼(当地村民和外来的研究人员均在这里宣誓),偶尔也举行宗教仪式。

从布道中心往下,河流已然成了一条沟渠,在浅谷部分的中心位置,最窄的地方甚至可以一跃而过,过去的区域就是黑人居住的地方。在历史上,河谷地区是西邦的居住地。殖民统治时期,低处

---

① "多普"是南非公用荷兰语和英语对小镇的称呼。
② "前往库鲁曼的最近旅行印象",参见 Jacobson, *Electronic Elephant*(1994),112—147。

的河谷成了黑人居留地,种族隔离时期,它是博普塔茨瓦纳的一部分。自 1994 年始,这里成为北开普省和西北省的分界线。沿库鲁曼河还有更多的不同大小和流程的小泉源。巴塔拉洛斯(Bathlharos)是这里最大的村庄,这里有一处沼泽地,夏日午后动物们会在这里啃啃草,当地人会在这里乘乘凉。盖-莫佩迪(Ga-Mopedi)的另一处泉眼在冬天里能够形成水塘(见图 1.6)。沿途泉眼汇入的水并不足以形成持续水流,大多数时间,河床上只是一汪汪水塘和沼泽而已,水流在下游不远处就消失了,水流流程长短因季节而不同。这里的夏季通常都是雨季,而冬季因为蒸散率低,天气变冷的时候河水也比较充分。这些水塘和沼泽维系着水禽的生命:紫胸佛法僧、小蜂虎、锈色黑鸟,时不时地落在暗色的背景中,平添了一些亮丽。奎利亚雀——"有羽毛的蝗虫"也聚集在河谷地区。奎利亚雀是耕作者的噩梦,但是它们在这里找不到太多的粮食。尽管河谷地区的土壤最为温润,也设有栅栏围起园地,但是这里大部分地区都被遗弃了。

图 1.6　2001 年盖-莫佩迪的"库鲁曼之睛"

尽管库鲁曼河谷的大部分地区是干涸的,偶尔也会有泉水汇入。盖-莫佩迪的羊群、驴只和其他动物正在水边小憩。注意背景中的改造农村栅栏和箱式房屋。[照片由彼得·海伍德(Peter Heywood)提供]

及至库鲁曼河与马特瓦伦河(Matlhwareng River)交汇之地时,两条河均已干涸,偶尔才会有水流。河床由盖普高原弯向喀拉哈里沙漠,再也没有泉源注入。即使雨水充足,勉强流到这里,也会很快渗入沙漠,或者蒸发到干燥的空气中。在过去的 100 年中,库鲁曼河只有四到五次流进过莫洛波河(Molopo River),通常情况下这条位于南非和博茨瓦纳边界的河谷都是干涸的。①

库鲁曼河西侧的库鲁曼山既不高耸也不陡峭,山脊线却非常明显,因为盖-莫加纳(Ga-Mogana)的圆锥形高地达 1 614 米之高。这些连绵的小山是北部石棉山的主体,自奥兰治河的普里斯卡一路向南分布。这里蕴藏着铁矿石、出产青石棉,还有近似宝石的虎睛石,石英和石棉也分布广泛。自 20 世纪 70 年代,人们已经认识到石棉对健康的危害,青石棉在世界范围内的使用也受到了极大影响。在需求萎缩之前,青石棉是南非最为值钱的矿产,其主要就来自北开普和西北部省份。青石棉的毒性在石棉中居首。没错,它创造过辉煌,但也使很多人死于肺病。它危害的不仅仅是矿区,还包括周边地区,单是呼吸飘有石棉的空气就足以致病。库鲁曼最后的石棉矿于 1997 年关闭,经济也因此下滑、环境逐渐恶化。村庄周边的库鲁曼小山,有些地面因青石棉污染而变蓝,它们裸露着任由风、雨、畜类搅动,将矿山的粉尘带到山下的平原和村落。1997 年的时候,一位到访的美国记者大胆地提出要在美国设立超级基金。② 废除种族隔离制度后的南非政府也做出了承诺,要确保石棉产区的呼吸安全,但是由于资源有限,很多公用土地上的矿区在近期依然无法重新启用。尽管存在健康安全威胁,但是当地人

---

① Reuters Library Report, March 10, 1988; Snyman, *Kuruman*(1992), 5.

② Carol Morello, "South Africa's Blacks Never Knew that Asbestos was Killing Them," *USA Today*, February 10, 1999, 8A – 9A. 同样关于库鲁曼与石棉有关的疾病,参见 Lundy Braun et al., "Asbestos-Related Disease in South Africa: Opportunities and Challenges Remaining Since the 1998 Asbestos Summit," report presented to the South African Parliament Portfolio Committee on Environmental Affairs and Tourism, October 12, 2001. http://www. brown. edu/Departments/ African _American_Studies/Asbestos/。

告诉我说，他们依旧希望矿场重开并获得一份工作。

库鲁曼小山和河流的东侧是盖普高原，位于海拔1 341米的库鲁曼镇。北面是斜坡，河流由此向北。这里是名副其实的热带草原，扁平、无趣，分布着草地、林地、灌木丛，偶尔有些农舍和村庄。最为显眼的地理特征是凸起的粗粒玄武岩，稍有一些灌木生长其上，地表略微隆起的地方特别适合钻井取水。20世纪五六十年代奉行种族隔离的政府在盖普高原上的公共土地上每隔一段距离便设置村庄驻地。新的社区以扁平的网格状分布，并设有人工引水点。除了莫替彼斯达特（Mothibistad）这一最大定居点外，这些村落几乎千篇一律。密集的定居点遍地尘土，主路边才有计程车和公交车停靠站；村民们来来往往，凌乱不堪。这些村庄的道路上垫了些原生岩，车辙使得路面坑坑洼洼。大部分的房舍是简陋的土坯房，偶尔有一两栋建造精良。很多房屋尚未完工，有的只差房顶了，有的还少窗棂，只等有了钱再继续。除去房屋，村里还有学校、教堂、小卖部、小酒馆以及诊所之类的，唯独巴塔拉洛斯有一所医院。公共土地无人耕作，山羊和驴沿着道路吃草（也不怕来往车辆）。空地由篱笆围住，线缆上、金合欢灌木丛上到处散落着街上扔的塑料袋垃圾。篱笆墙内有树荫、果木、园地和耙过的土壤。村庄的布局也是统一设置的，没有什么可值得驻足的。土壤干旱，居民贫困，但是一旦到夏季，下了雨，这里很快就会漂亮起来了。我曾经看到过一次完整的双彩虹，两个完美的弧形桥接使得天际和地平线美不胜收。消退的积雨云笼罩在青色金合欢丛上，真是美极了。

盖普高原上的畜牧种类要比河谷地带丰富，它们展现了这里的人们对环境不可思议的利用。因为这里土地干旱，难有稳定且高产的粮食生产，所以放牧成了主流生产方式，最初是为生计牧养，现在则是商业生产。如果草源再充足些，畜类和牧主都会更开心的，实在没有办法，就只有在大片区域少养些牲畜，以便他们能够依靠仅有的牧草存活。当然,旱季时动物们消瘦些,雨季时更肥壮。村与村之间是开阔的土地,盖普高原上部分地区生长着牧草,而更多的地方则是灌木类。1953 年埃考克斯(J. P. H. Acocks)在他的《南非的草原地貌类型》一文中把库鲁曼周边地区归为喀拉哈里金合欢草原。[1] 1996 年的一份调查报告,《南非、莱索托和斯威士兰的植被》,把这一地区归为热带草原生物群系。热带草原处于草地和林地的过渡区域,环境极不稳定。根据 1996 年的研究,灌木平原因为所处地段的降水、土质和周边植被而分为三种,热带草原则被归为过渡类型。[2] 灌木、树木和草类的适当比例是牧主和生态学家的主要关切对象。19 世纪 80 年代以后,大型树木成为与金伯利进行木材贸易的首选。小型刺槐和其他灌木在此期间就增多了。对于这一变化,常见解释是,由于集约放牧,因此灌木多了起来;因为草是更好的饲料,灌木多了就意味着持续能养的畜类要减少。但是,对于公认的灌木丛变化过程及其所产生的影响,我们完全可以提出疑问,和本书第六章讨论的一样,除了放牧,导致灌木增长的因素还有很多。

自 1994 年以来,黑人地区的基础设施已有所改善。其中最受期待和最有名的是南非半国营性质的电力公司艾斯康电力扩展服务。但是电网扩展一直进展缓慢,有些人只待新的千年到来之际能够看到自己家接上新电线。另外一家半国营的南非电信局正在增加其在农村地区的服务业务,此外还有一家无线通信公司

---

[1] J. P. H. Acocks, *Veld Types of Southern Africa*, 3rd ed., Memoirs of the Botanical Survey of South Africa No. 57(Pretoria: Botanical Research Institute, 1988): 44 - 49. 在埃考克斯的分类中,喀拉哈里草原的金合欢是第 16 种类型。该区域发现的子类型为 16. a. 4(喀拉哈里金合欢特有品种,西北支)和 16. b.(弗雷堡灌木丛林子类型,蔷薇科分支)。

[2] 新的调查确定了这一地区的四种草原类型:喀拉哈里平原荆棘灌丛草原(30);喀拉哈里山灌木草原(31);金伯利荆棘灌丛草原(32);喀拉哈里高原灌木草原(33)。Noel Rooyen and George Bredenkamp, *Vegetation of South Africa, Lesotho and Swaziland: A Companion to the Vegetation Map of South Africa, Lesotho and Swaziland*, 2nd ed., A. Barrie Low and A. G. Rebelo, eds.(Pretoria: Department of Environmental Affairs and Tourism, 1998), 35 - 37. 有关环境的总体描述,也可参见 Snyman, *Kuruman*(1992), 8 - 10。

在索丁（Seodin）开展公共服务。1997至1998年期间，我在附近地区能够看到的改变包括在卡贡（Kagung）建立了一个不是很正规的市场，该市场模仿了圆顶茅屋的设计，但是很遗憾，一直没有投入使用。在盖-莫佩迪村附近，每隔一段距离都有一个便利的供水点，人们可以通过插入预付卡取水。公路两侧隔一段会有树立起来的大型重建开发项目公司的宣传标志，但是1996年独立发展性质的重建开发项目公司停开以后，政府对农村地区的持续投资开发规划一直不明朗。

除了河谷地区，盖普高原上的保留地和信托土地在殖民统治及种族隔离时期都归白人所有。这些地块包括喀拉哈里南部，盖普山谷和朗格伯格山（Langeberg）地区。今天的黑人在这些外人控制的土地上从事采矿和农耕生产。虽然不如盖普高原适合耕作，但是盖-莫佩迪山谷拥有库鲁曼地区最大的财富：金属。这里是世界上最为富足的锰矿产地之一。该地位于喀拉哈里南部边缘地带，由于缺水和多沙的地表，得了个很应景的名字"霍塔泽尔"（Hotazel），意思是"热如炼狱"，当然冬天也是冷如地狱。安静的草原上，耸立而起的采矿工厂是南非重工业的前哨。盖-莫加拉（Ga-Mogara）山谷的东侧是石英岩质的朗格伯格山，自奥兰治河一路向北延伸接近200公里，最高处海拔达1 836米。红色的沙漠上长满了硬质草丛和灌木，在朗格伯格山西侧与盖普高原北部拱起的地区形成一个半环形。喀拉哈里没有常流河，地质条件上也没有什么泉水，年降水量不足125毫米。干燥使这里的人口规模较小，唯一的农业就是家畜养殖。喀拉哈里地区人口水平一直不高，因此这方面不是本书关注的重点。

在即将结束对库鲁曼地理风貌的描绘时，我要提一下，对于滑翔伞运动，库鲁曼地区的环境得天独厚。从11月到次年1月份，来自全世界的滑翔伞运动爱好者在此汇聚，这里的自然环境特别适合这项运动：夏天的热气流可以推升滑翔运动爱好者到达4 000米的高空,并可运送超过 300 公里的距离。在这样的高度,他们拥有了欣赏当地风貌与人群的独特视角。地理风貌,作为一种外部起因可以作为历史研究的源泉,然而并不足以回答关于当地人群与周边环境相互影响的方式问题。要回答这些问题,需要更好地了解生态与自然环境,到更为传统的历史研究源头上找答案。那位写了一篇名为"库鲁曼:适合飞翔,不宜耕作"[①]文章的滑翔爱好者只说对了这里关于适合飞翔的部分,至于耕作问题,远非那么简单。即使在这么严峻的自然环境里,人们在养活自己方面遭遇到的困难更多的是与人类世界的不公有关,而不是与非人类世界的地理环境缺陷有关。

自下而上的两部历史:社会—环境路径

历史叙事,如同旅行一般,有自己的路径。社会历史和环境历史的研究者均声称采用"自下而上"的路径,[②]有趣的是这两种研究并不殊途同归。很显然,起点并不固定。对南非的社会史研究者来说,最为下层的构成人群主要是黑人工人和农民。对环境史研究者来说,土地和其周遭生态区域才构成最为基础的研究层级。两个学派皆旨在揭示说明底层生活的历史被掩盖了,他们的声音被忽视了,没有人替他们代言。鉴于二者出发点不同、处理方式类似的实际情况,不妨将这两种研究方法理解为历史的平行研究。事实上,两个学派的大部分研究成果没有显示出这两种研究的交叉性。但是,为了更全面地了解问题,二者要结合起来看。

关于南非乡村历史中环境因素的不可分割性在现有研究中鲜

---

① Andrew Smith, "Kuruman: Bad for Farming, Good for Flying," in *Cross Country*, n. d., 41. 我在 http://www. paragliding. co. za. 发现这篇文章的副本。

② Belinda Bozzoli and Peter Delius, "Radical History and South African Society," in *History from South Africa*, Joshua Brown et al., eds. (Philadelphia: Temple University Press, 1991), 17–20; Michael Williams, "The Relations of Environmental History and Historical Geography," *Journal of Historical Geography* 20(1994): 3.

有体现。确切地说，历史学者德·基维特（C. W. De Kiewiet）、威廉·贝纳特（William Beinart）、琼·卡拉瑟斯（Jane Carruthers），和查尔斯·范·昂赛雷恩（Charles van Onselen）的关注点是生态环境对人类历史发展的重要性。[1] 然而南非激进历史学者的研究工作更多的是马克思的环境批评视角：忽视环境因素就不是一个真正的唯物主义者。[2] 20 世纪七八十年代，南非历史学家的研究集中在对政治经济议题的研究，尤其是非洲人的无产阶级化问题。他们的贡献不可否认，但是他们对非洲农村地区一些重要的议题没有给予足够的关注，比如说生产方式、环境因素、技术因素。[3] 虽然结构性不公是南非历史研究的重要议题，但是环境压制总是在主流叙事中缺席。环境因素已经越发成为关于南非环境保护历史写作的中心议题。这些研究通常讨论的是环境退化问题、国家叫停破坏土壤以及狩猎的努力。他们也承认社会和环境的关联问题，但是他们的研究中只是把环境视作需要保护的对象，而非生产要素。[4]

对于环境历史的议题主要是分析生物有机体在历史进程中的生

---

[1] C. W. De Kiewiet, *A History of South Africa: Social and Economic* (London: Oxford, 1941); William Beinart, *The Political Economy of Pondoland, 1860 to 1930* (Cambridge: Cambridge University Press, 1982); Jane Carruthers, *The Kruger National Park: A Social and Political History* (Pietermaritzburg: University of Natal Press, 1995); and Charles van Onselen, *The Seed Is Mine: The Life of Kas Maine, a South African Sharecropper, 1894—1985* (New York: Hill and Wang, 1996).

[2] Madhav Gadgil and Ramachjandra Guha, *This Fissured Land: An Ecological History of India* (Delhi: Oxford University Press, 1993), 12.

[3] 这些开创性的社会史著作包括 Robin Palmer and Neil Parsons, eds., *The Roots of Rural Poverty in Central and Southern Africa* (Berkeley: University of California Press, 1977); Colin Bundy, *The Rise and Fall of the South African Peasantry* (Berkeley: University of California Press, 1979); Timothy Keegan, *Rural Transformations in Industrializing South Africa: The Southern Highveld to 1910* (Johannesburg: Raven, 1986); and William Beinart, Peter Delius, and Stanley Trapido, eds., *Putting a Plough to the Ground: Accumulation and Dispossession in Rural South Africa, 1850—1930* (Johannesburg: Raven, 1986), 该书很少讨论耕田情况，与其标题不符。关于南非历史学的自由主义与修正主义流派，参见 Christopher Saunders, *The Making of the South African Past: Major Historians on Race and Class* (Cape Town: David Philip, 1988), 143 - 197. 有关环境的新经典经济史，可参见 William Duggan, *An Economic Analysis of Southern African Agriculture* (New York: Praeger, 1986)。

[4] 参见 Special Issue on Politics of Conservation in Southern Africa, William Beinart, ed., *Journal of Southern African Studies* 15 (January 1989)。

态作用。这就意味着要考虑人们是如何同生物实体和物理力量相关联地运作的,这些生物实体和物理力量包括:植物、动物、病菌、海洋、湖泊、河流、火、天气、土壤,以及岩床。引进非人类世界似乎让一些环境史在写作中对人类本身的关注降低了。威廉·克罗农(William Cronon)评论说:"环境史没有能够通过研究群体以下的单位来探究一个分支的社会意义……面对社会历史的分类研究:性别、人种、阶级和民族,环境历史没有给予应有的凸显。"[1]虽然分析还不够深入,但在环境史写作中,这种分析并未缺席,而且环境史的研究一直坚信这些分析可强化对所有区域环境史的研究。非常有必要了解的是社会差别塑造人与环境的关系。

不同经历的人们应分为不同类型这一理解,会抵销在多数环境史中验证"衰败"的叙事倾向,包括生态退化和社会崩溃的故事。类似理查德·怀特(Richard White)的《根之所依》(Roots of Dependency)之类的作品,在揭示社会和经济兴衰中的环境构成因素方面功不可没。[2] 然而,用怀特的话说,如果他们说"地球上保存了生命是个奇迹",那么历史学家就是在误导大家,同样地,约翰·麦肯齐(John M. Mackenzie)警告人们不要将环境史视为"帝国主义行为在全世界加速环境退化的过程"。[3] 在非洲,退化和衰落的叙述支持不同的政治倾向。殖民官员污蔑非洲人对土地的使用具有破坏性,而后来的一派历史学家把帝国主义的土地兼并描述为一场破坏前殖民地可持续性利用的灾难。詹姆斯·费尔海德(James

---

[1] William Cronon, "Modes of Prophecy and Production: Placing Nature in History," *The Journal of American History* 76(1990): 1129. 有关北美社会与环境历史,可参见 Alan Taylor, "Unnatural Inequalities: Social and Environmental Histories," *Environmental History* 1, 4(1996): 6-19。关于美国环境保护与土地使用的基于阶层的环境史,可参见 Karl Jacoby, *Crimes against Nature: Squatters, Poachers, Thieves, and the Hidden History of American Conservation* (Berkeley: University of California Press, 2001)。

[2] Richard White, *Roots of Dependency: Subsistence, Environment and Social Change among the Choctaws, Pawnees and Navajos* (Lincoln: University of Nebraska Press, 1983)。

[3] White, "Environmental History, Ecology, and Meaning," *The Journal of American History* 76(1990): 1115; John M. MacKenzie, "Empire and the Ecological Apocalypse: The Historiography of the Imperial Environment," in *Ecology and Empire: Environmental History of Settler Societies*, Tom Griffith and Libby Robin, eds. (Edinburgh: Keele University Press, 1997), 220.

Fairhead)、莫莉萨·利奇(Melissa Leach)，以及包括詹姆斯·麦卡恩(James McCann)[1]在内，他们的历史作品揭示，关于非洲环境的殖民退化主义叙事往往是基于未经证实的假设。[2] 而把帝国主义的土地兼并视为一种天灾人祸的观点也有问题，因其对殖民前环境关系过于浪漫的描述而受到批评。非洲人民在被殖民前与环境的关系既非和谐亦非控制。[3] 实际上只是他们有自己与环境相处的独特方式，而这种方式受到了帝国主义土地兼并政策的影响和改变。

与帝国主义的土地兼并政策相关的另外一个问题是这种兼并终结了本地的环境管理方式：它破坏了"那里的生命形式和文化的自我恢复力"[4]。环境衰退和历史延续之间的争论与非洲历史学中的人们在被压迫和压榨环境下的生存方式讨论有交叉点。比如，关于非洲代理人向南部非洲矿区提供移民劳力的不同解释就是一个很好的例子。早期的结构主义者强调国家、资本在财富积累和对被剥削工人施加控制方面的作用。社会历史学家对代理人的身份地位进行集中分析后对此观点进行了挑战。他们的结论是非洲的工人阶级在创造移民劳工方面发挥了作用，并在工作场所创造了自己的文化。[5] 环境史和非洲社会历史的研究均认为帝国主义的土地兼并制造了伤痛和损失。然而，如果（环境的，或者别的什

---

[1] James Fairhead and Melissa Leach, *Misreading the African Landscape*: *Society and Ecology in a Forest-Savanna Mosaic* (Cambridge: Cambridge University Press, 1996). See also essays in Melissa Leach and Robin Mearns, eds., *The Lie of the Land*: *Challenging the Received Wisdom on the African Environment* (Portsmouth: Heinemann, 1996). 关于这一点，请参阅一个综合性的撒哈拉以南非洲环境史，James McCann, *Green Land*, *Brown Land*, *Black Land* (Portsmouth: Heinemann, 1999)。

[2] 此类作品，参见 Helge Kjekshus, *Ecology Control and Economic Development in East African History*: *The Case of Tanganyika, 1850—1950*, 2d ed. (London: Heinemann, 1977; Athens: Ohio University Press, 1996); Leroy Vail, "Ecology and History: The Example of Eastern Zambia," *Journal of Southern African Studies* 3(1977): 129–155。有关这一趋势的评判，参见 Julian Koponen, *People and Production in Late Precolonial Tanzania*: *History and Structures* (Upsala: Scandinavian Institute of African Studies, 1988), 367。

[3] Robert Harms, *Games Against Nature*: *An Eco-Cultural History of the Nunu of Equatorial Africa* (Cambridge: Cambridge University Press, 1987).

[4] White, "Environmental History, Ecology, and Meaning," *The Journal of American History* 76(1990): 1116.

[5] Bozzoli and Delius, "Radical History and South African Society," in *History from South Africa* (1991), 21. 强调建构主义分析的，参见 Patrick Harries, *Work*, *Culture and Identity*: *Migrant Laborers in Mozambique and South Africa*, *c. 1860—1910* (Portsmouth: Heinemann, 1994)。

么)自我恢复力够强,那么殖民统治结束后的状况就不能用退化来解释了。[1] 不用退化来描述并不是对变化的美化。只是承认每一代都有变化,总有胜利者和失败者,变化再大,社会还是会存在,在谴责生态变化之前必须先进行分析。我并不是要否认环境创伤或者美化非洲的代理人。我的观点是克罗农曾经指出过的关于环境历史的观点:对衰退的强调或者持续代理是叙事角度的问题。关于衰退的描述阻碍了我们的理解。绘出紧张关系结构和总体衰退的图画可以产生高峰和谷底的"剖面图"。而我遵循自上而下的叙述方式,研究感兴趣的一些具体环境,并确定它们对人类产生的力量以及人们所做出的决定。我的目标是评估不同时期的契合点,而不只是某一个点的特定历史。[2] 每一代人都会从上一代人那里承继一种对生活方式的理解,每一代人都会面对迫使他们创新的新环境。即便有几代人要进行大量的创新而收效甚微,也不能视为是一种前面提及的退化。他们的存在就是一种对自己周边环境、价值观和毅力的证明。[3]

在当代人的认识中,"自然"已非一种人类历史上的给定力量。让我们直面两种相互制衡的观点:现代主义强调人对自然的控制与后现代主义强调人对自然的建构。两种立场均有道理,但是在它们的极端形式下,很难看到生物自然力量对人类历史的作用。现代主义的立场指向了种族隔离状态中的历史结果而已。尽管种族隔离政策发生在生物自然世界,但是它更注重对人的控制而非环境。库鲁曼之前的历史表明,种族隔离状态的简化和加强是以

[1] Cronon, "A Place for Stories: Nature, History and Narrative," *The Journal of American History* 78 (1992): 1347-76.

[2] James C. Scott, *Seeing Like a State: How Certain Schemes to Improve the Human Condition Have Failed* (New Haven: Yale University Press, 1998).

[3] Phillip Curtin, "Epidemiology and the Slave Trade," *Political Science Quarterly* 83(1968): 190-216, and *Death By Migration: Europe's Encounter with the Tropical World in the Nineteenth Century* (Cambridge: Cambridge University Press, 1989); Jan Vansina, *Paths in the Rainforest: Toward a History of Political Tradition in Equatorial Africa* (Madison: University of Wisconsin Press, 1990).

本地固有的对环境的顺应能力为根据的。

　　本研究更为重要的特点是与后现代主义者的观点形成三角支撑关系。自然当然是人类建构起来的，并具有特定的文化特质。这一术语的第一个问题是生物自然力量是荒蛮的、不受人类影响的制约。这不符合生物自然力量在库鲁曼的历史事实，譬如说，库鲁曼地区对驴的驯化，就改变了沙漠地区的生物样貌。所以说，自然这个"术语"就需要解构，专注于对这一术语的解构有其条件：我们可以忘掉生物自然世界的本在和不受人类意识影响的概念。因此，我不打算物化和建构自然，而是更希望将生物整体视为人类的"环境"。这样的描述强调的是：我关注的主题是人和其周边非人类环境的互动关系，这就可以使我们看到这些生物自然实体、力量之间以及与人类之间的互动关系。这并不是说历史可以在一片无声的、非人类环境中自致，我要做的是削去代表自然的外层，还原有其自身整体性的非人类生物自然世界的真实存在。

　　读者们可能会注意到，本书相较于最近出版的其他环境历史书籍，不太强调环境的文化性和意识性。原因是这样的：19 世纪的文献记录并没有关于当时人们对其周遭生物自然世界的具体认识。最有见地的关于早期茨瓦纳地区对人类和非人类世界构建的是琼（Jean）和约翰·科马洛夫（John Comaroff）所进行的，他们推断说茨瓦纳地区的人们对于家庭内部空间和荒野持有截然不同的立场，他们强调内部空间。这种分析促使我在第二章中进行关于生产和权力关系的讨论。这种对于驯养的偏向贯穿本书研究始终，不同于旱季在酋长墓前的祈愿以及其他众多的祈雨仪式。我没有发现有专门的仪式和标志来强调驯养，虽然放牧和种庄稼有可能就是一种对驯养的强调，或者说它们本身就是一种象征。我的采访也几乎没有发现对自然风光的精神追求。除了尊重墓地，人们没有表现出对特定微观环境的精神追求。本书研究不太关注文化方面——只关注贫穷、电力、剥夺，以及非人类环境的代表——来自我的采访总结，包括开放性采访。总的来说，我的经验是这样的：人们对于周遭环境的认识很难描述，更容易的做法是推测他们在特定的社会和生物自然环境下做出相应反应的原因。因为社会和生物自然环境有其文化背景。在本书最后一章我探索了关于环境公平正义的当地理解和看法——它们反映在我的采访中。

值得注意的是，与北美环境历史学家或者南非社会历史学家相比较，热带非洲的历史学家在强调社会、文化和环境的历史整体性上趋向一致。譬如说，从一开始塑造这一领域的资深历史学家飞利浦·卡廷（Philip Curtin）和简·万思纳（Jan Vansina），就特别强调环境力量。[①] 其他人虽没有采取明确的环境论方法，但把环境因素引入文化研究和生产研究的主要历史学家有史蒂芬·费尔曼（Steven Feierman）和伊莱亚斯·曼达拉（Elias Mandala）。[②] 另外，约翰·艾利夫（John Iliffe）写了一本非洲历史教科书，描述人们如何适应当地环境，虽然这本书充满敌意。[③] 把东部非洲，特别是中东部非洲的历史学家作为一个学派，他们对于环境的分析有着重要地位。早在 1977 年，东非历史学家就写过帝国主义和环境变化的关系。[④] 最近一代的东非、中非和西非历史学家对生态管理、生产、保护和环境意识的分析更为关键了。这些历史学家是第一批

[①] Philip Curtin, "Epidemiology and the Slave Trade," *Political Science Quarterly* 83 (1968): 190 – 216, and *Death By Migration: Europe's Encounter with the Tropical world in the Nineteenth Century* (Cambridge: Cambrige University Press, 1989); Jan Vansina, *Paths in the Rainforest. Toward a History of Political Tradition in Equatorial Africa* (Madison: University of Wisconsin Press, 1990).

[②] Steven Feierman, *Peasant Intellectuals: Anthropology and History in Tanzania* (Madison: University of Wisconsin Press, 1990); Elias Mandala, *Work and Control in a Peasant Economy: A History of the Lower Tchiri Valley in Malawi, 1859—1960* (Madison: University of Wisconsin Press, 1990).

[③] John Iliffe, *Africans: The History of a Continent* (Cambridge: Cambridge University Press, 1995). 关于非洲人处于不利环境中的另一种描述，参见 Harries, *Work, Culture, and Identity* (1994), 1 – 17。

[④] Kjekshus, *Ecology Control* (1996); Vail, "Ecology and History: The Example of Eastern Zambia," *Journal of Southern African Studies* 3 (1977): 129 – 155.

用社会史的分类方法看待人与环境的关系的。① 这体现着非洲环境历史学的细微差异，对文化和社会议题的敏感性，可以提供给北美和世界其他地方环境历史学家有用的模式。

美国环境历史学家阿尔弗雷德·克罗斯比（Alfred Crosby）、卡罗琳·麦钱特（Carolyn Merchant）、理查德·怀特和唐纳德·沃斯特（Donald Worster）②做出了令人鼓舞的工作；南非历史编纂现存的疏漏；克罗农对环境历史学家考虑社会分类的呼吁；以及热带非洲历史学家的表率作用，都促使我要写一部关于南非社会环境发展变化在喀拉哈里金合欢草原的历史。

在库鲁曼做社会—环境史研究

建构库鲁曼的历史，我主要从环境史入手。环境史需要考虑人与环境相互作用的几个不同层次。根据沃斯特的主张，重建过去环境条件是调查的第一层次；第二，生产对生态的影响，包括技术和社会考量；人类对环境的看法则是第三。麦钱特的调查模式与沃斯特的方法相差无几，只是在生产和意识之间增加了再生产。③ 和这些及其他环境史学家一样，我开始在生物自然世界中进行探索：什么是环境特征，以及它们如何随时间变化？了解环境特征对于这种方法是至关重要的，但研究环境历史绝不要掉入环境决定论。在库鲁曼的历史中显而易见的是，环境特征并不能决定

① James Giblin, *The Politics of Environmental Control in Northeastern Tanzania, 1840—1940* (Philadelphia: University of Pennsylvania Press, 1992). 相关论文也可参见 Gregory Maddox, James Giblin, and Isaria Kimambo, eds., *Custodians of the Land: Ecology & Culture in the History of Tanzania* (Athens: Ohio University Press, 1996)。

② Alfred Crosby, *Ecological Imperialism: The Biological Expansion of Europe, 900 – 1900* (Cambridge: Cambridge University Press, 1986); Carolyn Merchant, *Ecological Revolutions: Nature, Gender and Science in New England* (Chapel Hill: University of North Carolina Press, 1989); Donald Worster, *Rivers of Empire: Water, Aridity and the Growth of the American West* (New York: Pantheon, 1985); and White, *Roots of Dependency: Subsistence, Environment and Social Change among the Choctaws, Pawnees and Navajos* (1983).

③ 从环境史角度进行分析的，可参见 Worster, "Transformations of the Earth: Toward an Agroecological Perspective in History," *Journal of American History* 76 (1990): 1090 – 1091; Merchant, *Ecological Revolutions* (1989), 5 – 26。

人们的耕作方式。对于一个严酷环境下的自然风貌,金合欢草原与散布的泉水为人们的生活提供了多种选择。人们经常根据可能的结果和吉凶判断,变换与环境的关系。

麦钱特和沃斯特在社会生产应遵循环境特征而进行上观点一致,对于这一问题的回答占据了本书的大部分内容。和沃斯特一样,我们寻求从"农业—生态"的历史视角研究社会环境史,我看到的人与环境之间最基本的相互作用就是在生产层面,特别是粮食生产方面。[①] 纵观整个历史,食品生产一直是主要的社会活动,是改变人与环境关系的显性历史力量。我并不是说生产以任何功能主义的方式来决定再生产或对环境的认识;当然,这种关系是相互的,但生产是农村环境史上更加动态和有影响的分析领域。我坚信要了解农村的历史,了解农村的社会关系,就要分析人们生活中最主要从事的事务。这就需要在大的环境背景下审视具体的生产技术和方法。

伊莱亚斯·曼达拉的研究很好地说明了这一点,但是曼达拉注意到,非洲的历史学家对生产关系的兴趣甚于对生产方法的兴趣。[②] 通过调查生产方式可以揭示经济上的逻辑关系,并使生产关系具体化。正如约翰·萨顿(John Sutton)所说,这是一种"研究社会历史从农耕文化出发的有力尝试"。

> 这不仅仅包括用于耕作的工具和在田间使用的技术,也不仅仅是年度和季节性庄稼种植安排,或者套种与单种,以及如何把农作物的种植与畜禽养殖结合的各种方式。它需要综合考虑整个有机链,除了自然的环境,

---

[①] 关于早期在类似环境下说茨瓦纳语人的农业历史,参见 Duggan, *An Economic Analysis* (1986); Gary Okihiro, "Hunters, Herders, Cultivators, and Traders: Interactions and Change in the Kgalagadi in the Nineteenth Century," Ph. D. dissertation, UCLA, 1976。

[②] Mandala, *Work and Control* (1990), 8–12.

还有社会的环境，以及逐年农业续种的具体安排和
策略。[1]

我对社会有机组织和生产战略的分析集中在两个问题上：人们对
劳动力投资的选择以及他们在实践特定生产方式时彼此互动的
方式。

在劳动力的投资决策上，我从埃斯特·博塞拉普（Ester
Boserup）的工作中受益匪浅，她认为人们会集约化耕作，为应对人
口增长而转向永久性耕作。不同的休耕期和不同程度的对生态进
程的干预标志着集约化的不同阶段。[2] 缩短休闲时间和更多的环
境改造意味着同一地区要养活更大人口；然而，这需要投入更多的
工作量。集约化耕作增加了食物的总量，也增加了相对的劳动量。
她认为，在没有人口增长的情况下，人们不愿意集约化耕作，因为
这需要更大的劳动强度。博塞拉普的理论并不能为人类历史上的
集约化劳动提供一个完整的解释。例如，它只涉及耕作，而不涉及
牧作，这比平和的轮垦需要更广泛的土地利用。此外，人口并不是
土地使用的唯一决定因素，而博塞拉普并没有解释自然环境、人文
环境、历史环境对粮食生产中人类活动的影响。对于这项研究来
说，她认为人口是一个独立变量这个观点，比不上把它解释为人们
推迟集约化耕作是因为这要求更大工作量的投入，这点更为根本。
20 世纪 20 年代苏联经济学家恰亚诺夫（Chayanov）为此发明了一
个令人回味的词语："苦工厌恶"（drudgery aversion）。[3]

---

① J. E. G. Sutton, "Editor's Introduction: Fields, Farming and History in Africa," Special volume on the
History of African Agricultural Technology and Field Systems, *Azania* 24(1989): 7. "Towards a History
of Cultivating the Fields," is the title of Sutton's article, pp. 98 – 112.

② Ester Boserup, *The Conditions of Agricultural Growth: The Economics of Agrarian Change under
Population Pressure* (New York: Aldine, 1965). 有关博塞拉普思想的讨论，参见 Randall Baker,
Environmental Management in the Tropics: An Historical Perspective (Boca Raton: CRC Press, 1993)。

③ 引用 Frank Ellis, *Peasant Economies: Farm Households and Agrarian Development* (Cambridge:
Cambridge University Press, 1988), 102 – 119。

博塞拉普对劳动力需求和生产变化的观察可以比较牧作、饲料、耕作模式变化和灌溉的优缺点。萨顿和托马斯·斯皮尔(Thomas Spear)在东非对集约化生产和粗放生产的历史进行了考虑,但据我所知,南非还没有这种研究。[1] 将这些见解应用于研究库鲁曼的历史,我解释了在农牧区和开普边境,英国殖民主义、隔离政策如何改变了人们固有的对环境的使用方式。半干旱地区的金合欢草原、流动的泉眼,库鲁曼环境为人们提供了各种各样限制的同时也提供了多种发展可能性,这为探索该地区集约化和粗放的土地利用历史提供了良好的基础。最大化农业用水的持续努力并不存在。要了解为什么集约化土地利用一直保持着一定的程度,需要从历史的脉络考察人类、生物和自然的因素。"粗放"和"集约化"的土地利用很难分类,因为这些术语是相对的。19世纪的传教士和一些现代的评论家都表示,粗放生产不是基于技术阻碍条件下欠发达的土地利用。相反,基本的技术和生态条件是它的优势,使得人们能够以更低的付出和风险获得食物。在库鲁曼,因为粗放生产的劳动强度低,集约化生产难以深入,19世纪尤其明显。直到20世纪条件才成熟,使得粗放生产几乎不可能再扩大。

虽然我对生产问题的研究始于人们如何与生物自然环境互动的思考,但是人们如何互动的社会历史问题贯穿我的分析。人类与环境之间的互动是一个不可分化的整体;在库鲁曼,种族、阶级和性别决定社会划分,进而决定了土地的使用方式和利益共享方式。[2] 在这方面的调查上,热带非洲环境史上的大量先有研究令人

---

[1] Sutton, "Towards a History of Cultivating the Fields," *Azania* 24 (1989):98－112; Thomas Spear, *Mountain Farmers: Moral Economies of Land and Agricultural Development in Arusha and Meru* (Berkeley: University of California Press, 1997).

[2] 民族问题无疑应该是南部非洲和环境史上的重要因素;然而,现时代的民族问题并不是班图－科伊桑边界形成的因素,因为在20世纪的库鲁曼,塔拉坪人和塔拉洛人还没有形成明显区别性的种族意识。

钦佩。詹姆斯·吉布林（James Giblin）和罗伯特·哈姆斯（Robert Harms）的研究表明：互惠互利生产是一个大环境问题，强大的阶级阻碍他人发展独立的生产活动，而弱势群体选择特定的生产形式来提高自身的利益所得。吉布林探讨了阶级关系如何促进锥虫病管理和粮食安全，但赞助人和被赞助者的获益程度是不平等的。[①] 哈姆斯研究了人们如何在不同的微观环境中，采用不同形式的战术性生产决策实现自我生存和成功的社会竞争。[②] 亨利塔·摩尔（Henrietta Moore）和梅根·沃恩（Megan Vaughan）透露，性别类分是非洲环境史上另一个突出特征。从农业历史和营养构成的角度，他们以柑橘为例，分析了赞比亚的农业转型体系发展，并展示了男女不同的机会和义务，所导致的不同的生产类型和分配策略。对妇女获得资源的种种制约使她们无法平等地像男子那样从农业中获益。[③] 种族和民族认同也具有环境特征。在一例西非的研究中，詹姆斯·韦伯（James Webb）认为，气候变化在沙漠边界地带造成冲突，并为撒哈拉西南部牧区人民建立了或比丹（Bidan）或"白人"的身份。[④] 在本书中，我将探讨一个社会环境史研究方面欠缺的内容：国家。由于国家以优势社会群体的意志行使权力，其对人类与环境关系的影响需要持续思考。这些社会历史问题将表明，虽然库鲁曼的环境总体上是干旱的、相对贫瘠的、容易出现畜类疫情和灌木丛的过度生长，却是来自人类社会自身的主观因素阻碍了其本可实现的自给自养。而与此同时，部分贫穷和处权力中心外围的人们却可以在这种环境中实现自立和自养。

我进行社会和环境史研究的路径是田野调查，搜集文献记录，

---

① Giblin, *The Politics of Environmental Control* (1992).

② Harms, *Games Against Nature* (1987).

③ Henrietta L. Moore and Megan Vaughan, *Cutting Down Trees: Gender, Nutrition and Agricultural Change in the Northern Province of Zambia, 1890—1990* (Portsmouth: Heinemann, 1994).

④ James Webb, *Desert Frontier: Ecological and Economic Change along the Western Sahel, 1600—1850* (Madison: University of Wisconsin Press, 1995).

并搜索包括大气学、气候学、地质学、地貌学和生物学在内的各种研究分析。科学证据可以帮助我辨识影响人类历史发展的生物自然世界特质。这其中包括降雨周期、土壤特征、水下岩溶系统、植被变化、畜类疫情和饮食结构。在了解这些问题时，我还咨询了有关专家。

　　文献来源方面，在这项研究中，我从三份已发表的研究中获益良多：凯文·希林顿（Kevin Shillington）关于南部茨瓦纳殖民地历史的研究，斯奈曼（P. H. R. Snyman）关于库鲁曼人地方史的研究，以及琼和约翰·科马洛夫对南部茨瓦纳的基督教研究。[①] 这些书对文化、政治和经济过程的深入研究和诠释，为我提供了进行环境史研究的总体框架。这些书对我自己所进行研究的重要性难以估量。

　　我进行研究所依靠的主要资源是文献记录，在一定的时间跨度内，它们在研究上的数量和质量差异很大。与非洲大部分地区相比，该地区只有在 19 世纪的文献资源特别丰富。前面的章节参考了业已出版的游记和传教档案记录。殖民吞并之后，出版物和官方档案记录是主要参考来源。然而，通常情况下，这些描述在数量上与非洲人的自身体验无法匹配。问题仍然是，这些带有偏见的外来描述更多地代表了创作者自身的观察，而非来自当地环境和当地居住人们自身。玛丽·路易斯·普拉特（Mary Louise Pratt）就批评了为这本书提供资料的殖民者解释的强加性。然而，这些资料到底还是呈现了当地的景观风貌以及人情、植物和动物。[②] 在

---

① Kevin Shillington, *The Colonisation of the Southern Tswana, 1870—1900* (Johannesburg: Raven, 1985); Jean Comaroff and John L. Comaroff, *Of Revelation and Revolution*, Vol. 1, *Christianity, Colonialism and Consciousness in South Africa* (Chicago: University of Chicago Press, 1991); and John L. Comaroff and Jean Comaroff, *Of Revelation and Revolution*, Vol. 2, *The Dialectics of Modernity on a South African Frontier* (Chicago: University of Chicago Press, 1997).

② Mary Louise Pratt, "Scratches on the Face of the Country; or what Mr. Barrow Saw in the Land of the Bushmen," *Critical Inquiry* 12(1985): 119 – 143. 就这些殖民者对当地人的描述，见贝纳特质疑普拉特关于他们种族中心和男性偏见的论点，参见 Beinart, "Men, Science, Travel and Nature in the Eighteenth and Nineteenth-Century Cape," *Journal of Southern African Studies* 24(1998): 775 – 799.

英国和开普统治的早期几十年间,官僚们留下了详细的描述性记录,但在 20 世纪 50 年代,材料质量下降了,因为政府官员越来越多地将注意力转移到自己的领域上,而不是非洲当地的环境。我没有发现有关茨瓦纳语言的记录,在外界留下的纪录中,非洲人自身的说明少得可怜。但是,我坚持让库鲁曼等非洲人自身的记录有更多权重。在阅读这些文献纪录的过程中,我的目标是通过对环境、文化、社会角度的研究来审视生活其中的人们,及其背后的非人类世界。在以下两个层面上阅读外部来源资料很有必要:他们生活的大背景、所持偏见以及特定历史环境中活生生的人的证据。① 虽然外来观察者非常简单地代替了土著人的声音,但想要听到当地农民对他们自己的描述还是可以通过其他途径实现的。正如摩尔和沃恩所说,"具体的耕作实践与部门证据和自我呈现一样可以'发声'"。② 农业上具体的耕作实践,即使被给予了带有偏见的描述,也可以作为解读当地人评估自身选择的依据和注脚。

对于将当代本土知识或通过观察实践获得的信息向更早的时期逆推方面,我一直很谨慎。本研究进行期间,粮食生产发生了根本性的变化,而今天库鲁曼地区的人们已很少耕作。也就是说,核实殖民时期的民族志记录是无法实现的。20 世纪的大部分情况,我们是可以通过听取农民的声音获取的。为了挖掘这些记忆和知识,我曾经做过两次田野调查工作。③ 我的目标是通过居住在这个历史时期人的眼睛来看待环境、生产过程和社会互动。1991 年我进行了自己的博士论文研究——1935 年之前的工资劳动替代生计生产情况。当时,我花了两个月的时间来了解当地人和库鲁曼这个地方。我住在莫法特基督传教驻地,开车穿过边界进入博普塔茨瓦纳进行调研。生活在南非的白人圈并不是理想的选择,但鉴于我的种

---

① Moore and Vaughan, *Cutting Down Trees* (1994), xi – v; Fairhead and Leach, *Misreading the African Landscape* (1996), 55 – 70.

② Moore and Vaughan, *Cutting Down Trees* (1994), iii.

③ 这些采访的文字记录存放在库鲁曼莫法特布道所图书馆。

族和政治现实,只有如此。这个废弃基地提供给我的好处是视野开阔:我可以在距离库鲁曼镇 60 公里半径范围内的许多村庄进行广泛接触,访谈就做了 29 次。我的联系人开始时是莫法特基督传教驻地信托机构主管艾伦·巴特勒(Alan Butler),他向黑人教区和社区领导进行了推荐,后者又把我介绍给了对 1935 年以前那段时期记忆犹新的老年男女,他们再把我介绍给自己的亲戚和邻居。预估到小组访谈可能会抑制一些声音,我主要是进行了单独采访。① 有些采访是英文的,有些采访是茨瓦纳语的,因为我曾在研究生院学习过茨瓦纳语,但需要翻译协助和来自博普塔茨瓦纳大学(现西北大学)口译员的翻译。随着研究的推进,他们逐渐也可以用我设计的调查问卷进行自己的采访。住在莫法特布道所的彼得·莫科梅勒(Peter Mokomele)在联系社区和翻译检查方面帮了大忙。为了寻求佐证或反对意见,我们问了很多人同样的问题,探求农业、放牧和生产实践的内容,以及在人们如何合作开展工作方面有很高的一致性。一致性使我对结果有了信心,但也让我内省,只对年长者提问是否是理想的设计。有几次是对不同寻常的受访人进行访谈,盖-莫佩迪的酋长,艾萨克·席默库(Isaac Seamecho),出生于 1909 年,成为我了解当地历史的重要老师。他特别擅长记日期,记忆力非常棒,并能够把库鲁曼地区的事件放在更大历史背景下理解。与他一起,我经历了最好的开放式对话。此外,我发现我的集体访谈也是活力十足、交流充分。

我在 1994 年的选举期间曾经对库鲁曼进行了一次闪电式探访,而我在 1997 年进行深入研究时,发现库鲁曼自 1991 年以来发生了很大变化,特别是在发展、恢复和民主方面。有新增加的网络、进一步的开放性,以及其他积极的变化。因为莫法特基督传教驻地是一个理想的中心位置,我再次把它作为我的基地,艾伦和希

① David Henige, *Oral Historiography* (New York: Longman, 1982), 49 – 51.

尔达·巴特勒已经搬回了英国，替换他们的史蒂夫·德·克鲁希（Steve De Gruchy）和玛丽安·洛芙迪（Marian Loveday）也同样助益良多。尤其重要的是，当时负责调查在隔离制度下强制搬迁赔偿诉求的研究人员正在进行的工作与我的工作有交叉点。彼得·莫科梅勒已经成为社区与农村发展协会的研究员，该协会是当地一个非政府组织，该组织致力于搬迁区土地索偿。我和彼得以及他在社区和农村发展协会的同事分享了我的档案研究成果，他们允许我引用他们的访谈。此外，我与正在寻求恢复原有村庄土地的索偿委员会之间的接触进展顺利。他们支持我的工作，我与他们分享了我手头的信息。遗憾的是，席默库先生和其他几个年事高的老朋友已经去世了，但很多其他健在的人都非常容易接受我们的工作。

这次，我采用了不同的研究方法，使用快速农村评估（RRA）的研究方法开展田野调查，[1]主要是使用演练和开放式问题来展开讨论和交流。由发展学专家设计，代替发达地区专家那样耗时费钱的定量调查和流于表面的"发展旅游"项目。它被证明非常适合历史研究。主要原则是避免导向性提问、放松、讨论中较少干扰、鼓励提供资料者直接讨论，采访信息客观，并严格把控过程及其作用。与以前使用的方法相比，快速农村评估的好处是：当地人有外来者想要的信息，外来者可以借此更容易、更深入、更客观地进行研究。在这个项目中，我的研究助手无疑促成了快速农村评估方法的使用。我以前的两位学生，卡尔顿学院毕业生克里斯汀·罗素（Kristin Russell），布朗大学毕业生梅根·韦普尔斯（Megan Waples），自 1997 年 9 月至 12 月自愿帮忙。在库鲁曼，我聘请了说茨瓦纳语的研究助理，他们是波比·阿福克纳（Poppy Afrikaner）、班吉·莫萨拉（Bhangi Mosala）、特索洛·斯廷坎普（Tsolo Steenkamp）、克格莫索·舍特（Kgomotso Tshetlho）和维多利亚·萨

---

① 关于快速农村评估的指南，我参考了 Robert Chambers, *Rural Appraisal: Rapid, Relaxed and Participatory* (Brighton: Institute of Development Studies, 1992)。

斯姆（Victoria Tsatsimpe），他们为美国人提供了采访和翻译服务。
以 2—4 人为一组，我们在耐克文（Ncweng）、盖-莫佩迪、巴塔拉洛斯、索丁、卡贡、塞迪本（Sedibeng）、盖-西博劳（Ga-Sebolao）、盖-洛特哈尔（Ga-Lotlhare）、迈菲尼基（Maiphiniki）、盖-迪博（Ga-Diboe）、罗格巴特（Logobate）和丘吉尔（Churchill）等村庄进行了 42 次小组访谈。在彼得·海伍德和斯蒂芬·科特罗恩（Stephen Kotoloane）的协助下，我于 1998 年 3 月和 7 月进行了 12 次半结构式回访。在这期间，我们补充了对 24 个人的个别访谈，记录他们的生活和补采前期不能来参加访谈的人。在个人访谈中，人们有时会对敏感信息接受访谈。

　　我们的快速农村评估采访通常是在社区成员建议的教堂、诊所或学校邀请一个小组与我们会面。在我们的第一次采访中，我们要求人们使用彩色笔和大纸绘制自他们年轻时候起土地利用的变化图。研究早期使用的另一个技术是步行横穿村庄、牧场和耕地。随着时间的推移，我们还经常使用模型。例如，在关于饲料类植被的采访中，我先问"动物吃什么草原植物？"班吉就在纸上写出他们集体讨论的一些最常见的饲料植物。我们在两三组中进行了这项工作，以检查和扩展清单内容。后来，在一次到草原的旅程中，有人教我辨认了几种最重要的饲料类植物，我们一起借助现场向导来确定植物的科学名称。来自西北大学的植物学家大卫·法拉特（David Phalatse）也帮我辨识。在次一轮采访中，人们根据牛、绵羊、山羊对不同植物的偏好进行了排序。他们还用干豆模拟了不同饲料植物的相对重要性——使豆堆大小与他们对植物重要性的认知成比例。他们还评估了不同饲料植物的价值。最后，人们用豆量来显示随时间推移他们对草木比的记忆变化。毫无疑问，干豆成了我们最重要的研究工具。使用多达四种豆类来表示不同的类别，人们模仿许多不同主题的时间变化——社会分野、降雨量、畜群构成、获得生计的策略、家畜疾病、饮食结构和贫困水平。

这些模拟中的视觉呈现迅速传达了很多信息,但最有价值的信息交流来源于倾听他们的讨论,并向他们追问根由。我们通常的做法是先录制讨论过程,然后写下讨论笔记,根据我们对信息质量的评估,对讨论或记录或进行解释,或记下他们的原话。在这些采访中,人们讲英语和茨瓦纳语。引文要么是原始英文、要么由我的研究助理翻译而成。

这些方法特别适用于近期农村社会环境史研究。快速农村评估所采用的工具揭示世俗日常的逻辑和动力,引发对经济活动的结构性分析和对环境条件的评论。与我以前的研究不同,对这个时期有记忆的中年人,可以请他们到一个中心位置参加集体碰面。诸如民族生物学、耕作方法、家庭经济情况和泛泛的历史概述等主题在社区政治中并不是有争议的问题,因此不太可能因是群体访谈而有所偏离。我们见证通过快速农村评估方法进行调查工作的人,见证他们参与主题讨论、补充和反驳彼此的发言。我们在几次不同的访谈中重复重要的问题来交叉验证。这种方法对于人们通过抽象地建模来讨论敏感主题,如社区财富分配,也是有价值的。然而,我们确实发现,群体访谈不利于诸如驴屠杀这类敏感话题的异议的产生。快速农村评估的优点在于它确保访谈对于受访者的参与和指导是开放的,与问答格式相比,其较少受采访人员意图和需求的左右。

关于边疆、殖民主义、种族隔离的概述

在这本书中,我围绕非洲史和环境史中三个连续而又相互交错的方面组织了章节:边疆时期,殖民统治时期和种族隔离时期。我将借鉴两个领域的历史书写展开我对这些主题的理解,并探讨人与环境之间的关系如何通过政治、文化和经济的力量影响而变化。

边境地带是不同社会之间的接触区,为不同文化、经济和政治制度的交汇地。边疆对于历史学家来说是最有趣的,动力十足、一方侵入另一方的领土、人们通过混合或征服而加入。1700

年至 1820 年间,两次不同的边疆遭遇激活了库鲁曼的历史。两者都带来了人与环境和人与人相互关系的转变。在南非历史上,17 世纪后,边境通常是从属于开普的。然而,欧洲影响力的推进给早期非洲的边境区带来了新的文化、语言、人类的物质形态和生产方法。[①] 班图(Bantu)和科伊桑(Khoisan)文化群落之间的边境地带就属于这一类,农牧民族文化和班图语言,首先是通过班图农牧民的侨民来传播。此后,他们的出现以及其他激励措施使得许多本土的科伊桑人参与创造茨瓦纳酋长国——塔拉坪(Tlhaping)和塔拉洛(Tlharo)。我在讨论农牧业生产时,认为这是一种非常粗放的土地利用。不同于通常对班图语社区酋长权威的描述,我要强调的是在塔拉坪和塔拉洛有一个专门从事采集的阶层。全职采集食物者通常是赤贫群体,但有些人似乎更倾向于作为富人的雇佣。最有权力的人——酋长,掌控牛群,其他男性立志设法获得畜群。妇女被排除在畜群所有权之外,所以她们只有耕作,但我把农业看作是独立于男性畜群权力之外的女性自治领域,而不是男性剥削女性劳动力的一种情况。男女在生产中互惠互利,虽然对男性有所倾斜。在这一社会以及随后的所有社会中,社会分化决定了环境使用中的优先权,但那些权力较小的人仍可在合适位置得到相应的环境使用权。

19 世纪见证了开普殖民地和内陆社会之间的第二个边境开端。边疆在南非定居的白人历史学家眼中是一个有用的概念。特别有价值的是马丁·莱格斯克(Martin Legassick)关于开普边境地区格里夸(Griqua)、塔拉坪和塔拉洛的研究成果。[②] 讽刺的是,正

[①] Martin Hall, *Farmers, Kings and Traders: The People of Southern Africa, 200 – 1860* (Chicago: University of Chicago Press, 1990), 32 – 45.

[②] 参见 Martin Legassick, "The Griqua, the Sotho-Tswana and the Missionaries, 1700—1840: The Polities of a Frontier Zone," Ph. D. dissertation, UCLA, 1969. See also, Leonard Thompson and Howard Lamar, eds., *The Frontier in History: North America and Southern Africa Compared* (New Haven: Yale University Press, 1981)。

是莱格斯克对边疆是南非种族冲突的熔炉这一传统研究的驳斥，使 20 世纪七八十年代的南非历史研究远离边境地带。[①] 当然，即使边疆不是现代南非种族分裂的起源，这仍然值得研究，历史学家已经重新回到把开普边疆作为一个相互交流和变化区域来思考的阶段。[②] 开普边疆出现了新的环境关系。不仅仅是因为养牛，灌溉和商业狩猎对普通人和精英阶层都是开放的。事实上，这些做法分散了农牧等级权力，这可能有助于权力普及。然而我认为，人们应该将灌溉和商业狩猎结合泛化的土地使用制度来看。开普敦边疆虽然为男性带来了革新，但妇女和最贫困人口的环境活动却变化不大。

见于第四章、第五章和第六章的讨论是这本书的第二部分：殖民主义。南非的殖民主义和环境史概念有一个尴尬的局面：殖民主义和帝国主义的环境历史聚焦于白人定居者。[③] 当然，南非有大批白人定居者，但与其他定居者社会不同，本土人口数量并没有下降。我的目标是研究本土人口稳定地区的殖民地环境史。虽然非洲人占多数，但他们经历了殖民化。因此，非洲殖民时期的环境史研究必须探索国家行政权力如何塑造人与非人世界的关系。虽然涉及南非环境史的大多数比较是关于温带地区的定居者社会，但重点放在了国家如何造成南非与非洲大陆之间环境史的相似之处上。在殖民地时期的非洲，国家没有公平分配环境或其他方面。尽管如此，库鲁曼地区最早的殖民地国家由一个家长制政权通过直接统治来管理，因此，比南非或其他地方的后来殖民国家所受的干预少。

使南非历史学家最感兴趣的殖民主义方面是社会和经济的资

---

① Legassick, "The Frontier Tradition in South African Historiography," in *Economy and Society in Pre-Industrial South Africa*, Shula Marks and Anthony Atmore, eds. (London: Longman, 1980), 44 – 79.

② Nigel Penn, "The Orange River Frontier Zone, c. 1700—1805," in *Einiqualand: Studies of the Orange River Frontier*, Andrew B. Smith, ed. (Cape Town: University of Cape Town Press, 1995).

③ Crosby, *Ecological Imperialism* (1986); Griffith and Robin, eds., *Ecology and Empire* (1997).

本主义转型。在南非黑人中,这个过程是通过建立流动工资劳动来实现的。库鲁曼的历史表明,生物自然力量对这一进程做出了广泛意义上的贡献。面对殖民统治者和现金经济,非洲农村社会丧失了政治和经济自主权,流动工资不足以支持家庭。一项研究表明,赚取工资的人没有停止与生物自然世界的相互作用。因此,我分析了依靠劳动获取工资者的生产方式变化,以及他们随时间推移变化的方式。到 20 世纪 50 年代,人们减少了补贴生计生产,变得更加依赖现金。我还考察了补贴生计生产的社会关系,发现逃避社会不平等互惠关系的希冀是耕作减少的原因之一。

本书的最后一部分,第六章和第七章,考察了隔离主义政策进一步改变人与非人世界关系的时期。种族不是环境史上的突出话题。[①] 着重探讨种族问题工作的是安德鲁・赫利(Andrew Hurley)的一本书,其中记录了印第安纳州加里地区暴露在污染中的风险不平等问题。然而,赫利在加里的研究和我在库鲁曼地区研究之间的相似之处是有限的。他的发现是阶层比种族更具有决定性,他和美国的其他种族环境史都是基于城市地区的。[②] 不幸的是,环境史学没有在农业、殖民地环境中研究种族隔离制度的范本。虽然种族隔离在有白人定居的社会中充分发展,但其实施需要借助于类似非洲其他各地的国家殖民政策。我对南非种族隔离的理解得益于马哈茂德・马姆达尼(Mahmood Mamdani)的作品——《公民和主体:当代非洲和后殖民时代遗产》。马姆达尼说,在殖民地时期的非洲间接统治下,包括种族隔离主义下的南非,国家"不是拒绝让权给城市主体的种族权力组织,而是一个对部落人民强制

---

① 有一个例外,参阅 Martin Melosi, "Equity, Eco-Racism and Environmental History," *Environmental History Review* 19, 3(1995): 1 - 16。

② Andrew Hurley, *Environmental Inequalities: Class, Race, and Industrial Pollution in Gary, Indiana, 1945—1980* (Chapel Hill: University of North Carolina Press, 1995). 另参见特刊"Environmental Justice in the City," *Environmental History* 5(2000)中的所有文章。

施行惯习管理的种族权力主体"。[1] 这一主体地位使得非洲人拥有更少的权利和更少的使用自己土地的能力。利用这些限制性权利,国家通过限制黑人居住地和他们使用土地的方式将隔离政策扩大到环境领域。通过强制清除和强制性保护行为——最为臭名昭著的是对驴的屠杀,国家成为人们与环境关系中频现且不受欢迎的角色。

事实上,刘易斯(C. S. Lewis)的说法在历史上的许多事件中可以得以印证:"我们所宣称的人类对自然的权力结果变成了一些人以自然为手段赋予自身高于其他人的权力。"[2]在本书中,我谴责强权者借由环境获取最大财富并摧毁弱者与环境关系的方式。我也同样要说明,弱者已经找到了他们自己与环境互动的方式以缓解生存窘境。我希望这种对权力的批判,有助于改革和发展这个地区的黑人公共权属区域。我也希望那些有专业知识、资源和责任的人努力鼓励和改善贫困人口基于环境条件的创新生活方式,以避免他们为少数商业生产所取代。最后,希望我对这一历史的诠释,为居住在公共区域的人们提供新的见解,使他们了解生活在这样的环境中有许多可能的方式,并帮助他们规划更为公正的分配方案。与所有人类同胞的相互关系共同决定人们对使用环境方式的选择,虽然并不是每个人都有同等的选择自由,但至少在"自然"所构成的挑战方面,人们共同面临着如何与环境相互依存的挑战。

---

① Mahmood Mamdani, *Citizen and Subject: Contemporary Africa and the Legacy of Late Colonialism* (Princeton: Princeton University Press, 1996), 21.

② C. S. Lewis, *The Abolition of Man: Reflections on Education with Special Reference to the Teaching of English in the Upper Forms of Schools* (London: Geoffrey Bles, 1943; 2nd ed. 1946), 40. 其他环境史学家的引用,参见 Taylor, "Unnatural Inequalities Social and Environmental Histories," *Environmental History* 1,4(1996): 16。

第二章

生活在农—牧边远之地的牧羊族和捕鱼族, 约1750—1830

> 人们被告知, 奶牛、公牛、羊群和其他动物都是出于某些目的而被创造出来的, 比如果腹和御寒, 当问及人类因何而生时。回答说, 要对别人进行掠夺。[1]

不同群体在边疆相遇时, 他们必须就许多问题进行谈判, 包括使用环境的方式。因为这些遭遇引入和建立了新的环境关系, 所以他们特别能吸引环境史学家的兴趣。在早期的库鲁曼地区, 和其他地方一样, 边疆遭遇各方的角力为变化提供了动力燃料。事实上, 这本书的两个主要关切——环境关系的社会差异和强化过程——首先出现在 18 世纪的农—牧区边境。因此, 我们环境史研究在这里的出发点是采集行为向牧作和耕作的转变, 以及农牧新环境下的相关政治、社会变化。

一般而言, 南部非洲边疆涉及三重经济团体, 他们分属不同的语言群体。第一类居民是采集阶段的"布须曼"或"桑", 他们讲科

---

[1] John Campbell, *Travels in South Africa Undertaken at the Request of the Missionary Society* (London: Black, Perry, 1815; reprint ed., Cape Town: C. Struik, 1974), 186.

伊桑的爆破音。第二类是科伊科伊人(Khoikhoi),也是讲科伊桑语系,他们也养畜禽,但是他们不耕作。第三类也是最后出现的是农牧民,他们中,男人养奶牛、绵羊和山羊,而妇女用铁器耕作。在夏季降雨区,农牧业养育着南部非洲最密集的人口,而在广大的干旱区人口稀少,人们更依赖于放牧而不是耕作。农牧民使用的班图语逐渐演变为祖鲁语、科萨语、索托语、绍纳语、茨瓦纳语、赫里罗语等。①

　　在共同时代(CE)的第二个千年,农牧区边界从森林覆盖的印度洋海岸退缩到草原遍布的内部高原。② 数百年后,库鲁曼地区成为其从事农牧活动的最后几个地区之一。事实上,直到 1800 年,当殖民地延伸到这个地区的时候,其农牧业的转型还不像毗邻地区那么彻底,土地利用仍然比较粗放。因此,从开普殖民区到库鲁曼的旅行者们记录了一个仍在转型的社会,他们的记录使我们能够以非常深入的方式探索农牧转变过程。本章旨在探讨库鲁曼地区两个新近建立起来的茨瓦纳酋邦农牧区:塔拉坪和塔拉洛,讨论了采集行为持续的情况下,养殖和耕作成为生产的基础,评估了粗放生产的社会组织结构。粮食生产与社会权力相对应,这种社会权力与阶级和社会性别相违背。采集有其优势,因为它为获取食物所消耗的劳动力较少,但全职采集者易受更强大的邻居剥削。具有权力的男性垄断牧作,土地利用最为有利。女人们则承担起最辛劳的生产:耕作。与生产形式相对应的社会分工是由以下因素综合作用的结果:生产的风险和收益,重男轻女,重牛群轻荒野的文化,以及男性权力集中。

---

① 更详细了解科伊桑和班图人在南部非洲定居的历史,参见 Leonard Thompson, *A History of South Africa* (New Haven:Yale, 1990), 1 - 30。

② Hall, *Farmers, Kings and Traders* (1990), 47.

牧羊族和捕鱼族成为塔拉坪人

伴随着采集为生向农牧文化的转变,文化、语言和政治的转变同时发生,这符合大部分非洲的变化现实,即所谓"班图扩张"。[①][②] 班图语言的传播曾被认为是人口流动的结果,但人口扩张模式无法给予充分解释。简·万思纳认为,与其说是在连续的领土持续改变,不如说有限的移民为现有人口提供新的语言。[③] 在有限的移民和语言转移过程中,"最大的存续人群是本地人的后代"。[④] 将这一模式应用于南部非洲,结果表明,说班图语的农牧民不一定取代科伊桑农民和牧民,但他们在边疆地区形成了流动且综合、多元的文化形态。关于奥兰治河以北的科伊桑人/班图人边界的考古证据支持这一假设。[⑤] 北开普最早可确定的居民是采集者。考古学家们假设,牧民大概是科伊科伊族,他们在公元前 800 年左右进驻。金合欢草原的农牧民,大概是来自东北部的班图人,首先出现在当地的库鲁曼地区和弗雷堡周围的地区是在 17 世纪或更早,但并没有立即取代或主宰以前的

---

① 尼日尔—刚果族群的班图语族亚科有 450 种密切相关的语言。它们在中部、东部和南部非洲广泛使用,但起源于尼日利亚和喀麦隆。长期以来,非洲历史学家一直以来的主要任务就是:解释这些语言以及其操持者何以在这么大面积上广泛传播及分布。

② 关于这一议题的介绍,参见 John Lamphear and Toyin Falola, "Aspects of Early African History," in *Africa*, 3rd ed., Phyllis Martin and Patrick O'Meara, eds. (Boulder: Westview, 1994), 86 – 94。

③ Vansina, "New Linguistic Evidence and 'The Bantu Expansion,'" *Journal of African History* 36 (1995): 173 – 195.

④ Vansina, "New Linguistic Evidence and 'The Bantu Expansion,'" *Journal of African History* 36 (1995): 193.

⑤ Tim Maggs and Gavin Whitelaw, "A Review of Recent Archaeological Research on Food-Producing Communities in Southern Africa," *Journal of African History* 32 (1991): 3 – 24. 这种流动性是该地区考古发现的一个重要主题。James Denbow, "A New Look at the Later Prehistory of the Kalahari," *Journal of African History* 27 (1986): 3 – 28; John Parkington and Martin Hall, "Patterning in Recent Radiocarbon Dates from Southern Africa as a Reflection of Prehistoric Settlement and Interaction," *Journal of African History* 28 (1987): 1 – 25; and Alan G. Morris, *The Skeletons of Contact: A Study of Prehistoric Burials from the Lower Orange River Valley, South Africa* (Johannesburg: University of the Witwatersrand Press, 1992).

居民。①

塔拉坪酋长的口头语言传统也支持万思纳的文化转变模式,而不是人口流动。在18世纪中叶之前,库鲁曼—弗雷堡地区的人们是农民,小畜产牧民和农牧民。当地的茨瓦纳酋长缺位,但是东部的一个茨瓦纳酋长区洛隆对居住在那里的人有一定的权威。我们不知道他们说什么语言,但我们知道他们与科伊科伊人以及茨瓦纳有亲属关系和贸易关系。在后来的几年里,人们的印象中他们是贫穷的捕鱼族和牧羊族。到18世纪末,这些人通过交易和对周边部落的突袭获得了财富,并形成了延续茨瓦纳的酋邦国。流动性让位于定居,人们纷纷从采集和小规模的蓄牧群体转变为新建立的茨瓦纳酋邦国中的农牧业群体。在这个过程中,科伊桑文化倾向让位于茨瓦纳的习俗,但仍然存在与科伊桑的联系和标记。南部非洲的几位早期历史学家乔治·斯托(George Stow),乔治·西尔(George Theal)和西拉·莫莱玛(Silas Molema)都认为,塔拉坪人是索托-茨瓦纳(Sotho-Tswana)移民的先锋,其使用的班图语经与科伊桑语混合而退化。这些历史学家认为科伊人因为语言、经济和体质的影响已经退化了。② 相比之下,我使用相同的证据来证明:这是一个年轻的酋长部落,且仍然沿袭索托-茨瓦纳的模式。

19世纪之前,对于塔拉坪酋长区的起源,在学界存在着两个独立的历史传统。这些传统是基于边疆地区动力源的不完全简化分析,仅提供了有限的历史证据,但认真阅读资料可以看到:塔拉坪

① 关于库鲁曼附近农牧遗址的考古研究,参见 Maggs, *Bilobial Dwellings: A Persistent Feature of Southern Tswana Settlements*, South African Archaeological Society, Goodwin Series (1972), 54 – 64; A. J. B. Humphreys, "Note on the Southern Limits of Iron Age Settlement in the Northern Cape," *South African Archaeological Bulletin* 31(1976): 54 – 57; and Anne Thackeray, J. F. Thackeray, and P. Beaumont, "Excavations at the Blinkklipkop Specularite Mine Near Postmasburg, Northern Cape," *South African Archaeological Bulletin* 38(1983): 17 – 25.
② George Stow, *The Native Races of South Africa* (London: Swan Sonnenschein, 1905; reprint ed., Cape Town: C. Struik, 1964), 432 – 459; George Theal, *The Yellow and Dark-Skinned People of Africa South of the Zambezi* (London: Swan Sonnenschein, 1910; reprint ed., New York: Negro Universities, 1969), 152 – 153; and Simon Molema, *The Bantu Past and Present: An Ethnographical and Historical Study of the Native Race of South Africa* (Edinburgh: W. Green and Son, 1920), 38 – 40.

人并不是由农牧民迁移到库鲁曼地区,而是由科伊桑和班图采集者、受雇茨瓦纳农牧民构成主要人口。第一个传统认为塔拉坪人口由"布里夸"(Briqua)或"牧羊族"(Goat People)与在朗格伯格山以西的索托-茨瓦纳和科伊科伊族混构而成(见图 1.5)。第二个传统认为"塔拉坪人",就是茨瓦纳的"捕鱼族"(Fish People)。(这些塔拉坪人不一定是同名的 19 世纪酋长区的唯一一先祖。)捕鱼族传统上认为他们原来是洛隆人,但是在塔昂(Taung)附近受瓦尔—哈茨河谷影响而定居(见图 1.1),他们与当地的科伊科伊族群体科拉纳人(Korana)通婚。事实上,早期的塔拉坪人被一群邻居称为山羊牧民,被另一组邻居称为食鱼者,证明他们不是索托-茨瓦纳类型的农牧民。

开普地区的殖民者在边境地区首先接触到科伊科伊的牧羊族。[1] 1778 年和 1779 年,两位独立旅行者维卡(H. J. Wikar)和戈登(R. J. Gordon)在当地奥兰治河中部的阿平顿和奥赫拉比斯瀑布(见图 1.1)相遇。[2] 他们记录了与"Blicquoa"(维卡)或 Briqua(戈登)有密切联系的"Gyzikoa"(维卡)或"Geissiqua"(戈登),有可能泛指索托-茨瓦纳人,或者更具体地指涉塔拉坪人。维卡记录说 Gyzikoa 分居两处,一半生活在 Blicquoa,一半生活在奥兰治河上;因此,他称他们为"双子民人"(Twin Folk)。他将 Gyzikoa 的几个特点归结于受 Blicquoa 的影响:他们的身材、头发质地、语言、无袖坎肩(皮革毯子状)和金属饰品。从他们得知,沿着河流向北三日可达 Blicquoa;他们耕种,他们在山区养牛,他们用珍贵的手工艺品、镜铁矿(用作闪亮的装饰品)、工具和武器可换取小母牛。Gyzikoa 提出将旅行者带到 Blicquoa,但是因为一路上的河流都没有水,维卡的同伴拒绝了。[3] 戈登不认可 Geissiqua 展示了 Briqua 的文化和

① Saunders, "Early Knowledge of the Sotho: Seventeenth and Eighteenth Century Accounts of the Tswana," *Quarterly Bulletin of the South African Library* 20(1966): 60 - 70.

② 莫里斯对这些描述进行了比较。Morris, *The Skeletons of Contact* (1992), 47 - 54.

③ Hendrick Jacob Wikar, *The Journal of Hendrick Jacob Wikar* (1779), A. W. van der Horst, trans., E. E. Mossop, ed. (Cape Town: Van Riebeeck Society, 1935), 143 - 171.

身体特征这一观点,但他记录了几个茨瓦纳词语,特别提到 Briqua 最近遭受了天花,以及他们的名字更适合叫"Bitjoana",这是"Tswana"之名有记录的第一次使用。像维卡一样,他写下了到"Moetjoanaas"的路线,但没有到达那里。①② 在关于牧羊族传统的学术阐述中,梅因加德(L. F. Maingard)推断说混合的 Gyzikoa/Geissiqua 是最初的塔拉坪人。作为塔拉坪人中强大的科拉纳基因证据,他指出,塔拉坪之名对于科拉纳来说,就是认为他们是有亲缘关系的人。③ 他证实了 Gyzikoa/Geissiqua 的说法,根据19世纪的证词 Blicquoa/Briqua 来自曾经同住在库鲁曼地区西南部诺克昂(Nokaneng)④的塔拉坪人和科拉纳人。⑤ 他把这个点定位在一个现代干旱的奥兰治河支流诺坎那,处于现代库鲁曼地区和阿平顿之间的朗格伯格山以西。虽然梅因加德似乎没有意识到,考古学家马格斯(T. Maggs)指出,这一假设定居点与城西南三十公里同一个名称的现代农场非常接近。⑥(对于这些,和本章中提及的其他定居点,见图4.1。)

---

① R. J. Gordon, *Cape Travels 1777 to 1786*, vol. 2, E. Raper and M. Boucher, eds.(Houghton: Brenthurst, 1988)300 – 354.

② 在茨瓦纳语言中,用前缀表示单数和复数形式。在指涉熟悉和尊重的人的名词类中,"mo"是单数形式,"ba"是复数形式。操茨瓦纳语人以"ba"指涉自我和他人,如 Ba 塔拉坪或 Ba 克韦纳。梅因加德指出,科伊科伊人被称作"Ba 浩特"。这个 ba 复数前缀形式表示他们是熟人。相比之下,不熟悉的人被赋予了"le"前缀,如科萨人,"Lekhonkhobe"和白种人"Lekhoa"。梅因加德认为,ba/le 区别是识别亲疏的最佳指标。这提供了一个机会来解释我在这本书中使用茨瓦纳名字的考虑。茨瓦纳语言有复数、单数和形容词的形式变格。因为名词前缀变格在英文中是未知的,而且由于这些术语的使用可以使英文定冠词和不定冠词冗余,所以本书中不使用名词前缀。我只使用熟悉的专有名词的词根,例如 Tswana,作为复数和单数名词以及形容词的形式。但是,对于穷人专名,我使用的是"巴拉拉",因为它在文献中被用作专有名词。

③ L. F. Maingard, "The Beikwa and the Ethnic Origins of the Batlhaping," *South African Journal of Science* 30(1993): 597 – 602.

④ "诺克昂",意思是"在河边",是一个普通名词。

⑤ 有关塔拉坪和科拉纳早期联系的声明,包括在朗格伯格的诺克昂定居点,请参见《布卢姆霍夫蓝皮书》中的证明,《蓝皮书》中表明在被任命调查南非共和国索赔的委员会之前,N. 沃特波尔首领,西格里夸岛酋长和某些其他土著酋长分配瓦尔河的部分地区,现在被称为钻石田。《布卢姆霍夫蓝皮书》(*The Bloemhof Blue Book*)(Cape Town: Saul Solomon, 1871),187, 281, 289, 292.

⑥ 马格斯认为诺克昂可能在南纬28°13′,东经22°13′,在一些现代地图上,这个地点都标有这个名字,参见 T. M. O'C. Maggs, *The Iron Age Communities of the Southern Highveld*, Occasional Publication of the Natal Museum, Number 2(Pietermaritzburg: Natal Museum, 1976),277, note 1. 在这个地方没有任何著名的石头遗迹。Humphreys, "Note on the Southern Limits of Iron Age Settlements in the Northern Cape," *South African Archaeological Bulletin* 31(1976): 55.

　　捕鱼族的第二个传统更具有影响力，也许是因为塔拉坪人他们自己使用了这个名字。1801 年第一批从开普地区到达塔拉坪首府狄思康（Dithakong）的旅客指出，Briqua 人以"茨瓦纳"语的某种语言形式指称自己①，在 1805—1806 年访问的利希滕斯坦（Lichtenstein），首先观察到有几个散聚的"比涂瓦那"部落，其中之一是"Maatjaping"（Motlhaping）。因为他们不吃鱼，他赋予塔拉坪一些含义：

　　　　对他们来说没有什么食物比鱼类更可怕，即使他们很饿。他们的河流鱼产丰富。我尽了最大努力，但是没能找出这个迷信的原因。Maatjaping（Motlhaping）的名字指向那个方向。根据传教士（Jan Mathias）的说法，可以看出这个名字与这种动物关系密切；tjapi（tlhapi）意思是鱼。②③

事实上，鱼并非因为是图腾而被禁止食用的。这个名字的出现，就像安德鲁·史密斯（Andrew Smith）后来所了解到的一样，是因为"Baclapins（Batlhaping）过去在穷苦时抓鱼吃"。④

　　一般来说，旅行者对塔拉坪的历史了解不多。约翰·坎贝尔

① 巴罗、博尔查德和萨默维尔的特鲁特—萨默维尔探险队记录中没有使用"塔拉坪"这个名字。巴罗和特鲁特把狄萨空的"布法罗"和更北的"巴洛隆"区分开来。John Barrow, *A Voyage to Cochinchina*（London：Cadell and Davies, 1806；reprint ed. , Kuala Lumpur：Oxford University Press, 1975）, 387, 403 - 404. 巴罗编辑了他岳父 J. 特鲁特（J. Truter）的《布专纳之旅》（*An Account of a Journey to the Booshuanas*）一文，收录在他关于亚洲之旅的书中。另参见 Petrus Borcherds, *An Autobiographical Memoir*（Cape Town：A. A. Roberts, 1861；reprint ed. , Cape Town：Africana Connoisseurs, 1963）, 123；and William Somerville, *William Somerville's Narrative of His Journeys to the Eastern Cape Frontier and to Lattakoe 1799 - 1802*, Frank Bradlow and Edna Bradlow, eds.（Cape Town：Van Riebeeck Society, 1979）, 123.

② W. H. C.［Henry］Lichtenstein, *Foundations of the Cape and about the Bechuanas*, O. H. Spohr, ed. and trans.（Cape Town：Balkema, 1973）, 63 - 64, 66.

③ 利希滕斯坦将单数和复数前缀混淆了，把塔拉坪酋长区视作"Motlhapin"。罗非鱼，北美杂货店常见淡水鱼，其名有班图语起源，源自"tlhapi"。

④ Andrew Smith, *The Diary of Dr. Andrew Smith, Director of the "Expedition for Exploring Central Africa, 1834 - 36,"* vol. 1, Percival R. Kirby, ed.（Cape Town：Van Riebeeck Society, 1939）, 359.

(John Campbell)研究了五代酋长,塔拉坪曾经抵制了一个部族的收贡。塔拉坪首领回答说:"我是你的仆人吗?"这导致了一场使人们逃散的战争。[①] 20世纪由传教士汤姆·布朗发表的一个解释非常有影响。故事是这样的,塔拉坪人从洛隆离开了,"搬到了瓦尔河的岸边,并开始把鱼作为饮食构成的一部分,继而他们因此而得名。在河流附近,他们与科拉纳和布须曼人接触,通婚"。[②] 作为一部族史,捕鱼族的迁移和政治传统与其他几个群体相似,然而,塔拉坪人自己佐证不足。20世纪50年代末期在南部茨瓦纳做田野工作的政府民族学家布鲁兹(P. L. Breutz)指出:

> 洛隆(Rolong)人通常说塔拉坪人最初是洛隆人,很可能不是……看来,某些洛隆族酋长只是统治了外来的塔拉坪氏族。大的茨瓦纳部落熟知他们最早的迁移,而塔拉坪人不知道。因此,他们是由早期的小型孤立团体组成,没有传统可言……所有这些早期种群或多或少地与当地的原初种群混合,主要是科拉纳·霍屯督人(Korana Hottentots)。[③]

马丁·莱格斯克对"塔拉坪"的起源作了深刻的解释。由于对

[①] John Campbell, *Travels in South Africa Undertaken at the Request of the Missionary Society* (1974), 206 -207. 在塔拉坪传统中经常被引用的另一种谱系是由非洲南部的约翰·麦肯齐提出的,John Mackenzie, *Austral Africa: Losing It or Ruling It*, vol. 1 (London: Sampson, Low, Marston, Searle and Rivington, 1887), 43. 另参见 William Burchell, *Travels in the Interior of South Africa*, vol. 2 (London: Longman, Hurst, Rees, Brown and Green, 1822 – 1824; reprint ed., London: Batchworth, 1953), 374。

[②] J. Tom Brown, *Among the Bantu Nomads* (London: Seeley Service, 1926), 206. 布朗在塔拉坪研究方面经历丰富,但他没有记录自己在哪里听到这个故事。这一传统影响了兰桂基,他坚持认为塔拉坪是洛隆人的一个分支,洛隆人在一位政治方面才华横溢的酋长领导下获得了独立。语言也可为塔拉坪酋长建立和确定族谱。F. J. Language, "Herkoms and Geskiedenis van die Tlhaping," *African Studies* 1(1942): 117。

[③] P. -L. Breutz, *The Tribes of the Districts of Kuruman and Postmasburg*, Republic of South Africa, Department of Bantu Administration and Development Ethnological Publications, no. 49 (Pretoria: Government Printer, 1963), 38, 154.

索托-茨瓦纳人来说,鱼是一种不合意的野生食物,塔拉坪这个名字可能意味着非常贫穷的采集者,而且这个词"更有可能适用于指称一类人,而不是酋长"。[1] 他认为"他们是一个一群分散的班图—科伊桑受雇者",他们在 1750 年至 1800 年间形成了一个酋长治区。在此之前,有许多不同的团体,后来才被整合为塔拉坪。[2] 通过证据而非传统,莱格斯克明确了其政治巩固过程。

该地区第二个酋长治区,塔拉洛,其起源传统并不易考,所以没有类似的可行考证方法。根据一条现有记忆信息,认为他们是一个较老的茨瓦纳族群的忽如世(Hurutshe)分支。他们更确切的名字是"Batho baga Motlhware"或"野生橄榄人"(people of the Wild Olive),因为原初的逗留群体通常选择栖息在树下。尽管有着纯粹的茨瓦纳传统,他们也同科拉纳人混居在社区。[3]

传统习俗可以揭示文化同化和政治变革。19 世纪初的旅行者们没有记录塔拉坪的种族多样性。正如我们将看到的,这个社群里的采集者通常并不被识别为布须曼人,而且由于这些旅行者在其他地区遇到了布须曼人,他们在历史上的缺席是值得注意的。科拉纳人就在附近,历经整个世纪。然而,他们与塔拉坪的关系已经改变了。与"双子民族"的多样性相反,被认为是分属科拉纳人和茨瓦纳的人们不再住在一起。19 世纪的两条证据表明,在 1800 年之前,诺克昂的混合社区分裂,因为该居住地容易受到袭击。[4]

---

[1] Martin Legassick, "The Griqua, the Sotho-Tswana and the Missionaries," Ph. D. dissertation, UCLA, 1969, 66.

[2] Legassick, "The Griqua, the Sotho-Tswana and the Missionaries," Ph. D. dissertation, UCLA, 1969, 60 – 71. 他没有提到布里卡传统,但它符合其对多中心起源的解释。

[3] 参见 Campbell, *Travels in South Africa Undertaken at the Request of The London Missionary Society*; *Being a Narrative of a Second Journey into the Interior of that Country*, vol. 2 (London: London Missionary Society, 1822; reprint ed., New York: Johnson Reprints, 1967), 73 – 130, pp. 107 – 108; Brown, *Bantu Nomads* (1926), 223 – 225; Breutz, *The Tribes of Kuruman* (1963), 38, 92; Burchell, *Travels*, 2 (1953), 376. 利希滕斯坦在地图上标出了科拉纳河,《关于贝专纳人的地图》(*About the Bechuanas*, 1973),83 页。它称他们为"Matsaroqua"。有趣的是,"ma"是"ba"的误读,"ba"是茨瓦纳复数前缀,而"qua"是科伊桑族名字的后缀。因此,利希滕斯坦将茨瓦纳和科伊桑的命名法结合在一起形成塔拉洛。

[4] *Evidence Taken at Bloemhof* [The Bloemhof Blue Book] (1871), 187, 281, 289, 292.

1800 年后,到访的欧洲人记录了与能够听懂科拉纳语言的"比涂瓦纳人"(Beetjuana)的相遇。[①] 这正反映了成为茨瓦纳人的文化同化过程。由于这些酋邦稳固并且顺应了茨瓦纳族文化,占主导地位的阶层成为农牧民,其语言和生产方式在全境获得主导价值。19世纪初,塔拉坪和科拉纳之间仍然存在通婚,新娘加入丈夫的家族。大概,科拉纳新娘加入狄萨空的塔拉坪家族,其向茨瓦纳文化同化的程度超过她的祖辈。库鲁曼和弗雷堡的合并可能削弱了索托-茨瓦纳在西部的存在。事实上,在奥兰治河上的科拉纳人中,一定发生了和茨瓦纳文化同质化一样的情况,他们将索托-茨瓦纳人作为科伊科伊人吸收到自己的族群中。[②]

随着塔拉坪和塔拉洛的诞生,整个地区的其他人也在经历着自己的变革。最近的讨论试图将 1820 年之前该地区的冲突和政治变化与那个在之后南部达到高潮的大冲突联系起来,冲突通常被称为"姆菲卡尼"(mfecane)或"迪法肯"(difiquan)。事实上,帕森斯(Parsons)把 1750 年之后的这个时期描述为"原初迪法肯"。[③]这一时期盛行的地方性掠夺是塔拉坪和塔拉洛之间建立独立农牧生产方式与各地暴力频发之间最明显的联系。[④] 掠夺畜群是战争的"主要目标"。[⑤] 通过掠夺袭击,贫穷的人可以建立自己的酋邦,

① Lichtenstein, *Travels in Southern Africa in the Years 1803, 1804, 1805, and 1806*, vol. 2, A. Pumptre, trans. (London: Henry Colburn 1815; reprint. ed. Cape Town: Van Riebeeck Society, 1930), 371.

② J. Englebrecht, *The Korana: An Account of Their Customs and Their History with Texts* (Cape Town: Maskew Miller, 1936), 76 – 79.

③ Legassick, "The Griqua, the Sotho-Tswana and the Missionaries," Ph. D. dissertation, UCLA, 1969, 48, 将 18 世纪后期描述为一个融合的时期。尼尔·帕森斯在 1770 到 1820 年间写了"茨瓦纳战争", *A New History of Southern Africa* (New York: Holmes and Meier, 1983), 48 – 50。另参见 Neil Parsons, "Prelude to Difiqane in the Interior of Southern Africa c. 1600 – c. 1822," in *The Mfecane Aftermath: Reconstructive DeBates in Southern African History*, Carolyn Hamilton, ed. (Johannesburg: Witwatersrand University Press, 1995), 323 – 49; Andrew Manson, "Conflict in the Western Highveld/ Southern Kalahari c. 1750—1820," in Hamilton, ed., 351 – 361。

④ 参阅伯切尔(Burchell):《旅行》(*Travel*)第 2 期(1953),第 378 页有关塔垃坪附近地区"布须曼人"盗窃的报道。相比之下,博尔切兹报道说从特鲁特—萨默维尔之旅来看布须曼人确实最不可能偷窃。Borcherds, *Memoir*(1963), 114.

⑤ Burchell, *Travels*, 2(1953), 377.

塔马加(Thamaga)就是这种情况,一群受雇者成立了一个独立
酋邦:

> 他们在摩勒巴哥(Molehabangue)时代形成了一个相
> 当大的区域……他命令捕获那些不愿追随者的牛群,以
> 这种作战方式,他成了勇敢的人物,他们为自己抢得了牲
> 畜,这得到了摩勒巴哥的同意,使他们成为一个独立的
> 部落。[1][2]

坎贝尔不安地发现这里对普遍性暴力掠夺的接纳:"一个
Matchappe(Motlhaping)被告知,奶牛、公牛、羊等动物是为了某些目
的而生的,例如果腹和遮体,在被问及人为何而生时,他回答说,去
对别人进行掠夺。"[3]然而,外界的势力也为这场暴力推波助澜。到
了 18 世纪 90 年代,开普省的边界已经到达了塔拉坪,并开始将牛
和俘虏的人转移到殖民地。[4] 当时,诺克昂的科拉纳—塔拉坪社区
在科拉纳的攻击下解散,塔拉坪人向东北移动到库鲁曼和马特瓦
伦河谷(见图 4.1)[5]。

　　塔拉坪领土所在地,"姆菲卡尼/迪法肯"是一个其间暴力频发
的地点。1823 年期间,狄萨空(不再是塔拉坪的首府)[6]的暴力事

---

① Robert Moffat, *Missionary Labours and Scenes in Southern Africa* (London: Snow, 1842), 12. 另参见 Robert in Robert and Mary Moffat, *Apprenticeship at Kuruman: Journals and Letters of Robert and Mary Moffat, 1820—1828*, I. Schapera, ed. (London: Chatto and Windus, 1951), 102, note 81, 126; Burchell, *Travels*, 2(1953), 336, 352 – 353; Campbell, *Travels* (1974), 214; Campbell, *Second Journey*, 2(1967): 6 – 8; Stephen Kay, *Travels and Researches in Caffraria* (New York: B. Waugh and T. Mason, 1843), 190。

② 参考莫勒霍邦韦(Molehabangwe),19 世纪之交的塔拉坪酋长。

③ Campbell, *Travels* (1974), 186.

④ Elizabeth Eldredge, "Slave Raiding Across the Cape Frontier," in *Slavery in South Africa: Captive Labor on the Dutch Frontier*, Elizabeth Eldredge and Frederick Morton, eds. (Boulder: Westview, 1994), 101 – 114.

⑤ Maingard, "The Brikwa and the Ethnic Origins of the Balthaping," *South African Journal of Science* 30 (1933): 599.

⑥ 参与暴力冲突的主要是格里夸人、传教士和塔拉坪作为一方与"曼塔提斯"(Mantatees)作为另一方。参见第 84 页。

050 | 同一颗星球 | 南非之泪：环境、权力与不公

件最为突出。19 世纪初期不断出现袭击事件的因素之一被认定为
食物短缺。这是由于 18 世纪 90 年代以来的人口增长和干旱。这
些原因不一定是本地形成的，科伊科伊人和格里夸人迁离开普而
导致的土地短缺就是一个因素。[①] 与暴力和政治巩固有关的另一
个新情况是同开普省的长途贸易的增加和转型。新的贸易机会增
加了酋长的财富，然后他们吸引了更多的追随者，从而促使人们建
立一些城镇免受劫掠。[②] 因为粮食生产居于中心地位，这使城镇的
增长更加依赖农牧成为可能。城镇的建立使以前没有种植农作物
经验或者说班图语的人们融入了索托－茨瓦纳的地境，由此进一步
巩固了新人口中的粮食生产和茨瓦纳认同。

转型是显而易见的。1778 年，维卡接触到他们时，捕鱼族和牧
羊族已经成为养牛者和耕作者。[③] 再后来，在有关塔拉坪的记忆
中，在 19 世纪转折期莫勒霍邦韦的统治下，他们空前富足，人口众
多。[④] 但是，记忆中的富裕并不是就所有人而言。有些人仍然靠采
集野生食物过活。1801 年以后造访这个地区的殖民者和传教士认
为，金合欢草原上的农牧业生产并没有囊括所有人。

农牧社会的生态循环

粮食生产并没有足够养活每个人，茨瓦纳采集阶层——巴拉
拉(Balala)就是一个明证。但是，巴拉拉作为这个社会真正且重要
的一部分，其存在必须得到确立。有时，茨瓦纳酋邦被描绘成为一

---

① Parsons, "Prelude to Difiqane," in *The Mfecane Aftermath*: *Reconstructive DeBates in Southern African History* (1995), 338 – 341. 另参见 Eldredge, "Sources of Conflict," in Hamilton, ed. , 157 – 160。

② Legassick, "The Griqua, the Sotho-Tswana and the Missionaries," Ph. D. dissertation, UCLA, 1969, 141, 225 – 241; Parsons; "Prelude to Difiqane," in *The Mfecane Aftermath*: *Reconstructive DeBates in Southern African History* (1995), 336 – 337.

③ Wikar, *The Journal* (1935), 155.

④ School of Oriental and African Studies, London, Council for World Mission Archive, London Missionary Society, Africa South, Incoming Letters [hereafter LMS] 15/2/D, Moffat, November 23, 1836.

个小的主权阶级提供无阶级差别的、安全的食品的生产者。[①] 贫穷人口真正引起历史研究关注时，它们并不被认为是社会固有的、不可忽略的一部分。[②] 有一种假设认为，采集现象是由外部因素造成的。对于低级阶层最常见的解释就是他们是外族人士，比如桑人和格拉嘎迪，他们就隶属于撒迦纳北部酋邦的茨瓦纳。[③] 而在塔拉坪和塔拉洛之间，贫富差距与种族差异没有相关性。另一种倾向是认为外来市场力量产生分化、分层：要么通过贸易积累财富变为上层，要么因为贸易崩溃沦为下层。[④] 当然，这一时期贸易对社会有影响；它为茨瓦纳酋邦的确立作出了贡献。然而，社会分层问题必须放在粮食生产形式这一背景下进行考察。[⑤]

约翰·艾利夫认为，穷人是茨瓦纳社会不可分割的一部分："19 世纪茨瓦纳社会的结构性贫困人口是一个复杂的阶层，当是非洲规模非常大的一个"，而且是"在茨瓦纳历史的整个发展过程中，不同族群不断并入下属阶层，茨瓦纳社会表现为经常性的灾难和赤贫"。[⑥] 关于"经常性灾难与赤贫"的观察，不禁让人联想到理查德·埃尔菲克（Richard Elphick）的生态循环理论。埃尔菲克设计

[①] 相关案例，参见 C. Murray and W. Lye, *Transformations on the Highveld: the Tswana and Southern Sotho* (Cape Town: David Philip, 1980) 。

[②] Margaret Kinsman, "Notes on the Southern Tswana Social Formation," in *Africa Seminar Collected Papers*, vol. 2, K. Gottschalk and C. Saunders, eds. (Cape Town: Centre for African Studies, University of Cape Town Press, 1981) , 189.

[③] 科马洛夫将这一时期的下层阶级描述为"非茨瓦纳农力"。参见 Comaroff and Comaroff, *Of Revelation and Revolution*, 1(1991), 144。埃尔德雷奇看到了如莫舒舒王国情况的塔垃坪阶层，这是由外部势力的介入造成的。参见 Eldredge, "Slave Raiding," in *Slavery in South Africa: Captive Labor on the Dutch Frontier* (1994), 104。

[④] Gary Okihiro, "Precolonial Economic Change Among the Batlhaping, c. 1795 – 1817," *International Journal of African Historical Studies*, 17, 1 (1984): 72 – 78; Peter Kallaway, "Tribesman, Trader, Peasant and Proletarian: The Process of Transition from a Pre-Capitalist to a Capitalist Mode of Production in the Immediate Hinterland of the Kimberley Diamond Fields during the Nineteenth Century: A Case Study of the Tlhaping," in *Working Papers in Southern African Studies*, vol. 2, Philip Bonner, ed. (Johannesburg: Raven, 1981) , 12 – 13; and Edwin Wilmsen, *A Land Filled With Flies: A Political Economy of the Kalahari* (Chicago: University of Chicago Press, 1989) , 特别参见 pp. 52 – 53。

[⑤] 关于类似茨瓦纳下层阶级"格加拉加迪"的粮食生产，参见 Okihiro, "Hunters, Herders, Cultivators, and Trades," Ph. D. dissertation, UCLA, 1976, 144 – 155。

[⑥] Iliffe, *The African Poor* (Cambridge: Cambridge University Press, 1987) , 78.

了这一理论,以描述西开普省科伊桑牧民和采集者之间的阶级动态特征。他认为牧民和采集者之间没有太大的差距。由于科伊科伊人一直在寻找新的放牧地,他们委托桑人采集者为其狩猎、放牧,并娶她们为妻。然而,并不是所有的科伊科伊牧民都是一样成功的,采集的生活让他们只能继续作为一个低声望族群存在。[1] 生态循环的上升阶段涉及桑人采集者通过受雇或袭击来获取家畜库存。相反,生态循环也有一个下降的阶段,科伊科伊人因为团体放逐、战争或疾病而失去家畜就会再成为布须曼人。埃尔菲克没有直接说明生态循环理论符合这里的农牧社会。他告诫说:

> 在这里,科伊科伊人的经历与大多数东部和南部非洲人民形成鲜明对比,后者结合了对游牧的仪式及情感依恋,与对耕作的经济依赖。例如,在南部班图社会,所有人都有权使用一部分部落土地,尽管具体的土地分配由酋长掌握。因此,尽管个人和宗族可能畜产不足,但除非整个社区都挨饿,否则他们很少挨饿。而科伊科伊人获得财富的方式完全在于个人遭遇,财富极不稳定,贫富差距可能非常明显。[2]

其他历史学家似乎已经被这个警告所说服了,没有尝试将埃尔菲克的分析扩展到农牧社会。这可能是由于对耕作效率和农牧社会的平等分配土地有误解,这一点在埃尔菲克的理论中显而易见。[3]尽管埃尔菲克尚有踌躇,生态循环的概念可以提供一个起点,用于

---

[1] Richard Elphick, *Kraal and Castle: Khoikhoi and the Founding of White South Africa* (New Haven: Yale University Press, 1977), 23 - 42.

[2] Elphick, *Kraal and Castle* (1977), 38 - 39.

[3] 若要驳斥这些关于不平等粮食生产方式分配的证据,可参见 Eldredge, "Drought, Famine and Disease in Lesotho," *African Economic History* 16(1987): 61 - 93; Diana Wylie, "The Changing Face of Hunger in Southern African History," *Past and Present* 122(1989): 159 - 199。

考察同属于一个班图语农牧社区者中，有足够食物者和没有足够
食物者，采集者和食物生产者之间的地位关系。

　　把采集作为巴拉拉的定义性特征是有问题的，因为这里所有
的人都吃野生食物。野生植物性食物由块茎根和水果组成，特别
是来自葡萄干树（Grewia flava）的枳椇。羚羊树、羊倌树或白干树
的根部在煮沸时产出一种甜咖啡般的饮料，而荞麦豆的煮沸根，是
一年中某些时期的主食。此外，大量的蚱蜢被煮沸并捣成粉末后
也可以作为食物。[1] 这个地区很早以前就是一些没有具体说明过
的野生植物性食物的原生地：一个当代的研究列出了超过 50 种根
茎、块茎、种子、花果、水果、浆果和叶子，它们有许多用途，如作为
主食、临时充饥食物、调味品和饮料。[2] 虽然塔拉坪人只在危机期
间才吃鱼，但是猎物很受欢迎，而且可以提供比禽类和牛群更多的
肉。猎获包括大型和小型羚羊、开普水牛、野鸟、野兔、长颈鹿和斑
马。有数百名参与者进行的大规模狩猎中，猎手们配备圆头棒和
长矛，并布下陷阱。[3]

　　拥有牛羊和田地的家庭用 veldkos（南非荷兰语和南非英语
中的"草原食物"）和野味来补充膳食，但是当代观察家描述了一
个底层阶级，巴拉拉，他们无法为自己生产足够的食物。这个词
最有可能来自"趴下"的茨瓦纳动词，意思是"底层者"或"被归为
底层者"。[4] 我们关于巴拉拉的证据来自外界观察者，他们可能夸

① 关于野生食物，参见 Burchell, *Travels*, 2(1953), 415; Campbell, *Second Journey*, 2(1967), 217;
　　and Gustav Fritsch, *Drei Jahre Süd-Afrika: Reiseskizzen nach Notizen des Tagebuchs Zusammengestellt*
　　(Breslau: Ferdinand Hirt, 1868), 254。

② Tania Anderson, "Edible Veld Plants: A Food Source for the Future?" *MacGregor Miscellany* 3(1991).
　　要全面了解整个南部非洲的野生食物，可参见 F. W. Fox and M. E. Norwood Young, *Food from the*
　　Veld: Edible Wild Plants of Southern Africa (Johannesburg: Delta, 1982)。

③ Burchell, *Travels* 2(1953), 298; Borcherds, *Memoir* (1963), 125; Barrow, *Voyage* (1975), 386;
　　R. Gordon Cumming, *A Hunter's Life in South Africa*, vol. 1, (London: 1857; reprint ed., Bulawayo:
　　Books of Zimbabwe 1980), 295. 另参见 Okihiro, "Hunters, Herders, Cultivators, and Traders,"
　　Ph. D. dissertation, UCLA, 1976, 66 - 67, 149 - 152。

④ E. Solomon, *Two Lectures on the Native Tribes of the Interior* (Cape Town: Saul Solomon, 1855), 51;
　　Comaroff and Comaroff, *Of Revelation and Revolution*, 1(1991), 153. 这些人也被称为"可怜的贝专
　　纳人"，参见 Campbell, *Travels* (1974), 218。

大了巴拉拉的贫困。尽管如此，他们在研究中一再指出，在种族上，巴拉拉属于茨瓦纳完全采集者，与其他人不同，缺乏生产食物的能力。[1] 罗伯特·莫法特（Robert Moffat）称巴拉拉"生活在饥饿中，依靠追击、野生根、浆果、蝗虫，实际上是可以接触到的任何可食用之物存活"。[2] 将他们降低到这些境况的过程类似于埃尔菲克生态循环的下降阶段。我们可以引用农牧民沦为狩猎者和采集者的例子来加以说明：一个人因为"麻疹"或天花而贫困。他失去了"许多牛……成了一个穷人，这使他有一段时间和布须曼人生活在野外，以获得生计"。[3] 另外一个人在科拉纳袭击塔拉坪牧群时陷入此境遇。他回忆当时，所有人只能从城镇逃散出来，以采集为生。[4] 有一个女孩"几乎是瘦得只剩下一副骨架"，家庭生产的破产让她和母亲陷入贫困。她的父亲与另外一个女人走了，使其母亲只能靠采集为生。[5] 还有一个女人和她的两个孩子也是被遗弃的，靠乞讨为生。[6] 失去保护人使那些不能自养的人进一步陷入贫困，有个例子就是关于两名贫穷和沮丧的男性失去了作为酋长牧民的身份。他们被迫采集为生，"这种境况毋庸置疑地表明他们最近不怎么成功"。[7] 传教士认识到与生态循环有关的联系，解释说，巴拉拉也曾经住在城镇，但现在"与布须曼先前曾经出现在科伊科伊人群中的情况有相同的性质"[8]，或使用他们的说法，"贝专纳化的布须曼人"[9]。

---

[1] 关于"lala"在恩古尼（Nguni）语言中的使用及其民族意义，参见 Hamilton and John Wright, "The Making of the amaLala: Ethnicity, Ideology and Relations of Subordination in a Precolonial Context," *South African Historical Journal* 22(1990): 3 - 23。

[2] Moffat, *Missionary Labours* (1842), 9. 穷人"几乎素食"的餐饮，参见 Lichtenstein, *About the Bechuanas* (1973), 66。

[3] Campbell, *Second Journey*, 2(1967), 186. 有关天花流行的证据，参见 Gordon, *Cape Travels*, 2 (1988), 338, 350, 354; Smith, *Diary of Dr. Andrew Smith*, 1(1939), 390 - 391。

[4] Campbell, *Second Journey*, 2(1967), 189.

[5] Campbell, *Travels* (1974), 194.

[6] Burchell, *Travels*, 2(1953), 249.

[7] Burchell, *Travels*, 2(1953), 216.

[8] Moffat, *Missionary Labours* (1842), 8.

[9] 参见 Campbell, *Second Journey*, 1(1967), 288 - 289。

巴拉拉与"奴仆"类别不同,巴特兰卡(batlhanka)通常被视为劫掠战俘,并过着农奴生活。巴拉拉和巴特兰卡之间有不明确的区别性特征,但显然巴特兰卡生活得更像是农奴或奴隶,绝不只是陷入贫穷生活的巴拉拉。[①] 巴特兰卡原本是不可销售的财产,但随着开普省边境奴隶市场的发展,他们被推向市场交易了。[②]

这两个下层阶级相比整个社区更容易受到饥饿的困扰。传教士菲利普的描述可能是极端的,但他的总观点是那里确实存在饥荒:

马特贝(Mateebe)的许多人陷入了这种悲惨状态,格莱格先生说:尽管他在印度看到了许多饥荒,但他从未见过他在拉塔古[狄萨空]目睹的饥荒影响程度。许多人完全是真正的行走的骷髅;有些人曾经拥有牛,后来和他们的邻居一样消失在丛林中,以树叶为食,冷漠得就好像他们本就是狗群一样。[③]

乞讨是司空见惯的,但往往得不到足够的食物。[④] 一些主人分出"少量食物或牛奶,以弥补通过狩猎或挖掘野生根茎所获食物的不足"。[⑤] 采集无法提供足量食物,但它是穷人生存所必需的。

采集可以成为维持生计的理想方式:将野生植物和动物转化成食物所需的时间少于管理驯化植物和动物,减少了劳动时间,减

① 利希滕斯坦第一次使用"巴特兰卡"这个词,但他没有提到巴拉拉。*About the Bechuanas* (1973), 76, and *Travels*, 2 (1930), 416; Burchell, *Travels*, 2 (1953), 267, 248.

② Lichtenstein, *Travels*, 2 (1930), 396 – 397, and *About the Bechuanas* (1973), 75; Burchell, *Travels*, 2 (1953), 334, 377 – 378.

③ John Philip, *Researches in South Africa*, vol. 2 (London: James Duncan, 1828), 141.

④ Lichtenstein, *Travels*, 2 (1930), 365; David Livingstone, *Family Letters*, *1841 – 1856*, vol. 1, I. Schapera, ed. (London: Chatto and Windus, 1959), 39; Fritsch, *Drei Jahre* (1868), 262 – 263; Campbell, *Second Journey*, 1 (1967), 101, 194 – 195, and 2 (1967), 136; Zimbabwe National Archives [hereafter ZNA], Frederick Courtenay Selous Journal [Hereafter SE], November 2, 1871.

⑤ Burchell, *Travels*, 2 (1953), 383.

少了劳苦。但是，没有什么盈余，有饥饿的风险。此外，采集可能不足以为全部人口提供食物。因此，大多数家庭养殖和放牧，只是把采集作为补充。最贫穷的人只有采集。我对采集和下层阶级的强调并不表明巴拉拉一定在其中占很大比例的人口。至关重要的问题不在于他们的数量，而是他们真正是金合欢草原社会的一部分，最贫穷者是完全依靠采集过活的。

畜牧：合适的食物来源

在这样的生存压力下，管理牛群是人类与金合欢草原互动的最好方式。放牧比采集更集约，但它仍然是相对粗放型生产模式的土地利用。放牧要求比耕作少的劳动力，但是可以在使用比采集更小的土地基础上提供相同数量人的食物所需。草食动物吃掉低降雨量下自然生长的草和灌木，将植被转化为相对可靠的食物来源。它们的价值得到提升，因为它们在干旱、疾病或袭击期间可以迁徙。它们可以自主繁衍，只需要人类进行放牧。此外，牧业是与人口规模相适应的一种集约化生产：相对较少的人可以依赖广泛的畜群放牧。畜牧业非常适合金合欢草原，但它并不是人们获得食物的唯一途径。饮食结构中畜牧业提供的卡路里热量比例很难说明，只有通过询问谁在吃饭，才能回答这个问题：富人、其家庭成员，还是巴拉拉。然而，家畜没有提供多少肉类，许多旅客证明"主要食物"是牛奶。人们通常喝凝乳或加入煮熟的高粱和豆类来制作粥品。[1]

然而，畜牧业的重要性超过了膳食供应范畴。尽管牛的生殖力低于其他驯养动物，但是它们的文化和政治意义最大。塔拉坪

---

① Borcherds, *Memoir* (1963), 125, 130; Somerville, *Narrative* (1979), 127; Barrow, *A Voyage* (1975), 393; Lichtenstein, *Travels*, 2 (1930), 410; Burchell, *Travels*, 2 (1953), 413; and Campbell, *Second Journey*, 2(1967), 218. 19 世纪的放牧技术，参见 Okihiro, "Hunters, Herders, Cultivators, and Trades," Ph. D. dissertation, UCLA, 1976, 169 – 171.

人(毕竟是牧羊族)蓄养更多的山羊,并且愿为羊付出高昂的代价。[1] 尽管如此,拥有家畜的塔拉坪男人最珍视的是牛。1801 年特鲁特—萨默维尔(Truter-Somerville)考察队的记录强调了这一点。一则说明描述了晚上家畜返回牛栏的场景,"牛,尤其受到主人的欢迎和关爱,最受欢迎的那个还会获得爱抚与高声赞赏",据说有一个人用接近一个小时赞美他的牛。[2] 另外一次旅行纪录表明,在一首关于牛的歌曲中,拿"拥有这些宝藏牛群的人的幸运与那些贫穷的人的痛苦相比"。[3] 牛群的积累,比农耕的实践更能标志捕鱼族和牧羊族向索托-茨瓦纳酋长制类型的转变,以及个人权力和影响力的发展。牛是茨瓦纳社会的中心,具有作为社会化生活的本质象征和意识形态价值。[4] 只有男性才可拥有牛。

牧业是一种有利且优先选择的环境利用方式,因其对可用土地劳动力投放要求有限。牧主在广大土地上放牧,设置许多牛站,用牛皮袋装满牛奶后卖到城里。[5] 这些牛站可能会距离城里有几天的路程。[6] 牧主的儿子和受雇牧民住在牛站看护牛群。[7] 个人经过酋长批准才能获得使用泉眼和牧场的权利。此后,他似乎就可以优先使用他们。[8] 看护牛羊不是什么艰巨的工作,一个牧民可以成功照顾好许多动物。但如果动物游离出群,寻找它们非常耗时,因此,有些动物会被训练得应呼而回。[9] 然而,这种放牧系统也有困难和风险。主要是因为生产的剩余价值不大。特鲁特—萨默维

[1] 关于羊,参见 Burchell, *Travels* 2(1953), 368; Lichtenstein, *About the Bechuanas* (1973), 81。

[2] Borcherds, *Memoir* (1963), 126 – 127. 另参见 Somerville, *Narrative* (1979), 125,134。

[3] Somerville, *Narrative* (1979), 112.

[4] Comaroff and Comaroff, *Of Revelation and Revolution*, 1 (1991), 145 – 146; Jean Comaroff, *Body of Power*, *Spirit of Resistance*: *The Culture and History of a South African People* (Chicago: University of Chicago Press, 1985), 67 – 74.

[5] Somerville, *Narrative* (1979), 110; Lichtenstein, *About the Bechuanas* (1973), 66; Campbell, *Travels* (1974), 202.

[6] Burchell, *Travels*, 2(1953), 358.

[7] Burchell, *Travels*, 2 (1953), 368; Campbell, *Second Journey*, 1 (1967), 63 – 64; Lichtenstein, *Travels*, 2(1930), 365.

[8] Burchell, *Travels*, 2(1953), 362.

[9] Somerville, *Narrative* (1979), 125.

尔考察队曾经与塔拉坪人联系，希望能做牛产买卖，但失望而返。正如萨默维尔所说：

> 想要买一头奶牛的尝试从来没成功过……但是，酋长宣布，真的没有足够的奶牛给他的人民提供足够的牛奶，的确从他每天给我们的几夸脱就可以感觉得到产量不够，要知道大约有七到八千人主要靠牛奶维持生活。[1]

供应紧张可能是每头母牛产量低下导致的。[2] 另外也可能是畜群不大导致的，这是萨默维尔的理解："利塔根（Litakone）（狄萨空）居民拥有的畜牛数量与其所有者相比远远不够——事实上，我相信，他们知道珍惜自己的牛群，看得远比珠子、刀子或任何可被他们用来交换的其他小玩意儿重要。"[3]牛群数量增长缓慢，因为牛比小型畜类繁殖得更慢，受到更多疾病的伤害。事实上，炭疽病和牛肉毒杆菌病是该地区特有的两种环境病害疾病，随着群体的增长而增加。这些疾病中的一种或两种曾经对塔拉坪牧民构成了挑战。塔拉坪地区的诺克昂牧场和朗格伯格山的塔拉洛牧场环境条件不容易发生疾病，但到 1801 年，塔拉坪已经在盖普高原经历了病害，报告说，库鲁曼的牧场比狄萨空的健康。库鲁曼没有长久免于疾病的侵害，因为，疾病正是导致 1828 年塔拉坪迁往东部地区的一个因素。[4]

粗放生产制造了一个有利于暴力和盗窃的系统，因为分散的牧场易受袭掠者攻击。莫勒霍邦韦首领向来访者解释：

---

① Somerville, *Narrative* (1979), 141.

② Campbell, *Travels* (1974), 203.

③ Somerville, *Narrative* (1979), 149.

④ 要了解更多关于疾病的信息，请参阅第三章。我感谢彼得·斯奈曼首先提醒我有关这些疾病的历史重要性，并与我分享有关它们的信息。参见 Snyman, "Die Bydrae van Droogtes and Veesiektes to die Verarming van die Landboubevolking in Noord-Kaapland, 1880 – 1920," *Tydskrif vir Geesteswetenskappe* 29(1989): 32 – 49。

　　我们发现这些牛都很瘦，国王说是因为马克拉卡（Makkraki，洛隆首领）的奸诈行径，他只是把他们留在附近，以免全部被偷走。结果是，附近的所有牧场都啃光了，现在对于牛群，几乎没有任何可食用的了。[1]

但集中动物以保护它们免受侵袭增加了对草地的压力，并提高了动物死亡率，降低了牛奶产量。此外，草量供应、畜群养殖还受干旱的影响。[2] 因此，牧民之间存在关于草和水的竞争。简而言之，家畜和牛群具有很大的实用价值和象征价值；但牧民面临着受制约的局面，这种压力构成了畜群养殖的政治斗争。[3]

社会权力与生态循环

　　尽管茨瓦纳人依赖于粗放的土地使用，但他们生活在人口集中的定居地。这些地方可以非常大：殖民者在 19 世纪早期拿塔拉坪首府的大小与开普敦相比。[4] 茨瓦纳小镇，根据琼和约翰·科马洛夫的描述，"是一个中央集权政体，在这个政体中，明显分布着不平等的阶级，他们拥有非常不同的生产资料和再分配途径"。[5] 酋长对属民拥有特权：可以要求以劳动纳贡；组织对牛群劫掠、大型狩猎并索取大部分战利品；声索其他狩猎活动中的象牙、皮张、革类；有权吃所有的胸脯肉（"sehuba"，茨瓦纳语中的胸脯）；拥有征收罚款的权力。以其牲畜财富，酋长可以娶很多妻子为他在田间劳作、生儿育女，从而获得更多劳力，女儿结婚时又可以帮他带来更多牛群。他还可以通过吸引更多受雇者，提升自己的特权和财富。酋长制可以为业已富裕者带来更多的财富。事

---

① Lichtenstein, *Travels*, 2(1930), 394.
② Somerville, *Narrative* (1979), 142.
③ 关于早期在贝专纳兰保留地放牧的描述，参见 Duggan, *An Economic Analysis* (1986), 74 - 79。
④ Borcherds, *Memoir* (1963), 130; Barrow, *A Voyage*(1975), 390.
⑤ Comaroff and Comaroff, *Of Revelation and Revolution*, 1(1991), 151.

实上，如果酋长不是本社区最为富裕的人，就会处于危险的境地。[①]

酋长在粮食生产仪式上发挥了不成比例的作用，特别是耕作。妇女们等待酋长宣布开放农季。[②] 她们把第一批收成带到他的宫廷，举行首次收割仪式，开启收获季。此外，他还负责为作物提供雨量。不仅是活着的酋长，酋长祖先也保佑着降水、家畜的生育力和繁殖力以及狩猎成功的机会。[③] 首富居于农牧业社会的中心，酋长与采集时代相隔最远，他和他的祖先象征了作为牧民和耕作者取得成功的能力。

在整个茨瓦纳地区，酋长被理解为莫迪沙（Modisa），字面意思为"牧羊人"。彼得斯（Peters）指出，"受托人"对于这个词来说不足以翻译其全部含义，酋长有更多特权："莫迪沙是茨瓦纳的权威角色，包含对一个群体负责范围广泛的多重角色标签，类似在公司中对财产享有拨款特权的概念。"[④] 尽管如此，"kgotla"或说公民治理会议还是削弱了酋长的权力。

> 在一个被认为具有协商性质的治理制度中，在重大问题上需要动员对酋长的支持，它关涉对酋长的牛产、仆人和其他特权的处置。长期以来，茨瓦纳统治者很难成为一个

---

① 在此期间，并非所有这些权利都记录在塔垃坪文献中。比如 Burchell, *Travels*, 2(1953), 377, 384; Lichtenstein, *Travels*, 2(1930), 413 – 414; Moffat, *Apprenticeship* (1951), 125 – 126; Smith, *Diary of Dr. Andrew Smith*, 1(1939), 296。有关这个和其他南部茨瓦纳部落首领的位置，参见 Comaroff and Comaroff, *Of Revelation and Revolution*, 1 (1991), 146 – 152; Kinsman, "Social Formation," in *Africa Seminar Collected Papers*, 2(1981):181 – 186; Okihiro, "Hunters, Herders, Cultivators, and Traders," Ph. D. dissertation, UCLA, 1976, 91 – 95。

② Campbell, *Second Journey*, 2(1967), 154.

③ William C. Willoughby, *Soul of the Bantu* (Garden City, New York: Doubleday, Doran, 1928), 179, 204, 224, 258 – 259; Jean Comaroff, *Body of Power* (1985), 66 – 67; Comaroff and Comaroff, *Of Revelation and Revolution*, 1(1991), 158, 202 – 203, 206 – 213; Paul Landau, *The Realm of the Word: Language, Gender and Christianity in a Southern African Kingdom* (Portsmouth: Heinemann, 1995), 14, 25.

④ Pauline Peters, *Dividing the Commons: Politics, Policy and Culture in Botswana* (Charlottesville: University of Virginia Press, 1994), 30.

长期的独裁者,更不会是一个暴君;但他同样也不是人民的
小兵。[1]

　　城镇家庭在行政、空间和社会单位层面进行互动交流。一个
成功人士一旦巩固了他的地位,围居的创世纪可能就已经开始了。
"每个酋长或者科西(kgosi,'首席'之意)在一个独立的地方建造
自己的房屋,而他的所有亲戚、朋友或家属则在他周围建立他们各
自的房子。"[2]这些分立的围居者仍然强大,富人可以通过与他们的
追随者决裂来挑战最高酋长。[3]　几乎没有个人能够真正吸引外来
受雇者:"所有的人,有足够的牛群来支持家庭者,都是队长,或者
是相当阶位者,通常一个地区只有一个人真正可以做到这样。"[4]
1812 年的旅行者威廉·伯切尔(William Burchell)认为所有的家属
"事实上,是酋长或各种酋长式首领的无偿仆人"。[5]　对围居规模大
小的估计是仅凭印象的,但可以粗略地表明一个头领影响力的大
小。围居规模之间有很大差异,但可以粗略估测:平均有 150 人左
右围居。[6]　不是每个追随者都贫穷,但贫富差距很大:"一个人有时
候会是八个或十个相当数量畜群的主人。"[7]
　　酋长,头目和他们的受雇者之间的重要互动围绕着照看牛群
展开。富人需要有人帮助放牧,因为有时他们的儿子无法给予帮
助。此外,这一互动减少了在不同牧场之间的牧民中分养他们畜
群的风险和劳动力。另一方面,贫穷但雄心勃勃的男子需要积累
畜群。这些不同方面的要求鼓励来自不同家庭的人们共同合作,

---

[1] Peters, *Dividing the Commons* (1994), 34 – 35.

[2] Burchell, *Travels*, 2(1953), 362.

[3] Smith, *Andrew Smith's Journal*, William Lye, ed. (Cape Town: A. A. Balkema,1975), 173.

[4] Campbell, *Second Journey*, 2(1967), 214.

[5] Burchell, *Travels*, 2(1953), 383.

[6] Burchell, *Travels*, 2(1953), 362; Campbell, *Travels* (1974), 187, 202; and Campbell, *Second Journey*, 2(1967), 82.

[7] Lichtenstein, *Travels*, 2(1930), 409.

将一头或两头小母牛从一个富人那里转移到一个较贫穷的小伙子手里："一个可怜的贝专纳人与妻子带着六头牛寻求更富裕者的保护。他把自己的几头牛编入了富人的大群，并作为牧民分享盈利。"①接管人照顾一头奶牛，养几年，支用其所产的牛奶。在此期间，他有义务协助牛主劳动，虽然他对此奶牛或其后代没有任何权利，但雇主通常允许看守人添加一头牛到自己的畜群中。② 共同合作将不同的人带到一起并且各方利益共享，但利润分配有时是不均衡的。

鉴于牛奶生产和家畜繁殖的不易，即使是富有的业主也关心对牛群生存能力的维持。此外，他们也提防别人积累家畜和权力基础，所以互惠放牧并不总是能让较贫穷的牧民积攒畜群。莫勒霍邦韦的儿子莫替彼（Mothibi）首领把这种合作描述为非常不平等的互惠：

> 马蒂维拥有众多的牛群，它们被散放在全国各地进行牧养，为相当数量的穷人阶层提供了就业机会。穷人们为自己的劳动所得到的报酬，只不过是够维持生计，就像看起来一样，几乎一无所有；只是被允许得到一部分牛奶，并通过偶尔的狩猎为自己供应肉食。③

牛奶和畜群作为对放牧者的支付功能，其区别是至关重要的：牛奶只能提供热量，但是小母牛可以提供建立畜牧群并实现独立于雇主的手段。

---

① Lichtenstein, *About the Bechuanas* (1973), 78.
② 关于博茨瓦纳的马菲萨（围居）关系，参见 Schapera, *A Handbook of Tswana Law and Custom*, 2nd ed. (London: Oxford University for the International African Institute, 1955), 246 - 247。另参见 Kinsman, "Social Formation," in *Africa Seminar Collected Papers*, 2(1981): 175 - 176, 179 - 180; Okihiro, "Hunters, Herders, Cultivators, and Traders," Ph. D. dissertation, UCLA, 1976, 89 - 91。
③ Burchell, *Travels*, 2(1953), 248.

这类居民受到非常严重的压迫,不仅是专制者的,而且受贵族的权力所压迫,因为首领所实施的是对富有秩序的控制权威,对他们的仆人和绝对依附者,不公平的程度可以达到不让他们获得任何财产;任何一个这样阶级的人,无论如何诚实,如果侥幸获得了财产,而他的主人没有将其剥夺,将成为一个极其罕见的幸运儿或受青睐的特例。这种暴虐的行为逻辑使得科西有理由说,一个愚蠢的人或鼹鼠(贫穷的人或仆人)不需要牛,因为他只需要考虑他的职责,照顾主人的牛群,那么他应该总能得到足够的牛奶和食物。[1]

双方都有好处,但却是不均衡的。伯切尔指出:"酋长将永远是最富有的人;一旦抵达最高权威,他就掌握了获得财产的权力。""穷人,"他继续道,"会一直贫穷下去。如果我可以通过外表来判断,有很多这样的描述。"[2]

除了积累家畜的困难之外,巴拉拉和巴特兰卡还遇到了其他困难。贫困阶层的成员可能成为特殊暴力的受害者。[3] 依附者可以离开城镇,但是即使在丛林中谋生,他们也要上交一些野生产品,包括浆果、肉和用于制作斗篷的皮类。[4] 但是,至少他们作为一个团体,可以为受雇者挑战统治者,就像捕鱼族和塔马加人所展示的一样。

酋长和头人为保住权位而使用权力,表明生态循环的理论不足以描述牛群所有者、受雇牧民和采集者之间的关系。正如埃尔

① Burchell, *Travels*, 2(1953), 248.

② Burchell, *Travels*, 2(1953), 383.

③ Lichtenstein, *About the Bechuanas* (1973), 77; Moffat, *Apprenticeship* (1951), 125; and Campbell, *Second Journey*, 2(1967), 210 – 211.

④ Moffat, *Missionary Labours* (1842), 8; Campbell, *Second Journey*, 2(1967), 167. 另见 Okihiro, "Hunters, Herders, Cultivators, and Traders," Ph.D. dissertation, UCLA, 1976, 158 – 160。

菲克所发现的那样,个人的敌意和仁慈力量驱动了整个生态循环周期:竞争和幸运,胜利或失败,干旱,疾病和家畜生殖能力。在塔拉坪和塔拉洛,相同的贫困和累积过程是显而易见的。然而,在这种情况下,这些过程并不是一个简单循环,生态环境并不是其背后的主要力量。阶层差异不仅源于人与自然的双向互动;相反,成功男性通过权力机制保护自己免受生态环境变幻莫测的影响,这就意味着对于其下层阶级不利。最大限度地减少风险、获得劳动力的需要以及通过积累动物来得到地位和权力的渴望,激励富人固化剥削关系。没收家畜、降低报酬、索要贡品、诉诸暴力、强迫劳动,是富人和强权者设立的最强有力的自我保护措施。这些干预措施阻止其自身下降或其他人上升,并与个人努力、环境特点和投机相交叠而推动循环往复。

对野生动物和以之为食之人的诋毁以及对生产和养牛的拔高也体现在文化价值观和仪式活动中。我们并没有直接的证据说这个时期人们对自然的这种态度是当地固有的,把当代思想向前推定是站不住脚的。琼和约翰·科马洛夫从有记录的行为和空间组织关系中推断出了茨瓦纳世界观,人们依据空间等级结构地位关系进行分门别类。野生丛林和住在那里不幸的人们被理解为与城镇、酋长地位、成功人士相对立。酋领之座,是最成功人士的。科马洛夫发现南部茨瓦纳人对"荒野"没有任何的尊敬可言。尽管人类努力向前,自然环境仍然是一种挑战性的力量,对抗自然无常最好的办法是人类成就,执政的牛群主人离荒野最远就是最佳例证。[1] 它成为欧洲观察家共同认知到的一个真理:茨瓦纳人对自然不感兴趣。正如坎贝尔所说:"创造任何东西都不会引起他们的注意,除非它可以转化为食物或作为装饰品使用。"[2] 表达得更为正面

---

[1] Jean Comaroff, *Body of Power* (1985), 54 – 60, 65, 67 – 70. 另参见 Comaroff and Comaroff, *Of Revelation and Revolution*, 1(1991), 129 – 130, 152 – 160.

[2] Campbell, *Second Journey*, 2(1967), 59. 另参见 Willoughby, *Soul* (1928), 5。

和中立：他们最感兴趣的是把它们的生物自然环境转变为人们赖以生存的物理空间。

19 世纪早期的男性社会特点是贫穷、层级分化、雇佣剥削和依附关系，而不是互惠互助。富有或贫困取决于对牛的成功管理，而这需要通过最有效地利用半干旱地带的金合欢草原。积累牛产带来财富和权力，而失去它们则会滑向巴拉拉采集阶层，成为一名茨瓦纳布须曼人。然而，人、动物和环境之间的这种特殊交互作用仅限于男性群体。南部非洲农牧社会的妇女被排除在牛产经营的机会之外，只能作为耕作者。需要重视妇女的这种地位和耕作角色，因为这是金合欢草原社会中最为集约化的粮食生产方式，而她们却被排除在家畜拥有权和政治权力之外。

粗放的轮垦生产

妇女较低的地位与耕作状况相对应，耕作的效用不如家畜蓄养，无法提供财富或影响力。在获得粮食的途径中，耕作是土地使用最为紧密、人力消耗最大的方式，但投入的劳动力却低于设想。根据这样一种说法，条件所迫时，人们就会加剧生产，因为老式的粮食生产、牧作和采集，无法提供足够的食物，所以塔拉坪人和塔拉洛人才会耕作。然而，妇女的耕作方法并不特别艰难，这样不仅增加了卡路里的供应，同时使妇女对食物更有控制力。

轮垦是在节约劳动而不是土地。部分田地被以火烧和砍伐的方式清理，而不是精心除草。未扰动土壤比常规使用的土地杂草少，所以只需要稍加锄作。天然植被可以提供肥力，燃烧它释放矿物质以肥沃土壤，因此避免了施肥的劳动。这种耕作对于制作或购买工具的投资很少，但确实需要大面积的土地，因为当肥力下降和杂草增加时，耕种者移动到新的地块，并沿用相同的办法先做出清除。根据博塞拉普的说法，移动耕作者可能会每年或每十年清除出一片新的地块。这些领域可以休耕 25 年或更长时间，以恢复肥力,在耕种者回归并清理之前,实际上就是一片处女地。博塞拉普认为,大部分时候工作时间都只是几个小时的劳动而已,而且有很多天田里不需要任何劳作。①

塔拉坪的耕作当属粗放生产。② 18 世纪的塔拉坪人定居史表明,耕作是最近才发生的变化,因为诺克昂是非常干燥的。从 18 世纪 90 年代到 1829 年,塔拉坪首府在库鲁曼和莫沙汶河(Moshaweng River)上游的山谷之间不断迁移,有些年份降水仍然不明朗,但耕作是补充粮食生产做法的一部分。③ 这种轮垦,休养时期不定,因为塔拉坪人从未回到过以前的耕地。耕种的粗放性在产权安排和土地使用权的获得上也是显而易见的。酋长负责发放田地,但伯切尔记录到,与牛产控制相反,酋长没有发挥自己的权力来没收土地。土地使用权的性质,是安全的使用权,而不是可出售的所有权,这对于欧洲人来说是陌生的,引自伯切尔发表的评论:

> 只要占有者选择留种,他的权利就不会受到干扰,也不会中断,他也不用为这个特权征求任何人的许可,直到第一次正式请求离开。然而,我们不能得出这样的结论:这个国家对土地所有权的任何区分都是熟悉的,这类财产将会要么归为"自主地"或"封建领地",要么如我之前说过的,这片土地被认为是公共财产,不管是属于酋长还是他的属民。④

---

① Boserup, *Conditions* (1965), 15 - 16, 28 - 31, 44 - 48.
② 1975 年,加里·奥基弘在博茨瓦纳莫勒波洛勒(Molepolole)附近的克韦纳人(Kwena)的田野劳动基础上,完成了 19 世纪锄地栽培的一项有价值重建工作。他还认为,人们开始耕作是对畜牧和采集的补充。参见 Okihiro, "Hunters, Herders, Cultivators, and Trades," Ph. D. dissertation, UCLA, 1976, 68 - 84。
③ Somerville, *Narrative* (1979), 142. 19 世纪初的博茨瓦纳,是用木质工具而不是犁耕的沙漠耕作,参见 Okihiro, "Hunters, Herders, Cultivators, and Traders," Ph. D. dissertation, UCLA, 1976, 144 - 146。
④ Burchell, *Travels*, 2(1953), 362.

伯切尔展开说："事实上，在领土方面，他们没有一个欧洲人认同的概念。土地从来没有被视为财产，也没有人认为有权声索或争议所有权：其上的水和牧场是价值的全部；当这些用尽时，土地被遗弃，视为无用。"[①]伯切尔说，水比土地更有价值，对于一些后来的难以获得水源的旅行者来说，的确如此。[②]

正如伯切尔的解释，粗放耕作的另一个特点是不产生巨大盈余。

> 从事农业虽然被认为是高度重要的，但并不能推动国家富足……为了弥补这种缺陷、逃避饥饿，或者至少缓解他们的日常饥饿，他们就要到平原寻找那些自然所提供的野生根类食物。[③]

事实上，在粗放的粮食生产中，这种关系与伯切尔所描述的情况正好相反。人们是为了弥补野生食物的不足，而不是为了弥补耕种的不足而去采集。许多观察者指出，塔拉坪人饮食结构通常不太丰富，但有食物时就会吃很多。传教士把这种行为斥为暴食。[④] 然而，只要不威胁到未来的食物供应，狼吞虎咽式狂吃就有意义："他们已经习惯了自己的产业和经济环境，并且会在其他人有可能饿死的地方找到生存的方式。并且我相信他们宁愿饿死也不会吃掉来年用于

---

① Burchell, *Travels*, 1(1953), 242. 在这里，他概括了其在旅行中遇到的各种"迁徙型的非洲国家"，包括塔垃坪。关于土地价值低的其他证据，参见 Barrow, *A Voyage*(1975), 400。关于塔垃坪围栏田地的矛盾报道，参见 Somerville, *Narrative* (1979), 129 and Lichtenstein *Travels*, 2(1930), 410. 关于女性对田地的所有权，参见 Campbell, *Second Journey*, 2(1967), 148 – 149。

② Fritsch, *Drei Jahre* (1868), 262, 266; Smith, *Journal* (1975), 183 – 184. 并非所有定居点都靠近水域。Campbell, *Travels* (1974), 203.

③ Burchell, *Travels*, 2(1953), 414. His emphasis. See also James Backhouse and Charles Tyler, *The Life and Labours of George Washington Walker of Hobart Town*, *Tasmania* (London: A. W. Bennet, 1862), 447.

④ Somerville, *Narrative* (1979), 135 – 136; Campbell, *Second Journey*, 1(1967), 248.

播种的谷物种子。"①

　　耕地环布于城镇。萨默维尔（Somerville）估计，耕地大约三至四英里宽，但并没有考虑到每个家庭的涉耕地块很大。他解释说，"只有与实施劳动的手段相比时，才知道耕地数量确实很大"。②③清理和准备田地的主要工具是锄头："将一块扁平铁片固定在一处，当它的水平边缘正好与手柄成直角时，它被用作锄头；当转到与手柄平行时，它就是一个斧头。"④锄头就足够用了，因为火有助于清理土地，而且不需要把所有的自然植被清除。耕种者不使用肥料，而是在耕作之前烧掉其上的植被以提供些许营养。⑤灌木和小树减少了部分地块的粮食产量，但是它们也减少了劳动力。砍树是为了方便耕作，为了建立围栏和贮存燃料，并去除鸟类栖息所。由于大草地是开阔的稀树草原，清理工作的劳动量并不像森林地区那么大。几位观察家对城镇附近树木的稀缺性有所提及。事实上，莫法特给塔拉坪一个丑名叫做"一个一览无余的国家"。⑥

　　每个地块只是短期利用，进一步减少了劳动力消耗。杂草和草地在连续几年的耕种中会有所增加，移动耕作者通过搬到新的地块来回避这个问题。萨默维尔猜测地块只用一年，但他的访问时间太短了，无法确定这一点。⑦ 我们的确知道，他们至少和塔拉坪人首都移动一样频繁地准备新的地块，平均每四年半一次，

---

① LMS 14/2/F，Moffat，February 3，1834. 将格里夸人的"挥霍浪费"与茨瓦纳人的谨慎以及对干燥环境的成功适应作了对比，格里夸人的传教士也同意这种说法。LMS 14/1/A，Wright at Griquatown，January 25，1834，June 19，1834，September 25，1835.

② 萨默维尔没有认识到在初级生产技术条件下，沙耕所要求的劳动小于他所熟知的犁耕。

③ Somerville，*Narrative*（1979），141. 另参见 Somerville，*Narrative*（1979），139；Campbell，*Second Journey*，1（1967），64。

④ Barrow，*A Voyage*（1975），394；Somerville，*Narrative*（1979），129.

⑤ Mary Moffat，*Apprenticeship*（1951），108；Philip，*Researches*，2（1828），117.

⑥ Moffat，*Missionary Labours*（1842），330－331. 另参见 Burchell，*Travels*，2（1953），218，361。On Moffat's environmental thought，参见 Richard Grove，"Scottish Missionaries，Evangelical Discourses and the Origins of Conservation Thinking in Southern Africa 1820－1900，"*Journal of Southern African Studies* 15（1989）：163－187。

⑦ Somerville，*Narrative*（1979），139.

1800 年至 1827 年间共计 6 次。[1] 很可能土地肥力耗尽是造成城镇频繁移动的主要原因。在选择地块时,他们避开有岩石的地方,可能会倾向于在不太干旱的地点播种。[2] 为了准备这些新地块,妇女们"要挖几英寸深"。[3] 播种在第一次降雨之后开始,可能最早在 11 月份或者根本就不种。人们在同一个地块播下种子,播种豆类、南瓜、西葫芦、甜瓜、甜芦苇和高粱。下一步是锄杂草。最强的劳动是在收获季节前:保护作物,特别是高粱,免受鸟害。甜瓜和豆子在高粱之前收获。脱粒和簸谷是最后的任务,然后谷物和豆类就被储存到黏土谷仓里。[4] 在粗放的食品生产系统中,耕作是最劳动密集和土地使用密集的活动。[5] 在其特定农作方法的背景下,观察牧作和采集的习俗以及与之相关的社会关系将有助于我们理解金合欢丛社会中的性别差异和妇女地位。

耕作——专属女性的活计

金合欢草原社会排除了女性对家畜的保有权,而赋予其粮食所有权。在好的年份,至少,酋长和富人会强迫穷人到田里帮农。[6] 是否像杰夫·盖伊(Jeff Guy)所说的那样,妇女也可能因此以一种更巧妙的方式被推向为男性谋益的境地?[7] 艾瑞丝·伯杰(Iris Berger)则警告说与其询问妇女在男性主导的社会中扮演着什么样

---

[1] Shillington, *Colonisation* (1985), 14 – 15.

[2] Campbell, *Second Journey*, 2(1967), 206 – 207.

[3] Somerville, *Narrative* (1979), 139.

[4] Barrow, *A Voyage* (1975), 392, 394; Somerville, *Narrative* (1979), 129; Burchell, *Travels*, 2 (1953), 366, 413; Campbell, *Second Journey*, 2 (1967), 215 – 216; Gustav Fritsch, *Die Eingeborenen Süd-Afrikas* (Breslau: Ferdinand Hirt, 1872), 188; Henry Methuen, *Life in the Wilderness; or Wanderings in South Africa* (London: Richard Bentler, 1846), 107; LMS 11/2/B, Moffat, September 12, 1828. 有关保留地早期栽培技术,可参见 Duggan, *An Economic Analysis* (1986), 69 – 74。

[5] 我指出塔垃坪的粗放型农业与埃尔德雷奇描述的狄萨空的精耕细作相比,产量更高,使之成为栽培中心。参见 *Sources of Conflict*, 159 – 160。

[6] Moffat, *Missionary Labours* (1842), 8 – 9; Smith, *Diary of Dr. Andrew Smith*, 1(1939), 296.

[7] 参见 Jeff Guy, "Analysing Pre-Capitalist Societies in Southern Africa," *Journal of Southern African Studies* 14(1987): 18 – 37。

的角色,不如考虑具有一定权力水平的人的行为方式以及其与性别对应的方式。在这方面,我认为,粮食生产中的两性关系不能只是理解为是为了生产而进行的剥削和控制。相反,男女之间的责任分工是基于基本的性别概念。我绝不是在说男女拥有平等的权利:妇女被排除在权力和牧作之外。然而,一旦被排除在牧作之外,她们进行耕作就不是因为男性牧民要求她们这样做,而是因为她们需要食物。耕作不应仅仅是对女性剥削的一个领域,更应是女性自治区。这是在生态循环中对抗性别失利的保值措施。儿童和妇女在困难时期特别脆弱,种植农作物可以给妇女提供自己的粮食来源。能够养家糊口可以为妇女提供独立于男性统治的动力。[1]

工作性质及其对应产品将女性生产与男性生产区分开来。与牧作不同,生产者不能通过耕作获得持久的财富。没有机会为个人争取利益被引述为女性居于从属地位的一个原因。[2] 然而,耕作是建立在劳动力互惠交换而不是共同分享产品的基础之上的。耕作者个人会被压制,因为农产品的积累不会改变他们的地位。粮食相较家畜是一种较不耐用、风险较高的商品,需要更多的劳动力来获得这些较小的回报。此外,家庭内部分担劳动是因为比单独劳动更有效率。因为妇女有自己的优势,除草、锄地或收割都很快,在许多劳动上一起干,可以拉平工作时间。[3] 女人可以利用孩子的劳动,与母亲和姐妹进行统筹,上年纪者靠女儿、街坊邻居,还有条件不好的依附者。大批妇女一起奔向田地,但是工作集会

---

[1] Iris Berger, "'Beasts of Burden' Revisited: Interpretations of Women and Gender in Southern African Societies," in Harms et al., eds., *Paths toward the Past: African Historical Essays in Honor of Jan Vansina* (Atlanta: African Studies Association, 1994), 123 – 141. 伯杰对盖伊论点的强烈批判,参见 pp. 124 – 126. 有关我更多的批评,参见 Nancy Jacobs, "Environment, Production and Social Difference in the Kalahari Thornveld, c. 1750 – 1830," *Journal of Southern African Studies* 25(1999): 370 – 371。

[2] Kinsman, "'Beasts of Burden': The Subordination of Southern Tswana Women, ca. 1800 – 1840," *Journal of Southern African Studies* 10(1983): 42. 斯奈曼认为母亲和女儿共同拥有粮食。关于他们对粮仓的控制,参见 Schapera, *Native Land Tenure in the Bechuanaland Protectorate* ([Alice]: Lovedale, 1943), 199。

[3] Okihiro, "Hunters, Herders, Cultivators, and Traders," Ph.D. dissertation, UCLA, 1976, 79 – 80.

可能很小。① 工作集会还可以教授科伊科伊妇女耕作技巧。妇女
参加农业季的所有阶段，包括清理、锄地、种植、除草和收割。告诉
你吧，茨瓦纳语中"收获"这个词的意思就是"一起工作"。

　　虽然妇女遭受结构性不平等，被排除在生态循环之外，但其生
产方式和所有制模式却与激励男子个人野心并不矛盾。由于她们
回应了激励措施并控制了她们的产品，她们的工作并不是一种性
别剥削的形式。虽然她们承担的生活负担比男子更重，但她们的
工作不是创造男性财富的资源。② 这在生产方式和所有权方面是
显而易见的。对工作方的两个现有描述表明，自身利益与互惠活
动并存。③ 观察者指出，最高级别的妇女与平民同工。工作是平等
的，但并不是按照各自的能力相应安排。贡献是得到重视的："她
们在工作的时候一起唱歌，按照节奏挥镐，所以没有人多干；因此
她们使劳动成为一种娱乐形式。"④另外，除了收获之外，还有其他
动机：

　　　　女性耕种土壤的方式并非不值一提。她们可能是50
　　人一起工作，在同一个地方排成一排工作，并且当收到信
　　号时，她们手中拿着自己的十字镐或土铲，准备把它们砸到
　　地上……在劳作中，她们重复同一首歌，作为在她们劳作中
　　的调节手段；同时重复她们熟悉的所有动物的名字。这种
　　重复动物名称习俗的起源应该是在以下实践中被发现的：
　　当一个贝专纳人成功获得猎物时，他的妻子会邀请邻居们
　　参加宴乐，条件是当耕作期到来时，那些受邀者，分享欢乐

① Borcherds, *Memoir* (1963), 128.
② Eldredge, "Women in Production: The Economic Role of Women in Nineteenth Century Lesotho," *Signs* 16(1991): 707-731.
③ Somerville, *Narrative* (1979), 126.
④ Campbell, *Travels* (1974), 201.

的人应该要来帮工。①

这样,劳作双方就可以互惠互利,以劳动换取食物,这些当事人可能包括很多由于身体和社会原因而无法为自己生产的人。虽然各家各户一起劳动并提供一顿饭菜,但他们自己的粮仓只属于自己。②

妇女被称为"驮畜"(beasts of burden)③,这需要考虑到她们做什么工作。男女有不同的责任:"妇女的责任是建房、挖地、播种和收获;男人挤牛奶、制衣、打仗。"④这不是一个平等的职责分工:"可以看到男人在一天中的任何时候在不同的地方睡觉,但我还没有看到一个女人睡着。"⑤妇女的工作可比照巴特兰卡:"国家三分之二的人口是妇女,即使没有任何战争,她们也不得不劳动。"⑥当然,关于男性和女性劳动的外部证据必须参照对男女实际情况适当的工作领域——田地和家庭——的思考,还应该考虑妇女的工作环境和动机。⑦ 现在,所有迹象表明,妇女比男子更努力。她们努力干活,因为耕作比畜牧更难。虽然耕作要求花费比畜牧更多的时间和精力,但并不像集约化耕作那样艰巨。流动的耕作者每天可以提供几个小时的劳动,而且我们知道现有的家庭劳动力并没有充分参与。低层阶级只是偶尔在田地上劳作,而父母似乎也不怎么要求孩子们多付出劳动。⑧ 通过延长工作时间,可以满足季节性的高劳动需求。粗放耕作的事实并不意味着妇女有很多空闲时间。她们还有其他的任务——烹饪、育儿和住房建设。然而,通过

① Anon., "Mission to the Bechuanas," *South African Christian Recorder* (March 1831): 23.
② Borcherds, *Memoir* (1963), 130; Burchell, *Travels*, 2 (1953), 366; A. A. Anderson, *Twenty Five Years in a Wagon in the Gold Regions of Africa* (London: Chapman and Hall, 1888), 81.
③ Solomon, *Two Lectures* (1855), 44.
④ Campbell, *Travels* (1974), 190.
⑤ Campbell, *Second Journey*, 2(1967), 63.
⑥ Lichtenstein, *About the Bechuanas* (1973), 77.
⑦ Berger, " 'Beasts of Burden' Revisited," in *Paths toward the Past* (1994), 125 – 126.
⑧ Campbell, *Travels* (1974), 200.

粗放耕作，妇女可以掌控她们花在耕作上的时间比例。

男性不能控制女性生产的其他证据就是耕作者自己选择了产量低下的粗放生产。因为牛奶为城镇居民提供了大部分的饮食所需，而且由于人们也通过采集获得食物，所以通过耕作解决粮食供应的压力较小。这支持了伯杰的预测：家畜型经济中妇女的劳动可能不那么剧烈。[1] 实际上，牛产的政治和文化意义使得女性劳动力不那么关键。男性给予牛产很大的关注，着力增加牛的数量和牛奶的产量，这比种植高粱所耗的人力少。家畜的重要性促使男性在粮食生产中投入更多劳动，从而减少对妇女通过劳动生产的粮食数量要求。

女性比男性工作更努力，被排除在牛产所有权之外，但男性财富是基于养牛的，而不是女性的劳动。劳动力的"收购、创造、控制和占用"[2]并没有比拥有家畜对男性的成功意义重要。聘礼就是明证。在富裕的塔拉坪人中，平均是 5—12 头牛作为对新娘的聘礼，而下层阶级可能根本没有任何家畜。[3] 此外，新娘的财富并不局限于耕作社会：科伊桑人也有送一些牲畜给新娘家人作聘礼的习俗，包括科拉纳人，[4]塔拉坪人和塔拉洛人在聘礼方面的传统并没有与其科拉纳祖辈和亲戚完全剪断。根本上说，聘礼不仅仅是牛产劳动的转移，更是作为把控宝贵资源的手段，更具有象征和政治力量交换的意味。[5]

生产方式最能够让妇女限制在耕作上。[6] 对妇女从属地位的

---

① Berger，"'Beasts of Burden' Revisited," in *Paths toward the Past* (1994)，136.

② Guy，"Analysing Pre-Capitalist Societies," *Journal of Southern African Studies* 14(1987)：22.

③ Somerville，*Narrative* (1979)，122；Burchell，*Travels*，2(1953)，398.

④ Englebrecht，*The Korana* (1936)，135 - 136；Schapera，*The Khoisan Peoples of South Africa*：*Bushmen and Hottentots* (London：George Routledge and Sons, 1930)，247 - 248. 关于 1800 年以后科拉纳和塔拉坪继续通婚，请参见 Legassick，"The Griqua, the Sotho-Tswana and the Missionaries," Ph. D. dissertation, UCLA, 1969, 68 - 69。

⑤ 关于聘金重要性的不同研究，参见 John Comaroff，"Introduction," in *The Meaning of Marriage Payments*，John Comaroff, ed. (London：Academic, 1980)，1 - 47。

⑥ 伊莱亚斯·曼达拉提出用年龄而不是性别来描述从属关系，对 19 世纪特奇里(Tchiri)山谷对年轻人分配工作的方式具有相同参考。参见 Mandala，*Work and Control* (1990)，30。

一个更令人满意的解释在于其文化和宇宙观。茨瓦纳文化看重对应于政治和经济权力分配的环境价值。据琼·科马洛夫介绍,女性生殖能力与野生食物和耕作有关,人们担心女性有能力影响生产,特别是蓄牛和男性的社会成就。各种仪式支撑这个世界观,并以此再现建立于其上的社会秩序。① 这种关于男性、妇女、非人类环境和生产世界的符号排序决定着粮食生产社会的分工差异,即是由谁具体实行哪种形式的生产均与此相对应。然而,这些关于性别、权力和福祉的信仰并不是茨瓦纳人所特有的,对权力和性别的关切非常广泛。尤金妮亚·赫伯特(Eugenia Herbert)研究了性别在整个撒哈拉以南非洲转型过程中的重要性。她探讨了一个更广泛存在的信念,即女性生殖能力可能会危及诸如炼铁、制陶和狩猎等各种行为。她认为,转型过程中的特点有三:通过性别、年龄和其他社会标准指派工作角色,导致很多人被排除在外;生活用具的拟人化和性别化;仪式和规定的行为。② 第一和第三个特征在索托-茨瓦纳农牧民的食物生产活动中是显而易见的,但是日常用具的拟人化和性别化并不明显。将畜牧和耕作考虑为转型时期的典型生产实践,可以使我们在更广泛的地区考查索托-茨瓦纳的性别和粮食生产关系。如果这些关于性别和权力关系的观点成立,他们将更加重视男女关系不能仅仅被理解为男性剥削女性劳工的观点。劳动分工的基础是世界观分歧而不是生产的直接要求。③ 然而,作为对农业实践的解释,文化价值观不应该忽略环境特征、人口以及对控制劳动力投入的关切。所有这些功能共同作用,但每一项都只具有有限的解释力;然而,关于环境特征和劳动力需求的推算对了解粮食生产至关重要。

---

① Jean Comaroff, *Body of Power* (1985), 84 – 120.

② Eugenia Herbert, *Iron, Gender, and Power: Rituals of Transformation in African Societies* (Bloomington: Indiana University Press, 1993), 220.

③ 这一点在关于梅鲁山与阿鲁沙耕作的比较中最为明显。Thomas Spear, *Mountain Farmers*.

环境、生产、阶层和性别

人们生产的方式，生产功效以及农牧区边疆地带发生的这些关系的演变可以揭示，早期的塔拉坪人和塔拉洛酋长们进行粗放的粮食生产。粮食多样化可以降低风险，但成功生产的风险和收益并非平均分配。城镇下层阶级和妇女的生产效率不高，不是因为他们的日常活动是由政治上强大的男性决定的，而是因为他们被排除在家畜权之外，只能采集和耕作。有些男性掌控畜群，因为他们具有这样做的政治权力和文化权利，而且从放牧中获得的好处有利于强化他们自身的地位。金合欢草原的人们发展出来一种为自己提供食物的方法，然而这种食物并不充分，通常只是足以满足城镇人口、富有家庭和强权家族。这种劳动模式的出现是基于当地的环境条件、人口的生活需要、强权者的阴谋以及对男性和女性潜质的理解。虽然都是"与自然的斗争游戏"（games against nature），但是对于富人和穷人以及男人和女人来说，规则是不同的。

第三章

开普边疆的集约化和社会革新,19 世纪 20 年代至 1884 年

在目前的制度发生彻底的变革之前,这里的人们永远不会享有充足的粮食。①

农牧区边界吞噬了金合欢草原不久之后,开普边疆的南部开始与其交叠。与其他边界地带一样,南非土著人与欧洲人的遭遇必然涉及重新确定人们与环境的互动方式。② 普遍的认知是,开普边疆将基督教和以现金为基础的商业模式引入到库鲁曼金合欢草原,但很少有人认识到这些对人们与环境的关系有明确的影响。基督教要求灌溉栽培,其商业模式依靠开发野生动植物资源,两者都构成对现有土地利用的挑战。灌溉栽培比塔拉坪人和塔拉洛人

---

① Campbell, *Second Journey*, 2(1967), 60.
② 范德梅韦在对拉农的分析中包括了环境因素。英文译本,请参见 *The Migrant Farmer in the History of the Cape Colony, 1657−1842*, trans. Roger Beck (Athens: Ohio University Press,1995). 关于科伊科伊河对环境的影响,参见 Leonard Guelke and Robert Shell, "Landscape of Conquest: Frontier Water Alienation and Khoikhoi Strategies of Survival, 1652−1780," *Journal of Southern African Studies* 18(1992): 803−824. 关于另一个边境领域的环境动力学,参见 Crosby,"The Past and Present of Environmental History," *American Historical Review* 100 (October 1995): 1185; White, "American Environmental History: The Development of a New Field," *Pacific Historical Review* 54(1985): 297−335.

实行的轮垦更为固化且强度更大。商业狩猎和伐木在不需要投资生产的情况下,带来了积累财富的新途径。显然,这些新形式的生产有可能革新社会关系。然而,基督教、商业、灌溉、商业狩猎或伐木绝不会取代对于生物自然世界的旧的思想和生产方式。灌溉和贸易被嫁接到农业牧民的老做法上,他们的革命性影响被削弱了。金合欢草原的社会和生产方式的基本形式至少维持到了殖民吞并之前。

灌溉作为生产和社会中的创新

将水从泉眼引导到耕地对库鲁曼人来说是外来观念。相反,他们寄希望于降雨。很可能因为说茨瓦纳语的人主要生活在半干旱地区,他们敬重普拉或说雨水,这个词是问候或祝福。干旱的时候,酋长要亲自负责祈雨。然而,尽管水资源受到高度重视,但对水资源短缺的反应只是不断存储水,并没有通过投入劳动力来增加供水。干旱的时候,社区保护他们的供水免受外来者的侵害,而塔拉坪人似乎适应了缺水。旅行者对他们饮水之少进行了描述,甚至劳动期间他们也很少饮水。[1] 而要进行大规模粮食生产,水资源的开发是基础;人们在湿地上清理出田地,干燥的季节就在河床上挖坑洞为人类和牲畜取水。[2] 塔拉坪人选择定居点之初,用水不是其主要考虑因素。玛洛彭(Maropeng)的妇女可以走大约一英里的路程取水,塔拉坪人没有选择在库鲁曼河上设立一个定居地,因为那里没有刺树可以用于建筑和设置栅栏蓄畜。[3] 1802—1806 年间,塔拉坪人首府在"库鲁曼之睛",但之后,那个地方只是作为一个牧牛点。[4] 灌溉只是在来自开普的游客将目光放在泉水和河谷上时才开始。

　　与开普省的第一次接触是在 18 世纪 70 年代通过袭击茨瓦纳

① Campbell, *Second Journey* 1(1967), 113; Lichtenstein, *About the Bechuanas* (1973), 66.

② Smith, *Diary of Dr. Andrew Smith*, 1(1939), 295 – 296.

③ Moffat, *Missionary Labours* (1842), 374; Campbell, *Travels* (1974), 203.

④ Shillington, *Colonisation* (1985), 15; Campbell, *Travels* (1974), 236.

的边防部队开始的。[1] 1800 年左右，在奥兰治河北部建立起格里夸州以后，双方关系更倾向于稳定和互利。格里夸人，说荷兰语的克里奥耳人，逃离在开普角的种族秩序，成为塔拉坪人、塔拉洛人的贸易伙伴与强大盟友。[2] 19 世纪以来，开普来的游客主要是传教士、探险家和贸易商。特别是塔拉坪人酋邦，吸引了很多外国人。第一批访客是殖民地政府的使者，他们在 1801 年来到狄萨空换取牛。对塔拉坪人来说，由于没有什么比他们的牛更有价值，所以此次行程几乎一无所获。[3] 这些有文化的观察者留下了大量史料，包括年轻酋邦如何在弗雷堡西北部的狄萨空和库鲁曼河谷上游之间迁移。

两名伦敦宣教会传教士与该考察队一起前往塔拉坪人的领土，并停留了 5 年的时间，其象牙获取成就远超其布道成果。[4] 此后，伦敦宣教会没有再派出传教士，直到 1816 年，詹姆斯·瑞德（James Read），科伊科伊地区的一位非常有经验的传教士才居留于此。[5] 伦敦宣教会代表明确指出他们的使命包括改变人们与环境的关系。对于在该地区旅行两次的伦敦宣教会先锋约翰·坎贝尔而言，集约化——投入更大的劳动来支持更大的人口——是一个明确的目标：

① Legassick，"The Griqua, the Sotho-Tswana and the Missionaries," Ph. D. dissertation, UCLA, 1969, 170.

② Legassick，"The Griqua, the Sotho-Tswana and the Missionaries," Ph. D. dissertation, UCLA, 1969, 225－254. 另参见 Legassick，"The Northern Frontier to c. 1840," in Richard Elphick and Herman Giliomee, eds., *The Shaping of South African Society, 1652－1840*, revised edition (Middletown: Wesleyan University, 1988), 358－420。

③ 这是特鲁特－萨默维尔探险队。关于这段旅程的描述，可参见 Borcherds, *Memoir* (1963); Barrow, *A Voyage* (1975); Somerville, *Narrative* (1979)。

④ Roger Beck, "Beads and Bibles: Missionaries as Traders in Southern Africa in the Early Nineteenth Century," *Journal of African History* 39 (1989): 211－214; J. T. Du Bruyn, "Die Tlhaping en die Eerste Sendelinge, 1801－1806," *South African Historical Journal* 14 (1982): 8－34; and Du Bruyn, "Die Aanvangsjare van die Christelike Sending onder die Tlhaping," *South African Archives Yearbook* 52 (1989).

⑤ Du Bruyn, "James Read en die Tlhaping, 1816—1820," *Historia* 35 (May 1990): 23－38.

在目前的制度发生彻底的变革之前,这里的人口永远不会享有充足的粮食,也不可能进行贸易。如果每个国家公平地划定土地并耕种土地,这可以养活 20 倍以上的人口,而只需要比较少的劳动力。①

1821 年抵达的罗伯特和玛丽·莫法特在这方面成效卓著。在接下来的 50 年中,他们对塔拉坪人社会、宗教和经济,以及最确定无疑的环境关系产生了巨大的影响。与邻近地区不同的是,岩溶地质所产生的许多泉水保障了金合欢丛的繁荣。在这种环境下,罗伯特·莫法特和他的同事们通过将土地耕种置于环境管理的顶峰来挑战茨瓦纳人对牛产(和社会结构)的热衷。以前的历史学家已经分析了传教士的道德、政治和宗教对半干旱环境的灌溉倡议的影响。环境史学家理查德·格罗夫(Richard Grove)提出,莫法特的环境变化理论促使他灌溉。地貌考量只是创世纪,伊甸园的陷落和长期砍伐导致长期干燥与干旱。因此,引进灌溉就是在试图挽救地貌景观本身。② 人类学家琼和约翰·科马洛夫夫妇强调了形而上的视角——农业是文明的比喻,基督教和传教士认为,像他们的传道一样,灌溉可以为荒原带来生命之水。③ 除了这些直接和个人的动机:莫法特身处陌生环境,作为一个饥饿家庭的父亲,以及他在英国作为园丁的培训使其倾向于开发河谷。④ 灌溉是试图扭转干涸的一种尝试,是对布道工作的一个象征,但从实际的意义上说,它的成果使传教的存在成为可能。

实施"灌溉"的多重动机使早期传教士克服了重重困难。传教

---

① Campbell, *Second Journey*, 2(1967), 60.

② Grove, "Scottish Missionaries in Southern Africa, 1820 - 1900," *Journal of Southern African Studies* 15 (1989).

③ Comaroff and Comaroff, *Of Revelation and Revolution*, 2(1997), 174 - 175, 206 - 214.

④ 考虑到莫法特家的食品短缺,灌溉的实际作用不可低估。参见 *Apprenticeship* (1951), 60; Cecil Northcott, *Robert Moffat, Pioneer in Africa* (London: Lutterworth, 1961), 114.

士瑞德的第一次尝试灌溉是在距离"库鲁曼之睛"下游约十六公里的玛洛彭——塔拉坪人定居点,那里一直缺水,传教士们也没有自己的土地和水权。他们的灌溉沟渠绵延几英里,从河流经过的雨养园地最终到达传教士的地块。1821年,由莫替彼首领夫人玛胡图(Mahutu)领导的妇女将传教士的水沟分流到自己的领域。瑞德的继任者罗伯特·莫法特和他的同事罗伯特·汉密尔顿(Robert Hamilton)进行了抗议,认为他们的劳动赋予他们使用水的权利。然而,茨瓦纳的水和土地权利来源于居住和社区成员资格。出于对莫法特的愤怒,加之不愿意适应这种集约型农业和私人土地使用权制度,这些妇女用她们的鹤嘴锄摧毁了大坝。[①] 水权斗争、生活挑战和塔拉坪人首都的传福音使命,促使传教士在茨瓦纳镇上游十公里处寻求到一个独立的传教区域。他们向莫替彼提出请愿,并获准使用他们以茨瓦纳条款收到的土地,但他们设法按照欧洲习惯,通过支付5英镑价值的珠子获得而后测定的223公顷土地的权利。[②]莫替彼和莫法特之间的协议对双方来说意义截然不同。对于莫替彼来说,这笔交易是授予下属使用权,莫法特的礼物是贡物而非付款。但是莫法特清楚地知道,协议永久转让了所有权,而不是新换了耕作者。1824年,莫法特和汉密尔顿在"库鲁曼之睛"下面五公里处建了一个水坝,并在下游灌溉山谷(见图3.1)。这条河被称为"索丁",这个名字在茨瓦纳语中意为"肘部",用于为河流弯道命名。

即使在索丁出现之前,非洲人已经有过对新的耕作方式开放的先例。1820年在马特瓦伦河上,坎贝尔遇到了一位在沼泽地种植玉米的塞雷茨人,他不是受传教士影响。[③] 索丁成为一个集约化耕作的示范园,集中展示了耕作、肥料、私有财产、集约劳动,有了

---

① Moffat, *Apprenticeship* (1951), 22 – 23; Moffat, *Missionary Labours* (1842), 285 – 286; LMS 9/1/B, Hamilton, February 17, 1823.

② LMS 9/2/A, Moffat, January 20, 1824; Moffat, *Apprenticeship* (1951), 113.

③ Campbell, *Second Journey*, 2(1967), 85.

图 3.1　19 世纪 80 年代"库鲁曼之睛"的水塘

照片由在金伯利的麦克格雷戈博物馆提供。

新的依据性别所作的劳动分工和新作物。起先,人们对新栽培方法的反应是好奇但保守。具体来说,传教士遭遇了对肥料使用的禁止,因为有人认为这会伤害牛。①② 人们对新作物也有一些保留意见,但对于类似当地的物种,如甜瓜类和南瓜,则较少遇到阻力。③ 虽然不熟悉,玉米和烟草消除了人们的疑虑。种植玉米是一种省力的创新,因为叶子包裹着它的穗棒,与高粱不同,它不需要在作物成熟期防鸟害。以前,烟草商们从胡鲁茨到东方交易烟草,那里声称拥有专有的耕作权,但是塔拉坪和塔拉洛耕种者无法抗拒耕种自己的粮食。新的收成对所有人都有吸引力。这些作物的问题是,与高粱不同,除了降雨最多的年份,它们需要增加供水。不能仅仅把它们插入现有的田地,所以接纳它们要求耕作者在河谷开辟园地。依靠增加供水是向集约化耕作迈出的一步。

① Mary Moffat, *Apprenticeship* (1951), 108; Philip, *Researches*, 2(1828), 117.

② 从某种意义上说,这是真的,因为播散粪便也可以传播炭疽。

③ Campbell, *Second Journey* 1(1967), 101, and 2(1967), 215 – 216; Philip, *Researches*, 2(1828), 118; LMS 9/4/2, Moffat and Hamilton, December 1, 1825.

一些种子可以沿着河流边的湿地播种,但是如果耕作者想要为更大量的土地提供足量的水,那么他们就需要投入劳动力来建造给水系统。此外,不同于休养农场的农田,永久性园地需要施肥。小麦,尤其是冬小麦的引入特别具有革命性。耕作越来越有意义,建设和维护灌溉工程需要大量的劳动力,两季稻能够提高农田的产量,但这反过来又大量消耗土壤的肥力,增加了施肥的需求。

传教士在 1825 年报道了自己的成功。他们首先开始为酋长马胡拉(Mahura)耕种土地,他对此表示"欣然接受",尽管酋长更感兴趣的地方可能在于明确的委托种植关系,而不是耕作的改善。[①]另外,普通人也开始种植烟草和玉米。[②] 第一次洗礼是在 1828 年进行的。有人成为基督徒,因为教义满足了精神上的需要,但灌溉生产的吸引力也影响了许多人,或至少让他们能够聆听这些教义。此外,由于存在破坏了粗放生产系统的因素,所以许多人都对传教士的创新持开放态度。暴力、干旱和病虫害都是他们参加宗教和农场的促发因素。

19 世纪 20 年代是干旱的十年。干旱是金合欢草原环境史上最重要的主题,也是问题所在。人们普遍认为,1800 年至 19 世纪 20 年代之间的天气变得越来越干燥。[③] 南部非洲与世界其他地区一样,经历了 14—17 世纪初的"小冰河时代",具有更湿润和更凉

---

① Philip, *Researches*, 2(1828), 118.

② 烟草贸易和生产的历史,参见 Burchell, *Travels*, 2(1953),230;Barrow, *A Voyage*(1975), 395;Campbell, *Travels*(1974), 241;Mary Moffat, *Apprenticeship*(1951), 224;Robert Moffat, *Missionary Labours*(1951),558;LMS 9/4/B, Moffat and Hamilton, December 1, 1825;W. C. Harris, *Wild Sports of Southern Africa*(London:Henry G. Bohn, 1852; reprint ed. Cape Town:C. Struik, 1963), 43。

③ 这一问题,可参见 Grove, "Scottish Missionaries in Southern Africa, 1820 – 1900," *Journal of Southern African Studies* 15(1989)。另参见 A. A. Anderson, *Twenty Five Years* (1888), 74;Fritsch, *Drei Jahre* (1868), 255;Smith, "Report of the Expedition for Exploring Central Africa," *Journal of the Royal Geographic Society* 6(1836):402 – 403;James Fox Wilson, "Water Supply in the Basin of the River Orange, or' Gariep,' South Africa," *Journal of the Royal Geographical Society* 35(1865):106 – 129;E. H. L. Schwarz, *The Kalahari; or Thirstland Redemption* (Cape Town:T. Maskew Miller, [1920])。

爽的环境特点。① 在此之后的历史记录中,气候变化持续的证据趋弱。没有降水记录,没有树木年代学研究,关于逐渐干燥的记录主要是轶事,例如有茨瓦纳的老人们证明,河流在他们年轻时更为壮阔。② 例如,有关一群妇女的轶事说她们聚集在远处库鲁曼河的一边,水漫出时被困,迫使她们选择了不同的丈夫,开始了新的生活。③ 事实上,这无法构成过去更加湿润的证据,塔拉坪或塔拉洛地区的任何人都可以在几天内走过这条河的源头"库鲁曼之睛"。这些关于过去更湿润的记忆是有问题的,因为它们提到的时间更长,理想化了年轻时的日子,并加以夸张化表达。与民间认识相反,本书第一章讨论过的气候研究表明存在降雨周期而不是趋向干燥。根据这一研究,19 世纪 20 年代是降雨周期的低谷,也许只是一个非常深长的低谷。

肉毒杆菌,俗名"羊羔病",和炭疽病齐名,这是影响家畜的两种主要疾病,也为人们接纳灌溉提供了另一个原因。这些疾病本身就会污染环境,这个区域的环境则会加重其污染。④ 炭疽芽孢杆菌的致病因子经由细菌或孢子传播,并在宿主的血液中繁殖。细菌会产生引起休克和肾衰竭而导致死亡的毒素。孢子在土壤或组织中多年后仍然具有传染性,动物通过摄取它们而感染疾病。在有牛肉毒杆菌病的情况下,生活在磷酸盐缺乏草原上的动物,如在盖普高原的白云岩基岩上的动物,就会染病,因为它们摄取腐肉留下的骨骼以缓解其对磷酸盐的渴求。这种行为本身没有什么不健康的,除了当骨头感染了肉毒菌时。它在感染过程中产生毒素。动物只要摄入微量毒素就会因呼吸系统瘫痪和窒息而死亡。⑤ 但

① Tyson, *Climatic Change and Variability* (1987), 59.
② 例如参见 Campbell, *Second Journey*, 2(1967), 109, 111 – 112。
③ Campbell, *Second Journey*, 2(1967), 93.
④ Snyman, "Die Bydrae van Droogtes and Veesiektes," *Tydskrif vir Geesteswetenskappe* 29(1989).
⑤ M. W. Henning, *Animal Diseases in South Africa*, 2nd ed. (Pretoria: Central News Agency, 1949), 炭疽病见 pp. 3 – 13, 肉毒中毒见 pp. 324 – 353; H. T. B. Hall, *Diseases and Parasites of Livestock in the Tropics* (London: Longman, 1977), 炭疽病见 pp. 129 – 131, 肉毒中毒见 pp. 131 – 133。

仅从文献记录区分炭疽和肉毒杆菌是很困难的——最明显的区别是炭疽会生出疮疖,人畜共患。

　　这些疾病的细菌在南部非洲并不是无处不在,而是长期存在于特定地区。确切地确定污染发生时间是不可能的,但很可能发生在塔拉坪和塔拉洛酋邦成立后的家畜积累期。治疗、交易、运输皮革等过程中塔拉坪人做法,都有可能传播炭疽。[1][2] 莫法特称炭疽病为"霍屯督之痛",暗示着一种科伊科伊人起源,可能是通过公牛贸易传播。污染可能在19世纪初仍在持续。1801年,莫勒霍邦韦告诉萨默维尔,"库鲁曼之睛"的牧场比狄萨空的牧场"更健康"。然而,库鲁曼也没能一直保持健康。炭疽可能是1825年首领莫替彼的儿子和继承人派特鲁(Petlu)的死因,据说这两种人牛共患类疾病在19世纪20年代后期导致了塔拉坪人从该地区的迁移。[3] 然而问题并没有得到改善。1834年,到访医生史密斯对"夸茨"进行了描述,该病会在食用受污染肉类人的皮肤上留下肿胀的黑点,包括莫法特及其家人在内。而1836年,莫替彼拒绝返回库鲁曼,因为"他的牛产在那儿不增加"。[4] 该地区的传教士在19世纪40年代和60年代继续报告说,这个地区对于牛来说是不健康的。[5]大概是因为病毒,留在库鲁曼的人看到了灌溉的智慧。

　　暴力是促使人们参与传教活动的另一个动因。库鲁曼人进入"姆菲卡尼"的局面,局部区域的暴力和剥夺,部分源自开普边界的

① 人类可以通过接触受感染的动物产品而染病,比如肉类、排泄物或者皮革。相反,处理有毒残骸不会传播病菌。
② Burchell, *Travels*, 2(1953), 335, 415 – 416; Campbell, *Second Journey* 1(1967), 82.
③ Somerville, *Narrative* (1979), 139; Robert Moffat, *Apprenticeship* (1951), 43, 161, 211, 212; Testimonies of Masse Mahura, and Jantjie, son of Mothibi, in *Evidence Taken at Bloemhof* [The Bloemhof Blue Book] (1871), 61 – 62, fn.
④ Smith, *Diary of Dr. Andrew Smith* (1939), 241, 247 – 248, 390. 相关问题,可参见 Henning, *Animal Diseases* (1949), 284 – 293. See also Schapera, ed., *Apprenticeship* (1951), 179 – 180, note 3; LMS 15/2/D, Moffat, November 23, 1836。
⑤ David Livingstone, *Livingstone's Missionary Correspondence, 1841—1856*, Schapera, ed. (Berkeley: University of California, 1961), 35; Mackenzie, *Ten Years North of the Orange River* (Edinburgh: Edmonston and Douglas, 1871, reprint ed., London: Frank Cass and Company, 1971), 70.

扩展。库鲁曼附近的暴力事件是臭名昭著的,历史上关于 1823 年格里夸、茨瓦纳和传教士在狄萨空的"权贵"事件曾经引起激烈争论,这是一次与敌对入侵者、奴隶偷袭者的战斗,或是对饥饿难民的防范之战。[①] 随后暴力活动不断。从 1824 年到 1828 年,"博济纳斯"科伊科伊人、格里夸人和布尔边界人群的袭击造成了长时间的混乱,并为开普地区的奴隶市场提供了源头。[②] 19 世纪 20 年代的暴力与前几十年一样,推动了生态循环的下行,摧毁了很多人。1829 年的干旱加剧了这个问题,导致了塔拉坪人放弃首都并转向采集为生。这场动乱也致使塔拉洛人失去了牛群、田地和家园。[③] 一些分散为巴拉拉的人们也被捕获为巴特兰卡,并在开普被卖作奴隶。

塔拉坪人首府一直在频繁更迭,但在 1827—1829 年之间,在畜群疾病、干旱、暴力和伦敦宣教会存在的累积压力下,塔拉坪人酋长治区分崩离析,其酋长们向东移出库鲁曼地区。酋长莫替彼移居到瓦尔河上的一个居点,他的兄弟马胡拉的派系首先到达了狄萨空的旧首都,后来到了哈茨河谷的塔昂。塔拉洛人仍然留在库鲁曼低谷和朗格伯格山,但他们并不像塔拉坪人那样酋长强壮或人口众多。1830 年以后,伦敦宣教会成为库鲁曼最强大的政治力量。

这种动荡使许多人流离失所,索丁成了他们的避难所。这个教会提供了巴拉拉独立于酋长的机会,并为他们提供了避免陷入采集和被囚禁的替代办法。有很多线索表明,许多皈依者是巴拉

---

① J. D. Omer-Cooper, *Zulu Aftermath*: *A Nineteenth Century Revolution in Bantu Africa*（London: Longman, 1966）. 关于发生在狄萨空的事件, 可参见 Julian Cobbing, "Mfecane as Alibi: Thoughts on Dithakong and Mbolompo," *Journal of African History* 29（1988）: 487–519; Eldredge, "Sources of Conflict". 关于狄萨空的事件, 参见 Jan-Bart Gewald, "'Mountaineers' as Mantatees: A Critical Reassessment of Events leading up to the Battle of Dithakong," MA thesis, State University Leiden, 1989; and Guy Hartley, "The Battle of Dithakong and 'Mfecane' Theory," in *Mfecane Aftermath*, Caroline Hamilton, ed. , 395–416。

② Eldredge, "Slave Raiding," in *Slavery in South Africa*（1994）.

③ LMS 8/2/E, Moffat at Griquatown, n. d. , 1820; Smith, *Diary of Dr. Andrew Smith*（1939）, 369.

拉。从马塔贝莱和索托地区等遥远地区而来的难民纷纷定居在这个教区中,这是巴拉拉使自己依附成功的生产者这一传统的改变。[1]"贝专纳穷人"(Poor Bootchuana)作为格里夸镇传教士的口译员,通过他们的工作积累了一些牛产。[2]莫法特记录说,教区中"较穷的"人员"学到了一点货车驾驶技术和其他有用的东西,所以我们也给他们一些工资补贴"。[3] 1828 年,莫法特报道,索丁居民"主要是穷人,但他们十分勤劳,通过在果园帮工,他们比那些主要依靠牧产的本地人生活更好"。[4] 一名教区居民在 1824 年被"剥夺了自己的全部",但于 1833 年已经变得"自得"了。[5] 莫法特相信贫困让人们寻求与他一起工作。[6] 到 1828 年,穷人已经开始种地和交易烟草,以此来换取牛、斗篷和其他类物品。[7] 随着耕作土地的人变得富裕,他们也开始雇用较他们贫穷的邻居。[8] 定居在教区显然成为恢复生态循环的一种方式。

基于性别所做出的反应没有反映阶级现实——弱势群体没能受益于新机遇。因为传教士没有为妇女提供新的耕作方式,耕作上的创新与主要的耕作者擦肩而过。传教士依然认为,妇女最好还是留在家里,因此把男人作为首选的耕作者。[9] 1829 年,他们吹嘘说:"许多男人正在变得勤劳,最终会成为良好的劳动者。"[10]然而,对一个男人来说的勤奋,对另一个男人来说却是苦差事。茨瓦纳人在旱地生活的时候都没有这样做,有什么理由让他们愿意

① Moffat, *Missionary Labours* (1842), 480.

② LMS 8/2/C, Philip at Cape Town, copying letter from Campbell at Dithakong, July 29, 1820.

③ Moffat, *Missionary Labours* (1842), 447.

④ Robert Moffat, *Apprenticeship* (1951), 281－282. 另参见 John Smith Moffat, *The Lives of Robert and Mary Moffat* (New York: A. C. Armstrong & Son, 1886), 156.

⑤ LMS 13/4/E, Hamilton, Moffat and Edwards, September 30, 1833.

⑥ Moffat, *Missionary Labours* (1842), 480. 另参见 Mackenzie, *Ten Years* (1971), 71－72。

⑦ Mary Moffat, *Apprenticeship* (1951), 292. 关于克韦纳人的烟草生产和贸易,参见 Okihiro, "Hunters, Herders, Cultivators, and Traders," Ph.D. dissertation, UCLA, 1976, 83－85。

⑧ LMS 11/3/D, Moffat and Hamilton, August 12, 1829.

⑨ LMS 9/2A, Moffat in Cape Town, January 20, 1824.

⑩ LMS 11/3/D, Moffat and Hamilton, August 12, 1829.

在河谷上耕种？巴拉拉几乎没有其他选择,并可能转向新的文化和生产系统,因为这儿有像样的食物供应。何况,如果仍然有人投资于农牧业积累财富,那么养牛就依然由男性进行。此外,灌溉产生了高经济价值作物。烟草特别有价值,因为它可以通过贸易转变为家畜。为此,鉴于有更多的权力和社会许可的男人们会为提高他们的地位而增加这种经济作物的生产,也许传教士关于自我提升或新财富积累的布道有助于减轻对苦差事的辛苦感。无论如何,如果要说后来的耕作有什么特点的话,除了犁地之外,男子很大程度上依靠妇女的劳动来进行大部分工作。

1834 年的统计记录了 326 名男性和 401 名女性居民,他们共拥有 11 辆货车和 3 副耕犁。作物包括小麦、高粱、玉米、烟草、芋头和 828 棵果树(参见图 3.2)。[1] 19 世纪 30 年代和 40 年代的其他报告还列出了水稻和各种异国水果:柑橘、石榴、李子、杏、梨、葡萄、桃子、油桃、苹果、橘子和柠檬。[2] 从 19 世纪 20 年代末到 19 世纪 40 年代,传教士进一步推进了灌溉农业的开发,并为自己的地主挖掘了更密的沟渠。[3] 1834 年的报告说,茨瓦纳的当地居民与传教士争抢小麦田地。[4] 莫法特 1842 年写回忆录时,可能夸大了自己的成就,以下是他对 19 世纪 30 年代初的回忆:

> 古老的迷信城墙被我们的宗教皈依打破了,许多其他人想不通为什么他们田地的生产和园地劳动只能被限定在生产……他们祖先培育出来的蔬菜……犁、耙、锹和鹤嘴锄不再被视为某种特定阶层的器具,而是作为

---

① LMS 14/2F, 1834 Annual Schedule of Returns, 1834.

② James Backhouse, *A Narrative of a Visit to the Mauritius and South Africa* (London:Hamilton, Adams and Co., 1844), 456; Gordon Cumming, *A Hunter's Life* (1980),134.

③ LMS 13/4/E, Moffat, September 30, 1833; LMS 20/1/B, Hamilton, Moffat and Ashton, October 12, 1844. 灌溉工程的细节描述,可参见 LMS 45/3/D, Roger Price, October 23, 1888。

④ Andrew Geddes Bain, *Journal of Andrew Geddes Bain*, Margaret Hermina Lister,ed. (Cape Town:The Van Riebeeck Society, 1949), 154.

图 3.2　19 世纪 70 年代的库鲁曼伦敦宣教会教区所在地中的小麦

照片由在金伯利的麦克格雷戈博物馆提供。

生存和致富的不可或缺的工具。以前对从事这样的职业、用这样一个工具，会不屑一顾的人，现在对自己有权买一个铲子充满感激之情。[1]

即使不像莫法特记得的那样，河谷的基督教文化显然有转变金合欢草原社会和文化的潜力。然而，直到这个时期，新的实践只限于生活在一个河谷中教区园地的边缘人群。在与环境关系方面的前沿创新方面只有当它们在更大范围推广才有意义。

非洲河谷倡议

在索丁以外的区域推广灌溉农业不能完全归功于传教士。出于自发，19 世纪 40 年代的非洲布道者们在其他泉源处开始了灌溉工作。[2] 一些生活在塔拉坪和塔拉洛酋长管辖区的人开始采用灌溉的原因与在索丁引起人们投身灌溉的原因相似——

---

① Moffat, Missionary Labours (1842), 558.

② LMS 24/1/B, Ashton, September 24, 1849.

迎接生产的挑战。然而并不是所有的灌溉者都是贫穷的巴拉拉人。茨瓦纳酋长管辖的人们仍然热衷投身于农牧业,在他们采用灌溉方式时,并没有放弃粗放生产,只是使其符合自己的生产方式。

19 世纪 50 年代,南部茨瓦纳地区的灌溉农业大大增加,其中包括教区内的库鲁曼谷地。① 约翰·史密斯·莫法特(John Smith Moffat)出生于索丁,他在 1858 年,也即离开 11 年后返回,他在报告中说水"现在得到了充分利用,不仅被传教士,而且被他们周围的所有人……湿润的山谷已经被抽干了,变成一个物产丰富的地方"。② 同 19 世纪 20 年代一样,19 世纪 50 年代,多种因素的结合让灌溉迅速增加。转向更集约化农业的直接原因是干旱。当然,金合欢草原的人们已经学会了适应周期性的干旱,但在这场干旱期间,他们开发了一种新的适应模式。像以前一样,人们分散在城镇和牛场之间,以缓解对草、食用植物和水源供应的压力。然而,1850 年的干旱是一个分水岭:南部茨瓦纳酋长治区的人们首次通过在泉水和河流边定居和开始采用灌溉来应对干旱。来自该地区的传教士报告说,耕作和灌溉增加了,甚至塔拉坪社会最有权势者也开始从事耕作和灌溉。③ 受到这一发展的启发,传教士霍洛韦·赫尔莫(Holloway Helmore)开启了哈茨河灌溉工程。他在该工程完成之前去世了,水坝只建了一半,直到种族隔离时期国家才为当地的贫穷白人完成了这个灌溉工程。④

① LMS 28/1/C, Moffat, November 12, 1853. 相关灌溉历史可参见 J. H. Drummond, "Rural Land Use and Agricultural Production in Dinokana Village, Bophuthatswana," GeoJournal 22(1990): 335 – 343。

② Robert Unwin Moffat, John Smith Moffat (London: John Murray, 1921; reprint ed., New York: Negro Universities Press, 1969), 71.

③ LMS 25/1/D, William Ross at Mamusa, October 18, 1850; LMS 26/1/A, Holloway Helmore, April 9, 1851; and LMS 27/1/B, Moffat, November 22, 1851.

④ LMS 26/1/A, Helmore, January 1, 1851 and April 2, 1851. 要了解哈茨河灌溉和其他灌溉的历史,请参见 Shillington, "Irrigation, Agriculture and the State: The Harts Valley in Historical Perspective," in Puttinga Plough to the Ground, Beinart, Delius, and Trapido, eds., 311 – 335。

肉毒杆菌中毒和炭疽病流行期间，流行性感冒、牛胸膜肺炎或肺炎，给了人们进一步推动灌溉的理由。直到 1853 年，南非尚不知道肺炎是由空气传播的微生物引起的，传染性很强。在 5—8 周的潜伏期内，动物表面看很健康，但易感群体最终可能会发展到几乎 100% 的感染率，死亡率很高。感染后呼吸困难，急性病例可能会在数小时内死亡。由运输公牛携带的肺病在次大陆上迅速蔓延，两年内杀死了 10 万头牛。[①] 最令人诟病的是，这场灾难直接导致了 1856—1857 年科萨对幸存牛只的屠宰，这对当地社会造成了灾难性的后果。[②] 罗伯特·莫法特于 1855 年记录了他到达库鲁曼时的情况：“邻近的城镇已经有数百人因这种疾病失去了他们所拥有的每一头牛，而且如果继续恶化，整个国家赖以繁荣的基础就要被一扫而光，因为这个国家的这个地区不适宜养羊。”[③]事实上，后果没有那么可怕。1859 年，据莫法特夫妇的儿子约翰·史密斯·莫法特估计，牛群规模大约是疫情前的一半，但幸存下来的也“好不到哪儿去”。[④]

干旱之后，牛肺病导致了粮食生产危机，进一步刺激了灌溉农业范围的扩大。像以前一样，食物生产失败时，人们会增加采集，但是随着枪支使用的增加，猎物变得更加机警，没有枪的情况下狩猎难度加大。1858 年，一名传教士考虑到为了生存而进行的狩猎需要枪支，向地方官格雷提出了抗旱救灾弹药发放请愿。[⑤] 由于这种粮食生产危机下，雨养耕作、畜牧和采集都受到影响，灌溉效用

① Henning, *Animal Diseases* (1949), 170 – 171.

② J. B. Peires, *The Dead Will Arise: Nonqawuse and the Great Xhosa Cattle-Killing Movement of 1856—57* (Johannesburg: Raven Press, 1989). 小罗伯特·莫法特记录了南非肺气肿史上一个有趣的现象。1856 年 8 月，莫法特在格里夸兰遇到针对外国牛的检疫。Robert Moffat, Jr., "Journey from Little Namaqualand Eastward along the Orange River in August 1856," *Journal of the Royal Geographical Society* 28(1858):174 – 187.

③ LMS 29/3/A, Moffat, November 14, 1855.

④ John Smith Moffat, *The Matabele Mission: A Selection from the Correspondence of John and Emily Moffat, David Livingstone and Others, 1858—1878*, J. P. R. Wallis, ed. (London: Chatto and Windus, 1945), 53.

⑤ LMS 31/1/B, Ross at Dikgatlhong, November 1, 1858.

明显。莫法特声称,也许有些言过其实,但即使在索丁的牛病流行期间,"居民也不知饥饿为何物"。①

　　虽然在库鲁曼地区这不是一个问题,但布尔人口扩张是另一个促使塔拉坪人转向灌溉农业的原因。1850 年,德兰士瓦(Transvaal)移民在塔拉坪人的东部边界积聚。1858 年,他们袭击了塔昂,掠走了牛和孩子,将孩子作为"学徒"。传教士报告说,由于布尔人的威胁,人们转向了灌溉,因为它可以提供替代食物来源和更安全的使用权。② 向灌溉农业转移的最后一个刺激因素是塔拉坪人政体的弱化,主要是有雄心的男性发现了雇佣剥削制的局限性。酋长的意志和权力一直是联合大型茨瓦纳城镇的关键力量。对抗酋长向心拉力的是那些希望摆脱其统治的离心倾向,而当时塔拉坪人政体处于这些紧张力量之间。到 19 世纪 50 年代,内聚力减弱,酋长治区分裂成几个分支,酋长的力量遭受到了传教士和布尔人的挑战。粮食生产危机增加了离散力。正如在中部非洲地区的渔猎者努努人,迁移到不同的微环境有助于受雇者建立一个独立的基地,在这个地区,河谷耕作使得普通人有了对抗酋长的资本。③ 分散采集的人也有机会借助灌溉农业建立远离城镇和酋长的基地。雨水回归后,许多人仍然临泉水而居,这对后来几十年间的酋长来说都是一个痛点。④

　　19 世纪 40 年代到 80 年代灌溉农业在整个地区得以开展。波切切莱萨(Bothetheletsa)以南,马特瓦伦河下游的人们在 1845 年泉眼被"布须曼人"占领之前就已开始灌溉作业。波切切莱萨地区的灌溉始于 1858 年。盖-特罗斯(Ga-Tlhose)以前是布须曼人的定居

① LMS 30/1/A, Robert Moffat, October 28, 1856. Another missionary admitted that at Seodin "great distress frequently prevails." 参见 Mackenzie, *Ten Years* (1971), 70。

② LMS 25/1/D, Ross at Mamusa, October 18, 1850; J. Agar-Hamilton, *The Road to the North: South Africa, 1852 – 1886* (London: Longmans, 1937), 17 – 27; Anthony Sillery, *The Bechuanaland Protectorate* (Cape Town: Oxford, 1952), 16 – 19; Shillington, *Colonisation* (1985), 19 – 21.

③ Harms, *Games Against Nature* (1987).

④ Mackenzie, *Austral Africa* 1(1887), 76 – 77.

点,1862 年,塔拉洛人开始在这里定居,在罗伯特·莫法特 1867 年访问他们后不久就开始了灌溉。巴塔拉洛斯居民在 1867 年抽干沼泽。1870 年之前,科农的泉眼附近就有了一些犁沟。曼尼汀,一个大泉眼边的村庄在 1872 年之前灌溉了"几年"。马波滕(Mapoteng)曾经只是一个牛市,到 1874 年,泉眼的水量增加,居民开始灌溉。19 世纪 80 年代以前,灌溉的其他几个地方包括卡图(Kathu)的泉眼、索丁下面的河谷、马特瓦伦河上的几个地方,和弗拉克方丹(Vlakfontein),也被称为卡贡(或赫鲁特方丹或米茨马世威),在库鲁曼东部靠近塔昂。在"库鲁曼之睛"下方是一个塔拉坪人村,盖斯葛尼恩,19 世纪 10 年代是牛岗,但其居民在 1885 年开始耕作(对应地图,见图 4.1)。①

传教士将灌溉与新的分化联系起来,但他们自己对田地的描述却表明,情况并非如此。正如萨顿所说,把非洲的集约化和粗放土地利用制度作为二分法对立是误导性的。他指出,经常以集约化土地利用为标志的孤立灌溉例证并不一定准确,这是和环境相适应的行为"通过本地专业化而具备的广泛性的特征"。② 同样,安德森(Anderson)和亚当斯(Adams)的研究表明,东非的灌溉发展并没有沿着更加集约化耕作方式的方向发展,而是居于灌溉栽培和游牧生产之间,这取决于具体的经济

① Metswetsaneng: Cape Town Archives Repository (hereafter CTAR) British Bechuanaland Land Commission series (hereafter BBLC) 34, part 1, letters from Mokwene Baepi, n. d. and Yan Makgetle, n. d., and CTAR BBLC 22, claim number 161 of John Markram to Metswetsaneng. Botheteletsa: CTAR BBLC 34, part 1, letter from Tsheboen SaBatlan, n. d. Ga-Tlhose: LMS 32/5/B, Robert Moffat, December 1, 1862; LMS 34/3/A, Robert Moffat, June 16, 1867; CTAR BBLC 34, part 1, letter from Holele Molete, n. d. Batlharos: CTAR BBLC 9, part 2, testimony of John Nelson, March 31, 1886. Konong: CTAR BBLC 20, claim number 43 of J. G. Donovan. Manyeding: LMS 37/1/A, Ashton, March 13, 1872. Mapoteng: CTAR BBLC 9, part 2, testimony of J. S. Moffat, March 31, 1886; CTAR BBLC 23 claim number 100 of Benjamin George Willmore. Kathu: CTAR BBLC 20, claim number 42 of J. G. Donovan. Kuruman River Valley above Mamoratwe: CTAR BBLC 21, claim number 60 of Herbert Jarvis. Matlhwareng River: CTAR BBLC 34, part 1, letter from Diphokwe Yakwe, n. d. Vlakfontein: University of the Witwatersrand Collection A75, John Mackenzie Papers, No. 428, S. Lowe to F. Villiers. Gasegonyane: CTAR BBLC 22, claim number 67 of LMS.

② Sutton, "Irrigation and Soil-Conservation in African Agricultural History," *Journal of African History* 25 (1984): 30.

和生态环境。① 这些对集约化和粗放的土地利用的综合认识是针对灌溉思想提出的建议,因为来源于外部的实践倡议并不完美。相反,我们应该考虑现有耕作方式下的实际做法。

灌溉技术的使用并没有使生产者放弃粗放的粮食生产。尽管使用了犁沟甚至犁耕,园地仍然体现了轮垦的逻辑,因为人们并没有试图大幅提高单位英亩的产量。此外,耕种者仍然不了解集约农业技术。虽然传教士乐见人们进行灌溉作业,但对他们的技术几乎不敢恭维。他们的批评对耕作的逻辑有深刻洞察。"经常有人尝试不可能的事情,所获也只是马马虎虎。水渠通常或多或少呈现为锯齿形而不是直线形,园地和耕地与欧洲人的布置方式完全不同。"②库鲁曼人在贝专纳人的园地上"整饬得最好","但即使在这里,栅栏和沟槽的'直线'也不总是那么标准"。③ 在他们关于灌溉的讨论中,科马洛夫夫妇解释了参考美学和文化差异的"弧形"曲线形式,传教士并不满意。④ 农民缺乏审美,但更重要的是栽培,直线和曲线之间的差异关乎土地集约化或粗放使用。至于形状规则不规则,农民更看重保存力气而不是土地或水。直线布局可以高效使用土地和水资源,并从最短的路线输送水。弯曲的弧形线条,绕过树木、大型岩石和灌木丛,或以自然条件开出的犁沟和场地选址表明,人们对于重塑地貌景观以产生更高的产量还犹豫不决,他们认为效用取决于人而非土地本身。

一位资深传教士对南部茨瓦纳的"惰性"耕作方式嗤之以鼻,

① William Adams and David Anderson, "Irrigation Before Development: Indigenous and Induced Change in Agricultural Water Management in East Africa," *African Affairs* 87 (1988): 519 – 535; David Anderson, "Cultivating Pastoralists: Ecology and Economy among the Il Chamus of Baringo, 1840 – 1980," in *The Ecology of Survival: Case Studies from Northeast African History*, Douglas H. Johnson and David Anderson, eds. (London: Lester Crook Academic, 1988; Boulder: Westview, 1988), 241 – 260.

② Mackenzie, *Ten Years* (1971), 92. 关于非洲农业灌溉技术的其他批评,参见 Philip, *Researches*, 2 (1828), 113; Livingstone, *Missionary Travels and Researches in South Africa* (London: Murray, 1857; reprint ed., Freeport, NY: Books for Libraries, 1972), 111。

③ Mackenzie, *Ten Years* (1971), 70.

④ Comaroff and Comaroff, *Of Revelation and Revolution*, 2(1997), 127 – 128.

反映了传教士的偏见,也体现了低消耗和省劳力的自我保护伦理,以及粗放生产的特性:

> 他们最强调自己的生活。他们满足了自己几乎不需任何努力就可实现的愿望后,就只做他们认为对自己有约束的事情,对世界鲜有贡献……他们从婴幼儿时起就习惯忍耐,他们的追求很少。[1]

事实上,由于该地区的土壤磷酸盐极低,所以大幅提升栽培产量是非常困难的。1997 年对耐克文的测量显示,磷酸盐浓度为每公斤 1 毫克,而玉米种植需要每公斤 17 毫克。[2] 在这种环境下耕作不能带来丰产。整个 19 世纪,人们不情愿进行集约化劳动的情况是显而易见的。1897 年由牛瘟引起的灾难表明,畜牧业仍然是经济和饮食的基础,人们并没有在河谷地带最大化耕作。总而言之,南部茨瓦纳州的灌溉做法并没有完全模仿传教士所传讲的集约化耕作。相反,他们只是在困难时期顺应了这项技术,帮助他们更好地利用河谷的微观环境,并将这种专门的土地使用方法植入其泛作农业体系。

商业狩猎和伐木:利润与粗放生产

传教士不是边境地带殖民地社会唯一的代表。还有贸易商,他们也对环境有影响。与传教士相反,贸易商主张的土地使用方式是狩猎与砍伐,不需要集约化。相较灌溉,这些方式只需要投入较少的劳动力,同时风险较少、回报更快。而且,与灌溉相反,它们提供现金。由于这些原因,男人们热情地回应了贸易商所提供的机会。然而,由于大量的开采很快耗尽了资源,这些粗放的土地使

---

[1] John Brown, "The Bechuana Tribes," *Cape Monthly Magazine*, July 1875, 1–2.
[2] 这一信息是 1998 年 3 月 12 日在耐克文举行的农业会议上报道的。

用方式变得不可持续。

在与开普边境接触之前，狩猎是一种运动、肉类的来源和巴拉拉人可利用的渠道，但商业狩猎和灌溉一样是一种创新，因为其创造了现金交易。最早的塔拉坪人和旅行者之间的易货贸易是以象牙换取烟草和珠子。[①] 到 19 世纪 30 年代，贸易带来了欧洲制造的消耗品：服装、咖啡、糖、茶和现金。人们花掉通过狩猎得来的现金购买衣服、车、犁、工具和其他消耗品。19 世纪 30 年代后期，一些索丁居民开始捐资建教堂。[②] 象牙是一种宝贵的资源，第一批从开普来北部的象牙商人就受到了塔拉坪人的阻止。[③] 19 世纪 20 年代后，塔拉坪人和格里夸人失去了对开普贸易的垄断，但他们仍是供应商，即使自己的土地上已猎无可猎。19 世纪 50 年代末，枪支交易开始从开普殖民地进入茨瓦纳的地域，并在 19 世纪 70 年代加速。富裕的塔拉坪男人购买车和枪，在冬天时去北方狩猎。[④] 行程会持续两到三个月，这样长的时间足够行远。1866 年时有人看到过库鲁曼人在贝专纳人领土北部和马塔贝莱收集象牙的马车。[⑤] 采用现金的动机包括从开普引入的消费文化和现金可用于积累家畜，而家畜是财富的古老形式。

随着狩猎边境推向北方，库鲁曼仍然是贸易中继站。例如，约翰·麦肯齐在南部非洲狩猎史中回顾了 9 个重要猎人的传记，其中7 人经过或非常接近该地区，其中包括弗雷德里克·库特尼·塞卢斯（Frederick Courtenay Selous），可以说是 19 世纪非洲最知名的动物

---

① LMS 8/2/B, Philip at Cape Town, July 29, 1820; Philip, *Researches*, 2（1828）131; Harris, *Wild Sports*（1963）, 43.

② Moffat, *Missionary Labours*（1842）, 562; LMS 27/1/A, Robert Moffat, January 15, 1852. 关于现金的使用，另参见 Smith, *Diary of Dr. Andrew Smith*, 1（1939）, 250。

③ Barrow, *A Voyage*（1975）, 403; Borcherds, *Memoir*（1963）, 85. 直到 1853 年，塔拉坪人试图阻止外部人进入。James Chapman, *Travels into the Interior of South Africa*, vol. 1（London: Bell and Daldy, 1868）, 95.

④ Shillington, *Colonisation*（1985）, 21 - 5; Mackenzie, *Ten Years*（1971）, 71 - 72.

⑤ LMS 21/1/B, Ross at Taung, October 20, 1845; Thomas Leask, *The South African Diaries of Thomas Leask*, J. P. R. Wallis, ed.（London: Chatto and Windus, 1954）, 52, 108.

猎手。[1] 库鲁曼地区第一家贸易商店于 1838 年开业，属于大卫·休谟（David Hume），很快就有其他白人通过从塔拉坪商人那里购买货物与他成了竞争对手，其中包括罗伯特·莫法特传教士的儿子，还有查普曼（Chapman）家族。英国人甚至于 1872 年在偏远的朗格伯格山开了一家贸易商店。[2] 休谟为格雷厄姆斯敦的拍卖行供应了大量象牙，例如：他在 1844 年带来了 2 000 磅，1849 年增加到了 9 000 磅，1851 年则达到了 22 500 磅。[3] 开普象牙出口在 1858 年达到顶峰。直到 1864 年，鸵鸟羽毛"几乎成为唯一的装饰品贸易"。[4]

动物成为商品导致它们从次大陆的大部分地区消失，包括库鲁曼。[5] 虽然有个猎手在 1844 年时认为该地区猎物丰富[6]，但是塞卢斯在 1871—1872 年旅行穿越该地区时，发现事实并非如此。在赞扬了草地景观之后，他抱怨说："唯一的缺点就是没有什么猎物，甚至跳羚也没有，卡菲尔人已经猎杀了一切动物；所以现在在开普周边五英里的动物，要比这里——这个国家腹地六百英里的地方猎物还要丰富。"[7] 1865 年，猎人安德鲁·安德森（Andrew Anderson）亲眼见过白面大羚羊、跳羚羊、大羚羊、白氏斑马、角马、小羚羊、狮子、"狼"（鬣狗）和豺，而到了 19 世纪 80 年代末，他却感叹："所有的事情已经成为过去了。猎物已经被射杀或驱逐到沙漠，几乎所有的狼均已被毒杀，那些穿越广阔的平原和开

---

[1] John M. MacKenzie, *Empire of Nature：Hunting, Conservation, and British Imperialism*（Manchester：Manchester University Press, 1988）, 86－119.

[2] 弗雷德里克·塞卢斯在朗格伯格山看到了一家商店。参见 ZAN SE 1/4, February 5, 1872. 关于 19 世纪中期库鲁曼贸易的历史，参见 Snyman, *Kuruman*（1992）, 34－40。

[3] MacKenzie, *Empire of Nature*（1988）, 124，记录在案的每头狩猎大象象牙的重量平均从 44 磅到 53 磅不等。用每只动物大约 48 磅的平均数字来计算，1844 年的装货代表了 41 只动物的象牙；1849 年 188 只；1851 年 468 只。Barry Morton, "Materials relating to David Hume in the Grahamstown Journal"（unpublished manuscript.）

[4] LMS 33/3/A, Robert Moffat, January 11, 1864；Grove, "Early Themes in African Conservation," *Conservation in Africa*（Cambridge：Cambridge University Press, 1987）, 27.

[5] 相关内容，参见 MacKenzie, *Empire of Nature*（1988）, 89－116。

[6] William Cotton Oswell, "South Africa Fifty Years Ago," in *Big Game Shooting*, vol. 1, Clive Phillips-Wolley, ed.（London：Longmans Green, 1894）, 36－37.

[7] ZNA SE 1/4, February 5, 1872. 另参见 Mackenzie, *Ten Years*（1971）, 70。

放沼泽的动物只能以百计,但这里曾有成千上万的动物,遍布金合欢草原所有的方向。"①报道夸大了动物猎杀的总体情况,小猎物还是幸存了下来,大型动物直到 19 世纪 80 年代在南部喀拉哈里仍然可见。②

1867 年,在距离库鲁曼东南六天路程的地方发现了钻石,赚取金钱的机会随之而来。到 19 世纪 80 年代,库鲁曼已不再是羽毛或象牙的来源。③ 1871 年,英国将金伯利及其周边地区吞并之后,将其变为西格里夸兰(Griqualand West)的皇家殖民地,边界就在"库鲁曼之睛"以南仅 40 公里处。④ 新的殖民地需要食物、燃料和工人,因为猎物正在减少,采矿成为男人赚取现金的一种方式。⑤ 然而,在金伯利工作的塔拉坪人的数量比许多来自更遥远社会的人还少。塔拉坪人不愿意大量加入劳动力市场惹恼了传教士和招聘人员,他们将这个问题归为试图"教化"当地人的失败。⑥ 事实上,塔拉坪人宁愿和金伯利进行贸易,也不愿在那里工作。距离金伯利更近的迪克加特隆(Dikgatlhong)人就在那里卖食物。⑦ 在更接近塔昂的地方,人们热衷于通过灌溉技术种植农田,并尽可能将产品销往金伯利,例如马斯(Masse),他是首领马胡拉的儿子,同时也

① A. A. Anderson, *Twenty-Five Years* (1888), 87.

② Alfred James Gould, "Kuruman to Morokweng in 1883," *Botswana Notes and Records*, A. Sandilands, ed., 9(1977): 49 – 54; British Parliamentary Papers (hereafter BPP) C 4956 (1887) *Affairs of Bechuanaland and Adjacent Territories*, Trooper A. Querk, "Report on Patrol to Honing Vley, October 5 – 30, 1886," 124.

③ LMS 42/3/C, Alfred Wookey, "Review of South Bechuanaland, Part 2," June 11, 1884.

④ Shillington, *Colonisation* (1985), 35 – 60; Ake Holmberg, *African Tribes and European Agencies* (Goteborg: Scandinavian University Press, 1966), 37 – 41; Agar-Hamilton, *Road to the North* (1937), 37 – 131.

⑤ LMS 42/3/C, Wookey, "Review of South Bechuanaland, part 2," June 11, 1884; Mackenzie, *Austral Africa*, 1(1887), 30.

⑥ John Brown, "The Bechuana Tribes," 2 – 3; ZNA A. C. Baillie Papers (hereafter BA)10/1 – 2, July 30, 1876.

⑦ Shillington, "The Impact of the Diamond Discoveries on the Kimberley Hinterland: Class Formation, Colonialism and Resistance among the Tlhaping of Griqualand West in the 1870s," in *Industrialisation and Social Change in South Africa: African Class Formation, Culture and Consciousness 1870—1930*, Shula Marks and Richard Rathbone, eds. (London: Longman, 1982), 99 – 118.

是一位基督徒。① 人们用一些绵羊、山羊和牛换取货物和现金。②
然而,与丰富的木材贸易文献相比,从库鲁曼到金伯利的农业贸易
几乎没有提及,似乎并不大。例如,塞卢斯在 1872 年的旅行中经
常遇到食物难题。③

　　木材贸易重走象牙、皮毛交易的老路:创造一种新商品,然后
耗尽资源。人们转向森林,到金伯利赚钱。塔拉坪人为市场提供
用于燃料和搭建矿道支架的木材:

> 　　木材开发贸易量大。该国正在砍伐其树木和灌木丛
> 以供应金伯利及其附近土地上的燃料所需。并且大量的
> 本地人成为搬运工。凡是有牛和车且有这种念头的人都
> 可加入,以此赚取金钱。在这里,虽然我们距离市场有
> 120 英里之遥,但装载木材瓦楞的车辆不断地来来往往。④

一名传教士在 1883 年的年度库鲁曼教会会议上报告了贸易的程
度,说目睹了 80 辆货车,其中很多价值在 150—200 英镑之间。⑤

　　男人被吸引到木材贸易,因为像狩猎一样,它只需较少的劳动
力就可以获得现金,与灌溉农业相比,风险更小、回报更快。贸易
天然产品只需依赖于对环境的粗放利用,因此,人们更倾向于此而
非更劳动密集型的工作。然而长远来看,随着动、植物资源的消
耗,商业狩猎和砍伐最终促进了对土地更为集约化的使用,包括更
加集约化的耕作。早期的到访者认为,丰富的猎物阻碍了农业发

---

① Mackenzie, *Ten Years* (1971), 89 – 90.
② Backhouse and Tyler, *George Washington Walker* (1862), 448;LMS33/5/A, Ashton at Dikgatlong,
　December 20, 1865; ZNA SE 1/4, November 3, 1871.
③ ZNA, SE 1/4, February 1 – 5, 1872. 另外相关价格问题,参见 Public Records Office, London
　(hereafter PRO) Colonial Office series (hereafter CO) 879/16 no. 104 Lanyon to Bartle Frere with
　enclosures on Griqualand West and Bechuanaland, November 19, 1878。
④ LMS 42/3/C, Wookey, "Review of South Bechuanaland, Part 2," June 11, 1884.有关此开普木材销
　售情况,参见 Shillington, *Colonisation* (1985), 102 – 106, 137 – 143。
⑤ LMS 42/1A, Wookey, January 12, 1883.

展。但到了1883年,一位观察家认为,猎物的大规模消失鼓励了耕作的增加。[①]然而,追求利润助长了资源的过度使用,而伐木和狩猎都是不可持续的。开普边界为生物自然世界的市场化提供了可能性,最终使得大规模的借此为生更加难以为继。

灌溉和商业的社会意义

灌溉农业和商业带来了新的社会机会,也带来了潜在的新型不对称关系。相对于酋长和巴拉拉,从事灌溉农业的人、通过狩猎和木材贸易获利的人有了优势。传教士的信件中提到灌溉"农业阶级","拥有相当大的财产",他们向工人支付工资。[②]通过强化这些发展,约翰和琼·科马洛夫认为,传教士造就的资本主义"农业转换"增加了新的阶层,因为灌溉农业迫使那些不能灌溉的人不得不雇佣他人。[③]然而,灌溉的做法是保守的,只是对一个微环境的专门适应。由于灌溉不涉及生产的根本转变,所以就消除农牧业社会分化的力量方面而言非常有限。开普边界社会的不对称性大部分是先前存在的不平衡的延续,接受灌溉的人们只是在旧框架内提升了自身的地位。

显然,灌溉不利于酋长和头人,他们认识到了这一点。传教士约翰·麦肯齐认为,19世纪80年代,南部茨瓦纳酋长的相对失势是由于耕作和定居方式的改变。从首都到河谷的人口分散,削弱了他们的权力。到1878年,麦肯齐说,他们正在试图对灌溉进行最后的抵抗。

贝专纳人属地的泉水已经被人们开发和引导出来

---

① Burchell, *Travels*, 2(1953), 369; Parker Gillmore, "The Territories Adjacent to the Kalahari Desert," *Proceedings of the Royal Colonial Institute* 14(1883): 126 – 127.

② University of the Witwatersrand Collection A75, Mackenzie to Colonel Lanyon, August 1, 1878. LMS 40/1/C, Ashton at Barkly, July 23, 1879; LMS 92/1/C, John Mackenzie, April 5, 1880.

③ Comaroff and Comaroff, *Of Revelation and Revolution*, 2(1997), 139 – 165.

了。实际上战前的贝专纳人社会已经发展到了一个有趣的危机边缘。投入越来越多时间在灌溉农业上的人，频繁受到他们酋长的骚扰，酋长们希望他们能够以老式的方式和自己一起生活在城里。①

他表示说酋长也反对外出务工者，但没有怎么成功。② 麦肯齐可能夸大了酋长的反对意见，然而，他认为这些变化并不符合酋长利益的观点是正确的。在一个广泛实行农牧业的社会中，酋长的力量取决于他们所拥有的财富。尽管酋长抱怨，灌溉充满潜势，但在这个时期，家畜饲养仍然是最有利的营生，因此社会的牧作安排也并没有发生革命性的变化。人们仍然实行着马菲萨（mafisa），酋长们继续保留了对苏布巴（sehuba）的权利。1887年，一位传教士描述了农业牧区社会中酋长始终拥有的特权："酋长对他的下属财产的控制进一步体现在：不管一个人在部落的地位如何，他都不可能带着他的牛去往另一位酋长治区下生活。"③

下层阶级没有因生产变化而变化。观察家仍然会遇到巴拉拉和巴特兰卡。④ 和前面的情况一样，这些人与主要人口相比，在人种上并无区别，只不过在地位上处于较低阶层。据记载，当地的布须曼人"肤色较深，外形上与开普布须曼人不一样"。⑤ 19 世纪 70 年代到访过塔昂的一名沮丧的劳动力招聘人员猜测，酋长有2 万名"农奴"在养殖场和种植园工作。⑥ 巴特兰卡甚至在殖民统

---

① LMS 40/1/C, Ashton at Barkly, July 23, 1879.

② Mackenzie, *Austral Africa*, 1(1887), 80 – 81.

③ CTAR BCC [Bechuanaland Crown Colony] 119, Price to British Bechuanaland Administrator Shippard, September 28, 1887.

④ Edward Solomon, *Two Lectures* (1855), mentions *balala* on p. 51; John Brown, "The Bechuana Tribes," (1875) mentions Batlhanka on p. 2.

⑤ A. A. Anderson, *Twenty-Five Years* (1888), 82 – 83. 一种描绘用了一个北茨瓦纳地区的词，"Bakalahari"。CTAR BCC 119, Price to British Bechuanaland Administrator Shippard, September 28, 1887.

⑥ ZNA BA 10/1 – 2, July 30, 1876. 数量可能被夸大，但他们像巴拉拉一样，一直如此，这是重点。

治时期依然要忍受剥削和奴役。1894 年,库鲁曼治安法官审理了以下案件:巴塔拉洛斯的头目缇帕(Thipa)指控一个名叫博塔的农民绑架了布须曼人儿童,他称儿童是他的奴隶。这些孩子似乎是科伊桑人,因为他们没有说茨瓦纳语言,其中一人说那马部族语。[1] 传教士艰难地解释说,这样的人不是"奴隶",[2]但是另一个殖民地官僚用词就没有这样小心了:"奴隶待遇相当好……他们可以和自己的主人分享,因此比离开主人而自我追求更好……而且,他们会感到迷茫,感到失落,除非他们在可以向其寻求指引之人的指令下工作。"[3]1878 年西格里夸兰起义之后,较贫穷阶级让一位传教士特别焦虑,因为"现在有这么多的布须曼人和贝专纳人处于低等仆人阶级,现在他们已经失去了自己的主人,而且已经无家可归了"。[4]

虽然受奴役阶级仍然存在,但在 19 世纪中期,完全采集者已经变得不那么明显了。在罗伯特·莫法特 1842 年的著作《南部非洲的传教士劳动和工作所见》中称,布须曼人已经消失了,在接下来的几十年间这一断言重复出现。[5] 猎物的消耗殆尽使得采集生活变得不那么可行,所以更多的巴拉拉可能会以佃户的身份生活,极少数人仍然采集为生。然而,在困难时期,如 1877 年,位于瓦尔河边的迪克加特隆干旱时,饥饿人群仍然要依靠采集活命。

> 那些有车辆和牛畜的人正在赶向林地、钻石开采场,

---

① CTAR Kuruman Resident Magistrate Series (hereafter 1/KMN) 8/2, Resident Magistrate Bam, October 3, 1894; CTAR 1/KMN 8/2, Inspector of Native Reserves St. Quintin to colonial secretary, October 9, 1894. 英国在当地的治理当局并没有对茨瓦纳和布尔人的强抓劳工行为采取行动。BPP C 3635 (1883) *Reports by Colonel Warren, R. E., C. M. G. and Captain Harell(Late 89th Regiment) on the Affairs of Bechuanaland, Dated April 3rd 1879 and April 27th 1880*, 13.

② CTAR BCC 119, Price to British Bechuanaland Administrator Shippard, September 28, 1887. John Smith Moffat to Shippard, 6 April 1887. 当时莫法特在塔昂担任地方治安官。

③ Cape Colony Parliamentary Papers (hereafter CPP) G 19 – '97, *Blue Book for Native Affairs*, 68.

④ LMS 39/3/D, Ashton at Barkly (formerly Dikgatlhong), October 24, 1878.

⑤ Moffat, *Missionary Labours* (1842), 13; LMS 42/3/C, Wookey, "Review of South Bechuanaland, Part 2," June 11, 1884.

并用钱买食物。长老们为欧洲人工作,但是大多数民众将不得不忍受极大的饥饿煎熬。其中一些人仅靠食用植物根茎生存。据说在附近(塔昂)的地区有一些人因饥饿而死亡。[①]

随着布尔定居者进入该地区,他们为这些人创造了一个新名字:"瓦尔蓬塞"(Vaalpense)[②],南非荷兰语意为"灰色的肚子",但他们的社会地位和贫穷程度与巴拉拉一样。[③] 许多欧洲观察家,已经了解了雇佣劳动状况,证实说资本主义工作关系并没有取代农业牧区社会主仆式主宰剥削关系。

妇女继续负责耕作是另一个明证,说明边界地带的创新只是有选择地被采纳,这也限制了她们的社会影响。我们不知道男人耕作的比例,或是女性锄作的比例。男人确实参与耕作,但这显然不是常态。[④] 19 世纪 70 年代,传教士们仍然重复着 50 年来的旧有言论,即男人们不断加入耕作队伍,但人数几乎没有明显的上升![⑤] 半个世纪之后索丁建立了示范种植园,两名传教士分别证实,妇女仍然是主要的耕作者,有时甚至更甚。

---

① LMS 39/1/D, Ashton, November 27, 1877.

② 这是南非不同地区贫困人口的总称。

③ BPP C 4956 *Affairs of Bechuanaland and Adjacent Territories*, 124; CTAR Land Office series (hereafter LND) 1/441, Water Boring Foreman McCaig, July 10, 1895; A. A. Anderson, *Twenty-Five Years* (1888), 82; Gillmore, "Territories Adjacent to the Kalahari," 137; E. Wilkinson, "Notes on a Portion of the Kalahari," *Geographical Journal*, 1(1893): 327, 330, 333; R. Pöch, "Ethnographische und Geographische Ergebinisse meiner Kalaharireisen," *Petermanns Mitteilungen* 58 (1912): 16; H. Anderson Bryden, *Gun and Camera in Southern Africa* (London: Edward Stanford, 1893; reprint ed., Prescott, Arizona: Wolfe Publishing, 1988) 62, 123; Molema, *The Bantu, Past and Present* (1920), 36; Breutz, *Tribes of Kuruman* (1963), 25 – 30; Breutz, "Ancient People in the Kalahari Desert," *Afrika and Übersee* 42 (1959): 51 – 54; CC G 51 – '95, *Annual Report of the Forest Ranger, Bechuanaland for the Year Ending* 31st *of December, 1894*, 143; CTAR 1/KMN 10/3, Resident Magistrate Hilliard "Report on Local Labour Market," November 15, 1898.

④ LMS 26/1/A, Helmore at Dikgatlhong, January 1851; Anderson, *Twenty-Five Years* (1888), 81. Anderson traveled through Kuruman in 1864.

⑤ Mackenzie, *Ten Years* (1971), 70; LMS 38/3/A, Ashton at Likhatlong, February 9, 1876. (给克罗斯曼中校的信副本)

　　几乎所有实际的劳动都意在提高粮食生产,这被认为是妇女的正常工作。在过去几年里,犁被引进了这个国家,男性似乎对这项新的耕作方式表示赞赏。受到宗教影响的人常常会在种植园和房屋建筑中帮助他们的妻子,而若是遵循他们自己的本地荒蛮逻辑,他们永远也不会这么做。不过这也仅限于一些人在几天中会这么体贴而已。①

　　[种植]园属于[女性]。牛、绵羊、山羊属于男性。那么,在巴塔拉洛,似乎有些牛会溜达到种植园里,摧毁女人们的玉米,这一直很麻烦。因此,她们决定杀死在自己的土地上所发现的一切。在这样做的时候,她们遵循了一个巴塔拉洛首领的一条法律。然而,即便如此,莫法特先生还是因此拒绝了一些妇女参与教会活动的诉求。大量的牛以最可怕的方式遭到攻击、杀害,教会妇女在这项工作中涉入极深。②

　　男人们在田野中耕耘时,妇女几乎要对其他任何事情负责。不幸的是,我们不知道女性如何看待男性参与耕作的优势和劣势。极有可能地说,她们认为这威胁到她们掌控向家庭供应食物的地位。③ 或者,她们可能相信,为了增加家庭中的粮食来源,这么做是可取的,即使这对她们意味着更大的工作量,而对男性则意味着获得相对利益。④ 灌溉栽培的性别划分不是零和方程。当男人对河谷产生兴趣时,妇女却依然能够而且确实在干旱的土地上继续耕

---

① John Brown, "The Bechuana Tribes," (1875) 2.

② A. J. Wookey, 24 September 1873, London Missionary Society South Africa Reports, quoted in Comaroff and Comaroff, *Of Revelation and Revolution*, 2(1997),130.

③ Comaroff and Comaroff, *Of Revelation and Revolution*, 2(1997), 137 – 138.

④ Eldredge, "Women in Production," *Signs* 16(1991): 734 – 735. 奥基弘描述说克韦纳妇女在男人开始耕种后仍控制农产品。Okihiro, "Hunters, Herders, Cultivators, and Traders," Ph. D. dissertation, UCLA, 1976, 76 – 77, 83.

作。重要的是要认识到,男女之间劳动和权力的差异可能不是完全不可改变的。例如,19 世纪后期,马胡拉先生的妹妹,迈瑞内椰(Mareinaye)就担任起了玛洛彭的"头人"。[1]

一次生态革命?

麦钱特认为,环境历史的变化是通过"生态革命"发生的,是非人类世界与人类关系巨大改变的一系列重大节点。[2] 传教士坎贝尔采用了同样的表达,他在表明农业集约化之时也用了"革命"一词。[3] 莫替彼酋长也认识到了这样的潜在可能,他担心传教士们可能会改变"整个体系"。[4] 1884 年的结果让莫替彼松了一口气,却令坎贝尔失望。在这一历史节点,生态革命尚不彻底。灌溉和商业狩猎确实带来了新的可能性,但人们只是选择性地进行。那些采取灌溉和从事贸易的人没有放弃粗放的生产观念,因此创新对社会的影响是有限的。然而,这种折中主义的做法带来了紧张局势。依靠天然产品的商业活动不可持续,而灌溉技术下的粗放生产的矛盾做法在欧洲人看来也难以为继。

---

① CTAR BBLC 1, testimony of Herbert Jarvis and John Chapman, March 31, 1886; CTAR BBLC 1, testimony of Marienyane, April 4, 1886; LMS 46/1/A, Roger Price, January 11, 1889.

② Merchant, *Ecological Revolutions* (1989). 关于库鲁曼生态革命理论解释性价值的讨论,参见 Jacobs, "The Colonial Ecological Revolution in South Africa: The Case of Kuruman," in *South Africa's Environmental History: Cases and Comparisons*, Steven Dovers et al., eds. (Cape Town: David Philip, 2003), 19 – 33.

③ 参见本章开篇题词。Campbell, *Second Journey*, 2(1967), 60.

④ Quoted in Comaroff and Comaroff, *Of Revelation and Revolution*, 1(1991), 196. LMS 7, September 5, 1817.

第四章

殖民兼并：土地转让和环境管理,1884—1894

> 现在你看到的是正在到来的白人浪潮。他们猎取土
> 地——他们搜刮水源。但凡能够找到空旷地所,他们便
> 会开建、开耕,并告诉你说,空置的乡野属于上帝,而不
> 是你。[①]

尽管开普边境地带没有为环境和社会关系带来革命,殖民统
治却做到了。它在权力结构和土地的顶端植入了一个新的团
体——白人,还进口了一种新的工具,即现代国家,并借以行使权
力。然而,在1884年殖民统治强加之后,其革命性影响却被推迟
了。十多年来,粗放生产一如既往,直到20世纪,现代国家的干预
潜力才日渐清晰。然而,后来的影响中断源于吞并后的土地转让
和环境管理需要,因此我们现在要看一下早期殖民统治的特征。

通过讨论土地转让和环境管理的重要性,本章提出了比较环
境史的问题。在许多世界比较环境史上,"殖民主义"和"帝国主

---

① Mackenzie, *Austral Africa*, 1(1887), 77 - 78.

义"已经成为"白人入主"的同义词。根据这一观点,欧洲帝国主义是由"人、植物和病原体"组成的"生物扩张"。[1] 由阿尔弗雷德·克罗斯比所定义的"生态帝国主义",描述了温带地区的人口演替状况。由于欧洲人无法在热带非洲大量定居,所以克罗斯比认为,虽然这片大陆"触手可及",对于改变世界的一股势力来说却"难以把控"。南非,欧洲移民众多,土地异化严重,是克罗斯比所观察到的生态帝国主义绕大陆推进的一个例外。因此,在世界比较环境史上,南非是定居者社会的中心地带,而非"人口接管的土地"。[2]如何在热带非洲的殖民地环境史上定位南非是一个难题。尽管历史学家分析了表现出共同进程的案例,但尚未对非洲环境史上殖民统治的意义进行理论化总结。部分原因是这里殖民统治形式分散。另一个问题在于非洲大陆的环境多样性,以及人类利用环境方式的多样性。然而,尽管热带地区的变化复杂,兼之没有白人定居,欧洲仍然是热带非洲环境史上的巨大力量。与欧洲的接触,推动和传播了基督教、工业技术、资本主义、环境保护和现代国家。这些事态发展引领非洲人从欧亚大陆引入新的耕作方式,从旧世界和新世界引种作物。他们妨碍疾病控制,榨取并出口自然资源,降低自给生产效率,并将非洲人视为同非洲大陆动、植物区系的不般配邻居,更不用说是有资格管理了。[3]

虽然欧洲人在热带非洲的扩张并不是生物学上的,但整个非洲大陆都具有受殖民统治造成对环境影响的共性,包括南非。我认为一个泛论的基础是殖民地国家的行政政策。近年来,非洲主义历史学家认识到,对国家的思考是更清楚地了解人们经历的正

---

[1] Crosby, *Ecological Imperialism* (1986); Carolyn Merchant, *Ecological Revolutions* (1989).

[2] 定居者社区的环境史研究取得了丰富的结果。最近的例子,请参阅 Tom Griffiths and Lilly Robin, eds., *Ecology and Empire*; William Beinart and Peter Coates, *Environment and History: The Taming of Nature in the USA and South Africa* (London and New York: Routledge, 1995)。

[3] 坦桑尼亚拥有非洲发展最快的环境史机构。例如,参见 Giblin, *The Politics of Environmental Control* (1992); Kjekshus, *Ecology Control and Economic Development* (1996); Maddox, Giblin, and Kimambo, eds., *Custodians of the Land* (1996)。

途。正如伊万·埃文斯(Ivan Evans)所说,"黑皮肤的南非人对行政管理现象熟悉得令人沮丧"。[①] 乍一看,从国家视角研究环境史似乎是不恰当的,因为环境史探讨人与环境的关系,而不是与机构的关系,但在整个殖民地非洲,国家对权力的僭越成为影响环境关系的重要因素。马哈茂德·马姆达尼的作品《公民和国民》有助于说明行政力量对农村生产者的影响。虽然他没有明确地指出环境问题,但他揭示了国家对农民与环境之间关系的影响。在整个非洲大陆,国家利用殖民地共同权属和间接统治干预农业和放牧,在殖民地建立的共同权属和间接统治可能是总结大部分殖民化非洲环境史的关键。

头人或治安官的治理就是直接和间接统治之间的差异。直接统治的主要特征是政府管理人员根据殖民地法对土著人进行统治。相关特征包括家长制、个人权属和强制同化土著人成为殖民地工人阶级。被殖民者只能根据欧洲标准变得"文明"之后才会获得政治权利。相比之下,间接统治则是酋长依据习俗的治理,其合法性来自传统权威所具备的一些权利。在现实中,这种合法性往往是可疑的。间接统治的相关特征是社区使用权、领土种族隔离和部族分化。间接统治迫使非洲人根据非洲习俗(按照殖民者的想法)与国家关联,而不是依照欧洲的"文明"标准。[②] 间接和直接统治都涉及外界控制领土和人们在领土内的居住关系。两者都使得本土人容易失去土地,但间接统治更容易使人们无法参与决策如何处置自己所保有的土地。

在殖民地非洲,直接统治和间接统治处于持续征服方式的两

[①] Ivan Evans, *Bureaucracy and Race: Native Administration in South Africa* (Berkeley: University of California, 1997), 1.

[②] 有关 19 世纪开普殖民地和纳塔尔间接统治的直接描述,请参见 Saul Dubow, *Racial Segregation and the Origins of Apartheid in South Africa 1919 - 36* (New York and London: St. Martin's, 1989), 99 - 107; Paul Rich, *State Power and Black Politics in South Africa*, *1912 - 51* (New York: St Martin's, 1996), 31 - 35, 77 - 79; Mamdani, *Citizen and Subject* (1996), 16 - 18, 62 - 72; Evans, *Bureaucracy and Race* (1997), 15, 166 - 168。

极位置,一些殖民国家发展出的管理方式居于这些理想类型之间。直接统治是法国和英国殖民主义的早期管理模式,在 20 世纪初转向间接统治。作为一种意识形态,直接统治从来没有像间接统治那样充分发展或得到广泛实施,但在 19 世纪,它出现在了开普敦殖民地,且影响强烈。19 世纪 50 年代,开普省长乔治·格雷(George Gray)致力于将酋长管辖区归入殖民地治安官的附属区,从而为白人定居者提供土地,并将科萨族融入殖民地社会,他们通常会成为非技术工人。然而,格雷的愿景只是部分地得以实施:私人土地使用权没有建立,酋长在科萨人中间依然强大,同时密集的农牧民人口也阻止了白人的扩张。另外,依靠治安法官代表国家管理白人和黑人,开普省保留直接管理余迹长达 100 年。[①] 至于间接统治,最早出现在后来大家所熟知的 19 世纪 50 年代,纳塔尔本地事务秘书西奥菲勒斯·谢普斯通(Theophilus Shepstone)的领导治下。正如尼日利亚第一任总督弗雷德里克·卢格德(Frederick Lugard)20 世纪头十年所阐述的那样,在 20 世纪,间接统治成为通行英属非洲的政策。马姆达尼认为,在非洲殖民地晚期,间接统治,他的原话是"分化处置",既有普遍性又有针对性。因此,他对间接统治的定义比其他统治更具包容性,这引起了对他的批评。[②] 我的目的不是在争论非洲间接统治的普遍性,而是使用马姆达尼的见解来确定非洲人作为部族主体被统治时的共同环境政策。

库鲁曼的例子可以说明殖民地国家的演变,干预作用在其环

---

① Peires, *The Dead Will Arise* (1989), 60–69, 290–292. 在这一点上,我不同意马姆达尼的观点。马姆达尼认为,在格雷州实现了从直接统治到间接统治的过渡之后,开普的治理方式是可行的。参见 Mamdani, *Citizen and Subject* (1996), 66–67. 作为证据,他指出政府愿意通过首领进行统治,尽管它不愿意使用首领。与此相反,伊万·埃文斯展示了开普敦体系中酋长和首领的结构差异,并描绘了酋长在后来殖民统治(尤其是在独立发展时期)中扮演日益重要的角色。Evans, *Bureaucracy and Race* (1997), 207–213.

② 19 世纪法国同化政策是一种直接统治的形式。它在 20 世纪塞内加尔的四个公社中存在。关联是法国在 20 世纪的主导政策,它究竟是间接统治还是直接统治取决于定义。马姆达尼认为这是间接统治体系的另一种形式,因为它依赖于中间人,非洲人。参见 Mamdani, *Citizens and Subject* (1996), 83–86. 然而,它并没有像英国间接统治那样,通过酋长和部落结构实行统治。参见 Michael Crowder, "Indirect Rule-French and British Style," *Africa* 24(1964): 197–205.

境史上的发展以及欧洲人权力的与日俱增。本章描述了殖民地库
鲁曼人最早的殖民制度。首先,本章解释了因误读集约化水平而
被正当化的土地异化过程。接下来,本章详细说明了借由治安法
官实现的初步直接统治制度。最后,本章详细介绍了帝国间关于
个人或公共土地使用权的辩论。此外,依据本章的观点,在酋长或
治安法官的治理下,殖民地的公共权属使非洲人参与国家干预成
为可能。然而,这一时期,典型的20世纪殖民地的环境管理模式
尚未形成,欧洲吞并的影响也还不清楚。在库鲁曼,殖民统治的第
一个十年,是20世纪南非农村介于对边疆的适应性探索同贫困和
种族剥削之间的过渡期。

改变开普边境地带的土地保有权惯例

轮垦,特别是由塔拉坪人实行的不定期休耕休牧,使得牧民只
需要非严格意义上的土地权属。在农业牧区社会,首领分配土地,
人们对他们所使用的特定土地拥有权利,但无法通过变卖所有权
获利。在一些外人看来,土地没有价值,个人不拥有产权,但其他
人则记录说,人们拥有所耕土地的产权。牧场产权较少有文献记
载,但是对草地和水的使用权有规定。酋长可能对土地拥有特权,
特别是牧场所有权。尽管没有任何土地市场发展出来,但开普边
界地区的新做法对土地所有权习惯产生了一些影响。灌溉栽培引
起的分散居住方式挑战了酋长的权力,永久定居给予人们对自己
田地更加稳固的权利。[①] 到殖民吞并的时候,塔拉坪人和塔拉洛人
习俗已经承认对灌溉耕作土地的优先权。通常做法是通过种植树
木来加强对田地的控制,但种植树木并没有赋予家庭可以通过售

---

① BPP C 4889(1886),*Report of the Commissioners Appointed to Determine Land Claims and to Effect a Land Settlement in British Bechuanaland*, 38.

卖来转让土地的权利。[①] 永久性私有权利的演变有利于意在通过灌溉确立自己作为独立的生产者地位，而对于那些仍然寄希望于金合欢草原社会等级制度的人来说是不利的。据报告，酋长企图强迫他们的属民离开自己的农场去往城里。[②]

涉及传教士土地权利的争议最为尖锐。如前一章所述，1824年，莫法特和汉密尔顿通过赠予酋长价值约 5 英镑的礼物获得山谷使用许可权。伦敦宣教会显然对其所声索权力感到不安，因为在 1850 年，小罗伯特·莫法特（Robert Moffat, Jr.）对布道所进行了调查和绘制。然而，他却以地图宣称传教士已经以价值 50 英镑的货物（而不是当初的估价 5 英镑）交换了 223 公顷的土地！酋长莫替彼的儿子，盖斯邦威（Gasebonwe）在传教士的文件上签下了自己的名字，但显而易见的是，盖斯邦威并没有将交易理解为转让权益。[③] 到 1858 年，盖斯邦威依据茨瓦纳的土地使用习俗，对土地所有权提出质疑。"盖斯邦威说，虽然说父亲把这块土地卖给了传教士，但他们现在是一个新的种族，且并未从变卖土地中获利。［他的这一代］希望将枪支之类的东西作为土地的价格，因此他们不认为莫法特买下了它们。"[④]至于传教士们怎么安抚盖斯邦威则不清楚，但他们继续掌控着土地。

关于土地权属的另一个争议出现在 19 世纪 70 年代的"库鲁曼之睛"。早在 1828 年，来自开普的一名脱逃奴隶约瑟夫·阿伦斯（Joseph Arends）就定居在"库鲁曼之睛"。[⑤] 他的家人成了商业猎人，1876 年的一次狩猎不利使得他们欠了一个商人 110 英镑。

---

① 树木权属，参见 CTAR BBLC 21, claim number 194 of Jarvis to the white house in Batlharos；CTAR BBLC 20, claim number 43 of Donovan to Konong；CTAR BBLC 21, claim number 8 of Katje Klein to Mazeppa；CTAR BBLC 22, claim number 161 of John Markram to Metswetsaneng。

② Mackenzie, *Austral Africa* 1(1887), 76.

③ Una Long, "Plan by Robert Moffat, Jnr," *Africana Notes and News* 11（1953）：28 – 29；Isaac Schapera, *Africana Notes and News* 11(1953)：60.

④ LMS 31/1/B, Ashton, July 25, 1858.

⑤ LMS 14/1/B, Moffat, April 7, 1828.

现在子承父业的约翰·史密斯·莫法特意识到了阿伦斯财产的潜在价值,以及如果投机者控制了伦敦宣教会水源可能造成的危害。虽然没有登记权属,但他还是为了换取阿伦斯的土地权而代为支付了欠款。[①] 伦敦宣教会贝专纳兰土地代表团后来就是否应该允许卷土重来的阿伦斯偿还抵押货款分歧颇大。[②]

最后的土地分歧,是在1874—1878年间,因为河东岸一个村庄建立了一所神学院,"莫法特学院",传教士和索丁的租户之间发生了严重冲突。到那之前,所有的建筑都在西岸。麦肯齐因视土地为传教士财产而驱逐了居民,并声称被驱逐的村民对这个变化是"开心的"。[③] 然而,长期生活在教区并声称得到了村民信任的约翰·史密斯·莫法记载道,一群愤怒的代表团成员来到他那里,要求伸张正义,并威胁要烧毁学院。[④] 很快,租户对允许驱逐的权属制度的不满很快就显示出来了。莫法特神学院的斗争紧随英殖民者吞并西格里夸兰殖民地的金伯利钻石矿之后而来,西格里夸兰殖民地就在库鲁曼南部(见图4.1)。1878年,格里夸和塔拉坪之间的不满导致了西格里夸兰的叛乱,其游击队员越过了边界。虽然库鲁曼仍然是独立的,但一些当地人支持叛乱分子,部分是因为对莫法特神学院事件的怨恨。传教士因为害怕索丁居民的伤害,躲在新建的神学院寻求庇护,直到英军上校查尔斯·沃伦(Charles Warren)"解救"了他们。[⑤] 英军的占领使许多人流离失所,军队没收了3 000头牛、数千只绵羊和山羊。[⑥] 虽然他

① LMS 38/3/A, John Smith Moffat, March 23, 1876.

② Moffat relinquished the claim, but Mackenzie objected. Mackenzie, *Austral Africa*, 1(1887), 111 – 114; LMS 38/3/D, Mackenzie, December 8, 1876; LMS 39/3/D, Mackenzie, November 21, 1878; LMS 40/3/A, John Smith Moffat at Griquatown, July 23, 1880; and LMS 43/1/A, Ashton at Barkly, January 24, 1885.

③ LMS 37/3/A, Mackenzie, May 1, 1874. 另参见 *Austral Africa*, 1(1887), 75。相关讨论,参见 Richard Lovett, *The History of the London Missionary Society*, 1795 – 1895, 2 vols. (London: Henry Frowde, 1899), 1: 606 – 607。

④ 相关争议,可参见 Robert Unwin Moffat, *John Smith Moffat* (1969), 126 – 135。

⑤ Shillington, *Colonisation* (1985), 76 – 82.

⑥ LMS 39/3/B, John Brown, July 29, 1878.

们没有合法权限,麦肯齐和沃伦却对茨瓦纳土地权属制度采取了措施。他们从反叛分子手中没收了可灌溉土地,于其上安置难民,甚至授予他们认为忠诚的人以权属。[1] 然而,英国并没有吞并该地区,1881 年,占领者离开。[2]

争夺库鲁曼

大英帝国对库鲁曼的吞并具有讽刺意味,因为该地区只是失去了它作为一个贸易和传教前哨的重要性。截至 1880 年,它不再是向北进入非洲大陆腹地的主路。[3] 受其他密集人口吸引,伦敦宣教会未在该处真正建立神学院。伦敦宣教会巡视员于 1884 年报告说:"不要说什么溢美之词之类的东西,我会不由自主地发笑的。"[4]然而,尽管该地区的战略价值不断下降,但该地区俨然成为更广泛竞争的战利品,并导致其并入大英帝国。茨瓦纳南部转变为英属贝专纳兰的政治历史已经被讲了很多次,而环境史只需要作简短的事件回顾。[5] 初始的白人入侵来自德兰士瓦。从 19 世纪 50 年代至 70 年代,塔拉坪人和德兰士瓦之间的边界已经变动到布尔人所定居的塔拉坪境内东部。1881 年,德兰士瓦移民深入塔拉坪人领地,到达当代的弗雷堡和马菲肯(Mafikeng)。战争接踵而至,"海盗们"于弗雷堡附近创立了"斯特拉兰共和国",于马菲肯附近创立了"戈申共和国"。战斗一直持续到 1884 年,英国吞并斯特

① University of the Witwatersrand Collection A75, No. 470 November 1, 1881. John Mackenzie, *Austral Africa*, 1(1887), 107; LMS 40/1/C, Mackenzie, June 3, 1879, and January 5, 1880.
② Holmberg, *African Tribes and European Agencies* (1966), 57 – 63; Sillery, *Bechuanaland Protectorate* (1952), 43 – 46; Agar-Hamilton, *Road to the North* (1937), 132 – 182; Shillington, *Colonisation* (1985), 61 – 89.
③ LMS 40/4/A, Mackenzie, October 7, 1880.
④ LMS 42/3/B, R. W. Thompson at Cape Town, April 1, 1884.
⑤ Shillington, *Colonisation* (1985); C. W. De Kiewiet, *The Imperial Factor in South Africa* (Cambridge: Cambridge University, 1937), 183 – 277; Sillery, *Bechuanaland Protectorate* (1952), 47 – 49; Holmberg, *African Tribes and European Agencies* (1966), 62 – 70; Anthony J. Dachs, "Missionary Imperialism – The Case of Bechuanaland," *Journal of African History* 13(1972): 647 – 658; and Paul Maylam, *Rhodes, The Tswana, and the British: Colonialism, Collaboration, and Conflict in the Bechuanaland Protectorate* (Westport, Connecticut: Greenwood, 1980).

拉兰、戈申,其余茨瓦纳南部独立领土,包括库鲁曼,则成为英国的保护国。

　　英国和开普殖民者的政治事件涉及两个阵营之间的斗争:一方面是持同化主义目标的人,另一方面是更关心战略问题者,他们声索领土和猎获劳动力。新属国的第一任专员是持同化主张的伦敦宣教会传教士麦肯齐。作为传教士,麦肯齐已经工作了 25 年,引导人们不仅改变宗教信仰,而且改变他们的生产方式——从放牧到农业生产。麦肯齐赞同罗伯特·莫法特对茨瓦纳人们的未来设想,愿这里成为一个高产的种植园:"我心中的种植园包含苹果、梨、李子、桃子、杏、油桃、塞维利亚橙、橘子、两种无花果、柠檬、枇杷、柑橘、石榴、葡萄、巴旦木和核桃。"[1]但是,不限于老莫法特鼓励把灌溉栽培作为规训基督徒生活方式的实际措施,麦肯齐还是生态与政治革命的虔诚信徒。他认识到,牧区生产采取集中制度有利于维系雇主和受雇体系,市场化种植生产将会离散茨瓦纳社会,削弱酋长控制权。此外,1878 年的起义后的私人所有权授予挑战了酋长特权,这符合他的设想。他向酋长保证,可以接受一个农民以粮食来代替牛胸脯肉纳贡(所有的牛胸脯肉属于酋长),但新的生产关系将确保这只是象征性的纳贡。他对茨瓦纳土地的规划包括白人定居点,他认为增加耕作将会防止勤劳的非洲人将土地让给定居者。他记录了自己如何向一位酋长描述"即将到来的白人潮",但向他保证,永久定居和集约生产将保护非洲人对土地的控制。[2]麦肯齐赞成将非洲人同化为殖民地社会的农民和工人,认为基督教和采用欧洲方式是必要的,以逐渐将非洲人"提升"到白人的地位。在他的设想中,采纳欧洲方式的非洲人应该和白人

---

[1] Mackenzie, "Bechuanaland, with Some Remarks on Mashonaland and Matabeleland," *Scottish Geographical Magazine* 3(1887): 298.

[2] Mackenzie, *Austral Africa*, 1(1887), 77 - 78.

一样平等地生活在农场并拥有土地所有权。① 然而,他认为,非洲人的土地权属应该是不可剥夺的,以此挫败投机者,避免大量的土地流失。②

麦肯齐在兼并领土上影响颇大。1883 年在伦敦的一次休假中,他游说在茨瓦纳宣布其为一个保护国。当英国的殖民部地位接近这一位置时,就任命他为其首任执行官。麦肯齐三个月的行政管理基本上是无效的。布尔人和茨瓦纳人之间的暴力事件继续,他被卷入当地的冲突,导致他在 1884 年 8 月被召回。③ 他在属地的继任者正是塞西尔·约翰·罗德斯(Cecil John Rhodes)。至 1884 年,开普殖民地已经兼并了西格里夸兰,罗德斯,钻石联合企业戴比尔斯的主任则成为金伯利开普议会的成员。他对西格里夸兰的北部领土感兴趣,因为它处于"通向北方的道路",可以集中提供劳动力给钻石矿。罗德斯攻击麦肯齐的管理,从而成为他的替代者,但他也无法控制局面,只在职了两个月。持续的争斗于 1884 年 9 月终结了他的任期。④ 这次殖民部任命的是查尔斯·沃伦,他当时是一名将军,担任保护地的特别专员。他于 1884 年返回南部的茨瓦纳领土,并带有 5 000 名士兵,麦肯齐是顾问。与殖民部高层的预期相反,麦肯齐和沃伦着手与没有经历布尔人占领的北部茨瓦纳酋长达成协议。1885 年 9 月,沃伦和麦肯齐引起殖民部的关切,殖民部召回沃伦并分割了茨瓦纳领土。洛隆、塔

① John Mackenzie, *Ten Years* (1971), 81 – 83; Comaroff and Comaroff, *Of Revelation and Revolution*, 1 (1991), 206 – 213.
② Mackenzie, *Austral Africa*, 1(1887), 30.
③ 关于麦肯齐在英国非洲殖民地历史上的角色,参见 Agar-Hamilton, *Road to the North* (1937), 278 –332; Sillery, *Bechuanaland Protectorate* (1952), 51 – 52; Holmberg, *African Tribes and European Agencies* (1966), 45 – 70; Kenneth Hall, "Humanitarianism and Racial Subordination: John Mackenzie and the Transformation of Tswana Society," *International Journal of African Historical Studies* 8(1975): 97 – 110; Mackenzie, *The Papers of John Mackenzie*, Anthony Dachs, ed. (Johannesburg: Witwatersrand University Press, 1975). Sillery, *John Mackenzie of Bechuanaland, 1835 – 1899: A Study in Humanitarian Imperialism* (Cape Town: Balkema,1971).
④ 有关罗兹作为专员时期的活动,参见 Sillery, *Bechuanaland Protectorate* (1952), 52 –53; Holmberg, *African Tribes and European Agencies* (1966), 71 – 88; Agar-Hamilton, *Road to the North* (1937), 333 – 385。

拉坪和塔拉洛地区成为英属贝专纳兰领土的南部皇家殖民地(现在在南非北开普省和西北部省份),北部地区成为贝专纳保护国(现在是博茨瓦纳)。

英属贝专纳兰土地委员会和牧场隔离

1885年,英属贝专纳兰土地委员会任命西德尼·施帕德(Sidney Shippard)为主席,也即后来贝专纳兰的管理者。英属贝专纳兰土地委员会的任务是统管由茨瓦纳土著人、布尔人在东贝专纳声索的领地,以及随机索赔在全境各地的个人补助金事宜。此外,英属贝专纳兰土地委员会为未来的白人定居提供便利。其任务是不可能完成的:"目的是寻求实现属地保护与欧洲扩张相结合,换句话说,是既要保障原住民的权益,同时还要实现欧洲人对闲置土地进行有益的占领。"[1]英属贝专纳兰土地委员会从1885年10月至1886年5月,穿越大部分英属贝专纳兰辖区,进行普查,调查土地声索和确定所有权。为了确定原住民人口和需求,英属贝专纳兰土地委员会统计了土屋的数量,并将其乘以五。估计库鲁曼区的总人口为11 755人(不包括朗格伯格山和喀拉哈里地区)。英属贝专纳兰土地委员会只用非洲人总殖民面积的百分之八作为保留地。[2]

布尔移民在塔昂和马菲肯地区获得了耕地,但在库鲁曼,非洲人几乎保留了所有定居点、泉水和河谷,包括波切切莱萨、曼尼汀、弗拉克方丹、盖-特罗斯、马雷马纳(Maremane)、思茅斯瓦纳(Smouswane)、科农和塔拉坪(见图4.1和表4.1)。英属贝专纳兰土地委员会没有到达库鲁曼山以西的地方,留下了朗格伯格山和喀拉哈里地区作为日后的界线划定。主要的泉眼中,只有盖斯葛

---

① BPP C 4889 (1886), *Land Settlement in British Bechuanaland*, 4.
② 关于土地委员会,参见 Shillington, *Colonisation* (1985), 174 – 177。

尼恩（库鲁曼之睛）作为原住民保留地，未被授予非洲人。1886 年
的"土地定居点"指定了从"库鲁曼之睛"往下游作为城镇所在地。
距泉眼往下游约 15 公里处，约有 26 767 公顷，被指定为皇家保留
地。库鲁曼皇家保留地不得分成私人农场。像"原住民保留地"一
样，它由政府控制，而不是由非洲人使用。英属贝专纳兰土地委员
会预计将其用于未来扩建城镇、公共公园，以及公用牧场。宣布保
留地后，以及承认布尔的土地保有权之后剩余的土地，即 79% 的殖
民地，被宣布为"废弃地"，交由拍卖处置。①

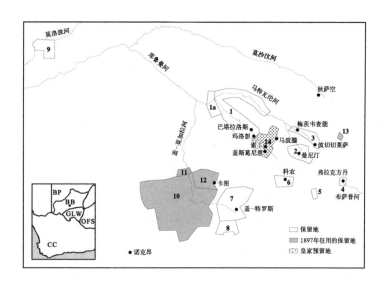

图 4.1　库鲁曼皇家保留地和原住民保留地

对应保留地编号，见表 4.1。插图上的点显示了库鲁曼镇的位置。②

---

① 随着时间的推移，官方对保留地的测量略有不同。表 4.1 使用了每个保留地的最后可用统计数
字。测量数据来源如下：1，1a，3，4，7，8 and 9，Breutz, *Tribes of Kuruman* (1963), 56 - 57；5 and
6，Surplus People Project, *Forced Removals in South Africa: The Surplus People Project Report*, 5 vols.
(Pietermaritzburg: Surplus People Project, 1983), 3:100；10，11 12 and 13，Public Records Office,
London [hereafter PRO] Colonial Office Series [hereafter CO] 879/51, "Return of Native Reserves in
Bechuanaland," 47；14，Snyman, *Kuruman* (1992), 54. 原始测量单位是荷兰摩根，一个面积为
0.856 5公顷，原先的测量值已经转换为公顷。

② BP：贝专纳兰保护区（Bechuanaland Protectorate）；BB：英属贝专纳兰（British Bechuanaland）；GLW：
西格里夸兰（Griqualand West）；OFS：奥兰治自由邦（Orange Free State）；CC：开普殖民地（Cape
Colony）。

表 4.1　库鲁曼皇家保留地和原住民保留地

	保留地	公顷	建立/没收
1	下库鲁曼	71 114	1886 建立
1a	下库鲁曼外延	12 879	1908 建立
2	曼尼汀	18 733	1886 建立
3	波切切莱萨	14 582	1886 建立
4	弗拉克方丹/卡贡	5 006	1886 建立
5	思茅斯瓦纳	2 770	1886 建立
6	科农	10 711	1886 建立
7	盖-特罗斯	47 308	1886 建立
8	马雷马纳	11 383	1886 建立
9	库伊斯	16 331	1895 建立
10	朗格伯格	178 761	1897 没收
11	德本	5 125	1897 没收
12	卡图	19 576	1897 没收
13	塔拉坪	2 676	1897 没收
14	库鲁曼皇家保留地	27 677	1886 建立

虽然英属贝专纳兰土地委员会声称他们为南部茨瓦纳保留了使用中的所有土地,但它有权定义"使用",不幸的是,对于这些牧区,它只是将其定义为耕作。保留地确实包括牧场,但英属贝专纳兰土地委员会大大缩减它们的范围。英属贝专纳兰土地委员会对非洲人的耕作而不是蓄畜有明显的偏见。其报告将科农描述为一个乡村。

　　科宁(Koning)……的重要性在于它的涌泉、发展山谷农业的适宜性以及周围山丘上的木材。涌泉位于一个主要用于饮牛的浅湖［沼泽］。水沿着狭窄的山谷蜿蜒约半英里。从山谷口流出后,水沿着两侧的沟渠前行,沟渠中间的土地被精心地耕种。除了大涌泉之外,还有一个较小的涌泉正好在位于山谷口的地方。在山谷的两边,有一排排果树,其上挂满水果,靠近土屋,有一些树木还

　　　　提供了令人舒适的树荫。科宁肯定是最漂亮的、也是我
　　　　所看到的最有生产力的贝专纳人农场之一。[1]

英属贝专纳兰土地委员会通过指定该地作为保留地来奖励这种
生产力。在划定非洲人的保留地时，英属贝专纳兰土地委员会考
虑"为他们提供充足的生活必备，尽可能使保留地紧凑，注意不将
原住民迁出他们长期居住和耕种的土地。"[2]但是将半干旱地区中
供水充足的土地授予非洲人，这在南部非洲没有先例。[3] 然而，由
于委员会预计非洲人的集约生产将会增加，这个"礼物"不算大。

　　割离放牧土地背后的原因是已经在其他地方进行了充分的排
演：世界各地的欧洲帝国主义导致了大量土地转让，并在意识形态
上获得支持，即对那些实行"更高"使用权的人赋予优先权。更集
约化的使用代表了对环境高级的、更好的开发，欧洲人通过标榜这
一观点为他们在其他大陆上获得领土的行为提供正当理由。例
如，在北美，一些思想家不接受美洲土著人的权利，理由是少数游
牧民众没有权利将大批欧洲农民置放在领土之外。[4] 受该逻辑影
响，英属贝专纳兰土地委员会承认并保护了它认为的更先进的土
地使用形式灌溉耕种，而无视、打压和阻碍牧作。正如第三章所讨
论的那样，通过开普边界引入的"集约化"耕作是对现有系统的调
整，而这个系统的原理仍然是基于粗放生产。不幸的是，对于生活
在金合欢草原的人来说，英属贝专纳兰土地委员会没有承认或尊
重这一点。无独有偶，定居点限制非洲人到河谷，从而保障了最典
型的白人对土地的放牧使用。19 世纪末期，南部非洲白人对土地

---

① CTAR BBLC 20, claim number 43 of J. G. Donovan to Konong.

② BPP C 4889, *Land Settlement in British Bechuanaland*, 30.

③ De Kiewiet, *Imperial Factor* (1937), 187 – 188.

④ 约翰·洛克推崇这一观点，但是伊曼纽尔·康德则反对。Wilcomb Washburn, *Red Man's Land - White Man's Law* (New York: Charles Scribner's Sons, 1971), 38, 143, 253, note 25.

的粗放利用包括畜牧和狩猎。① 新殖民地的土著继续耕作而不是蓄畜非常方便白人,向白人最常见的土地使用开放了领土,他们声称保护土著人民享有对土地的"最高"利用——开放耕作。

有人反对说这样会骄纵非洲人。施帕德报道说:"许多荷兰农民看到当地最好的水浇地和最有生产力的土地在很大程度上分配给非洲农民,非常愤怒,这将鼓励土著人养成懒散习惯,而不是被迫像大多数白人一样为自己的生活而劳动。"② 然而,英属贝专纳兰土地委员会强调说,安置不会让保留地居民靠粗放的粮食生产过活:"我们认为,如果[非洲人]勤奋工作,并开发土地委员会分配给他们的土地资源,将发现它们足以养活自己。"③ 不仅要在可以灌溉的种植园工作,而且还要在殖民地经济中劳动,是对付非洲人"懒散"的良方。施帕德是罗德斯④的老盟友,同样对实业家的劳动力供给有担忧,而不赞同麦肯齐设想的未来非洲农民前景。虽然英属贝专纳兰土地委员会文件并没有提及劳工问题,但在审议中考虑过。施帕德在殖民部办公室写了一封信给他的上司说:

> 严格遵守土地委员会确定的保留地限制是最可取的,尽可能保证当地人的利益最大化,它必须可以直接迫使剩余本地人口——不是倡导于保留地上过一种堕落懒散的生活——而是通过在钻石矿、金矿或欧洲农场工作

① Giliomee, "Processes in the Development of the Southern African Frontier," in *The Frontier in History*, Lamar and Thompson, eds., 76 – 119. Specifically regarding hunting, 参见 MacKenzie, *Empire of Nature* (1988)。

② Sidney Shippard, "Bechuanaland," in *British Africa*, J. Scott Keltie, II, ed. (New York: Funk and Wagnalls and Company, 1899), 59.

③ BPP C 4889, *Land Settlement in British Bechuanaland*, 30. 评论参见 Agar-Hamilton, *Road to the North* (1937), 435。

④ Shippard, "Bechuanaland," in *British Africa* (1899), 51 – 52. 相关分析参见 Hall, "British Bechuanaland: The Price of Protection," *The International Journal of African Historical Studies* 6 (1973): 183 – 197。

为自己赚钱。①

显然，施帕德认为粗放的粮食生产是人力资源和土地利用不足的原因，因此认为迫使非洲人工作符合他们自己的最大利益。单靠土地定居不会迫使他们进入劳动力市场，还会因为终结了粗放生产而累积震动。

英属贝专纳兰土地委员会和土地保有权

英属贝专纳兰土地委员会不同意麦肯齐的同化行动计划，没有给予个人土地所有权。相反，它辩护说这是就其对茨瓦纳习俗的了解而作出的决定，这个决定还有待商榷。了解茨瓦纳权属法律并将其转化到殖民地背景中是一个艰难的挑战，英属贝专纳兰土地委员会依靠在英国旧有西格里夸兰殖民地发展起来的茨瓦纳土地习俗进行解释。在茨瓦纳的做法中，对耕地的权利很大程度上保障了个人使用权，但由于财产不是一种具有任何所有权的一次性商品，所以西格里夸兰土地的官员基本上忽视了有利于酋长权力的任何私人权利。② 英属贝专纳兰土地委员会报告开篇将土地权利与酋长托管完全关联。

> 关于原住民土地所有权和原住民保留地最终目的的问题，我们完全赞同如下观点：根据当地习俗，部落占据的土地被视为酋长的财产，至于与部落成员的关系，是以共产主义原则为基础，占领和使用它的属民只是受托人。

---

① Hall, "British Bechuanaland: The Price of Protection," *The International Journal of African Historical Studies* 6(1973): 188, quoting Shippard from PRO CO 417/20/9613, 335.
② 这些裁决包括布隆霍夫委员会在 1871 年做出的裁决、斯托肯斯特罗姆法官在 1876 年做出的裁决和莫西中校在 1880 年做出的裁决。参见 BPP C 4889, *Land Settlement in British Bechuanaland*, 36－9 for a summary of British rulings on Tswana land customs before 1886。

报告继续说："我们不建议像现在这个领土分割决定一样，建立一般制度和个人获得土地独立权属保障。"[①]

对于英属中部非洲，马丁·沙诺克（Martin Chanock）对"惯常的共同权属"表现出极大的讽刺，因为行政人员和有权势的非洲人将习惯重新包装并果断使社区归顺于酋长权威。殖民地权势阶级构想了一个非洲土地权利体系，从政治权威"向下流动"到社区，这是一个"奇特的制度，混合了酋长权力、社群主义、个人使用及保障权，唯独不包括所有权。[②] 随着非洲习俗不断淡化，惯常的共同权属实际成了殖民地的共同权属。它以许多方式曲解非洲的实际做法，就是拒绝任何个人权利，将控制权置于酋长手中，并通过集体成员确定使用土地的权利。[③] 此外，惯常的所有权和治理没有考虑到公民治理会议或说"Kgotla"的作用——对酋长进行监督。相反，在贝专纳保护国，公民事务委员会的作用被制度化地归于殖民管理之下，酋长的许多决定都需征得公民事务委员会的同意，尽管这个同意肯定会受到殖民者压力的影响。然而，在1891年，克韦纳的公民治理会议强迫酋长塞撒勒撤销向白人定居者的土地授权。[④]

特别是关于位于英属贝专纳兰的，白人定居者最不愿意去的最干旱地区库鲁曼周围的西部地区，发现与报告的其余部分有些不一致。英属贝专纳兰土地委员会否决了这个地区白人的大部分声索。德兰士瓦移民没有占领这个地区，但是有大量白人索求者要求农场的所有权，他们称这是酋长所授予的。因为这些索求者没有设法占领土地，而且由于河谷是塔拉坪人和塔拉洛耕种者的

① BPP C 4889, *Land Settlement in British Bechuanaland*, 12.

② Martin Chanock, "Paradigms, Policies and Prosperity: A Review of the Customary Law of Tenure," in *Law in Colonial Africa*, K. Mann and R. Roberts, eds. (Portsmouth: Heinemann, 1991), 61 – 84.

③ Mamdani, *Citizen and Subject* (1996), 138 – 141.

④ Schapera, *Native Land Tenure in the Bechuanaland Protectorate* ([Alice]: Lovedale, 1943), 40 – 41. 另参见 Isaac Schapera, *The Tswana*, 4th ed., (London: KPI, 1984), 53。

所在地,英属贝专纳兰土地委员会否定了这些声索中的大部分。在这里,其对习俗的解读与报告介绍的内容相矛盾,这些内容之前被引用来贬低酋长权力,承认公民治理会议"Kgotla"(指南非荷兰语"电鲶")在茨瓦纳治理中的角色作用,并表达了对个人权属的同情。

> 我们得出的结论是,单独给予几个农场个人土地权属完全违背了巴特拉坪(Batlapin)的习俗;但是对于允许外国人定居在他们国家这件事情,一级酋长和二级酋长很少征得各自委员会的同意,有时未经各自委员会同意便允许了……自从巴特拉坪的游牧业变得不如从前,且开始从事农业,种植园和泉地逐渐被认为是所使用家庭的财产。[1]

显然,殖民地共同权属的构建与英属贝专纳兰土地委员会自己对南部茨瓦纳之间的个人土地权利的看法已经显现出矛盾。

鉴于英属贝专纳兰土地委员会自己的看法,严格执行共同持有的决定令人费解。显然,政治利益遏制了法律逻辑。这并不奇怪。有趣的问题是:谁的利益是共同权属意在维护的对象?1894年的格伦灰色法案表明个人所有权与提高劳动力的政策不兼容,[2]但是,19世纪80年代,共同权属背后的利益更多是白人定居者的利益。根据沙诺克的说法,承认共同权属便是确认土地转让具有法律效力:"呼吁习俗的存在是非常方便的,因为以英国法律所承认的权利对待土著权利会产生大量的令人尴尬的问题。"[3]希林顿也强调了英属贝专纳兰对白人土地定居提供的便利性,指出公共

---

① BPP C 4889, *Land Settlement in British Bechuanaland*, 38.

② On the Glen Grey Act, 参见 Bundy, *The Rise and Fall of the South African Peasantry* (1979), 135 – 136。

③ Chanock, "Paradigms, Policies and Prosperity," *Law in Colonial Africa* (1991), 66.

权属使"最大数量的非洲人陷入最小的可容纳地区"成为可能。[①]
英属贝专纳兰土地委员会建议殖民地应该最终在保留地内放行个
人所有权。[②] 1889 年,公告确实为殖民地政府而不是首领提供可分
配的耕地,给予保留地的个人所有权,但是条款提供的所有权从未
生效。[③] 这种不执行情况符合沙诺克所指出的一个更加广泛的殖
民模式——"非洲殖民国家总体上没有对土地进行调查和引入土
地登记……[这]使非洲人基本上没有建立那种合法土地制度的基
础,但这首先被视为是必要的和不可避免的。"[④]

直接统治下的土地纠纷

约翰·史密斯·莫法特,从传教工作退休,在塔昂担任常驻治
安法官,根据他的报告,在英属贝专纳兰土地委员会管事后,人们
心情轻松,因为相较于他们在西格里夸兰的亲属,英属贝专纳兰居
民保留更多的财产。[⑤] 英属贝专纳兰土地委员会自认很好地服务
了塔拉坪人:"巴特拉坪应该为所拥有的一切土地,对英国政府感
恩。"[⑥]但毫不奇怪,抗议活动出现了,主要是酋长和富人抱怨他们
没有获得个人对农场的所有权。例如,卢卡(Luka),简特杰
(Jantjie)的儿子,莫替彼的孙子,在曼尼汀经营农场,他向施帕德抱
怨:"我要让酋长知道我对该国的怨言,因为现在没有黑人获得农
场,只有白人。"施帕德回答说,如果他成功耕种,卢卡可以买更多
的土地。[⑦] 虽然殖民统治限制了非洲人使用环境的机会,但从政策
来说这并不属于 20 世纪形成的官方意义上的属地种族隔离。英

① Shillington, *Colonisation* (1985), 175.

② BPP C 4889, *Land Settlement in British Bechuanaland*, 12.

③ Shillington, *Colonisation* (1985), 177 – 180.

④ Chanock, "Paradigms, Policies and Prosperity," *Law in Colonial Africa* (1991), 77.

⑤ CTAR BCC 93, Taung Resident Magistrate J. S. Moffat, September 18, 1886.

⑥ BPP C 4889, *Land Settlement in British Bechuanaland*, 44. 另参见 Shippard, "British Africa Bechuanaland," (1899), 59。

⑦ BPP C 4956, *Affairs of Bechuanaland and Adjacent Territories*, Luka Jantjie to Shippard, September 1885, 126.

属贝专纳兰土地委员会是根据"土著人"的地位定义公共权属,但没有法律阻止"同化的"本国人以与白人相同的条件购买私人土地。然而这相当于事实上的隔离。由于贫困,非洲人在英属贝专纳兰购买土地非常罕见。

保留地居民要求按照殖民法律对白人侵犯索赔,如果他们的案件涉及支持土地委员会的调查结果,他们的索赔就会获得一些成功。[①] 事实上,土地殖民有延迟效应。不同于保留地较小、人口较多的塔昂和弗雷堡,在殖民统治初期,几乎没有证据表明库鲁曼会人满为患。[②] 到1891年,库鲁曼只有166个白人居民。[③] 由于这么少的定居者人口和广阔的地域,没有理由将非洲人阻止在"废弃土地"之外。[④] 随着对保留地的调查以及其实际规模变得明确,不满开始出现了。1890年以后,调查人员划分了波切切莱萨、曼尼汀、科农、下库鲁曼和朗格伯格保留地以及戈登尼亚区的莫洛波河库伊斯村(Khuis)喀拉哈里保留地。[⑤⑥] 随着调查的深入,抗议活动不断出现在整个牧区。波切切莱萨的53位居民致维多利亚女王的请愿书是这么写的:"女王! 我们生活困难,因为没有一片草地可牧牛、牧羊,甚至养孩子……我们被困在山谷的中心……没有地方可以得到柴料或青草。"[⑦]来自其他几个保留地的居民也提出了要求

---

① 参见 CTAR 1/KMN 4/1, Lerchwe v. William James Markram, September 30, 1887;David Tawane, Jr. v. V. Petros, January 19, 1888。另参见 CTAR BCC 81, May 26, 1890;May 28, 1890;August 7, 1890;Mokwene Baepi's statement, May 26, 1890;Wookey to Shippard, May 28, 1890;Frederick Newton, Acting Administrator of British Bechuanaland, to Herbert Jarvis, August 7,1890。

② Bryden, *Gun and Camera* (1988), 125. CTAR BCC 104, Taung Resident Magistrate Lowe, October 18,1890.

③ CTAR BCC 106, Newton, June 19, 1891.

④ CPP [Cape Parliamentary Papers] G 42 - 1898 *Blue Book on Native Affairs*, 66.

⑤ 库伊斯的建立是依据1895年的英属贝专纳兰公告220。因为其是戈登区唯一的非洲人保留地,又距离库鲁曼近而远离阿平顿,它行政上归库鲁曼管辖。

⑥ CTAR 1/KMN 10/18, Annual Report, Resident Magistrate Scholtz, September 29, 1890;CTAR BCC 102, Surveyor General Duncan, November 22, 1890.

⑦ CTAR BCC 82, Petition from fifty-three signatories at Bothetheletsa, August 11, 1890.

更大的保留地的请愿。①

英属贝专纳兰政府没有回应关于土地的请愿,直到 1895 年,当时是因为朗格伯格保留地的新西部边界出现争议。1885 年时英属贝专纳兰土地委员会没有到达朗格伯格山,保留地的确切划定一直延后。1895 年划定的边界具有毁灭性的影响,因为它阻断非洲人进入有泉水的几个峡谷。这促使朗格伯格山的居民向弗雷堡的英属贝专纳兰行政部门提出请愿。行政部门任命了一个马修斯委员会来调查朗格伯格保留地和盖斯葛尼恩附近的库鲁曼皇家保留地以及上库鲁曼谷的库鲁曼人保留地,因为其所有权尚不确定。② 该委员会支持了这一理念:栽培比放牧更好。"虽然政府一直都愿意承认土著占用并耕种国家兼并前土地的合理要求,但不允许他们占用水域及距离他们居住地较远且用作牛场的土地。"③按照这些指示,马修斯委员会将耕地归到朗格伯格保留地,但扣留了用于牛场的泉眼。库鲁曼皇家保留地是一个更棘手的问题。非洲人多年来一直在皇家保留地盖斯葛尼恩和其他泉眼处生活和耕作。鉴于农业用地方面保留地的政策,居住在皇家预留地的人对种植园强烈要求,委员会审议了这个问题,也同意了,但不是将库鲁曼皇家保留地增加到原住民保留地,而是设计了一个妥协的解决办法。它裁定那些在帝国接管之前耕种土地的人仍然可以作为租种人,但不拥有土地所有权。④

最后,帝国土地殖民当局只是给予在库鲁曼区非洲人 4 117 平方公里土地,占该区总共 36 053 平方公里的 11%,分为 13 个单

① CTAR BCC 82, Wookey to Shippard, enclosing petition from communities on Matlhwareng River, May 28, 1890; CTAR BCC 82, Petition from Metswetsaneng, August 8, 1890; CTAR BCC 82, Petition from Mapoteng, August 20, 1890.

② CTAR BCC 116, Field Cornet Lanham, to Resident Magistrate Bam, November 26, 1894, including petition from Chief Khibi and seventy-nine councilors, November 16, 1894.

③ BCC 116, Acting Administrator to C. Matthews, C. MacGregor and C. Monroe, January 3, 1895.

④ CTAR BCC 116, Resident Magistrate Bam, October 29, 1894; CTAR BCC 116, Matthews Commission Report on Crown Reserve, March 8, 1895.

位。[1] 也就是说，殖民政策一直坚持 1886 年的土地殖民，重视集约化使用，不考虑未来的需求。这项政策对保留地上的土地使用产生了严重后果。

直接统治和环境管理

根据英属贝专纳兰土地委员会报告，英属贝专纳兰的行政部门主要根据开普直接统治政策行事，尽管说是共有权属。治安法官持有司法权力，原住民保留地的监察官依靠头人和酋长来管理保留地。[2] 在直接统治下，最重要的是公民委员会制度——酋长负责社区工作——没有得到保留。由于公共保留地居民声音微弱，治安法官或头人对土地持有进行单方面干预成为可能。酋长或治安法官的干预根据其与被治理人员的关系而异。埃文斯对"开普敦"地方官的描述是家长制，相较于此，彼得斯将茨瓦纳首领描绘成英雄，是享有物质特权人民的化身，[3] 显得更为生动。根据埃文斯的说法，家长制把下属当作不成熟的初级合伙人，尽管有习惯上的条件限制，却逐渐赋予高级合伙人责任以完成文明使命。这并不意味着资深合伙人善良。字面理解，家长制并不意味初级合作伙伴的自我实现，而需要寻求某种形式的同意。[4]

特权社区领导人和"文明"外部人之间的区别解释了土地利用干预措施的差异。在此期间，头人主动为自己谋取更多的土地，而治安法官为促进土地更集约化使用而采取行动。在库鲁曼地区，原住民保留地的检查员于两年后拥有重新分配未利用土地的权力。一名拥有地块的人被描述为处于"水深火热"中，据报其在金伯利一年要花费九个月的时间进行艰苦的抗议，说是因为他把土

---

[1] Snyman, *Kuruman* (1992), 53.

[2] Shillington, *Colonisation* (1985), 179 – 180.

[3] Peters, *Dividing the Commons* (1994), 30 – 33.

[4] Evans, *Bureaucracy and Race* (1997), 9 – 13, 164 – 176, 282 – 283.

地租种给了别人,当地治安官以利用不足为由没收其土地。① 同时,库鲁曼附近的巴塔拉洛斯村也是头人和没有土地的人之间经常发生纠纷的地方。一名治安法官声称,该村以宗教信仰分治:"缇帕所在地区的大部分耕地被分配给基督徒,几乎所有的异教徒都被置之不理。"②另一名治安法官将土地纠纷定义为阶级问题:"头人和议员获得最好的地块,其他人要么无奈接受,要么完全没有。"③在殖民吞并之前,普通人也容易遭到资源侵吞,但由于公民治理委员会未实现制度化,殖民地法赋予了头人们更多的机会和更少的限制。殖民地行政人员承认,对酋长和头目的土地权力赋予不利于普通人:

> 特别是在保留地中,水是自由供应的,土地的灌溉面积很大,迫切需要彻底改变。直到现在,头人和那些受益的人都是真正的土地所有者,而穷人和那些依附他们的农民则是农奴。一名小头人就可以从合法的占用者手中夺走一块精心养护的土地,送给朋友或自己耕作,随便指一块废弃的土地或一个被遗弃的老园地给那些不幸的人,而勤劳的穷人只有破产和帮他人干苦力。④

公告 62 条规定了治安法官在土地问题上的直接统治,但是他们在这些案件中能多大程度上坚持自己的权利而反对首领和头人的主张没有记录。⑤ 他们更多地记录了头人的干涉。这时候,无论是头

---

① CTAR BCC 102, Mereki to Inspector of Native Reserves St. Quintin, translated by Wookey, November 26, 1889; Resident Magistrate Scholtz, December 6, 1889.
② PRO CO 879/29 no. 368, Resident Magistrate Streatfeild, September 1888, 73.
③ CTAR 1/KMN 10/17, Resident Magistrate Scholtz, September 30, 1899.
④ CPP G 19 - 1897, *Blue Book on Native Affairs*, 68.
⑤ PRO CO 879/29 no. 368, Resident Magistrate Streatfeild, 73; CTAR 1/KMN 10/17, Resident Magistrate Scholtz, September 30, 1899. 其他历史学家的相关讨论,参见 Shillington, *Colonisation* (1985), 209; Comaroff and Comaroff, *Of Revelation and Revolution*, 2(1997), 143 - 147。

人还是治安法官都没有过激的干预,但是在 20 世纪殖民地政府间接统治的时候,共同权属的更多极端干预将会变得明显起来。

耕种土地,赚取现金

在殖民统治的第一个十年里,人们保持了大量粗放的土地利用制度,也包括一些灌溉,但市场化耕作并没有蓬勃发展起来。在英属贝专纳兰首府弗雷堡,肉类供应丰富,但"主要就在附近区域种植的"大部分水果、谷物和蔬菜,却要通过铁路网进口,供不应求。[1] 库鲁曼,虽然有灌溉河谷,还是要进口食品。1888 年的一份报告指出:

> 在这个最丰产的贝专纳兰山谷里,正如我非常确信的那样,种植园是沙漠中的一片绿洲,而我所写到的土著人已经完全脱粮,几乎所有这个地方的车辆都出去运粮以供应人口需求,而这里有成百上千英亩的土地闲置和无耕。[2]

不同的家庭农作方式不同,英属贝专纳兰土地委员会对"科农"[3]的描述称,有一些耕作者对土地进行耕作的方式符合欧洲人的想法。麦肯齐指出:"贝专纳兰有两种农业风格。一种是'雨地'或耕地,这完全取决于这个国家的降雨量。这是旧式农业。另一种是与灌溉有关的高等农业。"[4]一种新技术,即"美式犁"或"第75号犁",越来越多地被使用。早在 1852 年,进口的美国犁在伊丽莎

---

① Bryden, *Gun and Camera* (1988), 15–16.
② PRO CO 879/29 no. 368, Resident Magistrate Streatfeild, September 30, 1888, 68.
③ Ibid., 117.
④ John Mackenzie, *Austral Africa*, 2(1887), 168. 相关例证,参见 LMS 43/1/B, John Brown at Taung, February 7, 1889; Bryden, *Gun and Camera* (1988), 117; and CPP G 13–1891, *Report of Commission to Select Land in British Bechuanaland*, 6。

白港以每犁 4 英镑的价格供应。1890 年,"轻便美式犁"可以在弗
雷堡购买,每犁一头牛可得。[1] 第 75 号犁有个铁盘,被评价为"强
大,但其糟糕的结构使得单耕犁太重"。[2] 在库鲁曼地区,75 号犁
和锄头是重要的农业助力器,一直到 20 世纪头十年和 20 年代。[3]

然而,欧洲观察家仍然批评土地利用和耕作技术利用不足。
利用不足是相对的,是出于欧洲对适当使用的看法及其捍卫殖民
地政策的需要。例如,卢卡·简特杰抱怨土地殖民造成的损失时,
施帕德教训他说他的耕作技术有缺陷:"你自己的地方[塔拉坪]几
乎是浪费的。如果你不能耕种你所拥有的土地,你怎么可以要求
更多的地呢?"[4]卢卡搬到朗格伯格保留地时,调查人员将他的迁移
归于漫游癖而不是出于任何真正的需要。[5]

尽管存有这些偏见,还是有可能通过记录者的偏见来解读粗
放栽培持久存续的逻辑。在非洲对粗放生产的偏好仍然是明显
的:"他们有强大的商业本能,但迄今为止还是毫无起色,或是运用
到以物易牛、象牙和其他乱七八糟的追求中等。"[6]甚至在科农,那
里的英属贝专纳兰土地委员会赞美农耕景象风景如画,建议说可
以重新设计,将水引向更大的区域。[7] 1889 年,一位治安法官描述
了没收靠近盖斯葛尼恩附近的"一块玉米地,因其耕作不力,没有
围种、半淹,我敢说只有不到四分之三袋的玉米收成"。[8] 后来的官
员表明,一般来说,非洲保留地灌溉的目的不是最大限度地提高作

① LMS 27/1/B, Holloway Helmore at Dikgatlhong, September 4, 1852; Bryden, *Gun and Camera* (1988), 117.

② Robert Wallace, *Farming Industries of the Cape Colony* (London: P. S. King and Son; Cape Town: J. C. Juta, 1896), 439.

③ UG 17 – 1911, *Department of Native Affairs Report*, 135. 有一名受访者生于 1920 年,自小就有这方面的印象,参见附录 C1 中对 Prince Setungwane 的采访。在保留地内使用"美国犁",参见 Landau, *The Realm of the Word* (1995), 74。

④ BPP C 4956 *Affairs of Bechuanaland and Adjacent Territories*, 126.

⑤ CTAR BCC 72, Surveyor General Watermeyer, February 9, 1895.

⑥ Bryden, *Gun and Camera* (1988), 126 – 127.

⑦ CTAR BBLC 20, claim number 43 of J. G. Donovan to Konong.

⑧ CTAR BCC 102, Resident Magistrate Scholtz to Shippard, December 6, 1889.

物生产："一般只有部分容易灌溉的区域被种植，而同时大片的地面被闲置。"①白人观察家眼中只有水浇地而不注意旱地栽培。

显然农民对于如何使用河谷有着自己的看法，他们继续采用粗放的生产方式，因为他们不愿意那么劳累。对农民来说，这是对土地和劳动力恰当且切实有效的使用。此外，在这个时候，有一些新的力量使河谷的生产最大化变得困难起来。田地已经被耕种了60多年，且很少施肥。即使人们确实想要施用肥料，但肥料广泛分布在整个草地上，需要很多的精力才能收集。如果种植园耗尽了有机物质和磷酸盐，耕作者就需要频繁且长时间地休耕，外人通常会解读为无视、弃耕。对于土地保有权没有安全感的看法也有可能阻碍生产的集约化。约翰·史密斯·莫法特认为，土地开发过程中的踌躇来源于对土地所有权的不安感，这种不安感紧随土地割离而产生：

> 这个土地上有一种根深蒂固的不安全感，阻碍着其进步。如果你问土著人，为什么不能在村里建一个好的水井或水坝，而是让你的女人走几英里甚至更长的距离来汲水，回答是"有什么用？一旦我们完成了你所说的事，白人不会过来把它从我们手里抢走吗？"②

在田地投入更多劳动力的一个阻碍是其他地方有更好的经济机会。在这个时期，作为开普殖民地的移民劳工，他们有连续性的机会赚取现金。大多数移民工人似乎是年轻人，他们可能正在努力建立自己的家庭，而且对于父母的畜牧或耕作来说他们不是至关重要的。在塔昂，早在1887年，"甚至酋长的儿子"都要在金伯利

---

① CPP G 19 - 1897, *Blue Book on Native Affairs*, 68.

② CTAR Cape Colony Native Affairs Series (hereafter NA) 239, Taung Resident Magistrate J. S. Moffat, December 30, 1895.

工作,赚取现金显然是有吸引力的,即使对拥有更多资源的人。[1]
男性挣取工资的劳动力有可能减少灌溉栽培力量:"看来,保留地
居民无限期的离开已成为一种习俗,比如说2—10年,甚至更长的
时间,他们在离开期间将他们的土地交给一些亲戚照顾,在大多数
情况下,这片土地会被遗弃,没有人耕种。"[2]

　　销售木材,牲畜或农产品继续作为现金来源。一些农业贸易
确实存在,人们从西格里夸兰农场和保留地带来水果,以换取绵
羊、山羊和其他动物皮毛,但从库鲁曼到金伯利市场销售产品和牲
畜的证据仍然很少。[3] 论及英属贝专纳兰作为一个整体,殖民地的
保留地督察查尔斯·圣金亭(Charles St. Quintin)在报告中写道,
贸易条件的改变影响了这一点:

　　　　他们在获得现金方面遇到了很大的困难。他们获得
　　金钱的唯一机会是送他们的孩子或自己去钻石矿工作几
　　个月。他们抱怨说,这个国家没有钱可以赚,如果他们向
　　店主或商人提供牲畜或产品,他们只会收到别的交换货
　　物——以前的惯例是,给一半现金和一半货物。[4]

人们用现金购买犁、服装、牲畜和其他货物。[5] 虽然税收似乎不是
一个很大的负担,但人们还是需要使用现金缴税。早年的时候,人
们可以通过躲在空旷的田野里逃避收税人。税务人员报告说,在
经济困难的年代,他会采取比较宽容的态度,可能的话,等到好年
头再收税。[6]

---

① CTAR BCC 96, Taung Resident Magistrate Lowe, October 7, 1887.

② CTAR Cape Colony Native Affairs Series (hereafter NA) 251, Cape Colony Chief Inspector of Native Reserves Roberts, Report on trip to Bechuanaland, April 20, 1898.

③ CTAR BCC 113, Resident Magistrate Scholtz, January 6, 1893.

④ CTAR BCC 96, Inspector of Native Reserves St. Quintin, Annual Report, August 9, 1888.

⑤ CTAR BCC 96, Taung Resident Magistrate Lowe, October 7, 1887.

⑥ CTAR BCC 114, Inspector of Native Reserves St. Quintin, Annual Report, April 15, 1893.

殖民地环境管理

阿尔弗雷德·克罗斯比为我们提出了一个引人回忆的欧洲生态扩张术语:"生态帝国主义"。然而,历史学家对"新欧洲"之外的殖民地环境影响没有类似的简记。在非洲提起"环境管理"问题有助于我们认识共同的进程。在 20 世纪,惯常的共同权属和间接统治为许多这些进程打下基础。这并不是说环境管理是统一的或是静态的。19 世纪的库鲁曼行政施行直接统治,虽然共同权属成为法律制度,但殖民者对个人所有权有一些同情。殖民地吞并没有扰乱生产,但它无法避免两个环境方面的发展隐患。人们失去了很多土地,他们所占有土地的权属不明确。然而,在这些事态发展到人们有所意识之前,环境就已经给茨瓦纳南部社会带来了严厉的打击。当然,环境在此之前已经遭受过挫折了,但现在殖民地局势阻止了其恢复。在殖民统治下,环境创伤将库曼人民从粗放的生计生产转换到依靠雇佣劳动生存。

第五章

环境创伤、殖民统治和粗放粮食生产的失败，1895—1903

> 我不得不告诉你我们很好，但实际上我们在经历挨饿的痛苦。不是普通饥饿，而是饥饿致死。[1]

库鲁曼的环境史在 1895 年出现了转折点。那一年，开普殖民地吞并了英属贝专纳兰，关键变化开始了。非人类世界及其与人们的关联方式对这一时期的事件来说绝对是至关重要的。然而，根本的转变并不是由简单的环境灾难造成的。在此之前，人们曾经遭受并应对干旱和疾病的痛苦，有时还要受到暴力事件的叠加影响。现在的区别是，殖民统治干扰了人们幸免于环境灾难的能力。此外，殖民地国家利用发展形势获取矿产劳动力。库鲁曼的特殊之处在于其粗放的自给生产的失败可以追溯到 20 世纪的前几年。1895 年和 1903 年之间所遭受的创伤非常严重，它夺取了人们的生命，并终结了通过粗放生产原本可以实现的自足生活。

---

[1] BPP C 8797 (1898), *Correspondence Relating to Native Disturbances in Bechuanaland*, 20 – 21.

长期的环境变化

更为长期的环境变化贯穿了整个 19 世纪。这些缓慢的变化并不总是很明显,因此很难评估它们的重要性。然而这些变化为生产和殖民统治设定了新的背景。第一次改变是灌木量相对增加,草地数量减少。

不像任何其他环境现象,19 世纪初,大片草地给第一批有文化的旅客留下了深刻的印象。1812 年的到访者伯切尔记录说,这个国家"遍布高高的干草丛,其高足可遮去经过公牛一半的身躯;我们一行正好穿过长满成熟玉米的田野"。[①] 1813 年,坎贝尔记录了"数千英亩的长草、干草,有时高达牛背"。[②] 直到 19 世纪中叶,旅行者还可以发现草原风光旖旎,例如,有描述道"又长又粗的枯草丛,给平原以成熟谷穗的错觉"[③]或"数英里的草地高达腰间,山上全是大量的不讨人喜欢的植被"。[④] 显而易见,旅行者描述的景象是以草地为主的草原,而不是严格意义上的草原,因为他们还描绘了遍布该地区的大型骆驼树(骆驼刺,茨瓦纳魔卡拉)[⑤]和苏木(灰色的骆驼刺,莫霍洛)。[⑥] 定居点附近的骆驼树大部分被砍伐,再生速度很慢。[⑦] 其他物种包括樟树(高茎灌木,莫哈特拉),"这些地方

---

① Burchell, *Travels*, 2(1953), 186, 243.

② Campbell, *Travels* (1974), 176. 另参见 Campbell, *Second Journey*, 2(1967), 60。

③ 这里的"谷穗",作者指的是小麦。

④ 第一句引文描述了 1836 年库鲁曼以东传教点的维尔德草原。Harris, *Wild Sports* (1963), 41. 第二句引文是约翰·史密斯·莫法特,在 1859 年重返家乡时的记录。John Smith Moffat, *The Matabele Mission* (1945), 52 – 3. See also Gordon Cumming, *A Hunter's Life* (1980), 277, 324.

⑤ 英文名和科学名在以下文献中进行了交叉核对,Christo Albertyn Smith, *Common Names of South African Plants*, Republic of South Africa, Department of Agricultural Technical Services, Botanical Research Institute, Botanical Survey Memoir, No. 35 (Pretoria: Government Printer, 1966). 茨瓦纳的名字是在 1997 年 10 月的田野调查中确定的,F. H. Ferreira, "Bantu Customs and Legends Protect Trees," *African Wildlife*, 3 (1949): 59 – 65; Ferreira, "Setlhapin Nomenclature and Uses of the Indigenous Trees of Griqualand West," *Bantu Studies* 3 (1929): 349 – 356; and Desmond Cole, *Setswana-Animals and Plants* (Gaborone: Botswana Society, 1995).

⑥ Barrow, *A Voyage*(1975), 388; Burchell, *Travels*, 2(1953), 209.

⑦ Burchell, *Travels*, 2 (1953), 219, 361, 372; Moffat, *Missionary Labours* (1842), 330; and Livingstone, *Missionary Travels* (1972), 112. 这些相似的观察可以追溯到 19 世纪 10 年代、19 世纪 20 年代和 1840 年。

到处是灌木丛"。① 较小刺槐灌木和低矮灌木不是金合欢草原的
主体,但是灌木丛是生长得最为密集的植被。据 1801 年第一批
来自开普的游客描述,杂乱且密集的灌木丛迟滞了他们的前进速
度。② 伯切尔在水源周围看到了之前未曾见过的刺槐,莫法特在废
弃的定居点附近观察到"小刺槐"。③ 另一个旅行者记录有骆驼树
和具蜜金合欢亚种。敌提你(detinis 黑刺李/斯瓦萨科;蒙哥拿)放
慢了 19 世纪 30 年代旅人的速度。④ 1841 年至 1843 年居住在库鲁
曼的大卫・利文斯通(David Livingstone)将具蜜金合欢列为生长在
岩石上的主要物种。⑤ 伯切尔的报告提供了良好的内部证据,证
明灌木丛很少。在到达金合欢草原之前,他给了具蜜金合欢亚
种以科学名称,"拘榴",表示它们拘留了他。在奥兰治河南部,
他被困在丛林中,只能通过割断衣服才得以脱身。"为了报复
这种虐待,我决定给这种树起一个名字,这个名字应该能够提
醒未来的旅客不要让自己在其魔爪内冒险。"⑥与这个物种亲密
接触的某人看见它的时候报告了它,并描述其为:具蜜金合欢亚
种,只存在于库鲁曼地区,并且只记录在该地区物种的脚注清单
中,这也强有力地证明了这种灌木丛不是该地区草原上的主要
植被。⑦

　　使用旅行者的证据可能是有问题的,因为已经有人注意到,他
们的写作,包括自然写作,充斥着"他者"偏见。⑧ 如果文化压力夸
大了对于草地的描写,这就转变为植被变化历史相关问题。18 世

---

① Burchell, *Travels*, 2(1953), 193. 做评述时,他本人在南加特霍斯附近。
② Barrow, *A Voyage*(1975), 388.
③ Burchell, *Travels*, 2(1953), 218;Moffat, *Missionary Labours* (1842), 330.
④ Smith, *Diary of Dr. Andrew Smith*, 1(1939), 297.
⑤ Livingstone, *Missionary Travels* (1972), 112.
⑥ Burchell, *Travels*, 1(1953), 217.
⑦ Burchell, *Travels*, 2(1953), 370.
⑧ Pratt, "Scratches on the Face of the Country," *Critical Inquiry* 12(1985).

纪后期观察到,灌木可能会取代被大量使用的草地,[1]但只能表明,草原上灌木和草地的比例被游客赋予了更大的意义。传教士坎贝尔发现无人认领土地的财富价值令人痛心,在 1813 年写道:"看到这么多土地仍然在旷野闲置,土地的年产量既没有为人类牟利,也没有为野兽造福……我希望这个悲惨的世界迎来更好的时代。"[2]传教士认为地理风貌需要救赎。其中为拯救环境作出最大贡献的是罗伯特·莫法特,然而草地和灌木丛的比例对他来说并不是一个问题。相反,他认为砍伐大的骆驼树会导致干燥,作为证据,他引用了地貌学知识,而不是草地或灌木的数量比例。[3] 虽然观察者并没有以中立的方式研究景观,但是这些记述对草的认识并不一致,也没有低估灌木丛和树木的倾向。

这是一个合乎逻辑的假设:在当时,草原是繁茂的。与后来相比,19 世纪初的环境是草地友好型的。在被商业狩猎消灭之前,大象和长颈鹿阻碍了树木的生长。此外,在 19 世纪初,人类和驯养的牲畜很少,所以他们的影响也得以分散。牧场的公共保有权也利于草地生长,因为随着季节性供水枯竭,人们可以将牲畜和其他畜群移到新的场地,从而给放牧过的土地以自我恢复的机会。经常发生的——也许只有一年一度的火烧(一些系人为),才能延缓灌木丛生长。[4]

到 19 世纪 60 年代和 19 世纪 70 年代,有迹象表明,金合欢草原上产生了更大的灌木丛。事实上,具蜜金合欢丛林为游客造成

---

① T. D. 霍尔证明 18 世纪中期,开普殖民地的人们感受到了灌木入侵。T. D. Hall, "South African Pastures: Retrospective and Prospective," *South African Journal of Science* 31(1934): 59 – 97.

② Campbell, *Travels* (1974), 176 – 177.

③ Grove, "Scottish Missionaries in Southern Africa, 1820—1900," *Journal of Southern African Studies* 15 (1989): 165 – 172.

④ W. S. W. Trollope, "Fire in Savanna," in *Ecological Effects of Fire in South African Ecosystems*, P. de V. Booysen and N. M. Tainton, eds. (Berlin: Springer, 1984), 156. 其他作家目睹了火情,起因可能是人为点燃或闪电。伯切尔描述了最近被烧毁的地区,参见 Burchell *Travels*, 2(1953), 193. 一位旅行者记录了野生动物在草火前的逃窜。William Cotton Oswell, *Big Game Shooting*, 1(1894), 40。

了很大的障碍。古斯塔夫·弗里奇(Gustav Fritsch)的经历不同于此前任何关于金合欢丛的记载:

> 这种类型的伞形金合欢,高度在 2—6 英尺之间,长着成对的钩刺,其尖锐度和硬度在植物世界中无与伦比。我们逐渐失去了方向感,荆棘越来越近,我们绝望的挣扎开始变得富于戏剧性,只是没有观众在场……
>
> 因此,我们通过"跳跃"和"放血"来强力通行,直到漆黑的夜幕使我们的挣扎变得不利,我们放弃挣扎,仍然被一排可怕的荆棘包围着。直到破晓,我才回到了格里夸镇……到了天光大亮,我们在该死的灌木丛中勉强找到了一条可以忍受的路。[①]

在库鲁曼南部,弗里奇错过了一个水潭,直到一个路过的格里夸人指出了明显的标记所在,南非干旱台地(含羞草,摩卡)和其他水生灌木丛。此后,弗里奇还在河谷观察到其他刺槐。然而,在库鲁曼教区的北部,地貌风景开始变得类似于以前游客看到的热带草原。[②]19 世纪 80 年代,另一位旅行者派克·吉尔摩尔(Parker Gillmore)也描述了此地茂密的丛林。从另一个格里夸镇——布萨铺向东南部接近库鲁曼,他发现:

> 路线的开始部分是最无趣的,小道被最密集的生刺植物所包围,途中有三人离开路径(追逐猎物或其他),就此销声匿迹……离开这个难以穿越的灌木丛后,这个国家变得开阔起来,地势起伏,景色如公园一般。水,虽

---

① Fritsch, *Drei Jahre* (1868), 260 – 261.
② 关于弗里奇对灌木丛的描述,请参见 *Drei Jahre* (1868), 262, 264 – 266, 284。

然稀缺，但不是完全没有。①②

这些描写与较早的描述之间的对比强烈地表明，大草原植被的构成沿道路发生变化。相较于早期旅行者在开阔草原上的见闻，似乎弗里奇和吉尔摩尔看到的草更少而灌木更多。这是一个合理的假设：到 19 世纪 60 年代和 70 年代，人口较多的区域沿途，灌木面积越来越大，种子散布最广。19 世纪末的发展因素使得灌木丛在这个环境中更突出。大象和长颈鹿的消失意味着吃树木和灌木的动物更加稀少。③ 许多不同的食草动物和食嫩叶动物被牛、绵羊和山羊三个物种所取代，其草食影响相较于体型大小相似的混合种群更为集中。④ 砍掉金伯利的大型树木有助于提高热带草原其他木本物种的竞争力。另外，殖民者谴责说，殖民地的“年度烧荒”是“恶毒”的做法，⑤将其斥为非法的人为纵火和灭绝自然的行为，这也使得更多灌木得以生长。由于灌木丛是以本地化速率渐进式生长的，因此认为整个地区突然变得繁茂是无理据的。然而，由于非洲牧民受河谷的限制，他们发现自己处于最有利于灌木丛生长的环境中。殖民地土地割离使大多数人口流入河谷保留地，在这里，湿润土壤比干旱地区更有利于灌木丛生长。⑥ 有一些证据表明，在世纪之交，保留地草原上的草量较少：一张 1891 年的树木列表突出了小型喜水树木，如具蜜金合欢亚种、拘榴、卡鲁和揽仁绒金龟（黄木或银簇，麦格桡那）。⑦ 还有报告说，在世纪之

---

① Gillmore, "Territories Adjacent to the Kalahari," *Proceedings of the Royal Colonial Institute* 14(1883)：134 – 135.

② 人们在灌木丛中消失的故事有点不可思议，但吉尔摩尔认为狮子是主要原因。

③ D. Grossman and M. V. Gandar, "Land Transformation in South African Savanna Regions," *South African Geographical Journal* 71(1989)：43 – 44.

④ R. L. Liversidge and M. Berry, "Game Ranching in the Arid Regions," in *Game Ranch Management*, J. du P. Bothma, ed. (Pretoria: van Schaik, 1989)，620 – 625.

⑤ CTAR BCC 94, Surveyor General Duncan, July 23, 1887.

⑥ 关于光合作用的讨论以及灌木在湿润土壤上生存更好的原因，见第 167 – 169 页。

⑦ CPP G 13 – 1891, *Report of Commission to Select Land in British Bechuanaland*, 8.

交,不好吃的外来物质被引进,它们的存在给该地区的牧民造成了困难。[1] 1899 年的一份报告简明扼要地说明了情况:"最好的水域似乎是由土著拥有,环境较差的草原通过自然得到补偿。而最好的草地似乎是没有地表水的。"[2]灌木侵占加上受河谷限制,使得非洲牧民放牧环境中的草地减少了,因此对于养牛不太理想。

环境条件的另一个变化是,因为畜群聚集在保留地,动物患病情况持续,甚至有所增加,这些包括"马病"(可能是旧的祸害,炭疽),1890 年再次出现的牛肺病,1892 年出现的口蹄疫。[3]

这些疾病破坏生产,对其进行隔离阻碍了贸易。在殖民时期早期,牛肉毒杆菌病可能更糟糕。1895 年之后确实变得更加明显,可能是由于干旱期间植被中的有效磷酸盐下降,促使动物吃更多的骨头。随着这种疾病变得更加严重,朗格伯格山和没有白云岩基岩或低磷酸盐草的喀拉哈里地区环境显得更为健康。[4] 塔拉坪地区的酋长卢卡的个案就揭示了在盖普高原放牧和旱地农耕的困难,施帕德指责其疏于照顾自己的土地。[5] 卢卡解释说,他这样做是因为在那里畜养和旱地耕种太难了。虽然灌溉的种植园可产玉米,但卢卡认为这不合乎需要。

大家要知道我没有放弃曼尼汀。要知道,我还在

---

[1] 很难说"卡其布"是什么物种。"卡其布"指的是一些南非战争期间从饲料中引入的物种的种子。关于它的存在,参见 CTAR 1/KMN 10/9, Acting Civil Commissioner Armstrong, October 15, 1908. 关于蓟罂粟(墨西哥罂粟,西班牙语),参见 CTAR 1/KMN 10/9, Acting Civil Commissioner Armstrong, July 9, 1908。关于 *Xanthium spinosum* (burrweed; *setlhabakolobe*),参见 correspondence in CTAR NA 586。

[2] CPP G 67 - 1899, *Reports of Inquiry into Agricultural Distress in Herbert, Hay, Barkly West, Vryburg and Kimberley*, 8.

[3] Bryden, *Gun and Camera* (1988), 119. 炭疽病是库鲁曼特有的,通常被误认为是"马蹄病"。参见 M. W. Henning, *Animal Diseases in South Africa*, 2(1949), 3;关于肺病,参见 CTAR 1/KMN 10/18, Resident Magistrate Scholtz to Colonial Secretary, September 29, 1890;关于口蹄疫,参见 LMS 50/1/A, Price, January 10, 1893; CTAR BCC 114, Inspector of Native Reserves St. Quintin, Annual Report, April 15, 1893. 希林顿报告说,19 世纪 90 年代早期,西格里夸兰的牛死亡率有所上升,但他没有确认这些疾病。参见 Shillington, *Colonisation* (1985), 112。

[4] CTAR LND 1/555, Water Boring Foreman McCaig, June 23, 1896.

[5] 见本书前文关于卢卡和施帕德之间的交流。

> 为曼尼汀付税……要知道，我是因为悲伤才离开曼尼
> 汀。我的百姓因为缺少牛、绵羊、山羊和玉米而难过，
> 因为这是一个很快就要被烧毁的平原。我在那里时，
> 如同一头猪或一匹马，其他什么都不吃，只吃玉米，就
> 着盐和水。①②

由于是在缺乏磷酸盐的盖普高原，因此曼尼汀不适合养牛是众所周知的。③④ 到 1892 年，卢卡生活在日趋拥挤的塔昂保留地。他说自己想回到曼尼汀，但不能，因为回到那里他的牛没有地方养。他宣布打算"在朗格伯格山拿到地"，那里的草原环境最为健康，也是最遥远的保留地。⑤ 正是因为这样，卢卡也是被吸引到西部的数千人中的一员。到了 1894 年初，"至少有 3 400 人"从塔昂迁到了朗格伯格山的北部山丘，科兰纳山。⑥ 卢卡正在试图用从他的属民所收集的钱购买一个私人农场。1894 年 7 月，卢卡向科兰纳山一家农场的库鲁曼人地方法官朔尔茨（C. B. Scholtz）支付了 115 英镑，用于购买一个位于科兰纳山的农场。那块地是授予贝专纳人作为铁路建设补贴的土地，还无法购买。朔尔茨将钱存入了自己的账户。事情在 1895 年 2 月败露时，这位地方官声称"这个事情比我预期的滞后了，但我的意图是，一旦农场登出广告，我会向政府申请许可协助卢卡购买农场"。与此同时，卢卡和他的人搬到朗格伯格山保留地，等待政府授予他们任一农场。然而，这一地区没有分配农场的规定，当局还采取措

---

① 作为一名酋长，卢卡拥有"曼尼汀"和"塔拉坪"。

② CTAR BCC 82, Luka Jantjie to High Commissioner, translated by J. Tom Brown, September 23, 1890.

③ 曼尼汀靠近基卡赫拉村庄。这个名字来源于"基卡"，一种用于捣碎肉块的工具，"赫拉"或许是"只有"。"基卡赫拉"意味着牛的不健康环境，意思是"所有的牛都死了，捣碎仍然没有肉"。

④ Interview with Julius Mogodi in Appendix C1. On Kikahela, B. F. van Vreeden, "Plekname in Setswana," *Tydskrif vir Volkskunde en Volkstaal* 7(1950): 41 – 43.

⑤ CTAR BCC 114, Taung Resident Magistrate, Lowe, May 27, 1892.

⑥ CTAR LND 1/441, Surveyor General Templer-Horne, February 19, 1895. Shillington, *Colonisation* (1985), 227.

施反对"擅自占地者"。[①]　就这样，保留地环境状况恶化和不满情绪为危机埋下了隐患，但卢卡否认任何不忠的指控："有人说我在拉军队，但我没有权力去想这样的事情……大家要知道，如果我有这样的想法，我是在重蹈业已逃跑的巴塔拉洛斯人的覆辙。"[②③]叛乱会带来更大的灾难。

家畜疫情与暴力，1895—1897

粗放生产的衰落一旦开始便十分迅速，这是环境和人为因素多方面累积的效应。第一个是熟客——干旱。19 世纪 90 年代中期，潮湿和干燥年代之间的循环发生了转变。十年中的第一个五年，特别是 1893—1894 年间，暴雨频发。[④] 然而，从 1894 年末的夏天开始，则是连续几年干旱的开始，很快，雨水缺乏就威胁到粮食供应。1895 年 1 月，一位传教士报告说该地"处于饥饿边缘的状态"。[⑤]

大英帝国的接管在非洲造成的最知名环境反弹就是牛瘟疫。牛瘟（rinderpest），德语中意为"牛疫"，是一种病毒性疾病，使反刍动物受害，包括家牛和水牛、牛羚之类的猎物，大型羚羊像大角斑羚、捻角羚。该病毒会引发家畜粘膜炎症和出血，导致痢疾和死亡。病毒通过空气传播，潜伏期 3—9 天。高感染性，常见报告首次爆发的感染率 100%，致死率 90%。死亡一般发生在发病 7—12

① CTAR BCC 72, Resident Magistrate Scholtz, February 15, 1892; CTAR BCC 72, Inspector of Native Reserves St. Quintin, February 15, 1895. Later that year the treatment of "squatters" softened. 参见 correspondence in CTAR LND 1/441。

② 卢卡提到的是莫瓦的支持者，他们在英国兼并该地区之后迁到了纳米比亚。

③ CTAR BCC 82, Luka Jantjie to High Commissioner, translated by J. Tom Brown, September 23, 1890. On the Tlharo emigration to Namibia, see Breutz, *Tribes of Kuruman* (1963), 96.

④ LMS 51/1/C, Price, May 27, 1894. 在我的文章《流动之睛：上库鲁曼山谷的水资源管理》中，我引用了一位传教士的话，他认为库鲁曼河先流入莫查波河，然后流入奥兰治河。然而，历史上所有的洪水都在米尔地区南部的阿比沙丘结束，因为那儿有一座沙丘拦蓄了河道。私人交流，凯斯布克曼，1998 年 6 月 12 日。"The Flowing Eye: Water Management in the Upper Kuruman Valley, South Africa, c. 1800—1962," *Journal of African History* 37 (1996)：237.

⑤ LMS 53/1/A, J. Tom Brown, January 6, 1895. 另参见 CTAR BCC 117, Resident Magistrate Bam, April 10, 1895; LMS 52/2/B, Ashton at Barkly West, October 12, 1895。

天之后,但是幸存下来的牛就会具有免疫力,不会再受感染。[①]

这种疾病早在古代就曾在亚洲传播,意大利入侵者于 1887 年无意间通过从印度进口的牛将这种病毒带入索马里。随后病毒横扫整个非洲大陆,从霍恩南部到好望角的海岬,西到佛得角。1896年 3 月之前一直停留在赞比西河北部,此后便以每天 20 英里的速度迅速向马菲肯蔓延。[②] 疾病沿以前传教士、商人、移民劳工南下的路线穿过茨瓦纳北部酋长区到达英属贝专纳兰。1896 年四五月份,库鲁曼传教士们焦躁不安地等待着"可怕的灾难"。[③] 当局决定采取行动控制局面。他们限制旅行、射杀感染牛群以及被认为已经接触到病毒的畜类。[④]

检疫规定禁止使用牛车进口商品,这进一步破坏了食品供应。驻地治安法官描述了人们如何应对 1896 年 8 月发生在曼尼汀的困境:

> 他们没有任何谷物,即使可以购买到食物,他们也没有钱购买,并且由于严格的牛瘟防疫规定,他们也不能从其他地方弄玉米吃。许多人都去金伯利寻找工作,仍然留在这里的人是为了保护妇女和儿童,还有耕作自己的土地。[⑤]

---

① 有关牛瘟的一般信息,请参阅以下专著:Henning, *Animal Diseases* (1949), 621 – 635; John Ford, *The Role of Trypanosomiasis in African Ecology: A Study of the Tsetse Fly Problem* (Oxford: Clarendon, 1971), 138 – 140. 关于它在南非的历史,参见 Charles Ballard, "The Repercussions of Rinderpest: Cattle Plague and Peasant Decline in Colonial Natal," *The International Journal of African Historical Studies* 19(1986): 421 – 450; van Onselen, "Reactions to Rinderpest in Southern Africa, 1896 – 97," *Journal of African History* 3 (1972): 473 – 488; Pule Phoofolo, "Epidemics and Revolutions: The Rinderpest Epidemic in Late Nineteenth Century Southern Africa," *Past and Present* 138 (1993): 112 – 143.

② Van Onselen, "Rinderpest," *Journal of African History* 3(1972): 473.

③ LMS 53/1/A, Price, April 1, 1896.

④ LMS 53/1/D, Price, April 12, 1896; LMS 53/1/D, Ashton at BarklyWest, April 20, 1896; LMS 53/2/A, Gould, May 9, 1896.

⑤ CTAR 1/KMN 10/1, Resident Magistrate Bam, August 6, 1896.

不是每个人都一贫如洗,但在 1896 年下半年,当地的商店已无法满足所有持现金购买食物的人的需求。① 当然,采集是饥饿的人们传统的赖以生存的方式。然而,开普兼并规定了更严格的猎物保护法。② 从 1886 年至 1918 年,居住在库鲁曼的传教士汤姆·布朗(Tom Brown)呼吁撤销狩猎法,以使挨饿的人可以狩猎,但他发现开普政府很不合作。

> 大概 3 个月的时间了,你们的秘书已经知道这些人一直在挨饿,全家人一直在靠草和树根生活。但凡能够找到一根可食用的根,就把它挖出来吃了。国家蓄有猎物。在这里和莫蒂托之间有跳羚、大羚羊等漫游在无人管理的农场。天意是要通过人类的法律禁绝所需? 原住民除此之外还能想些什么,"政府的目的是把我们从这个国家清除吗?"我在回答他们的投诉时要平静地坦言说:"是的,政府知道你们在挨饿,但不在乎。"我对于不做回答感到可耻。如果有人问我不久前被问及的问题,政府征服了上帝吗? 我要怎么回答?③

11 月份小麦收获提供了缓解饥饿的希望,但由于缺乏种子,春季的玉米种植没有着落。驻地治安法官一再呼吁用骡子运输可食用的玉米和种子。在政府犹豫不决的时候,伦敦宣教会担保了还款,④直到 12 月份,玉米种子才到达,播种为时已晚,且这些种子已

---

① CTAR 1/KMN 10/1, Resident Magistrate Bam, August 19, 1896; CTAR 1/KMN 10/1, Resident Magistrate Bam, November 18, 1896.

② 关于开普殖民地的狩猎规则,参见 MacKenzie, *Empire of Nature* (1988), 202 – 204.

③ LMS 54/1/B, J. Tom Brown, September 6, 1897, quoting September 27, 1896 letter to Cape Colony Prime Minister Gordon Sprigg.

④ CTAR 1/KMN 10/1, various correspondence. On the LMS guarantee, CTAR 1/KMN 10/1, Resident Magistrate Bam, November 18, 1896.

生满了象鼻虫。①

尽管遇到困难,但是实施检疫措施还是稳妥的,因为它们减缓了瘟疫蔓延。瘟疫于 4 月份出现在英属贝专纳兰,5 月袭击了弗雷堡,10 月份到达金伯利和西格里夸兰其他地区。然而,来自库鲁曼和塔昂的传教士报告证实,这些地区 8 月份仍未受病毒感染。到 10 月份,塔昂的畜群已经受到感染,政府放弃了预防工作。② 在那个月,在朗格伯格保留地的一群牧民谋杀了一名奉命执行牛瘟法规的警察。在所有这一切过程中,牛瘟一直在边界徘徊,没有越过库鲁曼,检疫条例仍然有效。③ 鉴于相对成功地遏制疾病,驻地治安法官在 12 月初表示了谨慎的乐观态度:

> 几个星期以来,我们在不同的边界地方遭遇了瘟疫,但幸运的是把它挡在了外面,如果农民和本地人与我们合作,没有理由不能进一步保持免受侵害,总的来说,他们非常贴心地做……我和巴塔洛的托托大酋长进行了长时间的交谈,他现在赞成通过射杀感染牛群来消除这种疾病,直到我们发现有害生物已经超出了我们的控制范围。我告诉他,如果事情发展到那一步,我们会停止射杀。④

托托表示愿意看到牛被射杀可能不是出于本意的自由表达。原住民保留地的蓄畜检查员描述了在年底前疾病控制的持续性成功:

---

① CTAR 1/KMN 10/1, Resident Magistrate Bam, December 16, 1896.

② LMS 53/3/A, John Brown at Taung, August 20, 1896; J. Thomas Brown, August 26, 1896; LMS53/3/B, John Brown at Taung, October 25, 1896; Shillington, *Colonisation* (1985), 231 – 233; Henning, *Animal Diseases* (1949), 622.

③ CPP G 33 – 1897, *Special Report on Rinderpest by the Colonial Veterinary Surgeon, March 1896—February 1897*, 28; CTAR 1/KMN 10/1, Resident Magistrate Bam, November 18, 1896.

④ CTAR 1/KMN 10/1, Resident Magistrate Bam, December 2, 1896.

　　去年 10 月 24 日,牛瘟非常严重……马斯因河的北岸
是弗雷堡和库鲁曼地区之间的边界。该疾病沿着马斯因
的北岸迅速传播,直到 12 月 9 日,它才出现在这个库鲁曼
原住民保留地下方的巴塔拉洛斯。从那时起,它已经蔓
延了大约十一英里的距离,只在没有受到开普警察保护
的一边。在那个地区,原有大约 2 300 头牛,其中有 101
头已死亡,约 16 头[免疫]。①

12 月下旬,驻地治安法官与布尔人、英国人、塔拉坪人和塔拉洛农
民举行会议,讨论遏制疾病的政策。很显然,英国农民支持射杀接
触疾病但尚未发病牛的政策,但"荷兰农民和一些原住民"对此表
示反对。② 在库鲁曼,与南部非洲其他地方一样,非洲人认为是白
人引进了这种疾病来侵害他们。1991 年,我被告知,利本伯格先
生,"一个英国人,而不是一个布尔人",向喀拉哈里的胡尼革浅湖
倒了一瓶牛瘟疫病毒,从而污染了供水。这个坊间传说与 19 世纪
的怀疑论相呼应。

　　其他地方的暴力事件终结了库鲁曼地区的和平。虽然官方政
策已不再射杀明显健康的牛,但警方 11 月还在塔昂继续射杀。这
加剧了紧张局势,12 月底,警方与塔昂保留地的一些居民爆发了暴
力冲突。1 月初,马斯温河一名白种商人遭到谋杀,招致对那里人
们的报复。来自当事双方的逃犯和难民都流向朗格伯格山保留
地,政府部队随之而来。朗格伯格保留地是不太可能发生反叛的
地方。当地人不是特别反对英国人。事实上,他们幸免于许多其
他保留地的困难:土地割离相对较少,畜群疾病少,塔拉坪人的酋
长权力也没有减弱。此外,托托首领一直与政府合作进行牛瘟控
制。不过,他害怕因 10 月份在他领土上发生的杀害牛瘟警员事件

---

① CPP G 19 - 1897, *Blue Book on Native Affairs*, 69 - 70.
② CTAR 1/KMN 10/1, Resident Magistrate Bam, December 23, 1896.

而遭到惩罚。另外,对 1895 年土地调查和保留地边界的执行情况的不满也是存在的。[①] 一名塔拉洛副首领基比仍然忠于开普政府,其余的则支持托托,因为他收留了难民。由于托托没有交出塔昂的反叛者,他的人民受到了开普政府的攻击。从 1897 年 2 月至 8 月,开普政府军在朗格伯格保留地的部落以及下库鲁曼保留地的盖-莫佩迪地区进行了突袭,最后靠重炮击败了少数叛军及多数无辜者,战争结束。[②]

讽刺而可悲的是,那些在其他地方抵制牛瘟防治措施的人,他们招致的报复最终将全面的流行病传播至整个库鲁曼,殖民地部队及其进入朗格伯格保留地的畜力动物破坏了检疫。[③] 据开普殖民地估计,在弗雷堡的金融部门所在地,包括库鲁曼地区,该病击倒了共 86 964 头牛中的 80 664 头,达到 93%。也许是因为他们的公共土地性质和共享水源的原因吧,非洲人居住的地区所受打击甚过白人地区。例如,马菲肯失去了 97% 的牛,而西南地区,戈登尼亚,唯一没有大量茨瓦纳人口的英属贝专纳兰地区,只有 12% 遭难。[④][⑤]

畜群损失只是战争的一个结果。国家认为叛乱是叛国行径,有 1 896 名朗格伯格山居民在西开普农场全体被处以 5 年契约奴隶的惩罚。在技术上,被告可以选择接受叛国罪或接受契约奴役,而作为对大规模群众刑罚的检验,两名男子在约翰·史密斯·莫法特的支持下受审。他们的案件由于证据不足而被驳回,但该判决并没有影响其他契约奴役人的状态。[⑥]

---

① CPP G 42 - 1898, *Blue Book on Native Affairs*, 66. 参见第四章。

② 关于朗格伯格战争,参见 Shillington, *Colonisation* (1985), 215 - 40; Harry Saker and J. Aldridge, "The Origins of the Langeberg Rebellion," *Journal of African History* 12 (1971): 299 - 317; Snyman, *Kuruman* (1992), 67 - 73。

③ CPP G 42 - 1898, *Blue Book on Native Affairs*, 66. 艾萨克·席默库出生于 1909 年,是希比酋长的后代,也确认牛瘟是通过战争而带来的。

④ 由于疫情前没有普查,这些数字只是粗略估计。

⑤ CPP G 72 - 1898, *Rinderpest Statistics for the Colony of the Cape of Good Hope*.

⑥ Shillington, *Colonisation* (1985), 240. 参见第四章。

最具持续性的报复是,开普政府下令叛军交出他们的土地权。朗格伯格山以及毗邻的保留地卡图和迪本地区,是最大、最健康的牧牛地,被没收并提供给白人使用(见图4.1)。对叛乱的集体处罚——没收土地和处以契约奴役,符合马姆达尼的观察,即殖民地国家"对社区权利的认知非常片面,以至于不同意一切有意义的对个人权力的认知"。① 开普总理为严厉的惩罚辩护:

> 在一个黑人人口数量大大超过白人的殖民地,最重要的就是原住民应该清楚地认识到,叛乱需要以丧失所占领的土地权利为代价。人的生命对当地人不算什么,所以在叛乱中丧生了几百人的生命给他们留下的印象并不深刻。牛的损失更严重,但即使这样很快也会被遗忘了。一个难以忍受的惩罚就是失去他们的土地,因为这迫使他们背井离乡,并且只能通过艰苦工作谋生。②

开普政府还没收了在弗雷堡和塔昂的发生叛乱的保留地。这些没收因英属贝专纳兰兼并到开普敦殖民地的条款而变得复杂。1895年的英属贝专纳兰公报第220条规定,任何进一步的土地转让都要得到国务卿对殖民地的批准,但获得这一点并没有太大的阻碍。③

只有处于希比酋长手下的一群支持开普的塔拉洛人才能获得土地,以便赔偿其在朗格伯格保留地中的损失,这是从下库鲁曼保留地的盖-莫佩迪叛军土地中拿出的一点点地。没有被执行契约奴役的其他朗格伯格山居民只有靠自己所能,在剩余的保留地中安顿和谋生。在这些动荡发生期间,开普政府借此机会取消了最

---

① Mamdani, *Citizen and Subject* (1996), 139.
② PRO CO 879/51 no. 547, Cape Colony Prime Minister Gordon Sprigg, February 7, 1897.
③ Shillington, *Colonisation* (1985), 186, 240 – 241.

小的英属贝专纳兰保留地，包括卢卡在塔拉坪的农场。① 这些保留地中有大约 250 名居民并没有参加战争，但是开普政府决定"集中"非洲土地。这引起了英属贝专纳兰土地委员会前主席兼皇家殖民地吞并到开普之前的行政人员施帕德的批评："出于好奇，我很想知道开普敦政府在把当地人占有的许多小块保留地卖给白人农主后，打算把他们安置到哪里……据我所知，就只剩下喀拉哈里沙漠。"② 没收这些小块土地说明共同权属使非洲人非常容易失去为他们"保留的"土地，这是第一个例证。共同权属使得国家能够集体惩罚整个朗格伯格山社区的叛乱，并轻而易举地没收了小块保留地，国家只需要一次驱逐即可完成整个社区的迁移。

斗争过程及其后果造成了极大的人口损失，但具体数量难以确定。官方估计的因战争死亡人数是 1 200—1 500 人，其中包括酋长卢卡·简特杰。托托酋长的命运没有记录，但今天的塔拉洛人记得他被带到罗本岛。当地治安法官推测，1896 年至 1897 年间，保留地地区人口从 12 650 人下降到 6 280 人，将近 50%！然而，这不是确切的数字。③ 朗格伯格山战争中是有数千名伤员和囚犯，但整个地区的人口减半可能有点夸张。1897 年，许多居住在朗格伯格保留地的幸存难民，可能在计数中被忽略。此外，还有更多的男子去往矿区，他们可能也被忽略了。然而，到了 1897 年底，人口、土地基础和牛群都受到严重打击，使得自足生产和社会组织无法恢复。

生产和分配的失败：粮食短缺和饥荒

叛乱、报复和牛瘟的叠加加剧了本已严重的粮食短缺。1897年的原住民事务部（The Native Affairs Department, NAD）报告概述

---

① CTAR LND 1/587, Proclamation by Alfred Milner, No. 419 of 1897.

② PRO CO 879/51 no. 547, Shippard, June 23, 1897.

③ CTAR 1/KMN 10/2, Resident Magistrate Hilliard, January 4, 1898. 希利亚德没有解释他是如何得出这些数字的。

了当时的情况,以及人们如何寻求补救措施以缓解饥荒。

> 粮食供应情况特别糟糕。今年保留地的居民比以往
> 耕种的多。他们期待自己的土地能够提供粮食和生活必
> 需品,因为牛瘟使他们失去了大部分牛产。很多原住民
> 生活艰难……庄稼长势喜人,但是如果干旱持续的话就
> 会绝收,那将意味着饥荒。[1]

人们认识到,耕作甚至集约化耕作是他们最好的选择。保留地居民不仅仅耕作更多,而且他们还建造了新的沟渠。[2] 传教士在索丁伦敦宣教会所有地块都能找到租户,租赁土地增加了大约 35 英亩。尽管如此,他们报告说每个地块有 5 个人申请。[3] 为了回应这个需求,当地治安法官在 1896 年和 1898 年新授了库鲁曼皇家保留地的地块给无地饥民。[4]

即使在这场危机期间,人们还是兼顾了灌溉和粗放耕作。尽管粮食短缺,但集约化耕作的成本仍然很高。一些田地有沟渠为其供水,但其他田地只能在潮湿的地面上开垦。此外,教区之上和之下的山谷部分是沼泽地。挖掘更多的沟渠和排空沼泽可能就会有更多的土地可供耕作。尽管耕作面积扩大的可能性很大,但库鲁曼皇家保留地分给贫困家庭的许多土地完全是干旱的,只适合种植高粱。[5] 地

---

① CPP G 42 – 1898, *Blue Book on Native Affairs*, 66.

② CTAR NA 247, Inspector of Native Reserves McCarthy, September 2, 1898.

③ LMS 59/1, J. Thomas Brown, July 1901; Archives at Moffat Mission Trust, Kuruman, [hereafter MMT] "Register of Lands Belonging to the London Missionary Society, Kuruman. 要想了解库鲁曼莫法特传道所档案资料,请参阅 Kristin Russell and Megan Waples, "The Kuruman Moffat Mission Trust Archives Unearthed," *South African Historical Journal* 40(1999); 239 – 246。

④ CPP G 42 – 1898, *Blue Book on Native Affairs*, 67; National Archives Repository [hereafter NAR] Native Affairs Series [hereafter NTS] 4368 268/313, Surveyor General, September 9, 1896. See also sundry correspondence on land claims in the Kuruman Crown Reserve in CTAR LND 1/659 and LND 564.

⑤ CTAR LND 1/730, Secretary for Public Works, February 2, 1900; CPP G 25 – 1902, *Blue Book on Native Affairs*, 30.

方行政法官认为，只有耕作者将更多的劳动力投入到自己的田地中才可以防止饥荒：

> 尽管战争、牛瘟和干旱造成了重创，但人们牢记沿着河谷的土地是可以灌溉的，因此饥饿也不会如预期那样严重，生活也有希望。如果当地的督察员在这个方向上下工夫，那么他就可以轻而易举地将这个思想成功地灌输给原住民：只要克服懒惰习惯，就会有比现有耕地更多的地块可耕种。①

怠惰几乎不是土地利用不足的原因。事实上，相较于之前，饥荒之后的人们没有更多能力来进行集约化耕作。集约化耕作没有出现的原因很多——食物短缺导致体力不支、资本缺乏和技能缺乏。牛的死亡阻断了肥料的主要来源和畜力来源。② 在困难时期的"勒紧裤腰带过日子"文化和对某些类型食物的偏好也可能发挥作用。灌溉提供了玉米和小麦，卢卡将其斥为猪食和马粮，不满意它们在饮食中取代了牛奶，肉类和高粱。③ 此外，在农场投入劳动力和资本的人，其收成还容易被偷。

　　1898 年，政府的救济援助了 870 个饥荒人口，④但饥荒情况持续。受到特别严重打击的是来自朗格伯格山保留地的难民，他们的社交网络遭到破坏："从朗格伯格囚犯中释放出来并且留在这个地区的老年人、妇女和儿童正处于半饥荒状态。他们的朋友不再能够支持他们了，大多数原住民都不能找到工作。"⑤朗格伯格难民

① CTAR 1/KMN 10/2, Resident Magistrate Hilliard, January 4, 1898.
② 第一个表明庄稼汉给田地施肥的记录是在开普殖民地议会文件 CPP G - 19 1897, *Blue Book on Native Affairs*, 68. 第一个可以找到的影响耕作的肥料流失的证据在开普殖民地议会文件 CPP G 25 - 1902, *Blue Book on Native Affairs*, 30。
③ 参考 140 页的引言。
④ CTAR 1/KMN 10/3, Resident Magistrate Hilliard, February 15, 1899.
⑤ CTAR NA 242, Inspector of Native Reserves McCarthy, December 1, 1897.

处于最糟糕的境地,到 1898 年,已经有一些人死亡。① 危机的严重程度使互惠传统紧张:"由于不得不支持越来越多的挨饿朋友们,当地人开始对食物的短缺有切身感受。许多原住民都将在很短的时间内陷入饥荒状态,"即使"大部分身体健壮的男人都离开这里到别处去工作了"。②

1898 年 2 月,一名叫穆西·塞布鲁(Mmusi Seburu)的人在向传教士罗杰·普赖斯(Roger Price)写的信中,提供了罕见的来源于非洲人的证词,证明了牛瘟之后的困境。他报告说,饥饿致死是在库鲁曼谷开始的,并且种植园极易发生盗窃事件。塞布鲁沉痛地表示,叛乱后选择契约奴役的人反倒是幸运的。

> 我必须告诉你,我们还算是好的,但我们陷入饥荒的困境。它不是饥饿,而是死亡。在玛罗坪……已经有人饿死了,但并不是全部死亡。在马特浩林[马特瓦林]山谷 3 人死于饥荒——我的意思是,在我认识的人中。自我 1885 年来到这个国家的这个地区,这么久以来,我从未见过偷窃。可以说,现在每个人都在偷窃,事实上每个人都不偷窃——明抢。我们自己的土地上已经不再有任何东西。任何产在我们的种植园里的东西,只要一有,他们就立刻拿走,不管我们如何精心看护我们的园地。现在已经看到有些人吃狗肉,他们因饥饿处于非常糟糕的状态。虽然雨已经下了,但它无助益。这是我所说过的:有些人被带到开普殖民地,有些人留下来,被带到开普殖民地的人都会活着。但有些人宁愿留下来。③

---

① CTAR 1/KMN 10/2, Batlharos headman Mmusi Lebwani, March 14, 1898. Interview A with Isaac Seamecho in Appendix C1.

② CTAR NA 247, Inspector of Native Reserves McCarthy, July 1898.

③ BPP C 8797 (1898), *Correspondence Relating to Native Disturbances in Bechuanaland*, 20 - 21.

塞布鲁提到了生产失败时获取食物的两种选择：采集，像早些年一样，只是大致区别于窃取；和在其他地方工作。在饥荒期间，人们转向采集，这是一种可以延迟进入劳动力市场的旧有生存技术。① 然而，那些在"废弃地"上采集的人发现白人定居点正在增加，政府正在执行土地安置。在 1898 年，有几起打击"流浪汉"的案件，因为他们在私有地产或被没收的保留地搜寻食物。② 第二种选择，在其他地方工作，这更为常见——牛瘟之后，在金伯利钻石矿工作的移民人数显著增加。③ 事实上，一些白人在牛瘟之前曾对劳工短缺感到灰心，但这时候自私地认为牛产损失巨大有其积极面。"在几个方面牛瘟并不是完全的恶事。过着懒散生活的富有贝专纳人明白了劳动的价值。北方地区开始得到更好的发掘，正在成为他们应有的归宿地，即成为宝贵的劳动力储备地。"④雇佣劳动的趋势并不能够使人们富裕。一名店主说，他的生意不好做，因为他的客户"太少、太穷，不能再支持商店运营"。⑤ 1899 年，朗格伯格难民仍然要依赖政府援助，食品价格高企。⑥

南非战争的爆发阻止了地方经济复苏。在塔拉洛被没收之后不久，被牛的良好健康状况吸引的大量非法欧洲白人已经定居在朗格伯格，成为该地区第一批主要的白人群体。1899 年，布尔人起义反抗，以帮助他们在德兰士瓦的同胞们。⑦ 库鲁曼的非洲人，特别是索丁的非洲人已经遭受牛瘟、暴力和土地流失，又在这场战争

---

① CTAR 1/KMN 10/3, Resident Magistrate Hilliard, February 15, 1899.

② Cases against "vagrants" are found in CTAR 1/KMN 1/4, July 5, 1898, and November 30, 1898; CTAR 1/KMN 1/6, June 17, 1899.

③ CTAR 1/KMN 10/2, Resident Magistrate Hilliard, January 4, 1898.

④ CPP G 67 - 1899, *Reports by the Special Commissioner Appointed to Inquire into the Agriculture Distress and Land Matters in the Divisions of Herbert, Hay, Barkly West, Vryburg and Kimberley*, 8. (Kuruman was included in the Vryburg financial division.)

⑤ CTAR 1/KMN 10/3, Ga-Tlhose store owner Mattison, September 28, 1898.

⑥ CTAR1/KMN 10/3, Resident Magistrate Hilliard, February 15, 1899; LMS 56/1/C, J. Thomas Brown, May 2, 1899.

⑦ 库鲁曼帝国主义的历史研究没有布尔战争的事件。斯奈曼的库鲁曼历史是关于这场战争的唯一详细记载。参见 Snyman, *Kuruman* (1992), 79-86。

中遭受了更深的苦难。布尔反叛分子于 1899 年 10 月围困了库鲁曼"镇",尽管它还只不过有一个传教站、一处政府和一些商店。1900 年 1 月 1 日库鲁曼被布尔人占据,他们霸占了茨瓦纳的牲畜,掠夺了统治者的忠诚支持者的商店和农场。饥饿的人们转向传教士求助,而传教士布朗的任务就只是预判饥荒。[1] 这时候英国第三次派遣了现在是中将的查尔斯·沃伦,这也是他最后一次到达该地区考察。布尔人在他面前没有抵抗力,他在 1900 年 6 月 24 日兵不血刃地收回了库鲁曼。

布尔人持续的突袭和英国驻军对食品的需求让索丁的食品供应不断承压。[2] 另外,干旱周期持续,降雨于 1899—1900,1900—1901 和 1901—1902 均姗姗来迟,无法于未经灌溉的土地上播种。[3] 还有 1901 年发生了蝗灾。[4] 情况糟透了,对金伯利的包围使人们从 1899 年 10 月到 1900 年 2 月没有工作机会。即使后面矿厂重开了,布尔人的袭击也使路途十分危险。[5] 布朗于 1901 年 2 月描述了情况的严重程度。他的信中充满了对英国占领行为的批评。

> 没有太多的话要说。我们仍然与外界割离,在食物方面比去年更糟糕。军方在 12 月份霸占了所有食物,从此没有人能够购买任何食物。社区除我们以外的所有欧洲家庭都是政府(军方)供应食物。不能再拿到咖啡、糖、茶、肥皂、米饭和牛奶。还有些餐品,饼干和大量的肉。但是原住民及巴斯塔尔德人感到紧张,巴斯塔尔德人尤为紧张,因为布尔人侵占了他们的土地,导致他们去年便无法耕作。已经视咖啡和茶为必需品的老人感觉到这些

---

[1] LMS 56/4/C, J. Thomas Brown, December 5, 1899.
[2] CPP G 52 - 1901, *Blue Book on Native Affairs*, 30.
[3] CPP G 52 - 1902, *Blue Book on Native Affairs*, 30.
[4] CPP G 52 - 1901, *Blue Book on Native Affairs*, 20,30.
[5] CTAR 1/KMN 10/4, Resident Magistrate Lyne, date illegible,1902.

饮料的缺乏:这样的压力太大了。我们正使用本就捉襟
见肘的食物来帮助有需要的人,但已经难以为继。更让
我们焦虑的是,在野外遭到了布尔人针对贫穷原住民的
恐怖的、非人道的对待。我们确定无疑会被当地人残忍
地谋杀。[1]

人们的回应是耕种更多的土地。在库鲁曼皇家保留地,地方治安
官又再次为饥饿人口提供种植食物的地块。[2]

布朗自己开启了救济行动,但发现英国人的占领是对食物供
应的巨大消耗。

[指挥官]说他听说我有玉米。我说,是的,我有。
"那我想把玉米提供给挨饿的人"就是他的下一句话。我
告诉他,这是社区的玉米,我将它们出售给没有食物的
人,我想给人们留下一些种子……他回答说,他会养活
人,所以我将玉米给了他……我告诉他,我要求玉米价格
参照市场价格。第二天他派人取了玉米,收了我重达 1
740 磅的量。他拒绝按市场价支付:无论如何,商人为我
提供的报价是每 200 磅 2.10 英镑。你会看到市场价……
他只支付 17 英镑的钱。他没有去救济那些要饿死的人,
而是把玉米卖给了他的朋友喂马,我迫不得已将饥饿的
人从我的门前赶走。[3]

被占领和围困的索丁社会可能比远处保留地的人受到更多的战争
侵害。1901 年底布朗的信中对饥饿人群有突出描述:"整个家庭真

---

① LMS 59/1, J. Tom Brown, Febuary 14, 1901.
② NAR NTS 4368 268/313, Resident Magistrate Middlewick, December 6, 1901; CPP G 25 – 1902, 30.
③ LMS 60/1, J. Tom Brown, October 14, 1901 (out of sequence in series).

的要饿死了——孩子们正在哭着要面包”,“我们的学校不得不因为饥荒而关闭”。① 炭疽病将问题复杂化:“疾病盛行。炭疽病是人们吃受感染的肉而引起的——已经引起了人们的关注,我担心炭疽病会带走许多人,因为他们没有其他的食物,只有病死的马、驴、牛、绵羊和山羊尸体。”②③

　　除了几个定居点,包括库鲁曼,布尔人控制了整个北开普殖民地(基本上是以前的英属贝专纳兰殖民地),直到战争结束。④ 1901 年末,他们的新一轮攻击进一步减少了粮食供应,塔拉坪社区和塔拉洛社区相距更远,但偏远地区发生的事件不如索丁的记录全面。据报道,布尔人起先尊重非洲中立性,并没有袭击塔拉坪和塔拉洛牲畜,但在战争后期,一名伦敦宣教会教师记录说:“毫无缘由,布尔人来到巴特拉坪前哨,横扫了成百上千头牲畜。”⑤战争结束时,情况继续恶化:”特别是在最后,原住民遇到了很大的困难,并且处于饥荒的边缘。”⑥1902 年 5 月,英国人接受了布尔人的投降。战争的结束并没有结束粮食危机,因为干旱持续,1903 年 5 月份再次出现了“作物歉收”。⑦

1903 年饥荒期间的雇佣劳动和政府干预

　　1903 年,库鲁曼的地方法官与开普政府就如何应对这场饥荒起了冲突。这一分歧很重要,因为它关乎国家在经济和环境复苏中的作用。结果显示政府对饥荒的首选反应是——增加外出务

---

① LMS 60/1, J. Tom Brown, October 14, 1901 (out of sequence in series); LMS 59/4, Brown, November 6, 1901.
② LMS 59/4, J. Tom Brown, November 6, 1901, postscript dated November 14, 1901.
③ 只是接触受污染的肉就可能导致炭疽。其重现表明,饥荒期间预防感染的措施已经被放弃。
④ Snyman, *Kuruman* (1992), 85.
⑤ LMS 59/4, J. Tom Brown, November 6, 1901;LMS 60/1, Mary Wookey, February 2, 1902.
⑥ CPP G 29 - 1903, *Blue Book on Native Affairs*, 41.
⑦ CTAR NA 605, Resident Magistrate Lyne, May 2, 1903.

工者。殖民地政府并不强迫人们从事雇佣劳动,是他们自己找到了这个解决方案,因为赚取现金有其优势。从长远来看,国家参与将决定雇佣劳动和当地生产的相对重要性。国家是唯一可以支付集约化劳动成本的实体,唯一可以规范粮食生产并建立适应新的保留地条件的实践实体。它之前已经显示了干预生产安排的潜力。不过,由于南非历史上非常常见的原因,它不愿意承担这一责任。

为了生存,人们采取了行动。男性移民劳工到 1902 年变得非常重要,"在正常情况下",三分之一的男子外出工作。[①] 整个家庭的永久移民持续进行。[②] 即使这样也无法阻止粮食生产危机发展为饥荒。一些家庭转向旧有的缓解饥饿模式,采集。正如驻地治安法官所说,"许多人靠食用根茎生存"。他猜测,穷人将成为朗格伯格山和科兰纳山的流浪者。[③] 当时的县长莱恩(M. J. Lyne)似乎是一个有能力并富有同情心的人。由于雇佣劳动不足和采集无法满足人们的迫切需要,他力求提供援助,增加饥饿人口的粮食生产。不过,莱恩和开普殖民地的行政人员在这一点上存在分歧。莱恩再次报告说"作物歉收",并于 1903 年 5 月 2 日向开普政府发出电报,请求援助。他将所有贫困人口分成三组:没有土地、靠慈善支持为生的寡妇和老人;移民工人的妻子和子女;不知为何无法在矿井上工作,但能够进行其他劳动的人。[④] 第一组的 190 名成员已经获得救济,原住民事务部增加了分配给该团体的玉米储备。莱恩期待第二组也得到直接的慈善救助。原住民事务部采取了另一种做法,要求戴比尔斯按月给钻石矿上工人的家庭汇款,但该公

---

① CTAR 1/KMN 10/4, Resident Magistrate Lyne, date illegible, 1902.

② CTAR 1/KMN 10/6, Resident Magistrate Lyne, September 18, 1903; NAR NA 223 1/1910/F 527, Inspector of Native Reserves Purchase, Monthly Reports, 1907 – 08. 与大多数开普殖民地本地事务文件不同,这些文件存放在比勒陀利亚的国家档案馆。UG 17 – 1911, *Department of Native Affairs Report*, 197.

③ CTAR NA 605, Resident Magistrate Lyne, August 3, 1903.

④ CTAR 1/KMN 10/4, Resident Magistrate Lyne, May 4, 1903.

司反对。对于第三组,原住民事务部安排了一个 1903 年 5 月 27 日开始的地方道路建设项目。[①] 1899 年,一个调查开普省北部白人贫困状况的委员会宣布,新的道路建设对于库鲁曼的经济发展至关重要,所以这个项目是多赢的。[②]

公共工程项目不是政府首选的解决办法,因为南部非洲矿山的劳动力短缺。殖民地对茨瓦纳人劣等职业道德的看法证明了他们对工作项目的犹豫具有合理性。雇主们的传统看法是,由于“当地人想要的东西很少,而且他们所拥有的东西很容易得到”,因此很少有好的帮助。[③] 早些时候的库鲁曼地方官曾报告说,“若非别无选择,贝专纳人是不会愿意劳动的”。[④] 约翰·史密斯·莫法特曾严厉批评过这种想法:“只要有赚钱的工作,他们就会去做,就像其他种族的人一样。所谓‘教育土著人劳动的尊严’仅仅是一些伪善言辞。”[⑤] 莫法特的观点并没有胜出,而且官员认为,公共工程项目会招进来捣蛋的矿工,他们更容易从矿物劳动中受益。在救济工程开始一个月后,对道路修建项目的不安便浮出水面。[⑥] 官员要求地方法官确保其就业计划是绝对必要的。例如,日工资从两先令三便士削减到两先令时,78 名男子退出道路项目。国家发展署代表告诫莱恩:

> 只雇用那些没有其他办法养家糊口的人绝对有必要……你看 78 名男子由于工资下降而离职。因此,自然

---

① CTAR NA 605, correspondence from May 1903.
② CPP G 67 – 1899, *Reports by the Special Commissioner Appointed to Inquire into the Agricultural Distress and Land Matters in the Division of Herbert, Hay, Barkly West, Vryburg and Kimberley*, 8.
③ CTAR BCC 104, Vryburg Resident Magistrate R. Tillard, October 17, 1890; *Bryden, Gun and Camera* (1988), 34.
④ CTAR BCC 110, Resident Magistrate Scholtz, April 4, 1892.
⑤ CTAR Native Affairs series [hereafter NA] 239, Resident Magistrate Moffat, December 30, 1895. 这是莫法特第二次担任地方治安官,第一次是在 1886 年。
⑥ CTAR NA 605, correspondence between the Colonial Under Secretary and the Native Affairs Department, June and July 1903.

的推断是，这些人没有陷入困境，否则他们不会为了额外的三便士而辞去工作。①

莱恩坚持要求为本地人提供工程项目：

> 绝大多数是那些不愿意离开当地的人，他们尽可能延迟外出工作。他们这样多的人数出现在工地上足以表明生活窘困。工人阶级在戴比尔斯找到了工作，那里的工资更高，总体条件也比道路修建工作好，那些不去金伯利的人这样做是出于对家庭的考虑，通常这些家庭在他们离开时有足够的食物维持到他们返回，这种感觉是不可取的……他们现在将去矿山……当地绝对是没有可吃的了，许多人靠根茎生存。在与检查专员讨论此事后，认为除现在雇用的100人之外，还应立即为至少250名人员找到工作。②

尽管有这样的呼吁，该项目还是结束了，就业人员被解雇，即使莱恩继续向当地请求雇用530名贫困男子。他的信件表示，他将男子留在靠近家园地方的动机是恢复粮食生产，而原住民事务部的回复则明确表示，开普政府不在乎。

道路建设资金耗尽时，公共工程部门要求工人们在开普殖民地的其他地方为铁路部门工作，每天两先令。莱恩对此表示反对。随着1897年的契约劳动和之后对朗格伯格保留地的没收，他们对涉及离开家园的政府计划产生强烈的怀疑。此外，离开库鲁曼将干扰耕作。③ 原住民事务部派出其督察长探索别的选择办法。他

① CTAR NA 605, Native Affairs Department, August 2, 1903.
② CTAR NA 605, Resident Magistrate Lyne, August 3, 1903.
③ CTAR NA 605, 参见与本地事务和公共工程部莱恩的通信，1903年8月。

的报告并不能说明他访问了保留地,尽管如此,他断然且自大地驳斥莱恩,并对粮食短缺的严重性以及外出务工者在不妨碍耕作的情况下减轻饥饿的能力不予理会。这份报告重点关注外出务工者,并将粮食产量低归结为一个熟悉的原因——慵懒。因为它揭示了政府在粮食短缺期间的想法,所以我详尽地引用了。

　　我不同意这些说法:"如果目前在保留地的人员离开,就无法耕作,明年的苦难将会持续下去。"事实上,过去已经有很多人离开本地去工作了一段时间,这些人现在正带着积攒的工资回来,今年肯定不会再去上班了,因此,每个保留地总是会有足够的人来进行耕作。在我来的路上,我遇到了两批从金伯利返回库鲁曼的原住民,这些人已经工作了 4 个月,每天的收入是 4 先令,其中大部分的钱,他们随身携带。我在主登记处问询的时候,发现有 60 人今天早上离开矿山回家了。随着土著的频繁回归和资金不断涌入保留地,我无法想象,人们中可能存在任何巨大的苦难。此外,为了说明他们并不缺钱,我可以说,库鲁曼最大的贸易商告诉我,他在过去 6 个月里与原住民的主意比以前或以后任何时候都要多,而且这个增加并不是仅仅因为购买了粮食,还包括诸如肉、咖啡、炼乳、布等奢侈品。

　　对于"许多妇女和儿童必须得到救济"的建议(据推测,保留地中有大约 350 名男子的妻子和家属还在等待粮食救助),我绝对反对,如果这样做,就意味着支出约 1 200 英镑。在今年的任何时候,除了对于已经提及的寡妇和老朽之外,都没有必要以救济的形式来花费 6 便士,但即使有必要,这种必要性也因为一个意外情况结束了,部分原因是代表维特瓦特斯兰本地劳工协会的古德伊

(Goodyear)上尉到场了,还有部分原因是一些被解雇的人已经离开这里赶往金伯利了。古德伊上尉同意每月预付一袋食物或等值现金,只要大家签字。他一天已经签约了52名男子,预计还有50名要签。

在大会之后,我召开了一次酋长会议,并从他们那里了解到,引起焦虑的与其说是食物短缺,不如说是种子、卡非尔玉米和粗粮的短缺,他们都同意如果政府提供100袋好种子(他们准备支付),贫困引起的焦虑就会停止。

贝专纳人可能是我们必须对付的最差的土著了。在好的季节,他几乎不工作,生活在他自己的"奢侈圈",在干旱的时候,他向政府要救济。认为贝专纳人没有畜产,他们的畜产已经被牛瘟和其他原因大大减少是一个错误的想法,许多人仍然拥有绵羊和山羊,只是没有很多牛,但这主要是因为他们懒惰。巴克利西部(多数地区中的一个)的居民也受到同样的原因影响损失巨大,但他们现在拥有相当不错的牛群和羊群。[1]

莱恩恳求原住民事务部忽略这份报告。他指责督察长没有充分调查库鲁曼的情况,他认为这"极其地危险"。[2] 他于1903年9月亲自去了保留地,并提出了其他方案以减轻灾难。他认为只是给饥饿的人一些粮食没有解决更深层次的问题。提倡外出务工也不够,因为就连督察长也注意到,那些能够外出工作的人都去工作了,但人们还是在挨饿。在最极端的情况下,在波切切莱萨,67个男人中只有头人和一个或两个其他人没有外出工作。莱恩认为,饥荒是当地经济深层次缺陷的结果,"本地人普遍不利的经济状况不是偶然的意外,为尽量减少目前困难再次发生的风险,建议改善

---

[1] CTAR NA 605, Chief Inspector Robert, September 5, 1903.
[2] CTAR NA 605, Resident Magistrate Lyne, October 7, 1903.

这样的状况"。作为一种补救办法,莱恩提出了政府干预,通过改善灌溉、掘井供水,提供贷款用于采购牲畜以加强粮食生产。[1] 但是,这些请求都石沉大海。

这次讨论的重点是政府官员,不仅是因为他们主导书面记录,而且还因为他们行使了促进外出务工而不是粮食生产的权力。真正的故事是关于应对这些困难的黑人。他们现存的证词寥寥但尖锐:"不是饥饿,是死亡"和"政府是否征服了上帝?"想象饥饿的人们如何接受饥饿,需要的是非凡的同理心,而不是历史特殊性。我们可以更好地评估幸存者如何权衡他们在做矿工、道路工程或农业方面的选择。作为父母和成年子女,工作年龄的男性和女性都有责任为他人提供服务。妇女做着她们一直在做的事——尽可能多地耕种和采集。失去了牛、犁或提供牛奶生产能力的男子有了新的选择——去金伯利,他们很多人借此获得食物。这一决定表明,耕种将成为这些人的次要活动。那些抵抗矿务劳动的人可能是最热心的农民,也可能不适合在矿山工作。他们决定在减薪后离开公共工程,去矿山工作或根本没有工作,这一定很痛苦。这种从粗放生产到雇佣劳动的共同进程是预示性的。将来,人们不会继续粗放耕作,也无法投入集约化所需的劳动力。

殖民统治下应有的权利

从 19 世纪 40 年代的爱尔兰到 20 世纪 40 年代的孟加拉国,殖民统治在全世界引发了前所未有的粮食危机。[2] 在北美,环境史学家观察到土著生态和生存系统由于殖民到来而崩溃。[3] 在整个南部非洲,同时发生的牛瘟、干旱和暴力,在殖民统治时期一开始就

① CTAR 1/KMN 10/6, Resident Magistrate Lyne, September 18, 1903.
② William Crossgrove, et al., "Colonialism, International Trade, and the Nationstate," in *Hunger in History: Food Shortage, Poverty and Deprivation*, Lucile Newman, et al., eds. (Cambridge, Massachusetts: Basil Blackwell, 1990), 215 – 240.
③ Merchant, *Ecological Revolutions* (1989); White, *Roots of Dependency* (1983).

给这一地区带来了创伤。查尔斯·巴拉德(Charles Ballard)在关于纳塔尔的历史上强调了这一点，认为牛瘟和干旱的影响是非常严重的，因为殖民统治阻碍了应对和恢复的进程。[①] 对于库鲁曼来说似乎也是如此。虽然生产危机是极端的，但是引发生产危机的干旱、暴力和牛病并不是前所未有的。这场危机发生在殖民统治下，因此产生了长期的转变。在殖民统治的新情况下，他们的权利，他们得到食物的资源被剥夺和阻断了；他们不能再为自己生产足够的东西，而且从其他地方得到的分配也不足。[②] 在库鲁曼，人们无法回到以前所遵循的维持生计的生产方式。法律禁止他们离开保留地去觅食、开垦新田地、放牧绵羊和山羊、为幸存的牛寻找健康的牧场，或猎杀剩下的动物群。在南部非洲，农业权利丧失后，通过出卖劳动力获得的权利变得更加重要。面对20世纪初危机期间的饥饿，库鲁曼人回应了殖民地经济中的劳动力选择。与该地区相比，在南部非洲的其他地区，人们对雇佣劳动的依赖更为循序渐进，变化没有那么剧烈，但殖民统治下不断变化的生产条件总是在起一定的作用。[③]

---

① Ballard, "Rinderpest," *The International Journal of African Historical Studies* 19(1986).

② Amartya Sen, *Poverty and Famines: An Essay on Entitlement and Deprivation* (Oxford: Clarendon, 1981).

③ Iliffe, *Famine in Zimbabwe* (Gweru: Mambo, 1990). 艾利夫认为在1916年的饥荒中，雇佣劳动变得更加普遍。

第六章

环境史上的"劳动力储备",1903 年至 20 世纪 70 年代

> 即使生活对你来说很艰难[在工作上],你所得到的一切也都是公平的,因为家人也在奋力……在家的孩子和他们的生活也同样不易。[①]

到 1903 年,粗放生产已无法满足人口需要。科林·邦迪(Colin Bundy)认为,这种从独立粮食生产到非洲人雇佣劳动的转变是"南非社会历史的核心"。[②] 但是,这一转变不应该掩盖持续的历史动态,包括日益依赖的农村保留地的环境动态。[③] 土著生产方式的崩塌也是环境史上的一个重要主题,但与新世界的温带地区不同,在南非,土著人口仍然是多数。他们没有失去所有的土地,他们知道如何耕种。在库鲁曼,在自给自足和农民生产的崩溃之后,土著粮食生产的历史继续。即使人们变得更加依赖雇佣劳动,

---

① 在耐克文的采访。
② Bundy, *Rise and Fall of the Peasantry* (1999), 1.
③ 关于农村保留地的优秀历史,参见 Beinart, *Political Economy of Pondoland* (1982); Colin Murray, *Black Mountain: Land, Class, and Power in the Eastern Orange Free State, 1880s—1980s* (Washington, DC: Smithsonian, 1992).

他们也在继续改造着环境。虽然 20 世纪的人们通过出售劳动力获得了部分生计来源，对环境历史的研究仍可明了他们生活中的变化。这一时期的环境史是围绕不同类别人群、非人类世界、国家和现金经济之间重叠的相互作用展开的。将环境因素纳入这一历史并不意味着它们是决定性的力量。虽然库鲁曼人生活在一片干燥而长满灌木丛的土地上，这种严酷条件并没有把他们赶入现金经济，而他们所灌溉的山谷也并没有保护他们免受贫困。通过小规模放牧、旱地和灌溉耕作、季节性玉米采收和石棉支脉采矿，人们有了更大的权力来选择工作地点以及报酬形式。当地生产的持续重要性挑战了"劳动力储备"等地区的特征，而活动的多样性表明，至少在 20 世纪上半叶，其他形式的报酬减轻了对现金的依赖。20 世纪中叶以后，现金越来越占主导地位，贴补生产开始下滑。

这段历史上复杂的互动包括人与人之间的互动。19 世纪，富有的家庭和巴拉拉以及男女都有不同的社会地位和不同的粮食生产选择。20 世纪，粗放的自给生产的失败和有偿劳动的扩张改变了粮食生产的社会组织结构关系。这仍然建立在合作的基础上，且往往是不平等的合作，但是在 20 世纪 50 年代，不平等的回报和互惠义务抑制了生产。雇佣劳动的机会在向妇女提供之前先惠及男人。她们对保留地承担更多的责任，妇女接管以前限于男子的分工，性别的基本划分变得有些模糊。在粮食生产中，妇女继续进行更多互惠合作，往往比男子更平等，但合作成本压在她们身上。至于阶级划分，这个社会一直有人不能为自己生产足够的食物，但在新的外力冲击下，较贫穷的人选择雇佣劳动，而非在邻居家的田里帮工，这进一步侵蚀了互惠合作耕作。最终，种族已经成为决定人们如何与环境以及彼此之间相互影响的关键因素。曾经被自己和世界称作塔拉坪和塔拉洛的人现在首先是南非黑人中的一分子，这种劣势在接下来的历史中显而易见。

人口与生产

契约奴役、饥荒和暴力导致库鲁曼的人口在世纪之交下降(见图6.1)。官方统计资料显示,1904年,库鲁曼地区的黑人人口仅为1896年的84%,1911年基本恢复,此后大幅上升。到1946年,它比50年前增加了224%(不幸的是,1950年以后,重新分区阻碍了这一趋势的发展)。这一增长令人印象深刻,但很难看出人口在保留地的增长方式。这些统计数字并没有区分居住在城镇、白人农场、矿场或共同属地上的人们。1950年之前,我在黑人公共土地上只发现了两组数字,并且显著低于整体人口水平。在1936年和1946年,据报道总人口的大约一半生活在保留地。

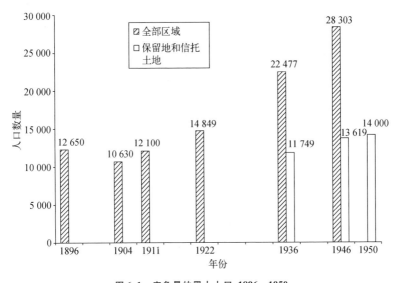

图6.1　库鲁曼的黑人人口,1896—1950

这些数字上的问题是,农村地区有可能统计不充分,特别是外出务工者,或是通过计算在库鲁曼矿山工作的来自其他地方的外出务工者来夸大人口数量。因此,农村人口可能大于图6.1所示的数字。在整个南非,保留地人口并没有像总人口那样大幅增长。

1904 年,10% 的总人口居住在城市;1946 年,这个数字达到了23%。[1] 这些统计数据可以综合得出一个谨慎而重要的结论:尽管人口在增长,但越来越多的人在保留地外谋生。保留地人口不足以造成马尔萨斯陷阱或引起博塞拉普集约化冲击。[2]

耕种和放牧如何维系人口生计? 统计数据显示,它们不足以维系保留地基本生存所需。查尔斯·西姆金斯(Charles Simkins)在研究南非保留地粮食生产普查统计数据时估测说,1927 年至1960 年,库鲁曼保留地所生产的物资不到其生存所需的 25%。[3][4]关于食品供应的描述支持产量低的论断。在 20 世纪的前数十年里,政府官员报告说,保留地往往处于饥荒的边缘。在 20 世纪初的几十年里,观察家几乎每年都将食物供应评估为"缺乏"。[5] 当然,这些外部观察者无法像保留地居民那样看到真实的情况,因此必须谨慎看待这些评估,但当地生产不能满足人们需求的观点是有道理的。他们被迫通过保留地外的劳动弥补粮食短缺,随着时间的推移,这种背景离乡的工作使他们无法生产更多的粮食。

---

[1] Beinart, *Twentieth-Century South Africa* (Oxford: Oxford University Press, 1994), 262 – 263.

[2] 1896 年的人口统计数据来自 CCP G42,《本地事务蓝皮书》(*Blue Book on Native Affairs*),1898 年,第 66 页。1904 年的统计数字来自 1904 年开普敦殖民地人口普查,该普查发表于 CCP G 19—1905,《1904 年人口普查》(*Census of 1904*)。联合政府的官方人口普查报告:联合政府的官方出版物(以下简称 UG)32 f - 1912 *Census of 1911*;UG 15 - 1923 *Census of 1921*;and UG 50 - 1938 *Census of 1936*。1946 年和 1951 年的统计数据在布卢茨,《库鲁曼部落》(*Tribes of Kuruman*),1963 年,第 47 页。国家档案馆本土事务系列 1948 256/278(3)中给出了 1936 年的保留地人口,农业官员哈廷格,1938 年 10 月 13 日。1950 年的保留地人口载于 CTAR 2/KMN 54 II 8/21/4,年度农业报告,1950 年。

[3] 这肯定是一种低估,因为农业统计并没有计算在收获之前掰下的嫩玉米,这是构成粮食的一个重要部分。

[4] Charles Simkins, "Agricultural Production in the African Reserves of South Africa, 1918—1969," *Journal of Southern African Studies* 8(1981): 267 – 268. 栽培产量的统计数据偏低且不稳定,所以我没有在这项研究中引用它们。关于种群数量的统计数据比较一致。1937 年以前,农业普查只估计了保留地的产量。列举于 UG18—1939。

[5] CTAR NA 657, Inspector of Native Reserves McCarthy, August 31, 1904;NAR NA 223 1/1910/F527, Inspector of Native Reserves reports for 1908;CPP G 46 - 1906, *Blue Book on Native Affairs*, 27;CPP G 36 - 1907, *Blue Book on Native Affairs*, 27;CPP G 24 - 1908, *Blue Book on Native Affairs*, 190;and UG 17 - 1911, *Report of Native Affairs Department*, 114.

粮食生产:大草原上的食叶动物和食草动物

如前一章所述,有合理的证据可以相信,19 世纪初,大草原上牧草丰茂,最终却贫乏起来。然而,这是一个本土化和渐进的环境变化,因此仅仅在几十年内不可能实现。但是,植物学意义上的变化确发生了,是保留地历史上重要的一环。如果灌木丛的增加是以草地为代价,如果草地的承载能力因此下降,放牧的效率可能就会因此降低,从而增加对雇佣劳动的依赖。1941 年,德·基维特提出了一个与此相关的论点,将土壤侵蚀与引起雇佣劳动的生产自给下降联系起来。[1] 库鲁曼地区的土壤几乎没有沟渠侵蚀。然而,灌木侵蚀被认为是半干旱南非更为突出的问题,其对黑人农村社会的特殊影响可能与土壤侵蚀类似。[2] 然而,关于环境退化和雇佣劳动的假设并不适用于库鲁曼地区的灌木侵蚀个案。

放牧科学的"普遍认知"是,在金合欢草原上过度放牧会导致灌木丛入侵,而灌木丛会构成不良的放牧环境。[3] 据估计,影响最大的侵入者是木本灌木骆驼树亚属拘榴,它使得一些地区的草地减少了 50%。[4] 其他侵占性灌木包括卡鲁(karoo)、赫比克拉搭(hebeclada,岩生灌木;西柯)和三叉犀族木(Rhigozum trichotomum,蕨类;小花木)(见图 6.2)。关于放牧衰退的论据是基于生态演替和顶级的理论。在金合欢丛,草原是最理想的牧牛地,也被认为构成顶级部落。据说过度放牧破坏了草地,给灌木带来机会,而灌木

---

[1] De Kiewiet, *A History of South Africa* (1941), 178 - 207. 关于这篇论文有一个动人的、诗意的评论,参见艾伦·帕顿的开场白,Alan Paton, *Cry, The Beloved Country: A Story of Comfort in Desolation* (New York: Charles Scribner's Sons, 1948), 3 - 4。

[2] Snyman, *Kuruman* (1992), 8 - 10; Grossman and Gandar, "Land Transformation in South African Savanna Regions," *South African Geographical Journal* 71(1989): 38 - 45.

[3] 关于退化的"普遍认知",参见 Leach and Mearns, "Environmental Change and Policy: Challenging the Received Wisdom," in *Lie of the Land*, Leach and Mearns, eds., (1996), 1 - 33。

[4] C. H. Donaldson, *Bush Encroachment with Special Reference to the Blackthorn Problem of the Molopo Area* (Pretoria: Government Printer, 1969); quoted by W. S. W. Trollope, "Application of Grassland Management Practices: Savanna," in *Veld and Pasture Management in South Africa*, N. M. Tainton, ed. (Pietermaritzburg: Shuter and Shooter, 1981), 404.

则被认为扭转了生态演替的过程。[1]

图 6.2 从盖普高原看库鲁曼群山(1998)

中等大小的灌木是具蜜金合欢亚属,拘榴。(照片由彼得·海伍德提供)

在生态学领域,严格的演替模式和一个稳定的顶级概念越来越多地被推动力理论所取代。[2] 非顶级模型(Nonclimax model)也出现在牧野管理中。认识到变化是一种自然现象,并且承认生态系统的变化使一些牧野科学家不轻易将所有植被变化归因于人为造成生态"退化"。[3] 相反,他们探索了降雨量、空间变化、土壤类型和土壤湿度、燃烧、昆虫和其他非人为因素导致丛林和草地差异的可能。不同类型的光合作用和不同水平的蒸腾作用也很重要。光

[1] N. M. Tainton, "Introduction to the Concepts of Development, Production and Stability of Plant Communities," in *Veld and Pasture Management* (1998), 7, 33.

[2] D. C. Glenn-Lewin, R. K. Peet, and T. T. Veblen, eds., *Plant Succession Theory and Prediction* (London: Chapman and Hall, 1992). M. T. Hoffman and R. M. Cowling, "Vegetation Change in the Semi-Arid Eastern Karoo over the Last 200 Years: An Expanding Karoo-Fact or Fiction?" *South African Journal of Science* 86(1990): 286 – 294.

[3] R. H. Behnke and Ian Scoones, "Rethinking Range Ecology: Implications for Rangeland Management in Africa," in *Range Ecology at Disequilibrium: New Models of Natural Variability and Pastoral Adaptation in African Savannas*, R. H. Behnke, I. Scoones, and C. Kerven, eds. (London: Overseas Development Institute, 1993), 11.

合作用和蒸腾作用关涉通过称为气孔的微小空隙进行气体交换：二氧化碳(CO_2)通过气孔进入光合作用的叶子，而氧(O_2)和水蒸气通过气孔从叶片中排出。大多数植物(包括树木、灌木丛和一些草)都通过使用低效酶来捕获 CO_2。由于该反应的第一个可检测产物包含三个碳原子，因此这些植物被称为"C_3 植物"。气孔必须大开才能为 C_3 光合作用提供足够的 CO_2，这会导致水蒸气通过蒸腾作用流失。相比之下，至少 95% 的荆棘草是 C_4 植物，之所以这样命名是因为它们光合作用的第一个产物包含四个碳原子。[①] 因为 C_4 草有一种特殊的叶子结构，称为克兰兹解剖结构(Kranz anatomy)，又称花环结构，并且有一种能够轻松结合 CO_2 的高效酶，所以它们能够在气孔仅部分打开时有效地进行光合作用，因此蒸腾作用较少。这在干旱地区是一个很大的优势。然而，在潮湿的土壤上，蒸腾速率越高，负担就越小，C_4 的优势也会减弱。因此，灌木等 C_3 植物可以更好地在河流、井眼和地下水源附近扎根。降雨也可能是草原构成的一个因素，以牺牲草为代价支持灌木丛的生长：丰水期有利于能在旱季生存并在后期的雨季大幅增加的灌木丛。这些观察结果说明了关于气候环境变化的非顶级思考，并驳斥了灌木丛增加必然是人为生态退化的观念。一个与本地牧民无关的人为变化可能影响了大气 CO_2 的增加。这种"温室气体"的增加被认为影响了全世界草丛和灌木丛的比例。在过去两个世纪中，大气中的 CO_2 从 275ppm(parts per million)上升到 2000 年的 369 ppm。[②] 据推测，随着大气 CO_2 含量的增加，C_3 光合作用即使在

[①] 关于在金合欢草原 C_4 物种的优势，参见 J. C. Vogel, A. Fuls, and R. P. Ellis, "The Geographical Distribution of Kranz Grasses in South Africa," *South African Journal of Science* 74 (1978): 209 – 215。感谢斯蒂芬妮·万德让我注意到了这个问题，感谢彼得·海伍德解释了整个过程。

[②] 人们普遍认为工业革命前大气中二氧化碳的含量估计为 275 ppm。2000 年的水平来自 C. D. Keeling and T. P. Whorf, "Atmospheric CO_2 Records from Sites in the SIO Air Sampling Network," in *Trends: A Compendium of Data on Global Change*, Carbon Dioxide Information Analysis Center, Oak Ridge National Laboratory, U. S. Department of Energy, Oak Ridge, TN, 2001。

干旱地区也不是那么不利，木本植物能够更好应对C_4草。[1]

根据食草动物种类、放牧规模，以及人们希望从草原上获得什么，植被质量的评估结果也会有所不同。在库鲁曼附近的保留地，很少有人拥有足够的牲畜来形成商业性牲畜养殖。1948 年，据估计，只有几个牧民拥有超过 50 或 100 头规模的畜群，90% 的人口只拥有 2—5 头畜产。[2] 1959 年，在科农保留地进行的家庭牲畜规模调查显示，情况没有那么可怕，但大多数人口牲畜不足。通过将所有牲畜数量转换成大型牲畜单位(LSUs)，可以掌握总财富的粗略概念。在最简单和最常见的计算中，一个大型牲畜单位等于 1 头牛，或 5 只绵羊或山羊。在 123 个家庭中，有 94 个家庭中只有 10 个或者不足 10 个大型牲畜单位(见图 6.3)。[3]

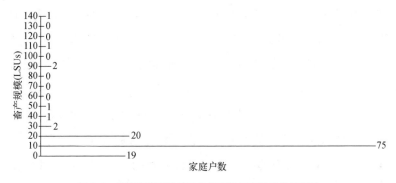

图 6.3 根据家庭户数统计的科农地区畜群规模(1959)

蓄养动物，特别是牛，为一些黑人家庭提供了一点点现金。像白人农民一样，非洲人也卖奶油。1947 年，有 18 个生产者向本地奶制品企业销售奶油，但在 1963 年，据说该地区的非洲人拥有 200

① 参见 H. Wayne Polley, Herman S. Mayeux, Hyrum B. Johnson, and Charles R. Tishler, "Viewpoint: Atmospheric CO_2, Soil Water and Shrub/Grass Ratios on Rangelands," *Journal of Range Management* 50(1997): 278; Stephanie Wand, "Physiological Growth Responses of Two African Species, *Acacia karoo and Themeda trianda*, To Combined Increases in CO_2 and UV-B Radiation, " *Physiologia Plantarum* 98(1996): 882–890。

② CTAR 2/KMN 22 N 1/15/6, Additional Native Commissioner, July 20, 1948.

③ NAR NTS 10251 40/423 1959, Report on planning for removal of Konong.

台牛奶分离机。[1] 在 20 世纪 30 年代中期之前,库鲁曼地区畜产的销售量很小,非常零星,只是对邻居和贸易商进行。20 世纪 30 年代中期开放的库鲁曼畜产拍卖由种族主义主导,黑人卖家要么遭到拍卖人的歧视,要么必须等到所有白人售空他们的牲畜,这减少了黑人卖家的收益。[2] 牛的市场价值使现金匮乏的人难以积聚和保留畜群。[3] 养牛的另一个问题是,旧有的地方传染病,炭疽和牛肉毒杆菌病使得在牛瘟之后重建牛群很难。[4] 1919 年,兽医科学家阿诺德·谢勒(Arnold Theiler)发现了肉毒病(lamsiekte)病因,并确定清除骨骼和投喂无菌骨粉是有效的预防措施。然而,前者需要劳动力,后者需要现金。库鲁曼的白人农民已经搬到了商业养牛场,在 20 世纪 20 年代建立了牛乳制品厂,20 世纪 40 年代建立了牛肉厂。[5] 因此,在保留地,黑人蓄养的不易受肉毒中毒影响的小畜种比例仍高于白人农场。在我们的访谈中,人们报告了肉毒中毒(magetla 或 stiefsiek)和定期爆发炭疽病的地方性问题。[6] 原住民事务处(NAD)补贴购买骨粉,但人们也以玉米和骆驼荚(camelthorn)作为应对措施。

即使没有很多的牛,人们还是要放牧。20 世纪,一种适应土地隔离、贫困和草荒的新放牧制度应运而生。山羊和驴在这个新的体系中占主导地位。它们繁殖快,只需要少量资本,可在灌木丛中茁壮成长。由于繁殖率较高,小型牲畜比牛更容易被屠宰,它们为

[1] CTAR 2/KMN 22 N 1/15/6, Additional Native Commissioner, July 20, 1948; Breutz, *Tribes of Kuruman* (1963), 66, 78.

[2] 众多采访证实,在库鲁曼拍卖会上,非洲人的畜产最后出售。

[3] Interview B at Maiphiniki in Appendix C3. 关于穷人卖牛的压力,参见 Duggan, An Economic Analysis (1986),115－118。

[4] 1903 年,盖普高原曼尼汀和科农保留地的居民请求允许其在盖-特罗斯、库鲁曼山的远侧和低磷酸盐区建立牛场。CTARI/KMN 10/6, Resident Magistrate Lyne, September 18, 1903.

[5] Snyman, *Kuruman* (1992), 114, 146; Thelma Gutsche, *There Was a Man: The Life and Times of Sir Arnold Theiler K. C. M. G. of Onderstepoort* (Cape Town: Howard Timmins, 1979), 328－332.

[6] 1964 年和 1970 年在库鲁曼保留地暴发了炭疽热。参见附录 C2 中对爱德华·莫特哈班和维拉·阿尔巴特的采访。关于家畜疾病,参见附录 C3 中在盖-洛特哈尔的采访 A 和 C,在迈菲尼基的采访 B。

低工资者的生计提供了一种容易获得的补充。这些动物比牛更便宜、更健康、更适合环境、更好繁殖。养小畜类和驴不能摆脱贫困,但可以缓解贫困。

山羊主要用于肉食和产奶,但驴有许多生活用途,并且还可以换钱。[①] 伦敦宣教会人员在 1858 年之前将驴带到塔拉坪和塔拉洛地区,作为邮政服务的动物。[②] 人在牛产经济强劲的时候,觉得驴几乎没有用。在牛产经济崩溃数十年之后,保留地人口拥有了更多的驴,也许是因为繁殖种群需要一定的费用。1906 年,牛瘟 9 年后,在库鲁曼人保留地,只有 30 头驴,82 匹马,29 923 只山羊,7 147 只绵羊,3 548 头牛。1911 年的一份报告指出,"原住民拥有非常少的驴",所以在 1912 年向整个区域报告的 4 180 只动物中绝大多数都属于白人,他们将其用于石棉采矿以及农业和运输工作。[③] 1930 年的普查首次对非洲保护区的动物进行了清点,报告说有 7 879 头驴,而在白人农场是 16 272 只。[④] 此后,驴产所有权的种族平衡发生了变化。获得信贷和国家援助后,白人农民能够克服疾病的障碍,开始水资源开发和改善牛产规模。此外,20 世纪中期左右的牵引和运输机械化使白人对役畜的需求减少。[⑤] 因此,在 1946 年,白人农场有 9 168 头驴;1950 年有 4 250 头;而在 1960 年,只有 2 145 头。

---

① 在南非农村历史上,几乎从未考虑探讨过驴。范·昂赛雷恩提供了罕见的证据来证明它们的用处。参见 van Onselen,*See is Mine* (1996),137,141,323。

② Mora Dickson,*Beloved Partner*,*Mary Moffat of Kuruman*:*A Biography Based on Her Letters* ([Gaborone and Kuruman]:Botswana Book Centre and Kuruman Moffat Mission Trust,1974),189. 为了综合了解库鲁曼驴的历史,从引进到屠杀,参见 Nancy Jacobs,"The Great Bophuthatswana Donkey Massacre:Discourse on the Ass and Politics of Class and Grass," *American Historical Review* 108(2001):485 – 507。

③ CPP G 36 1907,*Blue Book on Native Affairs*,29;Union Government Publication UG 17 – 1912,*Blue Book on Native Affairs*,160;UG 32 – 1912,*Census of the Union of South Africa*. 关于矿业中的驴只使用建议,参见 Anthony Hocking,*Kaias and Cocopans*:*The Story of Mining in South Africa's Northern Cape* (Johannesburg:Hollards,1983),especially 52 – 54,81。

④ UG 12 – 1932,*Agricultural Censs*,1930. 早期的人口普查数据是不可靠的,尤其是对非洲保留地来说。在过去的几年里,公布的人口普查报告和档案记录数据之间有 20% 到 30% 的差异。因此,我谨慎地使用这些数字,只是为了说明长期趋势。

⑤ Snyman,*Kuruman*(1992),114,120,146. 关于此时白人农场的耕作机械化,参见 van Onselen,*Seed is Mine* (1996),276 – 278。

　　由于贫困,黑人保留地的驴产规模并不符合这一发展轨迹。也许,由于白人对它们的使用较少,这些动物对于保留地的人们来说变得更便宜了。它们非常有用。[1] 驴首要和最明显的用途是运输。殖民统治的到来要求人们开发新技术来协调时间和空间,驴车节省人力和时间。20 世纪 20 年代以后,南非铁路公司在该地区经营巴士,但巴士旅行需要现金和对应时间点乘车,而驴几乎是免费的,更为方便。[2] 驴第二个作用是运送货物。20 世纪,人们依靠驴而不是牛运送重物到金伯利。来自亚利桑那大学的生物学家荷马·尚茨(Homer Shantz)于 1919 年访问了金伯利,拍摄了至少由"十五头驴拉"的"一个典型的"货车。[3] "驴成为主要动物的当代记忆从 20 世纪 30 年代到 20 世纪 50 年代有所不同,1953 年的一份报告证实,"这个地区的牛占畜种的 97%,其结果是驴是唯一的运输或跋涉动物"。[4] 而对于库鲁曼周围半干旱地区的人们来说,驴车在运输于德兰士瓦西部种植的玉米方面尤为重要。收获后,玉米必须被带回家,那些想要节省铁路运输费用的人使用自己的驴车。还有当地用途的驴车。人们投入专门的驴车用于运输水、木材、砾石和沙子以制砖。有人设计了一款专为运送其中一种商品的手推车,并通过为邻居服务而获得收入。驴的第三种用途是作为役畜。牛在 19 世纪曾充当过役畜,但在 20 世纪,驴接手了这项工作。养驴的第四个好处就是它们可被屠宰食用。驴肉虽然不是人们最喜欢的食物,但它们可食用。此外,驴粪与沙子混合,可用于建筑施工。养驴的最后一个好处是它们的奶被认为对

---

[1] Peta Jones, *Donkeys for Development* (Pretoria: Animal Traction Network of Eastern and Southern Africa and Agricultural Research Council of South Africa Institute for Agricultural Engineering, 1997). 另参见 Paul Starkey, ed., *Animal Traction in South Africa: Empowering Rural Communities* (Halfway House, South Africa: The Development Bank of South Africa, 1995), 21–22, 139–151.

[2] Snyman, *Kuruman* (1992), 113.

[3] 荷马·尚茨收藏,图森亚利桑那大学主图书馆特别收藏。我很感激巴里·莫顿复印了这个文件。驴车的照片见第 248,259 页。

[4] NAR NTS 6577 918/327, October 23, 1953; Interview with Olebile Mabahanyane in Appendix C2; Interview F at Ncweng in Appendix C3.

生病的儿童有药用价值。保留地驴的数量持续上升,到1946年达到11 007头,据报超过了牛的数量10 372头(见图6.4)。[①] 正如本书第八章所述,20世纪40年代以后,由于经济变化和生活改善,驴的数量减少了。

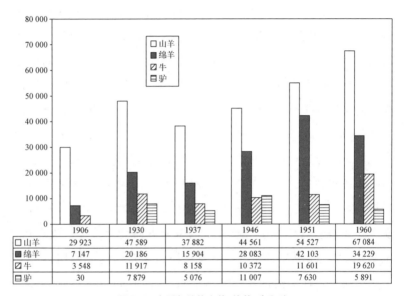

	1906	1930	1937	1946	1951	1960
□山羊	29 923	47 589	37 882	44 561	54 527	67 084
■绵羊	7 147	20 186	15 904	28 083	42 103	34 229
◪牛	3 548	11 917	8 158	10 372	11 601	19 620
▤驴	30	7 879	5 076	11 007	7 630	5 891

图6.4 个别年份的山羊,绵羊,牛和驴

除了有用之外,驴也很适应环境。它们是杂食性的动物:"驴和牛不一样,驴子什么都吃,而牛挑食。"[②]作为反刍动物,牛和山羊具有可以高效地从高纤维饮食中萃取营养的消化系统,尽管随着食物变得纤维化,消化速度减慢。相比之下,非反刍类马类从高纤维饮食吸收的营养成分较少,但食物通过肠道的速度更快。因此,通过摄入多于反刍动物的食物,马类可以在低质量的饮食中保持足够的营养吸收率。在大西洋沿岸奥兰治河以南的干旱地区纳马夸兰进行的一项研究发现,一头驴可能吃掉与五只山羊一样多的

---

① UG 77 – 1948, *Agricultural Census 1945 – 46*; Special Report Series No. 1 – No. 24, *Agricultural Census 1949 – 50*, Republic of South Africa publications [hereafter RP]10 – 1964 *Agricultural Census 1959 – 60* (livestock).

② Interview with Peace Mabilo in Appendix C2.

植物,但不会像山羊一样发生消化不良。[1] 驴和反刍动物确实会争抢食物,但他们的关系不是零和博弈。驴消耗大量低质量的牧草,这些都是牛和山羊所回避的。因此,在低质量草料占主导地位的环境中,驴的可持续生存量可超过牛和山羊。在这个地区经常发生的干旱中,它们是"四足生物中最顽强的"。[2] 与它们的马科表亲不同,马容易患疾病,且治疗费用昂贵。事实上,马的最大效用可能在于赶拢驴。[3] 养牛或依赖驴取决于经济状况,在南非这是由种族和阶级决定的。除了穷人/黑人之外,养驴的好处是可供女性使用,因为驴比马或牛更为性别中立(见图 6.5)。[4] 当然,性别中立使驴对男人同样有价值。

一个家庭的理想状态应该拥有多少头驴? 人们告诉我,他们可能会用到 30 头,三组用于犁耕,两组拉车,还有几头备用。30 头是相当多的,并且揭示了人们对于需求的评估就等同于动物的有用性。大多数年份,耕种是处于一种经济边缘的活动,但是当降雨来临的时候,人们不想缺少驴。一个贫穷的家庭会保有这么多驴,是因为成本和风险都很低。驴的繁殖不需要人类的干预,它几乎是一种免费的商品。人们没有理由最大限度地榨取驴力,所以他们获得了超过营利性企业所认为必要的东西。虽然很少有家庭蓄养 30 头,但是驴子吃食很多,数量不小。

这一时期,牧草短缺的证据前后矛盾。1908 年,为了兑现划定又一块保留地的承诺,政府额外在下库鲁曼原住民保留地增加了

---

[1] Suzanne Vetter, "Investigating the Impact of Donkeys on a Communal Range in Namaqualand: How Much Does a Donkey 'Cost' in Goat Units?" (Honors thesis, University of Cape Town, 1996); Montague Demment and Peter Van Soest, "A Nutritional Explanation for Body-Size Patterns of Ruminant and Nonruminant Herbivores," *The American Naturalist* 125 (1985): 641-672.

[2] Humphrey C. Thompson, *Distant Horizons: An Autobiography on One Man's Forty Years of Missionary Service in and Around Kuruman* (Kimberley: published by the author, 1976), 65. 汤普逊描述说 1932 年干旱期间动物因口渴而死。

[3] 同样,在美国南部,骡子比马有些优势。参见 Martin A. Garrett, "The Mule in Southern Agriculture: A Requiem," *The Journal of Economic History* 4 (1990): 925-930。

[4] Starkey, *Animal Traction* (1995), 19, 21. 另参见 Eldredge, "Women in Production," *Signs* 16 (1991): 716。

图 6.5　格拉迪斯·莫特世布和她的朋友乘坐驴车(2001)

照片由彼得·海伍德提供。

一块 12 848 公顷的土地。[1] 1909 到当地进行检查的人报告说这里有充足的草源供应。[2] 但是保留地的原住民抱怨过于拥挤,可能有多方面的意思,包括草源短缺。[3] 德莱索·摩根那林(Telesho Mogonarin),一名保留地居民,1921 年写信给总长官抗议土地割离,他是这么说的:

> 但愿阁下您知道我们靠耕作为生,我们沿河而居……河水丰盈时我们过去常在西部犁耕,因为我们的土地在那里,但是它们被荷兰人夺去了。我们生活贫困,因为我们的畜群无草可食。[4]

---

[1] CTAR GH (Government House) 35/250,"The Bechuanaland Native Reserve Disposal Act"(Number 8 of 1908).

[2] NAR NA 223 1/1910/F527, Inspector of Native Reserves Purchase, July 1909, September 1909.

[3] UG 22 – 1916, *Report of the Natives Land Commission*,*Volume* 2, 104.

[4] NAR NTS 7752 22/335,Telesho Mongonarin, October 24, 1921.

到 1924 年,政府土地测量师报告说,由于穿过下库鲁曼原住民保留地到石棉矿和喀拉哈里地区的交通的需要,放牧场地"严重不足"。[1] 他的建议的结果是下库鲁曼保留地两臂之间较低的"马掌形地块"被买下。[2] 1937 年原住民事务委员会的证词强调,拥堵是一个问题。[3] 随着 1936 年的"信托和土地法"的实行,进一步的土地购买是由国家政治而不是地方需求驱动的。

尽管存在牧场短缺的迹象,但是井眼开发将使远离河流的地区长满草。然而,20 世纪 40 年代以后的钻井开发在更广泛的地区增加了水分和放牧压力。在这一时期,牲畜量也在上升。在 1927 年(完整数据可用的第一年)至 1969 年期间,山羊数量增加了 67%,绵羊增加了 95%,牛的数量增加了 176%。[4] 按照大型家畜单位统计,食草动物和食叶动物从 1929 年的 21 837 大型家畜单位增加到 1969 年的 45 551 个,增长了 108%,在不断增加的基础上,关于水井和牲畜如何分布的证据不足,这阻碍了对人口密度和放牧压力的计算。

记录内容中对草地组成成分的描述很少。记录草原质量的当地官员最关心的是有毒植物。[5] 事实上,对过度砍伐的担忧导致政府限制砍伐活树。20 世纪 10 年代和 20 年代通过的法规只允许人们收集干燥的木材供家庭使用。[6] 1951 年取消了禁止砍伐具蜜金合欢的规定。[7] 1949 年有一则观察说,具蜜金合欢取代了其他物种,"在一些地区变得非常繁茂,已经无法实现在草原上从一个地

---

[1] NAR NTS 7752 22/335, Surveyor Roos, April 16, 1924.

[2] 通过1929年10月25日发布的 1885 号政府公告,库伊斯保留地的面积也同样扩大了。

[3] Testimonies are recorded in NAR NTS 3007 368/305 I.

[4] 见附录 B 中的统计资料。驴和马不包括在这个计算中,因为它们的数字只是不规律地记录了下来。

[5] NAR NTS 7351 176/327 (1), Agriculture Extension Officer Hensley November 20, 1933; NAR NTS 1947 256/278, Agricultural Officer Hattingh, March 31, 1940.

[6] 关于该地区木材使用条例,参见 Setlagoli Reserve in Vryburg, NAR NTS 57/321。1998 年,土地事务部保存了这一档案。

[7] CTAR NTS 2/KMN 20 N 1/15/4 II, minutes of quarterly meeting of Chiefs, Head men and People, March 28, 1951.

方到另一个地方"①。到 20 世纪中期,不论是干燥地区,还是潮湿地段,当地环境条件均有利于灌木丛而非草地生长。燃烧依然是非法的,有报道说:"保守派人士每年都想要把这些灌木付诸一炬。"②虽然白人和黑人都有燃烧灌木行为,但有些燃烧则是在雷击之后开始的。之后燃烧被加以控制,不再是人类塑造大草原的常见方式。此外,到 1960 年,CO_2 浓度已经上升到 317 ppm。③ 当然,CO_2 本身并不能作为解释灌木丛增加的原因,但是随着使用量的增加、大量的雨水、高效的繁殖和更少的火烧,这可能使得草原更加灌木化。

确定植物学变化发生的时间和程度是困难的,因此评估它也是很困难的。克罗农评论说:"我们想知道环境变化是好还是坏,只能用我们自己的是非感来回答这个问题……历史叙述,即使是那些关于非人类世界的叙述,仍然集中在人类对价值观的斗争上。"④虽然没有人迫使我们对土著知识或观点进行评价,但我们必须了解经历过这段历史的人所持有的价值观。重要的是,现在生活在这个地区的人们不认为灌木丛是放牧环境退化的明证。被问及相对灌木茂盛地,草和灌木的恰当估算问题时,接受调查组中的一员说:"这对动物来说没有问题。没关系,因为牛有草,绵羊和山羊有灌木丛。"⑤人们一直重视草,称其为"宝藏"或"格拉斯",是牛的最佳放牧场。但是,他们也重视在主流牧原管理上看来是不合需要的物种。他们说,具蜜金合欢亚属——拘榴是金合欢草原过度放牧的祸害,却是山羊最好的饲料。西柯(赫比克拉搭),受害地

① NAR NTS 6022 213/312, Chief Native Commissioner, November 12, 1949.
② NAR NTS 1947 256/278 (3), Agricultural Officer Hattingh, October 13, 1938.
③ Michael Begen, John Harper, and Colin Townsend, *Ecology: Individuals, Populations and Communities*, 2nd ed. (Boston: Blackwell, 1990), 709.
④ Cronon, "APlace for Stories," *The Journal of American History* 78(1992): 1369 – 1370.
⑤ Interview D at Batlharos in Appendix C3.

区另一种常见的物种,也被认为是绵羊最理想的饲料。[①] 人们在保留地所拥有的绵羊和山羊的比例很高,这是对这些物种的强烈认可。此外,据说这些灌木和其他灌木很重要,甚至对于牧牛也很重要,因为草枯萎后树叶仍保持绿色。当被问及对所有动物均理想的牧草是什么时,一组被调查者回应说最重要的是"宝藏",但在表达同意观点之后,其中一名女子迅速地说,理想的草地必须包括树木,她解释说:"如果草死了,还有树。"[②]牛可能被认为是食草动物而不是食叶动物,但在饥饿的时候,牛也可以改变。而且在紧要关头,库鲁曼牛也可以成为食叶动物。由于牛群更大的功能是投资,而不是作为商品在高峰期出售,即使瘦但只要有也可以被业主接受。

当地的这些植被直观分布例子是了解环境变化对保留地贴补生存意义的关键。对灌木的当代认知避免了这一争论:环境变化使得粮食生产不太可持续并导致雇用劳动增加。灌木丛的逐渐出现不能与帝国征服、殖民统治、低工资和隔离主义政府作为贫困和经济依赖的原因相提并论。当代库鲁曼牧民们对灌木丛的赞赏表明,它们甚至不是一个环境作用因素。事实上,灌木丛让人们继续以最能承担得起的方式放牧。这引起了一些生态学家对人们不恰当草原偏好的批评。对草原的热情综合了经济和生态论证,因为支持草原的宣传不仅仅来自保护顶级社区的关注,也是为了促进资本化的牛肉生产。由于公共土地上的大多数人没有办法获得放牧牛,并且难以维持它们,因此草地和更高的承载能力之间的关联是不成立的。

粮食生产:保留地的粗放耕作和随意灌溉

世纪之交后,约翰·麦肯齐可能不会发现情况如此绝望。这

---

① Interview E at Ga-Mopedi in Appendix C3 and Interview E at Ncweng in Appendix C3. 只有一组讨论了许多种灌木的缺点(Interview I at Ga-Mopedi in Appendix C3)。他们报告说,已经与农业推广官员讨论了不再将蒙加纳用于营地,而用于饲养牲畜的可能性。

② Interview B at Sedibeng in Appendix C3.

位于 1899 年去世的传教士曾是茨瓦纳南部灌溉耕作的拥护者,他也一直希望牛会失去它的重要性。毫无疑问,他会发现 1896 年至 1903 年的苦难是最悲惨的,但他也会看到灌溉农业的解决方案。在 1900 年之前以及今天都是如此,不同的家庭按照不同的方法在他们的种植园进行耕作,但大多数居民并没有实现麦肯齐的梦想(见图 6.6)。据估计,1964 年有 3 名耕种旱地的农民,75 名灌溉者(明显低估),而在库鲁曼的公共土地上则有 2 434 名牧民。[1][2]在水资源开发方面,耕种者开辟了一些沟渠和水井,但更喜欢在山谷潮湿的地方种植,而不是修建水利工程。[3] 这种做法减少了劳动,但如果可用的水被用于更广泛的地区进行耕作,收成就会高于现有的水平。除了潮湿的山谷,人们继续耕犁干燥的非洲大草原。然而,这种旱地耕作与一个世纪前的轮垦不同。首先,所有迹象表明,人们不是锄作而是犁耕了。此外,到 20 世纪 40 年代,玉米已经取代高粱成为主要作物。玉米具有产量较高的优点,只需要较少的力气保护其免受鸟虫侵害,可用于多种准备。[4] 选择玉米的充分理由不包括对半干旱环境的适用性。大约有一半的夏季天气太干燥,以至于人们无法在靠雨水浇灌的田地里种植玉米。只有在降雨充足的情况下,耕种者才能耕种干旱的土地。然而,即使播种后,降雨也可能会失约不至,农民也会因此浪费劳动和种子。[5] 所

---

① 这个数字可能只包括那些在政府项目上的数字,但不平衡性仍然是明确的。

② CTAR 2/KMN 46 7/9/2, Agricultural Supervisor Prichard, October 26, 1964.

③ CTAR NA 657, Inspector of Native Reserve Purchase, July 1904; NAR NA 223 1/1910/F527, Inspector of Native Reserves Purchase, June 1909; Interview with M. Seipotlane in Appendix C1.

④ 有报道称,20 世纪头十年,开始出现鸟类恐慌,这表明人们仍然主要种植高粱。CTAR NA 657, Inspector of Native Reserves Purchase, March 1905; NAR NA 223 1/1910/F527, Inspector of Native Reserves Purchase, February 1907; GPP G 24 – 1908, *Blue Book on Native Affairs*, 19; CPP G 36 – 1907, *Blue Book on Native Affairs* 26. 根据政府民族志学者的说法,到 20 世纪 60 年代早期,还没有种植高粱。Breutz, *Tribes of Kuruman* (1963), 64. 此外,1997 年,中年妇女将高粱食品归为她们童年很少吃的食物(Interview D at Ga-Mopedi in Appendix C3)。没有采访表明高粱是人们记忆中的主要作物。论高粱在其他地方的衰落,参见 Beinart, *Political Economy of Pondoland* (1982),99.

⑤ CTAR NA 657, Inspector of Native Reserves Purchase, November 1904; NAR NA 223 1/1910/F527, Inspector of Native Reserves Purchase, April 1910, March 1907, April 1910; LMS 74/5, J. Tom Brown, November 4, 1912; Interview with Prince Setungwane in Appendix C1.

以,在干旱地区种植玉米比种植高粱有更大的风险。有偿劳动的
存在或许允许耕种者承担这种风险。

图 6.6 巴塔拉洛斯附近为数不多的灌溉园地(1998)

为了准备春耕,简(Jan)和伊芙琳·贝莱(Evelyn Bele)精心修建了护堤
和沟渠,将巴塔拉洛斯之睛的水引到他们的种植园。这种专门的园艺在今
天很少见。(照片由彼得·海伍德提供)

与在他们之前的传教士一样,政府官员并不看重这些农业实
践,尤其不看重增加灌溉的失败。例如:

> 保留地有本地最好的土地,如果适度耕种的话,哪怕
> 土地不太多,作物也不会匮乏。供水充足、不算拥挤;但
> 大多数家庭经常在一年中的某个时期还要依靠蝗虫、浆
> 果或球茎植物填饱肚子,身体状况不佳往往归因于粮食
> 供应不足。①

---

① UG 17 - 1911, *Blue Book on Native Affairs*, 8.

又一次,可以从作者的偏见中看见这些对"懒惰"和"落后"的描写,并解读出一个经久不衰的减少苦差事的逻辑:"不劳而获之物,已为之所为。"①根据 1909 年在原住民保留地的检查员说法:"库鲁曼沿线原住民的小麦田看起来长势喜人。然而,遗憾的是,他们弃置了很多的土地,没有人耕种。"②同样的主题在 50 年后的报告中又有反映,当时农业部门的官员报道说,盖-莫佩迪的种植园已经 3 年无人耕种了。动物践踏未围定的地块,有围栏地块内的芦苇疯长。当然,也有人采购电线来围栏他们耕种的地块。③ 这些地块想必具有官员们没有认识到的价值。

虽然政府文档没有记录耕种对家庭生活的重要性,但人们今天证明了这一点。出生于 20 世纪 40 年代末的一些受访者声称,他们的土地是最重要的食物来源,而且他们父母中的一些人通常只用现金购买生产不了的东西:盐、茶、咖啡。④ 生产食物的能力各家各户有所不同。同 19 世纪一样,库鲁曼人没有专门为市场生产粮食的"农民"。尽管他们确实售卖少量在灌溉条件下种植的高价值作物,但这需要与他人合作。虽然文献纪录中没有提到,但人们今天仍然记得,他们种植水果和烟草既自用,也出售。在所有的村庄中,巴塔拉洛斯以其果园而闻名,甚至被称作"绿色巴塔拉洛斯",人们种植葡萄、柑橘、无花果、苹果和梨。女孩们带水果到库鲁曼镇出售,他们的父母赶驴车到采矿中心出售水果。⑤ 人们还在河谷中种植烟草,并在干旱保留地和农场上进行交易。大概到了 20 世纪 60 年代,水果贸易逐渐减少,因为在商店中经常随处可见,加之小贩经营还需要获得许可证。⑥ 最后,因为矿场在附近开了起来,

① NAR NTS 4368 268/313, M. C. Vos, August 26, 1911.

② NAR NA 223 1/1910/F 527, Inspector of Native Reserves Purchase, August 1909.

③ CTAR 2/KMN 33 N 2/11/4 II, Agricultural Officer, July 26, 1954.

④ Interview C at Ncweng in Appendix C3.

⑤ Interview B at Batlharos in Appendix C3. 关于烟草,参见 Interview A with Isaac Seamecho in Appendix C1。

⑥ Interview A at Batlharos in Appendix C3.

保留地的妇女还有了另一个收入来源:酿造啤酒,可能是用自己的粮食。[1] 没有人声称贸易水果、烟草或啤酒是利润丰厚的,但他们回忆说,自己的生产提供了很大一部分主食,还有一点现金。种植园有时候也出于非经济动机,但人们仍然耕作,因为他们认为这是正经的事情,或者因为喜欢耕作。

与 19 世纪一样,这里也有不利于集约化耕作的强大因素。首先,环境条件构成了限制,因为在某些地区,例如沿着马特瓦伦河的下库鲁曼保留地或在盖-特罗斯,供水量不足。[2] 在库鲁曼市围绕库鲁曼之睛发展起来,并消耗越来越多的水后,下库鲁曼原住民保留地的库鲁曼支流也遭遇了同样的制约(见第七章)。在所有河谷中,100 年的灌溉耕种已使河谷的土壤贫瘠。施肥很困难,因为保留地的牲畜稀缺,动物放牧范围太大。此外经济状况也不利于集约化生产。建设灌溉工程、排干沼泽地、建设沟渠和水坝都需要资金,这是一个特别稀缺的资源。购买肥料种子和犁也需要钱,在 1935 年,一位官员估计,每十个家庭只有一张犁。[3] 在一些泉源地区,增加灌溉土地的数量要求农民拥有更先进的技术和工程技能。[4] 接下来,对劳动力的需求已经太多,他们根本无法承担更多的耕种工作。随着移民人数的增加,男性劳动力在国内一直缺乏。只有具备足够劳动力的家庭才能清理出新的地块进行灌溉栽培。[5] 最后,由于殖民地占领之前的灌溉是一种随意而不是集约化的实践,粗放生产的传统对更彻底的灌溉实践有制约影响。

虽然干旱是库鲁曼环境史上压倒性的主题,但洪水有时候也会阻碍耕作。1974 年,暴风雨就在库鲁曼和其他河谷造成了巨大

---

[1] Interview C at Ncweng in Appendix C3; Interview with Gladys Motshabe in Appendix C2; and Interview A at Maphiniki in Appendix C3.

[2] CTAR NA 605, Resident Magistrate Lyne, September 18, 1903.

[3] NAR NTS 7351 176/327, Extension Officer Hensley, June 1935.

[4] CTAR NA 605, Resident Magistrate Lyne, September 18, 1903.

[5] Interview B with Mosiane Kgokong in Appendix C1. 另参见 Interview with N. Gaetsewe in Appendix C1。

的灾难,灌溉者经历了进一步的自然创伤。在奥兰治河的普里斯卡(Prieska),曾在不到五个小时内就下了 150 毫米的雨。经彼得·斯奈曼证实,有这样一则经常重复的当地故事,河流水量充足时,开机动船在库鲁曼河上行驶,可以从库鲁曼前往 100 多公里外的范齐尔斯堡(Van Zylsrus),这实在是令人难以置信,因为在正常年份中,长长的河谷干涸见底。[①] 对于在山谷里生活或耕种的人来说,这是一场毁灭性的灾难,它摧毁了树木、犁沟和房屋。洪水滞留了三四个月,当大水退去时,人们发现表层土壤消失了,取而代之的是深厚的泥土或裸露的岩石。[②] 1975 年异常高的降雨量和1976 年更高的降雨量使土壤长期被水淹没并保持湿透(见图1.3)。当我和我的研究助理在 1997 年到访耐克文的田野时,我们看到了1974 年的洪水冲毁了栅栏和沟槽,截断了渠道,冲淘出了深坑,留下土丘和裸露的岩石在田野上。[③] 人们多次说1974 年发生的洪水终结了人们的耕作,这种自然灾害迫使他们放弃了农业生产。[④]

麦肯齐可能会感到失望。在整个地区,政治、经济、文化和环境方面的力量一起阻止了库鲁曼的黑人实现麦肯齐集约化耕作的梦想。不论传教士和政府官员持何种思想,河谷中的人们只能继续实践他们所能承受的耕种强度。与放牧的情况一样,他们的方法无法产生最高的收益或大量的商业报酬,但确实提供了一些生计。

出售劳动换取薪金和其他报酬

用劳动换取报酬的故事不仅仅是男人去挖矿。在 20 世纪的第一个十年中,男性外出务工者到矿区务工是外出劳动最重要的

---

① Snyman, *Kuruman* (1992), 5. 关于奥兰治河上普里斯卡洪水的描述,请参阅 Hocking, *Kaias and Cocopans* (1983), 166。

② Interview with Murial Tsebedi in Appendix C2. Interview with the Barnette siblings in Appendix C2.

③ In Appendix C3, Interview G at Ncweng, Interview A at Batlharos, Interview E at Batlharos, and Interview H at Ga-Mopedi.

④ 同样地,巴林戈的伊尔查姆斯经历了一场灾难性的洪水,停止了灌溉。参见 Anderson, "Ecology and Economy among the Il Chamus of Baringo," *The Ecology of Survival* (1988), 254。

形式。随着进入新的世纪,男人和女人发现了其他出售劳动的方式,很明显,他们想要寻求类似粗放生产的有偿劳动。作为玉米采收者、辅助石棉矿工,或石棉遴选人员,与在矿山、白人农场或城市家庭相比,人们不会特别劳累,风险小,受监视更少。在这些工作中,他们以家庭为生产单位,直接依托环境进行生产。这些工作都不会按时间支付工资,有些甚至没有现金支付。这进一步表明,即使放牧和耕种无法养活人口,人们也不会立即依靠现金,而是寻找新的贴补方式。

出售劳动力的增加与维持生计困难的增加直接相关。在英帝国兼并之前,塔拉坪户主不愿意外出务工,更愿意出售木材(这种做法一直延续到 20 世纪),或只是将他们的儿子送到矿山。[①] 早期移民中的性别特点曾被认为是出于资本的需要。贝琳达·博佐利(Belinda Bozzoli)对这一假设提出质疑,认为这是在农牧社会中妇女作为劳动者的从属地位导致的。[②] 然而,伯杰对这种解释提出了质疑,他指出女性"拥有很大的经济权力,但社会权力相对缺乏",并暗示女性的经济能力和控制力可能使她们得以避免外出务工。[③]环境创伤和对应的反应都是有性别特殊性的。男性生产的失败使男性,而不是妇女大量进入劳动力市场。由于男子仅在耕作期间才参与耕作,所以驴一定程度上可以弥补牛的损失和男性劳动力缺失。

阶层分工也决定着谁成为外出务工者。1898 年的证据表明,较穷的人比那些可以生产一些粮食的人有更少的选择余地:

---

① Interview D at Ncweng in Appendix C3.

② Belinda Bozzoli, "Marxism, Feminism and Southern African Studies," *Journal of Southern African Studies* 9(1983):139 – 171. 另参见 Cherryl Walker, "Gender and the Development of the Migrant Labor System c. 1850 – 1930: An Overview," in Cherryl Walker, ed., *Women and Gender in Southern Africa to 1945*(Cape Town:David Philip, 1990), 168 – 196。

③ Berger, " 'Beasts of Burden' Revisited," *Paths toward the Past*(1994), 127.

大多数栅栏村庄(传统的非洲茅屋村庄)里的年轻人
都去金伯利工作,也不愿在本地受雇。农业社区[1]的劳动
力供应通常来自瓦尔蓬塞,即那些没有保留地土地赖以
为生的人或者由于缺少食物而被从保留地赶出的人。[2]

同样,到了 1911 年,"没有收成的人"最依赖于工资。[3] 在食物供应
不足的时期,男性外出务工者和整个家庭到其他地方寻求更安全
的生活。很少有家庭对出售劳动力瞻前顾后。[4] 1907 年,外出务工
者是库鲁曼的"主要资源",估计有 75% 的年龄在 15—40 岁之间的
男子在矿山工作过半年以上。[5] 1911 年,20—49 岁的黑人人口普
查显示,只有 39% 是男性,表明许多男子外出务工了。[6]

男子能够选择自己赚钱的地点,他们对此表现出明显的喜好。
钻石矿和附近的"河流挖掘",奥兰治河上较小的冲积钻石矿床,是
迄今为止最受欢迎的移民劳工目的地。[7] 政府记录显示,1908 年,
有 646 名男子前往金伯利矿山,602 人前往奥兰治河开采钻石,42
人在其他地区的农场工作。1911 年,有 778 名工人前往金伯利矿
区,576 人去了其他的开普省矿山(大概是河上的挖掘),没有人去
其他城市或矿山。1912 年,在库鲁曼签发的所有 1 508 张通行证都
是前往金伯利或其他开普矿。没有移民到维特瓦特斯兰,这是因
为工人偏好,而不是矿务招聘原因。南非战争结束后,金矿削减了
非技术性外来务工人员的工资,这导致其对当地的男子几乎没有
了吸引力。[8] 1903 年,第一批前往约翰内斯堡(Johannesberg)工作

---

① "农业社区"是指白人农民。

② CTAR 1/KMN 10/3, November 15, 1898.

③ NAR NA 223 1/1910/F527, Inspector of Native Reserves Purchase, April 1911.

④ Shillington, *Colonisation* (1985), 248–289.

⑤ CPP G 36 1907, *Blue Book on Native Affairs*, 27.

⑥ UG 32–1912, Census of 1911.

⑦ CPP G 19 1909, *Blue Book on Native Affairs*, 33; UG 10–1913, *Report of Native Affairs Department*, 80–81.

⑧ Beinart, *Twentieth-Century South Africa* (1994), 64–66.

的人员带着负面报告返回了,声称在矿区待遇不佳。[①] 所记录的反对意见包括饮食问题和每月 30 天的工作时间表。他们担心维特瓦特斯兰矿区可能让人们工作的时间超过他们的合同约定,他们不信任维特瓦特斯兰原住民劳工协会的代表。[②] 此外,他们认为金矿很危险。[③] 即使在 1908 年,当金伯利的减产导致当地的就业困境时,也没有人去约翰内斯堡。尽管他们在河边开采钻石,工资只是金矿所支付的一半。[④] 避免去约翰内斯堡的决定是一个非常本地化的决定,在塔拉坪人中并不常见,弗雷堡和塔昂人去往德兰士瓦矿地的频率至少与去往金伯利的频率一样高。[⑤]

工资低,经常不与工人签订合同,阻碍了人们(除了最贫困者以外)在当地农场工作。[⑥] 但在"玉米三角"农场的采摘工作则是完全不同的。向德兰士瓦西部和奥兰治自由州的季节性迁徙劳作是库鲁曼保留地的"半数或更多"人口的主要生计来源。[⑦] 到了 1935 年,这种迁徙劳作已经确立,当时"几乎所有身强体壮的人都带着大部分的货车和驮运货物的动物"在外地收割。[⑧] 1954 年,一个报告说 2 059 个成年人在进行收割,德拉里维尔(Delareyville)是最受欢迎的目的地。[⑨] 工作如同在家里耕作,这是家庭劳作。男人、妇女和孩子在收割时间里离家几个月。他们通常可以保有 5% 的收获。[⑩] 收割玉米是移民劳动,而不是雇佣劳动,参与收割的报酬是

---

① CTAR NA 657, Inspector of Native Reserves Purchase, March 1904.

② *Bechuanaland News*, Letter by "Old Resident," March 3, 1908. UG 17 – 1911, *Report of Native Affairs Department*, 224.

③ Interview B with Isaac Seamecho in Appendix C1.

④ NAR NA 223 1/1910/F527, Inspector of Native Reserves Purchase, January and February 1908; G – 19 1909, *Report of Native Affairs Department*, 34.

⑤ UG 33 – 1913, *Report of Native Affairs Department* 110 – 111. 南部茨瓦纳人因极力避免地下采矿而闻名。参见 Comaroff and Comaroff, *Of Revelation and Revolution*, 2(1997), 206。

⑥ UG 17 – 1911, *Report of Native Affairs Department*, 224.

⑦ CTAR Kuruman Native (and Bantu) Affairs Comissioner Series [hereafter 2/KMN] 54 II, 8/21/4 Agricultural Report, June 20, 1951.

⑧ NAR NTS 7351 176/327, A. E. Hensley, Agricultural Extension Officer, June 1935. 关于季节性收获劳动,参见 van Onselen, *Seed is Mine* (1996), 140, 215, 252。

⑨ CTAR 2/KMN 22 N 1/15/6 II, Bantu Commissioner, July 13, 1954.

⑩ Breutz, *Tribes of Kuruman* (1963), 63 – 64.

以实物支付的。他们带回家数千袋玉米，有时足够自己吃一整年，甚至还有多余的可以卖掉。[1] 然而，那里的饮食不均衡。返回时，许多人在巴塔拉洛斯的教会医院寻求治疗皮肤病（糙皮病，一种蛋白质缺乏症）。[2] 玉米收成是主食的重要来源，它为库鲁曼家庭提供了对现金依赖的缓冲。它对人们耕种自己土地的方式产生了强大的影响，因为人们不可能马上再参加一次玉米采摘。1997 年的人们证实，在家里生产食物的能力决定了谁去从事玉米收割。[3] 然而，不管家里的情况如何，出门劳作都是有必要的。它使得人们可以在潮湿的环境中享受耕作的红利，无须像在旱地一样等待降雨，无须承担河谷地带的灌溉成本风险。因此，德兰士瓦的收割工作成为阻碍在库鲁曼进行更加集约化耕作的另一个因素。

男性移民劳工还有另外一个重要的选择。库鲁曼人比许多南非黑人有优势，因为他们可以通过在家园附近从事开采石棉获得报酬。蓝色石棉或青石棉位于从奥兰治到莫洛波河一带。[4] 在库鲁曼地区，最好的矿床是在下库鲁曼，盖-特罗斯和马雷马纳保留地。在这些保留地，从 19 世纪 10 年代到 40 年代，人们将挖石棉作为贴补家用的工作，将"[所获取的]尽可能多的材料"卖给石棉商。[5] 像自给生产和玉米收割一样，这是一种全家人参加的事业。男人们挖掘岩石，而女人和孩子则负责磨石（从坚硬的岩石中剥出石棉），使纤维平滑，并按长度和颜色进行分类。一个政府官员指出，"通常是家庭，而不是个人构成劳动的单位"。[6]

---

[1] NAR NTS 7387 305/327(5), Deputy Director of Native Agriculture Trip Report no. 44, Western Areas, Winter 1950. 1953 年，据估计库鲁曼工人运送了 15 000 袋 20 磅重的玉米，并用自己的货车运送了 5 000 袋玉米。CTAR 2/KMN 22N 1/15/6, Part Ⅱ, Native Commissioner, July 15, 1953.

[2] Cosmos Desmond, *The Discarded People* (Harmondsworth: Penguin, 1971), 207. 回归的采收者也寻求治疗性病。

[3] Interview F at Ga-Mopedi in Appendix C3.

[4] P. H. R. Snyman, "Safety and Health in the Northern Cape Blue Asbestos Belt," *Historia* 33(1988): 33; Hocking, *Kaias and Cocopans*, 39 – 43.

[5] UG 23 – 1915, *Department of Mines Report*, 22.

[6] A. L. Hall, *Asbestos in the Union of South Africa*, Union of South Africa Department of Mines and Industries, Geological Survey, Memoir No. 12, 1930, 92.

早期的石棉行业在这些保留地被称为"石棉农业"[1],这个说法很形象。像农业一样,石棉开采包括以家庭劳动换取产品。在石棉工作中,人们将粗放生产的逻辑应用到一个新的过程中。这是可能的,因为在石棉开采的早期阶段,保留地人员自行组织自己的生产和控制自己的劳动。即使在私人土地上,矿工也拥有相当大的自主权。以至于 1921 年,库鲁曼山的 7 名石棉富矿白人农场主抱怨说,"本地人的开采是无法控制的"。[2] 当地人开采不向首领或国家登记土地使用权,而只是挖掘他们中意的地方:"本地人一般自己勘探最适合的开采点,或可能收到过暗示,但遵循他们自己的采矿方法。"[3]他们有足够的工程技能开展浅层的地下作业:"这些人准确地沿着青石棉矿脉进入山丘。他们采用露天或地下方法进行作业,在挖掘过程中用碎石填满他们身后的作业坑。"[4]采矿业显然没有休耕的做法,但在某种程度上它与轮垦类似。人们尽量节约劳动和资本,而不是最大限度地榨取:"许多农场(或一个农场内的许多地方)无数次发现石棉纤维提供了很多牟利机会,一旦无利可图,他们就将转而去到其他地方。"[5]此外,官员们对石棉生产方法的采矿模式不屑一顾,让人联想到他们对当地耕作方法的批评:"除非在白人的指导下,他们没有任何尝试发展新方法或根本不愿尝试新的采掘方式。只是想要含石棉多的大矿块,而丢弃半英寸以下的东西。"[6]

库鲁曼的支流石棉开采类似于全国其他地区的农民粮食生

① Snyman, "Blue Asbestos," 34.
② NAR MNW [Department of Mines Series] 461 1420/19 Dec. 1921 or January 1922; March 9, 1922; October 25, 1921.
③ Hall, *Asbestos in the Union of South Arifca*, 92.艾萨克・席默库在盖-莫佩迪长大,他证实了这一点:那里有许多矿场(见附录 C1,采访 B 和 C)。法安・里克特有类似记忆。他是在下库鲁曼保留地迈平附近的一位矿长,参见 Hocking, *Kaias and Cocopans* (1983), 67 - 69。
④ Union of South Africa, Department of Mines, *The Mineral Resources of the Union of South Africa* (Pretoria: Government Printer, 1930), 285.
⑤ Hall, *Asbestos in South Africa* (1930), 92.
⑥ Union of South Africa Department of Mines, *The Mineral Resources of the Union of South Africa* (1930), 285.

产,家庭可以将产品卖给贸易商。付款方式有利于买家的利益,因为工人所收到的是现金和商品或"商品"的组合,或"购买"凭证,只能用于在商人店内兑换货物。[1] 支付预付款的方式使这种做法得以延续:"货币以商店售品的方式预付给原住民,他们必须接受,不然会被饿死。一旦人们偿还不了,他们就很容易被扣留,而留在雇主手中的土著地位可能比奴隶好不到哪里。"[2]席默库先生回忆起童年时的这种经历,非常愤慨:"这是可怕的,那些人凭证券让你干活,然后你想去买东西、衣服或者什么东西……你得到一张票,然后你支付,最终你不会拿到一分钱!"[3]尽管报酬低,还有债务风险,但合同石棉工作仍然对户主有吸引力,因为他们工作时不受白人监督,还可以控制下级员工的工资。[4]

松散控制制度对石棉公司具有吸引力,因为他们只为实际产品付款。由于成本低廉,所以收益高企。1916 年,他们平均每吨支付 18 英镑,但每吨售价达 35 英镑。然而,支流采矿的存在时间短暂。由于需求波动、质量控制不佳、1918 年流感大流行以及交通不便,石棉生产的头十年受到了影响。[5] 此外,由于易开采层耗尽,获取需要更多的资本。[6] 到 20 世纪 20 年代中期,行业开始变得越来越有利可图,资本投资增加。1927 年,第一家资本公司开始在库鲁曼支付工资。它获得了保留地的采矿权,并开始雇用男性矿工作为雇佣劳动者。资本化采矿开始后,采矿生产的分支继续。公司负责从地下开采出富含石棉的岩石,妇女继续以非正式形式工作,以零工的方式付费。工资劳动也是 1929 年在库鲁曼以南的新城

---

① Hocking, *Kaias and Cocopans* (1983), 68; Snyman, *Kuruman* (1992), 91−92.

② 1916 年助理矿务督察,引用自 Snyman, *Kuruman* (1992), 93。

③ Interview C with Isaac Seamecho in Appendix C1.

④ 贝纳特将世代利益作为家庭接受较低的非现金预付款的原因之一。类似的阻力可能在这里起作用。Beinart, *Political Economy of Pondoland* (1982), 63−69.

⑤ Snyman, *Kuruman* (1992), 93−94; UG 38−1919, *Department of Mines Report*, 4; UG 30−1927, *Department of Mines Report*, 187.

⑥ Interview B with Isaac Seamecho in Appendix C1.

镇波斯特马斯堡采锰矿（用于硬化钢铁）的做法。[1] 20 世纪 20 年代后期,矿区为库鲁曼周边的黑人提供了近乡工资劳动的好机会。

　　大萧条对这些新兴行业产生了可怕的影响,从而也对它们的工人产生了可怕的影响。锰矿在 1931 年 10 月份停产,几乎所有的工人都被解雇了。据估计库鲁曼地区的失业率为 80%,而石棉生产之前就已经停止了。[2] 由于可怕的干旱与失业相叠加,大萧条的影响很大。1932 年和 1933 年南非的破坏性干旱更是雪上加霜。河谷耕作还在继续,但旱地耕作是不可能的了,许多动物死于饥饿和干渴。德兰士瓦玉米作物绝收,所以没有采摘劳动的需求。针对口蹄疫的检疫阻断了有牲畜的人进行交易。[3] 即使在大萧条之前,也有人报告说,库鲁曼保留地的男人"在大型劳工中心不受欢迎",因为饥饿和疾病使他们"根本无法从事真正的体力劳动"。[4]

　　1932 年,开年就遭遇饥荒。头人大卫·马克洛克（David L. Makgolokwe）描述了 1 月份的情况：

> 我恳求你正视我人民的痛苦喊叫。他们抱怨饥荒太严重。这些人每天蜂拥而至,对我求要食物。先生,请帮帮忙,让政府也帮帮忙。人们正在因缺乏食物而死亡。由于饥饿,牛、绵羊和山羊已经荡然无存了。所有土地都干透了,一直没有下雨。[5]

① Snyman, *Kuruman* (1992), 116 – 117; Hocking, *Kaias and Cocopans* (1983), 54 – 66; Snyman, "The Northern Cape Manganese Fields: Development and Effect on the Surrounding Agrarian Community," *South African Journal of Economic History* 3, 1 (March 1988): 71 – 88.

② NAR NTS 7846 36/336, Superintendent of Natives, November 18, 1931.

③ NAR NTS 7846 36/336, Native Commissioner Fritz, May 1, 1933; Native Commissioner Fritz, May 18, 1933.

④ NAR NTS 6318 23/128, Superintendent of Natives Brent, April 10, 1928; Superintendent of Natives Gladwin, September 7, 1929.

⑤ NAR NTS 7846 36/336, David L. Makgolokwe, January 21, 1932.

贫困和饥饿人口大约有 3 000 人。[①] 保留地居民粮食短缺，只能重拾采集作为应对手段，还有新的痛苦，他们的石棉采矿要搜索很长的时间才能找到长度可售的矿藏：

> 检查石棉工作地点的总监［在下库鲁曼原住民保留地］遇到了一名在石棉矿上工作的原住民。他说，以他收到的石棉，他每天只能赚 3 便士，而且由于饥饿，他的身体非常虚弱，只能勉强站直。发现这名男子的时间是下午 6 点 30 分之后，当时他还在干活。[②]

很显然，当时人们只有靠有偿劳动才能免遭饿死。

1932 年 2 月，库鲁曼地方治安法官记录了第一批死亡事件，并预测说 75% 的人口需要紧急配给。[③] 如艾利夫在津巴布韦方面所观察到的那样，饥荒问题在 20 世纪 30 年代已经改观了，殖民地社会出现粮食短缺但也有救济行动。[④] 与 1903 年的粮食短缺相比，在大萧条期间，劳动失业是造成库鲁曼人痛苦的主要原因。与 1903 年相比，政府没有动力或能力借助工资劳动作为救济政策，所以只是给饥民些许食物。成年人的配粮是一磅玉米，儿童减半，这是一种"临界量，勉强维持或半饥饿配给"，旨在鼓励接受者另寻食物来源。由于人们已经开始依靠工资劳动，政府的政策也与 1903 年推动集约化耕作的政策不同了。1931 年期间的一次到访，原住民事务部的秘书向弗拉克方丹赠送了小麦种子，该政策似乎已经奏效，即使种子没有平均分配，1932 年也没有弗拉克方丹居民申请救济。[⑤]

政府对 1932—1933 年度饥荒的反应与 30 年前截然不同。在

---

① NAR NTS 7846 36/336, Native Commissioner Fritz, January 28, 1932.
② NAR NTS 7846 36/336, Native Commissioner Fritz, May 26, 1933.
③ NAR NTS 7846 36/336, Acting Magistrate Lombard, February 12, 1932.
④ Iliffe, *Famine in Zimbabwe* (1990), 80 – 88.
⑤ NAR NTS 7846 36/336, Director of Native Agriculture Thornton, May 20, 1932.

19、20 世纪之交的危机期间,地方治安法官莱恩已经认识到配给不是应对饥荒的长久之计。然而,政府却只想增加劳动力,不考虑他提出的改善粮食生产的建议。那些想要可靠劳动力的人有自己的想法,因此 20 世纪,许多人成了外出务工者。相比之下,这场饥荒是由于工资劳动和粮食生产的共同失败所造成的。因此,政府终于愿意投资解决粮食短缺问题。

石棉和锰矿业务于 1936 年后恢复,之后规模大大扩增,因为在欧洲的战争准备增加了需求。[1] 由于失业率仍然很高,1936 年,当地的原住民事务部官员派人去约翰内斯堡,但报告说,所招募100 人中只有 17 人被认为能够胜任工作。[2] 政府还在 1942 年的干旱期间提供了粮食救济,一名 87 岁老人将 1942 年描述为"库鲁曼地区最糟糕的一次经历"。[3](实际上,1933 年和 1938 年很少降雨。)粮食短缺持续到第二次世界大战结束。这最终使人们大量前往约翰内斯堡。[4] 锰矿的开发仍在继续,1950 年,库鲁曼镇以西的锡山开始提炼铁矿。[5] 这些矿井从本土保留地中吸引了一些劳动力,但许多库鲁曼人回避锰矿的工作,部分原因是他们不喜欢在地下深处工作。[6] 到 1961 年,招聘机构与维特瓦特斯兰矿山签订了合同。大约 3 300 人离开了该区,而 6 100 名男子迁入该地区在当地的矿场工作。[7]

与其他地区相反,没有证据表明非洲男人和殖民地政府合作

---

[1] Snyman, *Kuruman* (1992), 141; Hocking, *Kaias and Cocopans* (1983), 70 – 89.

[2] NAR NTS 3007 368/305, Assistant Director of Native Agriculture, Northern Areas, n. d., probably October 1937.

[3] 关于 E. H. Chapman 的纪念性报道,参见 NAR NTS 7846 36/336, Native Commissioner Coertzee, March 2, 1942。

[4] MMT Kuruman Mission Annual Report for 1945. NAR NTS 1948 256/387(3), Agricultural Officer, March 31, 1940; NAR NTS 7846 36/336, Native Commissioner Coertzee, April 4, 1942.

[5] Hocking, *Kaias and Cocopans* (1983), 90 – 100.

[6] 1961 年的统计数字是,库鲁曼矿共有 7 538 名黑人工人,其中有 1 224 名来自本土保留区。参考斯奈曼《库鲁曼》(*Kuruman*,1992)第 176 页,以及附录 C3 中在耐克文的采访 C。关于本地人优先避免地下开采,见附录 C3 中对艾萨克·席默库的采访 C;1973 年 11 月 8 日,NAR Commissioner General Mafikeng(KGM) 87 (7) N11/2/3(6),托托总干事在区域管理局会议记录上的声明。

[7] Breutz, *Tribes of Kuruman* (1963), 79.

时,将妇女留在库鲁曼的家里。[①] 20 世纪以来,有更多的妇女出售劳动力。一些妇女确实在城市里当佣人,但也有大量妇女在当地的石棉矿工作。事实上,一些知情人士称,在石棉矿上工作的女性比男性多。[②] 从贴补家用劳动到工资劳动的转变尤其缓慢,直到20 世纪 70 年代,她们一直以计件工作为基础。[③] 今天的妇女们称,她们把自己的收入与他们丈夫带回家的现金汇集在一起,并负责管理家庭资金。[④] 此外,她们还在收获后继续管理粮食。[⑤]

石棉开采的不可预见的影响是石棉相关疾病(ARDs)的巨大负担。矿山遍布库鲁曼山,风载纤维传播到居住在山下的人们身上。有一个令人不寒而栗的例子,耐克文村特别靠近采矿场的分支。不幸的是,它的小学就坐落在被青石棉废料覆盖的山坡下方不远处(见图 6.7)。今天,我们知道接触石棉可能是致命的,石棉会导致三种致命的疾病:肺癌、间皮瘤和石棉沉滞症。在库鲁曼地区的部落,没有对石棉相关疾病的流行病学研究,但传统的观点是,仅生活在靠矿山附近的村庄,其风险就高到在其他地方从事危险职业才能达到的程度。一个粗略但令人震惊的估计是,这些村庄中有多达 25%—50% 的人受到石棉相关疾病的影响,这些疾病的严重程度取决于他们与矿山垃圾场的距离。[⑥] 泰莱特(Talent)等人的一项关于生活在库鲁曼 100 公里以内的 735 名前石棉矿工的研究表明,有 35% 的人患有肺部疾病。该研究还表明,在巴塔拉洛斯医院寻求治疗的女性矿工,54 名中有 12 名患有间皮瘤,本来这是一种非常罕见的疾病。巴塔拉洛斯医院的医生经常诊断出间皮瘤,其中包括从未在矿山中工作但在日常生活中暴露于危险水平

---

① 这一主题在妇女向城市地区迁移的历史上占主导地位。Elizabeth Schmidt, *Peasant Traders and Wives: Shona Women in the History of Zimbabwe*, 1870—1939, (Portsmouth: Heinemann, 1992).

② Interview B at Ga-Mopedi in Appendix C3.

③ 参见附录 C3 中在盖-莫佩迪的采访 A,在耐克文的采访 A。石棉工人的统计数据显示,很少雇佣女性,这表明计件工人不包括在总数中。

④ Interview C at Ga-Diboe in Appendix C3.

⑤ 参见附录 C3 中在巴塔拉洛斯的采访 A,在盖-西博劳的采访 B。然而,男人可能控制着一切可出售的谷物。

⑥ Ahmed Randeree, "Asbestos Pollution: What Needs to Be Done," unpublished paper dated April 5, 1998.

石棉的人群,其发病率很高。① 讽刺又可悲的是,尽管石棉对健康有可怕的影响,但当时的男人却更喜欢这份工作,因为这个过程比黄金开采更安全。席默库先生解释说:"你只会死于肺结核,但不会有石头滚落事故发生。"② 当然,石棉吸入不会导致结核病。然而,这一地区的结核病也很普遍,而石棉相关疾病通常被归为是结核病。幸存者很难证明导致死亡的原因是石棉相关疾病而不是结核病,因此很多人没有得到赔偿。③

图 6.7 耐克文小学上侧无人认领的石棉矿渣堆(1998)

　　孩子们在无人认领的青石棉采矿场下方的学校场地玩耍。矿工在村庄以上的山上工作,并出售石棉给贸易商店。政府在 2001 年底用土和植被覆盖了这个矿。(照片由彼得·海伍德提供)

　　选择在石棉或锰矿工作的男男女女之所以这样做,是因为他

① J. M. Talent, et al. , "A Survey of Black Mineworkers of the Cape Crocidolite Mines," *Biological Effects of Mineral Fibre* 2(1980): 723 – 730.

② Interview B with Isaac Seamecho in Appendix C1.

③ 关于库鲁曼石棉相关疾病的康复治疗、补偿和卫生保健,参见 Lundy Braun, et al. , "Asbestos-Related Disease in South Africa: Opportunities and Challenges Remaining Since the 1998 Asbestos Summit," http://www. brown. edu/Departments/African—American Studies/Asbestos/ titlepage. html。

们珍视自己在家中的生活。在附近工作让他们可以在周末回家，能够与家人保持密切联系，还可以参与畜牧和耕作。并不是所有的保留地都有石棉矿，但他们的居民也在家园附近寻找劳动机会。1937年之后，弗拉克方丹的人们就近在雷菲洛（Reivilo）的奶酪厂找工作。[1] 不幸的是，一种令人喜欢的工作在20世纪50年代以后就垮掉了，农业机械化程度的提高减少了对德兰士瓦州季节性采摘人员的需求，并在20世纪70年代大幅度下降。[2] 然而，到20世纪60年代，库鲁曼妇女开始在奥兰治河中部的农场从事赚取现金的季节性工作，比如收割葡萄和棉花。[3]

从20世纪50年代到20世纪70年代，库鲁曼经济利用其三重保护的基岩（石棉、锰和铁）实现了适度的矿业繁荣。毋庸置疑，黑人工人从经济增长中获得的收益低于白人。今天的黑人工作人员证明，他们需要现金并接受了他们可以得到的物品。[4] 当被问及石棉工资是否公平的时候，一个人回忆说，工作条件很艰苦，而他推上轨道的采矿车（椰子罐）非常重。

> 但即使生活对你来说很艰难，你所得到的一切也都是公平的，因为家人们也生活在挣扎中……因为关乎家里的孩子和他们如何生活……他们衣不遮体、食不果腹，所以他们被迫在这种艰苦的环境下生活。时至今日我看到那些椰子罐仍然会感到痛苦不堪。[5]

---

① Snyman, *Kuruman* (1992), 120; Interview A at Kagung in Appendix C3.

② 关于向玉米三角区域带迁移的历史，参见 Michael De Klerk, "Seasons that Will Never Return: The Impact of Farm Mechanization on Employment, Incomes and Population Distribution in the Western Transvaal," *Journal of Southern African Studies* 11(1984): 84 – 105。

③ Interview with Vivian Ditlholelo in Appendix C2; Interview A at Ga-Sebolao and Interview A at Maiphiniki in Appendix C3.

④ Interview B at Ga-Mopedi in Appendix C3.

⑤ Interview D at Ncweng in Appendix C3.

邻近的矿山没有给保留地带来繁荣。事实上,饥饿和疾病充斥着科斯莫斯·德斯蒙德(Cosmos Desmond)1969 年对库鲁曼保留地的描述。[1] 此后,随着石棉危险日益为人所知,对青石棉的需求下降,这种现金来源不复存在了。石棉生产从 1977 年的200 966公吨,下降到 1987 年的 7 320 吨。[2] 到 1997 年,最后一批矿山关闭,许多人对石棉行业的就业机会丧失感到遗憾,尽管它们往往是致命的。

"如果人人平等,就不会有合作达成"

显然,种族决定了人们与环境和经济的关系。然而,20 世纪的南非,种族重要性不应掩盖非洲社会中阶级和性别关系的持久重要性。由于粗放的自给生产的失败,农牧民阶层已经极端衰弱。酋长失去了政治和经济权力,财富分配不均衡持续存在:据估计,1903 年,"大约八分之七的畜产控制在一半人手中"。[3] 酋长和头人仍有权分配土地,1908 年至 1911 年间在保留地就曾出现若干争议。[4] 来自朗格伯格保留地的忠诚难民和长期居民之间,一名头人和二级酋长之间,以及在土地上有相反意见的家庭成员或邻居之间均有冲突。政府文件记录说,居民委员会可能积极参与解决此类争端。[5] 然而,从有关盖-莫佩迪和盖-图斯的文件中也可以明显看出,土地分配不均,首领和他们的亲信有权获得最好的土地。[6] 盖-莫佩迪的男子告诉我,早先的一位的酋长为了他的儿子

① Desmond, *The Discarded People* (1971), 206 – 207.
② Snyman, *Kuruman* (1992), 142 – 143, 173 – 181; Hocking, *Kaias and Cocopans* (1983),104 – 108.
③ CTAR NA 605, Resident Magistrate Lyne, September 18, 1903.
④ 有一种观点认为,这些土地纠纷是由于富农剥夺了穷人的土地,参见 Comaroff and Comaroff, *Of Revelation and Revolution*, 2(1997), 143 – 147。相比之下,贝纳特则认为,出于政治考虑,蓬多兰的酋长们积累土地,限制其他人获得土地。Beinart, *Political Economy of Pondoland* (1982), 126 – 130.
⑤ 关于居民委员会在巴塔拉洛斯土地纠纷中的作用,参见 CTAR 1/KMN 17/18, Record of Inquiry, September 24, 1908。
⑥ 有关于社区在土地分配问题上存在分歧的报道。举个盖-特罗斯的例子,参见 CTAR 1/KMN 10/13, Magistrate, October 16, 1911。例如下库鲁曼保留地的盖-莫佩迪,参见 CTAR 1/KMN 17/18, Record of Inquiry, April 23, 1908。请参阅该文件中关于个人之间土地纠纷的其他信函。

没收别人的土地,并给了一些人太远而无法使用的田地。[1] 原住
民保留地检查员珀蔡斯(H. J. Purchase)记录了1908年巴塔拉洛
斯一些人对他们的酋长穆西表现出的一些不满。"他们哭诉自己
的负担,他们像牛一样,政府是他们的主人,穆西是狮子,而他们
的主人,不是赶走狮子,而是将牛推进狮子的嘴巴。"[2]1938年,一
个官员观察到不平等的土地分配,并且认为这是由50年前的分
配不公造成的。他建议重新抽签和分配土地。[3] 但是没有出现关
于重新分配的记录。

在社会阶层的另一个极端——巴拉拉和巴特兰卡阶层的瓦
解,源于殖民地法、对佃户劳动的需求减少以及全职采集行为的
结束。与早先一样,野生食物成为每个人日常饮食的补充,[4]但是
保留地外的采集不符合开普省的土地所有权和法律制度。1913
年,在朗格伯格山的白人农场,一群盗窃牲畜的"布须曼人"被
捕,两人遇害。这就是库鲁曼最后提到的丛林人。[5] 到20世纪,
人们发现越来越多的瓦尔蓬塞生活在喀拉哈里,在那里更容易采
集。[6] 随着牧民和采集阶层的消失,巴拉拉更多地成了一个坏名声
的代名词。[7] 政府民族学家报告说,到1960年,人们不再有义务在
酋长的田里干活。[8] 虽然粗放的自给生产的失败使得最富有和最
贫穷的阶层趋于中和,但邻里们继续在农业上开展合作。正是在
家庭之间的这些合作关系中,互惠得以延续,并且仍然是一种不

---

[1] Interview B at Ga-Mopedi in Appendix C3.

[2] NAR NA 223 1/1910/F527, Inspector of Native Reserves Purchase, December 16, 1908.

[3] NAR NTS 1948 256/278(3), Agricultural Officer Hattingh, October 13, 1938.

[4] NAR NA 223 1/1910/F527, Inspector of Native Reserves Purchase, February 1911.许多采访显示,人们今天仍然吃野生食物。

[5] CTAR 1/KMN 10/6, Resident Magistrate Lyne, November 11, 1903.1912年的一篇文章声称,真实的布须曼人依然存在,但是正在快速灭绝。Lilian Orpen, "The Natives of Griqualand West," *The State*, February 1912, 154.

[6] NAR NTS 7752 22/335, Surveyor General Bowden, January 24, 1908.

[7] Interview at Manyeding and Interview G at Ncweng in Appendix C3. Interview with Muriel Tshebedi in Appendix C2. Interview with M. Ditshetela and Interview B with John Molema in Appendix C1.

[8] Breutz, *Tribes of Kuruman* (1963), 67.

平等的互惠。[①]

　　由于粗放自给生产的失败,在生产方面,养牛遭受了最大的损失。当代的知情人士称,在 20 世纪 90 年代,不记得在合作关系中有过牲畜出借。[②] 不仅牛少,而且这么多男子加入到挣取雇佣工资的行列时,规模经济的优势就明显了。

> 如果你照顾一个很小的牧群,你会饿死的。你必须离开它们去上班。一会儿你回来了,牧群中的一部分已经消失了,一部分已经死了,因为没有人照顾它们。但是,如果你有大约 20 头的话,那就会非常非常有利可图了,你会生活无忧,而且可以更好地照看牧群,另外你知道,它们会增加,所以你知道了吧,在那个国家,真的,富人会变得更富有,而穷人则变得越来越穷。[③]

在这些条件下,在放牧者之间分养牛群就没有意义了。

　　但是,在耕作方面,单个的家庭之间仍然可以开展合作。该系统被称为"thusana",即"互相帮助",或更常用的"letsema",字面上的意思是"收获",因为收获季节最常见他们一起工作。我的采访对象普遍认为,至少在 20 世纪 50 年代,这些非资本主义的安排在所有类型的家庭中都很普遍。在耕作期间,男人参与"收获"环节,这仍然是他们的责任,而女性在整个季节一起工作。男人之间的"收获"围绕获取役畜(用它们拉套),而妇女则分担人力。与我交谈的人回忆说,在他们年轻时代的互惠安排中,不只是现

---

① 在这里,关于旧形式的社会分层和互惠关系持续存在的论述,我与科马洛夫观点不同,科马洛夫认为传教式生产的农业转型发生在 19 世纪中期,那时茨瓦纳社会正逐渐被资本主义关系所主导。关于资本主义生产开始后的前殖民时期土地动力的持续性,参见 Jack Lewis, "The Rise and Fall of the South African Peasantry: A Critique and Reassessment," *Journal of Southern African Studies* 11 (1984): 1 – 24.

② Interview A at Seodin in Appendix C3.

③ Interview with Johannes Itumeleng in Appendix C1.

金,役畜和农耕设备在富人、穷人、中间阶层之间流转。[①] 一名男性提供了信息并回忆说:"如果你有很多牛可以拉犁和耕地,人们自然会来帮助你,因为当你耕种完自己的土地的时候,他们可以借用你的资源去帮自己犁耕。"[②]另一位男子用男性特有的话语描述了互惠帮工。

> 既然是"letsema",说明你没有耕牛,只有一块地,劳作的时候你去帮工,我们都去帮工。有牲畜的人自己地里农活忙完了,他们会想到你,因为你一直在帮他们干活,他们到你地里干活不计任何酬劳。[③]

合作劳动为那些没有饲养大型家畜的农民提供了耕作手段,但对借用者仍然不利。[④] 正如一个富人的孙子回忆的那样:

> 如果人们没有牲畜,他们会来帮助我的祖父进行犁耕之类的,希望祖父会借给他们牲畜去帮他们犁耕。但是你看,你们可以猜到,祖父的土地在好时节得到耕作,那时雨已经落下,庄稼有足够的时间生长。但是,这些受雇或帮助他的人,他们的土地将会在后面耕种,因为他们中有那么多人需要帮助,不可能一下子耕种大量的土地,你明白吗? 总有人会错过好时节……不是要欺骗他们,而是作为拥有牲畜的人,人们需要先帮助他,并且只有结束帮忙,他们才会回到自己的土地耕作。而只有在下雨

---

① 关于这些关系是建立在金钱基础上的论点,请参阅 Comaroff and Comaroff, *Of Revelation and Revolution*, 2(1997), 453–454, note 122。然而,在他关于博茨瓦纳食品生产的历史中,威廉·达根提供了证据,证明人们更多地是在互惠的基础上共享劳动而不是出于金钱考虑。参见 Duggan, *An Economic Analysis* (1986), 103–128。

② Interview with Johannes Itumeleng in Appendix C1.

③ Interview with M. Ditshetela in Appendix C1.

④ 另参见 Duggan, *An Economic Analysis* (1986), 111–112。

的时候才能进行耕作。一旦土壤干涸,你就必须停止耕作。你要等雨来,如果没有及时雨,那么你就得等啊等,最终你可能永远无法耕种。[1]

席默库先生记得一个没有牛产的家庭,决心在错过好时节之前自己拉犁耕种:"当时我是一个小男孩,我看到一个男人,一个大块头的男人,他什么都没有,没有牛,或什么的。他的妻子扶小犁,他在前面拉套。没有人可以借给他牛,因为每个人都很忙。没有办法,他只能自己干。而天气正在变化。"[2]

除了犁地,妇女还负责大部分的耕作任务。她们的任务包括播种、除草、驱鸟和采摘,她们所做的这些事同男人和犁加入耕种之前一样多。[3] 男性投身于外部劳动使得补充生产的负担落在妇女肩上,虽然有些妇女在远离保留地的地方从事石棉开采工作。有时候,难以通过互惠渠道寻找帮工,女性只有向邻近的男人支付现金求助。[4] 也许因为生产劳动在当地只是许多生存来源之一,所以几乎没有证据表明在环境资源方面存在性别冲突。[5] 事实上,犁的引进开启的性别职责的模糊仍持续存在。[6] 女性与牲畜接触的限制被放宽:如果没有男孩,女孩就会放牧,至少如绵羊、山羊以及牛。[7] 甚至在男人人手不足的时候,女性也参加犁耕和挤牛奶的工作。[8] 人们认为,性别已经不再是农业和家庭工作分工的决定性因

[1] Interview with Johannes Itumeleng in Appendix C1.

[2] Interview B with Isaac Seamecho in Appendix C1.

[3] In Appendix C1, see Interviews A and B with Mosiane Kgokong, Interview with M. Lekalake, Interview with Simon Moeti, Interview with Evangelist Moholeng, and Interview with Marry Seamecho.

[4] Interview C at Ga-Diboe in Appnndix C3.

[5] 在《砍伐树木》(Cutting Down Trees, 1944)中,沃恩和摩尔利用殖民人类学研究中丰富的证据分析了赞比亚的性别、粮食生产和移民劳工。他们的情况与此不同,因为在现实中,库鲁曼的农民和男性不愿意完全控制土地和劳动力。

[6] Belinda Bozzoli, Women of Phokeng: Consciousness, Life Strategy, and Migrancy in South Africa, 1900—1983 (Portsmouth: Heinemann, 1991), 45 - 47.

[7] Interview B at Batlharos in Appendix C3.

[8] Interview B with Isaac Seamecho in Appendix C1; Interview B at Batlharos and Interview C at Ga-Diboe in Appendix C3.

素。"现在的角色分工已经融合了。"①男人和女人现在都可以有种植园，但是男人通常只是犁耕，只有少数妇女才能饲养牲畜。

就妇女生产而言，最重要的关系仍然是相互帮扶的关系。与以前一样，人们仍然到对方的田地劳作，那些有土地者和没有土地者的合作继续开展。② 妇女的合作和男人的不同。在耕作中，拥有役畜和农具是生产的主要制约因素，而在除草和收割方面，人力劳动是最大的问题。因此，互惠义务要求女性比男性投入更多的精力。在耕作的各个阶段，田主可能会为帮工者提供食物。③ 一些受采访者已经不记得在彼此的田地帮工的田地业主，他们说所有的帮工者都是无地的人，他们因帮工可以得到一部分收成。④ 其他人则认为，田地业主共同合作，但他们只是分担劳动而不分享收成。⑤与其他田地业主分担劳动的好处是，收获可以留在家里，但是，与无田者相比，有田地业主在别人田里干活的积极性不高。

> 以前，任何人都可以喊他们"letsema"，你只需喊他们为自己工作就可以了。这样做无须付款，因为明天别人会喊你去为他工作。但这也就是一天的事情，或者最多两天，你就要"letsema"，如果你让某人不断地为你工作，那么你必须以某种形式付酬给他。⑥

因此，太多的帮手可能费用高昂。一位女士回忆说，她只请了两个人帮助她打理河床上的种植园，因为如果更多的话，食物就不够了。然而，由于她的旱地面积比较大，所以在多雨的时候，需要更

---

① 这段话是圣公会牧师约翰内斯·伊图梅伦神父说的。女性在接受采访时表示同意。参见附录 C3 中在盖-迪波耶（Ga-Diboye）的采访 C。
② Interview B at Ga-Mopedi in Appendix C3. 参见 Duggan, *An Economic Analysis* (1986), 203–204。
③ Interview with M. Ditshetela in Appendix C1.
④ Interview with Rose Ilanka Peme in Appendix C2.
⑤ Interview B at Batlharos in Appendix C3.
⑥ Interview with Johannes Itumeleng in Appendix C1.

多的帮手来帮忙耕种。[①] 田地业主通常会与几个家庭建立关系,这些家庭年复一年地给他们做帮工。[②]

一位 1901 年出生的男士回忆道:

> NJ:我想问你关于"letsema"的事……它是如何进行的？……人们互相帮忙犁地了吗？
>
> MK:是的,要耕地的时候,人们会互相帮助……但人与人是不平等的,有些人有牛,有些人则没有……
>
> NJ:你能解释一下穷人是如何变穷的,而富人又是如何变富的吗？
>
> MK:是上帝让人们变得不平等。如果人人平等,就不会有合作达成。
>
> NJ:你可以解释一下吗？
>
> MK:如果我向你求助,你不会帮我,因为我们都很富有,不需要合作。[③]

其他受访者,特别是成功的农民后代,对人们如何变得富裕或贫穷更为侧重道德角度的理解,他们常常会把穷人描绘成不够节俭。

在我的采访中,人们一直解释说,这些关系通常不是基于现金。长者们回忆说,没有田地的人可能在没有履行工作责任的情况下得到牛奶、肉类或者谷物。[④] 头人和居民委员会向穷人分发食物。[⑤] 然而,人们可能不太愿意与那些没有在收获季帮忙的人分享收成。一个老人对 1906 年纳米比亚叛乱之后来到库鲁曼的"达马

---

① Interview C at Ga-Mopedi in Appendix C3.埃尔德雷奇还指出,工作分工对女性更不利。"Women in Production,"Signs 16(1991):722.
② Interview with Violet Orapeleng and Interview with Gladys Mokosi in Appendix C2.
③ Interview B with Mosiane Kgokong in Appendix C1. "NJ" is Nancy Jacobs.
④ Interview B at Batlharos in Appendix C3.
⑤ Interview B with Isaac Seamecho in Appendix C1.

拉"（Damara）难民的回忆充分说明了他的职业道德。他回忆起与那些想要食物却不在田里提供帮助的人的谈话：

> 达马拉们，他们不喜欢为自己努力。他们分成小组，挨家挨户去乞讨。如果你的房子很大，他会来要食物，你说："我没有食物。我不能给你们这么多人食物。他们会说："为什么？你的房子很大，你有耕地。你为什么说要我跟你来犁耕？"[所以我说]"我会付钱给你，但我不能给你食物。"①

这个人的措辞表明，雇佣劳动是宁愿为他们付出的时间支付现金，也不愿给予没有帮工过的人以食物。他的嫂子也赞同这一看法，即不是所有的报酬都是现金。"没有土地的人只能去乞讨。这是一种真正的乞讨……他们去帮忙，所以这个地块的主人会帮助弄点吃的。"②来自没有土地的家庭的人们描述了他们的父母如何努力工作，帮助邻居，并由此获得食物。③因此，协助、耕作，取决于农牧社会中存在的不平等现实。它不会削弱我们对资本主导地位的认识，资本对人们一起工作的方式影响力不容小觑。

随着对现金的依赖增加，粮食生产的社会组织变得不合时宜，导致其在 20 世纪中期后衰退。更贫穷的人可能选择了雇佣劳动而不是委托关系的方式，因为这种工作方式有更好的回报。科马洛夫夫妇认为，茨瓦纳的价值观非常重视财富积累、社会地位和影响力。④这是一种夸张的说法，但传达了核心价值观，他们认为：

---

① Interview B with John Molema in Appendix C1. The "Damaras" were refugees from violence in South-West Africa before 1910. Hocking, Kaias and Cocopans (1983), 40. 另参见 NAR NTS 7770 122/335, J. P. Frylinck, March 14, 1930. 他们通常是从茨瓦纳保留地来的工人。

② Interview with Irene Molema in Appendix C1.

③ Interview with Vivian Ditlholelo in Appendix C2；Interview D at Ncweng in Appendix C3.

④ Comaroff and Comaroff, *Of Revelation and Revolution*, 1(1991), 140 – 144.

"没有合作关系。他们不会为另一个人工作的。"①这种不再参与不平等互惠种植关系的决定,可能是向更加依赖现金工资转变的核心,也可能是贴补粮食产量下降的主要原因,这在 20 世纪中叶以后变得明显。随着人们变得更加地位平等,或者同样缺乏他们所需的现金,他们的合作就会减少,因而生产的食物也会变少。在 20 世纪 70 年代的博茨瓦纳,格加拉加迪选择了在矿井中工作,以逃避克韦纳的统治。② 同样的想法也激励了较穷的居民,如一些保留地妇女,但更多的是男子。一个头人带着明显的沮丧情绪解释说:

> 在那段时间里他们互助互爱。这不像今天,如果我有一辆拖拉机,我不能帮助另一个人。他来找我要求帮忙,你要付钱给我。如果我说我们一起工作,帮助我耕种,我也会帮助你,他不想要。他认为我试图让他成为一个仆人。今天的人想法都很傲慢。③

如今,"letsema"已是过去的事情了。合作耕种(除了家庭成员之外)是罕见的,出售产品换取现金更为常见。④ 人们一直将"letsema"与矿山的衰落联系起来,特别是 20 世纪 50 年代以后在库鲁曼开放的新矿。⑤ 另一个经济变化是,在德兰士瓦采摘季节,机械化开始减少雇佣劳工,所以能够维持生计的一揽子活计变得具有竞争性,正如新的工作更便于为家庭提供现金。⑥ 对于妇女来说,作为石棉砂石工赚取现金变得比种植作物更有吸引力。⑦ 随着

---

① NAR NTS 1948 256/278(3), Agricultural Officer Hattingh, October 13, 1938.
② Hoyt Alverson, *Mind in the Heart of Darkness: Value and Self-Identity among the Tswana of Southern Africa* (New Haven: Yale, 1978), 77.
③ Interview B with John Molema in Appendix C1.
④ Interview F at Batlharos in Appendix C3.
⑤ Interview B at Ncweng, Interview F at Batlharos, and Interview F at Ncweng in Appendix C3.
⑥ De Klerk, "Seasons that Will Never Return," *Journal of Southern African Studies* 11(1984).
⑦ Interview B at Batlharos in Appendix C3.

现金变得更容易赚取，在自己或其他人的田里干活换取食物变得不那么有吸引力了。"在过去的日子里，如果一个人来帮助你，他不会指望从你的口袋里得到任何报酬。现在，因为大部分人（地块持有人）都没有钱，所以大多数人都不情愿来帮助你耕种。"①盖-迪波耶的人表示，巴拉拉在20世纪70年代要求现金支付的工作出现后才消失。② 此外，男女双方都可以赚取现金，随着家庭现金数量的增加，甚至那些不外出工作的人也没有动力参与"letsema"。20世纪50年代的另一个可能阻碍了"letsema"发展的因素是改良运动。克里斯·德·韦特（Chris de Wet）在希斯凯的研究表明，将人们从小集群转移到平地村庄会干扰合作劳动。③ 人们告诉我们，通过限制耕作，改良运动破坏了合作劳动。④ 另外，像上面引用的头人的话，有些人认为，人们合作只是因为他们比今天的人更"爱"彼此。⑤

在库鲁曼保留地的资本转型确实发生了，但是这一过程被推迟到20世纪中叶，扩大了当地人赚钱的机会。转型的最终结果之一是，由于田地业主和受雇人员努力投入到其他地方赚取现金，基于互惠的补充生产彻底灭绝。随着他们的利益减少，种植业也减少了。今天，河谷中绝大多数的地方年复一年处于休耕状态，长者们则对以前耕作过的农场的变少感到遗憾。

然而，20世纪人们与环境相互作用的历史不能仅仅通过经济和生物自然因素来解释。实行种族隔离的国家对黑人居住地方以及他们在那里的生活习惯的干预使许多人不可能继续原有的耕种。国家以两种方式破坏了黑人与其环境之间的关系。首先，通

---

① Interview with White Koikanyang in Appendix C2; Interview with Simon Moeti in Appendix C1; Interview F at Ncweng in Appendix C3.

② Interview B at Ga-Diboye in Appendix C3.

③ Chris De Wet, *Moving Together, Drifting Apart: Betterment Planning and Villagisation in a South African Homeland* (Johannesburg: University of Witwatersrand Press, 1995), 75 - 76, 106 - 107, 198.

④ Interview C at Ncweng in Appendix C3.

⑤ Interview D at Ncweng in Appendix C3.

过实行隔离政策,政府直接减少了黑人获得土地和水资源的机会。此外,保留地政策也限制了人们如何利用他们所保留的土地和资源。政府还建立了为数不多的商业性质的生产。这不是 19 世纪南非的农民生产,而是在种族隔离国家的努力之下产生的一种新形式。以下两章讨论国家对库鲁曼环境史的影响。第七章分析割离的水资源和土地如何影响人与环境的关系。第八章讲述隔离保护政策的影响。

分配水源,分隔土地:种族隔离,1910—1977

　　进入这个地方,人们真的会死于饥饿,而且,肺结核、
坏血病和各种形式的营养不良非常普遍,为了实现地理
上的分隔方便,成千上万的人一直被移来移去。[①]

　　1910 年,一个新的国家,南非联邦,由四个省份组建而成:前英
格兰开普殖民地、纳塔尔殖民地、前布尔人奥兰治自由州和南非共
和国。最初的隔离原则是联邦治理的基础,在接下来的 40 年里,
它发展成为更加明确和极端的政策。联邦成立后,连续几代的隔
离政策越来越多地决定着人们相互之间,人与国家、人与经济和人
与环境的关系,尽管最后一点不易发现。在种族隔离历史的许多
方面,环境的动态很明显。由于被隔离的空间是长期有人居住的
环境,某些环境可能使用方便,而另一些则是困难的,因此在分配
种族之间的领土时,隔离主义者会考虑环境质量及其潜在用途。
不仅仅是环境质量,现有的用途也是考虑因素,非洲土地利用的粗

---

① Desmond, *The Discarded People* (1971), 209.

放方式使得土地和供水源的充公更为容易。此外,种族隔离的结果是依托环境的。搬迁和重新安置迫使人们适应不同的新环境,这些不断的适应使受害者付出高昂代价。在库鲁曼地区,环境隔离就是没收黑人充分灌溉的土地和水源,并将其授予白人。对库鲁曼黑人的影响是人口向喀拉哈里迁移,导致剩下的大型保留地的水资源枯竭,粮食生产进一步减少。库鲁曼的种族隔离历史清楚地揭示了不同类别的人与环境相关方式背后的力量。事实上,这些关系是通过暴力手段来确立的。它还说明了对环境的考虑如何极大地丰富了对现有历史的理解。

部族的环境权利

环境隔离把非洲人作为部落主体看待其与国家的关系。马姆达尼认为,非洲人的部族定义源于管理殖民财产所面临的挑战。因此,殖民地政府将非洲人归为"无法摆脱习俗的世界"。[1] 习惯法和间接统治将农村非洲人与国家关系特别化,截然不同于欧洲殖民者或非洲城市精英。通过扭曲部落习俗的两个方面影响强制移民的过程:公共土地保有权和间接统治。土地的公共保有权使得国家可以直接处理社区问题,而不需要与可以为自己的权力争取谈判机会的个人打交道。因此,对成千上万的人的驱逐比对个人更容易,因为他们的集体命运可以由一个过程决定,这一过程会产生一个定论。公共保有权还缓冲了农村社会对市场力量的影响,并引导国家利用物理环境力量。间接统治使得非洲人不具有公民式权利,并将其委托给一个没有社区问责制的专制政府。

因此,若要了解库鲁曼地区的环境隔离,有必要首先了解联邦的领土、行政和政治分别发展及其在开普省的变化。[2] 1910 年建立

---

① Mamdani, *Citizen and Subject* (1996), 21.

② Dubow, *Racial Segregation* (1989); Marion Lacey, *Working for Boroko: The Origins of a Coercive Labour System* (Johannesburg: Raven Press, 1981); Deborah Posel, *The Making of Apartheid, 1948—1961* (Oxford: Oxford University Press, 1991).

南非联邦的协议规定了三个省的基于种族的公民权。它限制了开普省非洲人基于财产的特许经营权,仅通过治安法官对白人和黑人实行统治,并仅限于该省。因此,其政治和行政制度在越来越趋向隔离和间接统治的国家中属例外。1913 年"原住民土地法"确立了黑人可以合法拥有土地的"预定"区域时,隔离主义的倾向已经变得非常明显。其对土地购买的限制对南非许多地区的黑人耕作产生了不利影响,尽管其不在库鲁曼地区。贫穷使得库鲁曼地区的黑人很少能获得土地——1911 年,黑人在整个地区只拥有四个农场。[1] 事实上,在 1917 年,法院裁定《原住民土地法》不恰当地干涉了特许经营权,土地购买禁令成为一个有争议的问题,其条款在开普省就此搁置。[2] 由于开普省的政治权利是通过土地所有权获得的,所以废除这些权利在领土分割过程中是必要的。随后的几年里,白人政客、他们的选民、黑人精英和官僚机构的不同部门就种族隔离的程度和土地的划分进行了旷日持久的谈判和斗争。[3]

随着 1927 年"原住民管理法"的通过,行政隔离越来越多,该法规否定了家长式协商传统,并将习惯法和政府公告作为统治非洲人的基础。它宣布总督是"所有原住民的最高酋长"(在德兰士瓦,纳塔尔和奥兰治自由州,但不包括开普省),并赋予他通过法令来统治非洲人的权利。它将非洲人置于原住民事务部的管辖,而不是司法部的管辖之下。它没有将酋长作为治理非洲人的关键,而是通过将习惯法确立为非洲人的法律法规,并赋予非洲酋长和

---

[1] UG22 - 16, *Report of the Natives Land Commission*, Vol. II, 104 - 105, 107. On the Natives Land Act, see Sol T. Plaatje, *Native Life in South Africa: Before and Since the European War and the Boer Rebellion* (Johannesburg: Raven Press, 1982); Lacey, *Working for Boroko* (1981); Keegan, *Rural Transformations* (1986), 182 - 195.

[2] Dubow, *Racial Segregation* (1989), 132.

[3] C. M. Tatz, *Shadow and Substance in South Africa: A Study in Land and Franchise Policies Affecting Africans, 1910-1960* (Pietermaritzburg: University of Natal Press, 1962), 27 - 37; Lacey, *Working for Boroko* (1981), 19 - 35; Laurine Platzky and Cherryl Walker, *The Surplus People: Forced Removals in South Africa* (Johannesburg: Raven Press, 1985), 82 - 93; Murray, *Black Mountain* (1992), 122 - 128.

头人所把控的非洲法院对少数事务的管辖权,从而隔离了司法系统。[1] 然而,开普省基于财产的公民权继续为黑人参与国家政治提供不一致的可能性。1936 年,两项立法取消了这一例外。首先,"代议人"法案废除了不区分种族的基于财产的公民权。土地所有权从而与投票权脱钩,同时通过的"原住民信托和土地法"禁止非洲人购买私人土地。为了补偿对公民权的废除,"信托和土地法"规定国家将分配给黑人的地区从 7% 增加到 13%。[2][3] "信托和土地法"还赋予南非原住民信托基金(SANT)非洲土地所有权,使其成为国家在土地事务中的代表,并约束黑人如何使用土地。虽然公民权和私人土地所有权的废除对库鲁曼人几乎没有任何影响,因为很少有黑人拥有过土地、投过票,但失去这些权利的交换条件改变了这个地区。为了弥补失去的投票权,该法案规定政府要在"释放"地区购买用地供黑人使用,但在库鲁曼购买土地的数额不成比例。对释放地区的购买削弱了黑人对河谷保留地的控制。在未来的几十年中,隔离变得更加极端,20 世纪 20 年代和 30 年代的这些以种族为基础的权利限制足以使当地白人在水权争夺中胜过黑人,并开启强制移民进程。

"库鲁曼之睛"的白人化

1910 年以后的十年里,一种种族和空间的特定结合,在库鲁曼河谷上游造成了一个异常的情况:在那里,人们通过私有制和现代工程实现了更多的水资源利用,但由于种族隔离,唯一可以实现这一目标的是白人。无可争议,"库鲁曼之睛"是该地区最宝贵的资

---

① Lacey, *Working for Boroko* (1981), 97 – 101; Dubow, *Racial Segregation* (1989), 115 – 116; Rich, *State Power and Black Politics* (1996), 31 – 36; Evans, *Bureaucracy and Race* (1997), 168 – 169, 178.

② 这片土地是渐次购买的。到 1960 年时,信托基金购买了 4 107 369 公顷;2 102 098 公顷释放区域未购买。

③ Tatz, *Shadow and Substance* (1962), 99 and 204, note 6.

源,因此,1886 年的"土地清理计划"在"睛泉"上设置了一个城镇。最终,白人定居在那里,他们利用种族特权,使自己生活在干旱地区最大河流的源头。在喀拉哈里的边缘地带,"库鲁曼之睛"令人印象深刻,但它实际上只是巨大干燥环境中的一缕涓涓细流。不幸的是,由于白人在上游开发利用了水源和土地,所以居住在下库鲁曼原住民保留地的黑人,发现自己处于一个更加干燥的环境中,而且根本没有办法进行任何形式的灌溉。"库鲁曼之睛"白人化的故事,中断了库鲁曼地区原有的故事叙述,使得人们的目光聚焦在上游河谷。

英属贝专纳兰土地委员会认可了伦敦宣教会对"库鲁曼之睛"的水权,但将其和 27 677 公顷的周边地带作为库鲁曼皇家保留地,等待国家未来的处置。有人建议政府在索丁伦敦宣教会财产之下的皇家保留地建设灌溉工程,并将其向所有种族的农民出租或出售。不过,英属贝专纳兰政府并没有执行这一计划,是因为考虑到伦敦宣教会的反对意见,即该项目将会取代现有居民。[1] 正如第四章所讨论的那样,居住在库鲁曼皇家保留地的人对土地的权利没有得到保障。1895 年马修斯委员会允许在帝国吞并之前的居民仍然作为租赁人,但该地区的最终处置仍然悬而未决。1898 年,库鲁曼皇家保留地进行了地图绘制,并对可能的工程进行了分析。[2] 然而,由于对贫困白人农业贴补的矛盾心理,官方推迟了行动。地方治安官在 1903 年解释说:

> 当地条件不利于欧洲人定居。产品市场有限,资本无法得到有效的投资回报,唯一可能的欧洲人将是"贫困白人"。在这样的地区,引入这个阶级的后果将是可悲

[1] BPP C 4889, *Land Settlement in British Bechuanaland*, 95 – 96; CTAR BCC 116, Surveyor General Watermeyer, December 17, 1895.

[2] LMS 55/1/A, J. Tom Brown, June 20, 1898; CTAR LND 1/1730, Secretary for Public Works, February 2, 1900.

的。他们将被从事类似职业的当地人包围,其中许多人
会比他们更富裕,有更高的生活水准。[1]

开普政府调查了"库鲁曼之睛"和伦敦宣教会庄园之间的 31 个地块;
然而,他们仍然不开发,只临时出租,没有种族条件限制。[2] 1911 年,
以沃斯(M.C.Vos)为代表的开普省委员会维护了库鲁曼皇家保留地的
居民权利。[3]

　　非种族主义和要援助贫困白人的矛盾心理,与隔离主义无法
兼容,在联邦成立后无法维系。[4] "开普敦殖民地私人地方法"
(1909 年第 32 号)增加了税收,迫使传教区于 1910 年驱逐居住
者。[5] 1913 年,伦敦宣教会南部的库鲁曼皇家保留地设立了管辖权
超过 6 380 公顷的库鲁曼管理委员会,这导致了突变。1916 年,库
鲁曼成为一个有议会和市长的行政市[6],这个机构给当地白人提供
了追求他们在皇家保留地中利益的机制。

　　1917 年,为开展传教活动,市政府要支付 9 500 英镑的灌溉服
务时代结束了,尽管社区保留了对 17 公顷上的教会和其他建筑物
所有权[7],但市政府拆除了莫法特的原始大坝并在"库鲁曼之睛"下

① CTAR 1/KMN 10/4, Resident Magistrate Lyne, June 29, 1903; CTAR LND 1/730, Native Affairs
　　Assistant Secretary, January 21, 1902.
② LMS 64/2, J. Tom Brown, April 4, 1904 and August 10, 1904; CTAR Public Works Department 1/5/
　　28, B44 Annexure J, n. d. 1905; NAR Land Department (hereafter LND) 1/710, Surveyor General,
　　December 7, 1908; NAR NTS 4368 268/313, M. C. Vos, Report on the Kuruman Crown Reserve,
　　August 26, 1911; NAR Irrigation Department Series [hereafter IRR] 801/08, map "Kuruman River
　　Irrigation," February 2, 1917; NAR LND 1/710, Surveyor General, December 7, 1908; and Snyman,
　　Kuruman (1992), 87 – 88.
③ NAR NTS 4368 268/313, M. C. Vos, August 26, 1911.
④ 关于分离库鲁曼保留地和"库鲁曼之睛"水源的更多讨论,参见 Jacobs, "The Flowing Eye: Water
　　Management in the Upper Kuruman Valley, South Africa, c. 1800 – 1962," *Journal of African History* 37
　　(1996): 237 – 260。
⑤ The act was Number 32 of 1909. On Cape Location Laws, 参见 Bundy, *Rise and Fall of the Peasantry*
　　(1979), 134 – 137. 邦迪认为 1909 年的法律是 1913 年土地法的前身。Lacey, *Working for Boroko*
　　(1981), 123 – 124. 关于这次任务中的事情,参见 LMS 72/5, J. Tom Brown, March 14, 1910; LMS
　　72/7, J. Tom Brown, September 1, 1910; LMS 72/8, J. Tom Brown, October 10, 1910。
⑥ Snyman, *Kuruman* (1992), 100 – 101, 106.
⑦ Snyman, *Kuruman* (1992), 107; MMT, Memorandum of Agreement between the London Missionary
　　Society and the Municipal Council of Kuruman, February 7, 1917.

面建造了新的灌溉工程。市政灌溉项目中第一批的 130 多个地块于 1918 年投放市场。① 库鲁曼镇的隔离伴随着这一发展，1918 年，城市驱逐了"库鲁曼之睛"中的盖斯葛尼恩、茨瓦纳人和有色人社区，理由是洗手间设施不足，以 400 英镑补偿。② 城镇中心确保了白人领域地位，剩下的皇家保留地则成为被争夺的地带，黑人使用，白人想要得到，联合政府对谁应该拥有付诸空谈。

库鲁曼皇家保留地的地位不明确。它有许多黑人居民，其中包括被削减的传教区之下的索丁社区。1920 年地政总署出售其辖下的 9 105 公顷皇家保留地，包括索丁，市政当局通知居民必须接受赔偿并离开，索丁社区了解到 1895 年马修斯委员会所赋予的权利和 1911 年的沃斯裁决后予以拒绝。市政当局在金伯利的西格里夸兰最高法院提起诉讼。伦敦宣教会传教士詹宁斯（A. E. Jennings）组织了一次有力的防守，1919 年，沃斯担任内政部长，③1921 年回到了调解方案。沃斯对该市没有多少同情，称其行动构成了"市政拿伯葡萄园，毫无疑问"④⑤，取消销售，他只承认该市所购买的伦敦宣教会遗产的东西方 2 570 公顷的牧场。在河谷沿岸的索丁黑人得以留下。他还把库鲁曼皇家保留地纳入了原住民事务部的管理，尽管领土并没有正式成为本地人保留地。⑥⑦

① NAR NTS 4638 268/313, Director of Irrigation, June 19, 1924; *Northern News* (Vryburg), "Kuruman Kuttings," February 6, 1918 and August 3, 1920; Snyman, *Kuruman* (1992), 149.
② Snyman, *Kuruman* (1992), 107.
③ Dubow, *Racial Segregation* (1989), 79; Rich, *State Power and Black Politics* (1996), 26, 29.
④ 参见《圣经·列王记上》第 21 章，1—2 页关于以色列王亚哈设计了拿伯之死，以方便继承其葡萄园的故事。
⑤ NAR NTS 4368 268/313, M. C. Vos, July 15, 1921.
⑥ 1925 年市政府试图购买保留地的北部，拟议的 1927 年"当地土地（修订）条例草案"将其定为白人地区，但该法案未获通过。尽管一直有人试图扭转沃斯的决定，但他定下的分界线一直保留着。1977 年，它成为博普塔茨瓦纳和"白人"南非的边界，自 1994 年以来，它把新的西北省和北开普省份隔开。
⑦ 参见 correspondence in NAR NTS 4638 268/313。相关地图可参见 2/KMN 13/43 N 9/15/3/2, July 9, 1948。

睛泉地区的种族隔离

随着土地分配的确定，环境细分的斗争才刚刚开始。库鲁曼皇家保留地的居民保留了对土地的权利，但居住在下游的黑人无法阻止白人享有优先水权，在其上游使用水资源。库鲁曼地区，夏天是雨季，但也是高热和高蒸发的季节。在 1923—1924 年的夏季，市政工程的超量用水造成了索丁的严重缺水。[1] 在城市灌溉工程建设之前，季节性缺水已经存在[2]，但"库鲁曼之睛"在皇家保留地的北部总体上是可靠的水源。1917 年的测绘地图显示距离原教区边界超过一公里的莫法特大坝渠沟清晰可见。下面是另一座水坝，几条短沟，以及沿河的耕地，直到库鲁曼皇家保留地的北部边界（见图 7.1 和图 7.2）。[3] 1918 年的市政灌溉项目开始于"库鲁曼之睛"下方，服务于比教区渠沟更多的庄园。因此，垄沟通常在城市边缘处是干燥无水的。索丁的头人加尔博 1941 年这样描述了这个问题。

> 冬天有足够的水用于家庭和牲畜，但对我们的小麦作物来说还不够。在夏天，我们没有水，我们必须从传教站取水供生活使用[4]……在白人获得原属于教区的土地之前，睛泉的水可以流到玛罗坪——距离这里十英里，那时我们有足够的水用。[5]

---

[1] NAR NTS 7933 165/337, A. E. Jennings, December 3, 1923.

[2] 据 D. G. Beare 对库鲁曼地区的勘测，1897 年，"库鲁曼之睛"的水可以流到下游 40 英里处。CAB KMN 10/1, February 16, 1897. 相比之下，传教士布朗在 1900 年报告说，缺水，他不得不在晚上灌溉。LMS 58/3, J. Tom Brown, September 18, 1900.

[3] NAR IRR 801/08, map, February 2, 1917.

[4] 他提到的教务站是由最初房产的一小部分：有教务舍房、学校和教堂。这是莫法特布道所现在的所在地，系伦敦宣教会将灌溉土地出售给市政当局后的仅有保留。

[5] NAR NTS 6882 165/337, Galeboe's testimony to the Native Affairs Commission, May 16, 1941.

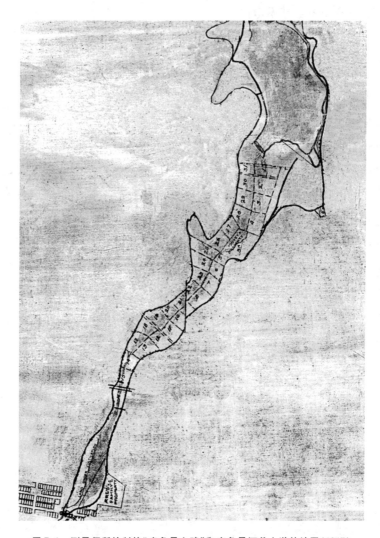

图 7.1　测量师所绘制的"库鲁曼之睛"和库鲁曼河谷上游的地图（1917）

　　这张地图和图 7.2 显示了库鲁曼河及其沿岸 1917 年的田地。注意图 7.2 中的"乡村"（西岸的索丁）和下游的"耕地"。图 7.1 中的黑线显示了拟议的城市灌溉计划，这将剥夺非洲耕作者下游的水源。

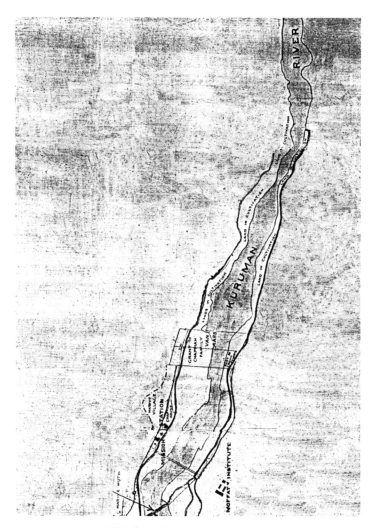

图 7.2　测量师所绘制的位于教区之下的库鲁曼河谷地图

　　大部分教区的出售已经将水权从伦敦宣教会转移到了市政机构。[1] 这种转移忽视了这个事实,即一个世纪的使用所确立的黑人耕种者的索求权。对索丁的合法权益的认知可能促使了市政府进

[1] MMT, Memorandum of Agreement between the London Missionary Society and the Municipal Council of Kuruman, February 7, 1917.

行谈判。1924 年他们提出,如果索丁人分担改造成本的五分之一,以防止水源渗漏,并通过用混凝土沟渠来增加供水,则可以参与五分之一水量的共享。① 詹宁斯反对该计划,认为"如果他们支付 600 英镑来维修别人的财产,那么他们可以被允许享用无可争议的水权"。此外,他继续指出,索丁人"没有这么多的财富,即使算上他们全部的牲畜"。② 他们 20 世纪 20 年代一直在谈判,但水权斗争从未进入法庭。政府部门给予了考虑但拒绝提起诉讼,有人认为,即使索丁的第一批灌溉者确立了先前的权利,土地所有者是否可以继承水权仍然是不确定的。③

1939 年的情况发生了变化,当时包括索丁在内的库鲁曼皇家保留地的北部最后被指定为非洲人地区,并交给了南非原住民信托基金。④ 詹宁斯于 1930 年离开库鲁曼,最后一个在库鲁曼的伦敦宣教会传教士汉弗莱·汤普森(Humphrey Thompson)没有政治主张。他只是认识到隔离发生在更大的范围,并担心以激进的方式主张黑人权利的后果,也担心黑人会被完全赶出上游河谷。他反对对水权的诉讼,反对对黑人社会的妥协,哪怕只是"库鲁曼之睛"的五分之一水量。⑤

相反,他提出了一个新的方案来解决争端,既不是诉讼也不是调停,而是一个技术性的解决方案,为索丁钻井替代地表水供应。政府同意这样做。事实上,原住民事务处接受了这一昂贵的解决方案,大自然提供了充足的地下水资源,下游用户已经确立了权利,且那里几乎无法通过耕作的方式牟利,这揭示了法律解决方案的高政治成本。官员们确认了五分之一水量,并说这是由索丁

---

① NAR NTS 4638 268/3/3, Director of Irrigation, June 19, 1924.

② NAR NTS 6882 165/337, A. E. Jennings, September 1, 1924.

③ NAR NTS 6882 165/337, Native Affairs Acting Under Secretary, May 27, 1931; CTAR Provincial Administration [hereafter PAS] 2/747 L52 C4, Cape Provincial Secretary, June 23, 1924.

④ NAR NTS 6882 165/337, Native Affairs Secretary, October 18, 1939.

⑤ MMT, H. C. Thompson 1939 report for Kuruman; NAR NTS 6882 165/337, H. C. Thompson, January 25, 1940.

人提出要求提供的水量——但不是来自"库鲁曼之睛",而是通过钻井。索丁社区的领导人反对放弃基于伦敦宣教会和原住民事务处的合法要求:

> 我们得到了超过市政府许诺的水量,但我们没有为我们的耕地争取到足够的水……汤普森先生向我们建议,要求政府给予我们独立的水源供应,打下井眼……但我们不能靠钻井灌溉我们的土地,我们希望政府能够给我们一部分来自"睛泉"的水来灌溉我们的土地。我不记得有人说,如果我们有钻井,我们将放弃对"睛泉"供水的要求,以避免与欧洲人的摩擦。我们希望钻井确保我们的家居用水,但仍然希望从"睛泉"中获得一定份额的水用于灌溉。①

尽管加尔博反对,但鉴于政治气候,如果索丁要求得到任何水源,它将只能来自工程师而不是律师。1948 年,一名白人居民对以自然环境条件为界的隔离直言不讳:"这里没有足够的水来进行道德划分。"②今天下游 30 公里外的耐克文人将市政用水列为造成他们目前生活困难的一个原因。③

不幸的是,技术无法代替大自然的慷慨。在白云石中找水是困难的,而在 20 世纪 40 年代更是如此,因为找水技术很初级,且伴有干旱。④ 从 1941 年到 1948 年,原住民事务处搜索并在距离"库鲁曼之睛"不到 8 公里的地方发现了很少的地下水,在钻了两个成功的井之前有五个以失败告终。规划师将种植园的预计

---

① NAR NTS 6882 165/337, Galeboe's testimony to the Native Affairs Commission (NAC) May 16, 1941.
② NAR NTS 6882 165/337, Testimony of J. Robinson of Landbou-Unie to the NAC, December 9, 1948.
③ Interview A at Seodin and Interview F at Ncweng in Appendix C3; Interview with Edward Motlhabane in Appendix C2.
④ Interview with Eddie van Wyk in Appendix C1.

面积从 30 公顷缩小到 24 公顷。一旦抽水开始，井下水位下降，水资源供应就会减弱。[1] 原住民事务处通过农业推广补充钻井，人们开始沿直线生产，但在 1942 年，50 或 60 名索丁地主中只有一人以种植业为生。[2] 到 1959 年，只有 32 名土地拥有者，粮食产量低于其他库鲁曼保留地的农民。[3] 显然，技术解决方案不足以维持粗放生产或创造集约化粮食生产。

同样，对市政灌溉系统的投资也没有能够创造出强大的商业生产。从一开始，当地的农产品市场就很小。此外，交通不便、地块面积小、水资源分配不均衡使得只有少数地主成为商业农民。[4] 许多生产者只得在干旱的土地上靠养殖谋生，并在库鲁曼河沿岸种植饲料作物紫花苜蓿（南非的"苜蓿"），但苜蓿的种植获利无法抵消建设市政工程的成本。

库鲁曼市对灌溉设施的改进解释了南非白人农业在黑人粮食生产停滞不前时取得成功的原因。原因不在市场，而是国家支持和维护白人灌溉，授予他们土地和水源，剥夺黑人权利。更重要的是，它使得白人能够独自使用水源。因此，白人实现了黑人农民无法实现的发展。集约化灌溉需要资本、精密技术，以及负责建设共同基础设施和调节水权的中央机构。这些需求造成了大规模灌溉与强权政府之间的密切历史性关联。[5] 来自"库鲁曼之睛"的灌溉范围与古代亚洲或现代美国西部的巨大工程无法比拟，当然库鲁曼也有小规模的灌溉没有国家干预。然而，在南非，是国家动员起来改变种族和自然景观。联邦政府不是大规模地开发灌溉，而是依据种族，通过授予土地，融资开发，提供专业知识，分配土地和调

---

[1] NAR NTS 6882 165/337, correspondence on Seodin boreholes, 1941—1948.

[2] NAR NTS 7846 36/336, Native Commissioner Coertzee, April 4, 1942; CTAR 2/KMN 54 8/20/2, Additional Native Commissioner, May 20, 1948; and CTAR 2 KMN 54 8/20/3, Tussentydse Komitee Besproeiingskema, Kuruman Distrik, October 21, 1951.

[3] Breutz, *Tribes of Kuruman* (1963), 64.

[4] Snyman, *Kuruman* (1992), 110, 230.

[5] 关于水利协会的环境意识论文，参见 Worster, *Rivers of Empire* (1985)。

节用水。这种协助使白人能够强化他们的灌溉生产并以剥夺黑人土地和水权为代价。虽然早期政权对于"贫穷白人"有价值地使用灌溉土地的能力持矛盾态度,但到 20 世纪 20 年代,联邦政府正在加大投资,并使其获得相对于黑人耕种者的进一步优势。[①]

粗放农业遭遇农业扩展

白人在库鲁曼上游地区的集约化耕作愈演愈烈,库鲁曼皇家保留地下游黑人地区的地位受到质疑。1924 年,地方治安官提议迁移下库鲁曼保留地居民,并将土地转移给白人定居者。作为交换,他建议给予保留地人员适合放牧的旱地。他对自己的建议提出了一贯的辩护,即黑人对保留地利用率不高:"原住民几乎不做任何耕种,尽管他们拥有该地区最好的农地。"[②]联邦政府没有认真地考虑这个提案。原住民事务委员会以一次关于集约化历史的讲座给予了拒绝。

> 这些考虑不是新的,也不仅仅发生在库鲁曼地区,在联邦的许多其他地方都有无数次的提出。虽然从表面上看,它们可能看起来还是很有吸引力,但还有应该且必须予以考虑的其他方面。确实,贝专纳兰原住民(和他在其他地方的兄弟一样)是牧民,而不是农业人员,但这在很大程度上是过去的影响和环境条件作用的结果,不应该归结说贝专纳兰会始终保持不变。例如,随着人口的增加,获得必要的生存资料所需的金钱以及教育等力量已

---

① 库鲁曼市政灌溉计划是大萧条时期在塔昂附近打算为白人提供救济而建造一个更大的瓦尔–哈茨项目的前身。Shillington,"Irrigation, Agriculture and the State." *Putting a Plough to the Ground* (1986), 311–335.

② NAR NTS 7752 22/335, Magistrate Viljoen, October 2, 1924. 关于粗放耕作和土地转让之间联系的观察,参见 Bundy, *Rise and Fall* (1979), 188; Ballard, "Rinderpest," *The International Journal of African Historical Studies* 19(1986):449。

经发挥作用,这些力量迫使联邦其他地区的原住民扩大他们的农业活动。人们认为,英属贝专纳兰的原住民没有感受到或最多在很小程度上感受到了这种力量。

代表家长式的道德观,原住民事务委员会重弹了集约化的老调,声称政府援助可以改善灌溉。

> 非营利性占有不是仅由原住民所犯的常见"罪行",在每个社区都大力起诉这种犯罪之前,因原住民犯下这种"罪行"而将其驱逐,并替换为欧洲农耕者这种做法似乎很难站得住脚,自联邦成立以来,他们一直得到使用政府设施的支持,而原住民却被禁止使用。直接用于欧洲人农业发展的大量公共资金支出与用于本地农业需求的微薄支出不可比拟。应该采取措施,不仅在下库鲁曼保留地,而且在所有原住民地区,敦促、教授和鼓励当地人充分利用农业发展可能性,并采取"质量"标准来限制他们对牧区家畜"数量"的追求。①

1904 年,茨瓦纳作家索尔·普拉杰(Sol Plaatje)就促请政府通过投资水资源和延伸服务来促进更加集约化的农业生产。② 第一任原住民农业主管桑顿(R. W. Thornton)1929 年被任命③,但是在联邦早期,白人的土地和劳动力不足不利于保留地的粮食生产投资。面对这样的压力,家长式和同化主义观点很难为非洲人建立延伸服

---

① NAR NTS 7752 22/335, Native Affairs Commission, November 5, 1924.

② South African Native Affairs Commission, Volume 4, *Minutes of Evidence* (Cape Town: Cape Times, Government Printers, 1904), 265 – 256. 关于库鲁曼,另参见 *Northern News*, "Natives and Dryland Cultivation," December 3, 1913; NAR NTS 6318 23/218, Superintendent of Natives Brent, April 10, 1928。

③ Dubow, *Racial Segregation* (1989), 95.

务。是 20 世纪 30 年代的重大经济和环境危机,引起对农村崩溃的担忧,才促进了对库鲁曼地区的投资。1930—1932 年间的原住民经济委员会对这种可能性表示了担忧。在全国各地的保留地调查中,原住民经济委员会观察到了大萧条的严重后果。它于 1932 年发布了一份报告,描述了低产量和不可靠的耕作方法。最重要的是,它警告说,糟糕的农业生产可能会使黑人人口从保留地大量迁移到城市,而城市是白人地区。桑顿警告说,"黑人贫困问题严重",他构建了投资非洲集约化农业的新动力。①

1931—1932 年的粮食短缺期间,国家发放紧急口粮。1932 年,桑顿访问了库鲁曼,并建议国家采取行动,确保更稳定的粮食生产。② 政府部门的水利工程师也视察了保留地并评估了改善灌溉的可能性。基于这些建议,1933—1934 年间,原住民事务处在玛洛彭、波切切莱萨、曼尼汀、科农、巴塔拉洛斯和弗拉克方丹/卡贡建立了专门的工程项目。工程师通过测量水流量,计算出可以灌溉的土地面积,并根据其位置高度和坡度规划周边田地,建造了混凝土犁沟,以消除渗漏。一份 1937 年受到好评的报告称,这些项目的水量已经可以灌溉 469 公顷田地。地块面积从四分之一摩根(Morgen)到一摩根③不等,每个项目都雇佣了黑人农业耕作示范者。④

但这些灌溉土地的产量无法与白人农地或农业示范者耕作的地块相提并论。据推测,白人农民和示范者更多地使用肥料和除草剂,而建设灌溉工程并没有为黑人家庭创造足够的条件来实施这些集约化技术:

---

① 引用自 Dubow, *Racial Segregation*(1989), 69. See also Beinart, *Twentieth-Century South Africa*(1994), 117 - 118。
② NAR NTS 7846 36/336, Director of Native Agriculture Thornton, May 20, 1932. 这个档案中包含有许多关于建立灌溉项目的信件。
③ 土地面积单位,合 0.856 5 公顷。
④ 参见 NAR NTS 7930 159/337。

在很多的情况下,这些工程项目没有得到充分利用,是因为原住民不会充分利用灌溉地。可能只有他们得到更好的培训后,才能够从自己陷入的精神麻木中走出。引用一个例子,在曼尼汀这个地方,我们看到运河水量充足,但实际上水没有得到利用,只是让它白白地从干旱的草原上流过而已……去年,曼尼汀当地人于60摩根土地只是收获了约10袋小麦和不足100袋的玉米。而威塞尔斯(Wessels)先生,拥有毗邻的农场马格佩雷,于10摩根土地收获了300袋小麦,180袋土豆和155袋玉米。①

到1939年,所报告的灌溉面积已经下降到197公顷。② 1940年,一个原住民事务处农业官员对比了农业示范者和保留地人员的粮食产量:"示范者平均每英亩成功收获5袋玉米,而在相邻的地块上,按照原住民的方法,平均每英亩只有2袋的产量。原住民开始意识到有必要正确地耕作地块,因此在这方面有很大的改善。"③

集约化耕作没有发生,因为在前几十年中反对的力量仍然很强。这些力量包括贫瘠土地缺乏购买必要肥料的资金,劳动力短缺和使用权不稳定。政府推广政策也导致了失败,因为它将耕种的目的变为维持生计。官方预期是:灌溉会增加食物供应、改善饮食结构、提高健康水平,并因此提高人口的劳动力和生产力。所以,国家大力推动蔬菜种植项目,尽管事实上"他们说,烟草种植更有利可图",而且人们似乎并不喜欢吃除包菜之外的任何东西。④

---

① NAR NTS 3007 368/305, Assistant Director of Native Agriculture, Northern Areas, n. d., probably October 1937.

② NAR NTS 7930 159/337, Deputy Director of Native Agriculture, April 12, 1939.

③ NAR NTS 1947 256/278 III, March 31, 1940. 在第二次世界大战期间,因为粮食短缺,政府提供种子和围栏,人们种植蔬菜。NAR NTS 7351, 3, 176/327,参见1941年和1942年的农业扩展报告。

④ NAR NTS 7351 I, 176/327, Extension Officer Hensley, November 1933.

今天读来,官员对种菜的执着是顽固的,但属于一种误导:

> 当地人种植了一季的蔬菜,但没人吃它们。当他们
> 发现人们对蔬菜的需求很小后,拒绝再次种植,并投入烟
> 草种植,因为他们找到了现成的市场。这个小插曲使得
> 他们不屑于为自己和家庭的长远利益作打算。[1]

相比之下,烟草可用来与农场白人和干旱保留地的人以货易货。与
19 世纪 20 年代一样,种植烟草并将其换成牲畜是将易腐烂的收成转
变为持久财富的方式。[2] 即使耕作的产量低于农业官员预期,灌溉
也为库鲁曼人提供了补充生计。巴塔拉洛斯的人们告诉我们,部落
参与了维护灌溉工程项目,而且当地头人控制着水资源的分配。[3] 烟
草和水果对于家庭的预算来说非常重要,而耕作只是增加了一些
粮食。

　　1944 年一份关于保留地天然水源的报告重申了利用不力和滥
用的问题,并提出了进一步发展泉水"沙漠宝石"(gems of the
desert)的计划,用于灌溉和为人类、牲畜提供清洁用水。[4] 1951 年,
一个委员会在库鲁曼进行了灌溉项目调查并给出了一份令人沮丧
的报告:对灌溉者的监督力度不足,一直是传统旧式耕作。正确灌
溉和"疏于管理"之间的对比老调重弹,它强调失去的机会:"非常
遗憾的是,灌溉计划对本地干旱地区的重大改善作用遭到了忽
视。"[5]这是最后一次家长式说教:非洲人应该转变为集约化的生
产,委员会坚信这个国家可以开启变化。

---

① NAR NTS 3007 368/305, Assistant Director of Native Agriculture, Northern Areas, n. d. , probably October 1937.

② Interview B with Isaac Seamecho in Appendix C1.

③ Interview A at Batlharos in Appendix C3.

④ NTS 7931 159/337, Assistant Native Commissioner, Kuruman, November 22, 1944.

⑤ NAR NTS 7933 165/337, Tussentydse Komitee Besproeiingskema, Kuruman Distrik, October 3, 1951.

与前几十年一样,官方认为,粗放的农业生产是非洲贫穷的深层原因,而不是其表面症状。在许多方面,关于粗放耕作的原因(懒惰)和后果(贫穷)的讨论是 20 世纪初的创伤期白人对非洲耕作方式的反应再现。在白人观察家的眼中,非洲人对灌溉资源的忽视一直是一种失败。传教士认为,这有道德上的后果,家长式的行政人员对经济后果感到担忧,但隔离主义国家与之前不同：他们惩罚灌溉不力。随着隔离政策的加强,宣教/家长式集约化生产方式劝导式微。种族隔离政策开始实行强制拆迁和改造,河谷地区的集约化生产与隔离政策之间的矛盾越来越明显。一份 1952 年的备忘录指出："不能说维持这样小的灌溉计划是与信托地区的农村规划相契合,那里的本土居民安置密度过大。"[1] 地方治安法官 1924 年关于从河谷迁走非洲人并将他们安置在干旱高原上的论点在本节开头已经引用,正在获得认可。在种族隔离期间,政府之所以干预黑人与环境之间的关系,绝大部分是为了促进畜牧业和实现更大程度的隔离。粗放耕种承受了代价,几个河谷保留地深受其害。

回避信托

"原住民信托与土地法"规定,联邦政府要购买 6 209 625 公顷土地加入非洲地区,其中包括开普省的 1 384 104 公顷土地。在库鲁曼地区,信托最初提议购买 399 384 公顷。因此,令人吃惊的是,开普 43% 的解禁区域和全国 6% 的解禁区域都在库鲁曼,1936 年的人口普查只统计了黑人总人口的十分之三。[2] 至少可以说,原住民事务处在库鲁曼寻求如此多的土地这一事实令人好奇。即使是在

---

① NAR NTS 6882 165/337, unsigned memo in Afrikaans, May 1952.

② 按省划分的信托区域,参见 Tatz, *Shadow and Substance* (1962), 99。库鲁曼土地收购的统计数据来源于 NAR 3007 368/305, Native Affairs Commission, October 6, 1937. 1936 年库鲁曼的官方黑人人口普查统计了 24 477 人(见图 6.1)。全国总数为 6 595 597 人。参见 Beinart, *Twentieth-Century South Africa* (1994), 262。

1937 年就这个问题举行听证会的原住民事务委员会也对这个原因感到困惑,我们只能猜测其动机。也许这个信托基金在库鲁曼地区寻求这么多土地,是因为金合欢草原比降水更多、更拥挤的地区便宜。或者,动机可能是为了减轻库鲁曼地区不成功白人农民的财政困难,但如果是这样,通过解禁农场来收购黑人土地所造成的意料之外的后果就是降低了土地的市场价值。担心于原住民信托收购自己土地的可能性,解禁区域的白人农民请求立即收购他们的土地。

1938 年,原住民事务委员会提出了明确的建议,即减少库鲁曼地区的土地解禁面积,并利用这些资金在需求更甚的东开普省购买更多土地。[1] 在 1939 年至 1941 年期间的库鲁曼,南非原住民信托购买了 93 处地产,占地 104 493 公顷。[2] 此后,土地购买进展缓慢,到 1963 年,信托基金已经获得了 124 676 公顷,加之 267 776 公顷在保留地、皇家土地和“马掌形地块”农场土地。[3] 到 1964 年,购置的全国范围内的解禁土地已有 4 469 992 公顷,其中 641 562 公顷在开普地区。因此,由于南非原住民信托所购买的土地占全国土地的 3%,占开普省土地的 19%,库鲁曼解禁地区的比例仍然很高。[4] 购置的大部分农场位于该地区东北部的盖普高原,且连接着下库鲁曼、曼尼汀和波切切莱萨保留地。这些南非原住民信托土地最终为来自该地区东南部保留地和邻近保留地的社区提供了重新安置的空间,从而使库鲁曼的黑人人口能够向喀拉哈里迁移。

虽然库鲁曼保留地的人们已经申请到更多的土地,而且他们的畜群也在增长,但是他们没有利用他们可以利用的新领土。1941 年,

---

[1] NAR NTS 3773 2328/308, "Purchase of Land by the Trust in the Kuruman District," March 14, 1938; NAR 3007 368/305, Native Affairs Commission, October 6, 1937.

[2] CTAR 2/KMN 22 N 1/15/6, Assistant Native Commissioner, September 30, 1945.

[3] Breutz, *Tribes of Kuruman* (1963), 57 - 59.

[4] Muriel Horrell, *A Survey of Race Relations in South Africa, 1964* (Johannesburg: South African Institute for Race Relations, 1965), 161.

只有 20 个家庭生活在信托基金所购买的104 493 公顷土地上。[①] 事实上,因为很少有人在南非原住民信托基金的土地上定居,以至于在20 世纪 40 年代初,原住民事务处提出为来自希斯凯过度拥挤地区的人民提供定居补贴,但访问过库鲁曼地区的政府代表团推荐不力,结果只有两三个家庭申请。[②] 一位官员在解释库鲁曼人不愿意搬到农场的原因时说:"他们似乎像其他人一样被国家击垮了。"[③]

有相当数量的抑制因素妨碍人民从保留地迁移至南非原住民信托农场。首先的因素是环境,缺乏可灌溉的土地。此外,相较于保留地的土地使用,国家对南非原住民信托基金土地的使用强制执行了更大的限制:禁止旱地犁耕,保留地就没有限制(见第八章),这是阻止向南非原住民信托基金农场自愿迁移的主要因素。较大规模的畜群主也有犹豫的其他原因:只有 25 大型家畜单位可以免费放牧,超过就会征税,与保留地不同,那里的收费只适应于较大的畜群。尽管大多数家庭没有 25 个大型家畜单位(如图 6.3 所示)。较小规模的牧民本来就很不愿意让销售威胁到其畜群的生存能力,因此,在南非原住民信托土地上养肥畜群,让它们保持良好状态以供市场使用,几乎不会让牧民感到压力。畜群构成也是让人们留在保留地上的一个因素。由于草食山羊和绵羊的数量远远超过了放牧牛,即使河谷比南非原住民信托土地更繁茂,大多数畜群主也不愿寻求草源更多的牧场。1927 年时,牛与绵羊和山羊的比例为1∶2.9∶7.3;1946 年时,它是 1∶2.7∶6.5;1969 年是 1∶2∶4.4。[④] 山羊的持续主导地位和驴日益增加的实用性使人们生活在一个灌木更为繁茂的环境中。从保留地转移到南非原住民信托农场还有其他成本:离开亲戚、社区、学校、教堂和

① CTAR 2/KMN 22 N 1/15/6, Assistant Native Commissioner, September 30, 1945.
② See correspondence in NAR NTS 3079 1003/305 I.
③ NAR NTS 1947 256/278 Ⅲ, Agricultural Officer Hattingh, October 13, 1938. 他指的是在大型信托收购之前所获得的马掌形地块农场土地。
④ 参见附录 B。

河谷花园。放牧的好处不足以补偿这些成本。

　　由于库鲁曼人没有迁往信托土地的动力,而来自其他地方的人也没有动力前往库鲁曼,所以政府遇到了问题。南非原住民信托土地采购意图是提供更大规模的隔离空间。从长远来看,他们的定居点需要清理"黑人点",仅指定小块保留地划定白人区域。这样,土地和其上的草地也不至于浪费。1942 年发生的可怕干旱促使原住民事务处将库鲁曼、弗雷堡和马菲肯的未使用南非原住民信托农场租给白人畜群主,而到 1946 年,信托农场的白人拥有的动物数量比黑人更多。库鲁曼的南非原住民信托土地成为常规的放牧地,通常是以低价提供给白种人,直到 20 世纪 60 年代。[①]一些白人农民游说人们购买这些农场,原住民事务处的这些官员表示担心非洲人要么使用它们,要么失去它们。[②]

　　隔离政策的发展给库鲁曼河谷保留地的居民带来了新的压力。直到 20 世纪 40 年代,令人感到惊讶的发展是,国家对促进非洲人民集约用地的兴趣不大,而南非原住民信托已经获得了适合广泛放牧的巨大领土,并打算提供给非洲人使用。库鲁曼黑人已经变得很容易从水源充足的环境中被聚集起来,再被分散到南部的喀拉哈里。继 1948 年南非国民党(National Party)以种族隔离为竞选纲领之后,强化隔离的最重要一步随之而来。南非白人民族主义的愿景在 1961 年得到验证,当时该国成为南非共和国,取代了英国统治下的南非联邦。在那段时间前后,分隔政策进入了最后的、极端阶段——分别发展阶段。

被迫迁离黑人居住点和白人农场,1943—1963

　　对库鲁曼地区的种族迫迁,是种族隔离国家干涉环境关系的

---

① 关于出租土地给白人农民,参见 8134 377/340 Parts I−IV 中的信件。白人农民还在塔巴恩楚租用信托土地。Murray, *Black Mountain* (1992), 163.

② 有关这些关切的记录,参见 NAR NTS 7933 165/337, Meeting at Dikgweng with Native Affairs Commission, December 10, 1948。

最令人震惊的一个例子。它显示出对国家制约力量的不足,这种迫迁不考虑当事人的愿望、福祉或财产。他们对受害者产生了巨大的影响。对重新安置人员所采用的强制手段多种多样,不一而足。在思茅斯瓦纳,狄克文(Dikgweng)以及其他涉及白种工人的情况下,搬迁后更好的生活条件减轻了这个过程中的影响。在其他情况下,如科农、卡贡/弗拉克方丹、盖-特罗斯和马雷马纳,暴力威胁使人们感到恐慌,补偿标准不一,而且在其新定居地上的协助也不够。迫迁过程显然是一个环境变化过程。黑人失去了理想的河谷区块,得到的却是特别不适宜居住的受环境影响的区域。从黑人手中夺取的土地与规定给黑人或分配的土地之间的环境差异导致了补充性自给耕作的持续减弱。然而,强制迁移的意义超出了它们对粮食生产的影响。通过破坏人们的生活、人们的归属感以及与特定环境的关系,种族隔离统治国家既对黑人施加影响又控制了黑人。

在库鲁曼,种族迫迁是一项重新安排整个地图的艰巨任务。事实上,1886 年土地委员会分配给黑人的所有河谷环境中,只有三个——下库鲁曼保留地,巴塔拉洛斯和曼尼汀——在种族隔离时代幸存下来。根据官方统计,在库鲁曼,隔离主义国家废除了在库鲁曼皇家保留地的七个黑人保留地和村庄——思茅斯瓦纳、狄克文、库伊斯、科农、弗拉克方丹/卡贡、盖-特罗斯和马雷马纳,并迫使8 500 人移往南非原住民信托农地,虽然实际数量可能是记录数字的两倍(见图 7.3 和表 7.1)。此外,来自其他地区社区的大约1.2 万人也被重新安置在库鲁曼信托土地上。[1] 最后,整个地区的白人农场中有数千人迁入保留地。

---

[1] "富余人口项目"(the Surplus People Project),Forced Removals in South Africa (1983),3,89。据报道,从波斯特马斯堡、金伯利和弗雷堡地区迁出的人口有 2 000 人来自格罗纳瓦特,3 101 人来自迪塔瓦宁,3 000—6 000 人来自施密特滩和斯克方丹。表 7.1 所示的 1936 年人口统计来自国家档案馆本土事务系列 1947 年 256/278 Ⅲ,农业官员哈廷格,1938 年 10 月 13 日。1960 年以来的人口来自布卢茨《库鲁曼部落》(Tribes of Kuruman,1963),第 47 页。

　　历史学家认识到种族隔离早于 1948 年南非国民党的胜利,但那之前的隔离政策不总是涉及迫迁。1942 年 6 月,包括 268 人在内的 45 个家庭离开了思茅斯瓦纳保留地,获得了理想的南非原住民信托农场地块,它们位于波切切莱萨和下库鲁曼保护区东部支流之间的马特瓦伦河谷延伸段,称为新思茅斯瓦纳或埃伦达尔,这发生在信托基金购买农场之后。[①] 他们告诉社区与农村发展协会的调查人员,他们使用自己的驴车搬迁,政府没有提供临时住宿或货币补偿。新土地交通便利、水域开阔,人们适应得很好。虽然

图 7.3　库鲁曼地区的隔离土地

对应保留地编号,见表 7.1。

---

① 19 世纪 80 年代,它们是该地区第三个、第四个、第五个白人定居农场,这很明显地说明了这些地方是理想区域。Snyman, *Kuruman* (1992), 57.

他们希望能够得到政府的更多服务,但他们认为,自己在新领土上的生活实际上比旧思茅斯瓦纳保留地有所改善。[①] 幸运的是,新旧地块都是河谷,而且新的地块并不是很遥远。但这对于后续搬迁的人来说,则越来越困难。

表7.1 库鲁曼地区的土地隔离

保留地	面积（公顷）	1936年的人口	最后记录的人口（年份）	搬迁至
未搬迁保留地				
1 下库鲁曼	83 993	5 918	—	
2 曼尼汀	18 733	630	—	
3 波切切莱萨	14 582	665	—	
已搬迁保留地（搬迁年份）				
4 弗拉克方丹/卡贡（1996）	5 006	329	492（1960）	新卡贡
5 思茅斯瓦纳（1942）	2 770	200	268（1942）	埃伦达尔
6 科农（1959）	10 711	363	679（1956）	丘吉尔
7 盖-特罗斯（1976—1977）	47 308	1 700	6 340（1969）	本德尔
8 马雷马纳（1976—1977）	11 383	946	和盖-特罗斯一起	本德尔
9 库伊斯（1968）	19 576	189	618（1959）	彭林
从库鲁曼皇家保留地分配给白人的部分搬迁的社区				
狄克文（1953）			127（1947）	盖-纳塔勒朗
索丁（1962—1968）		809		索丁—朗格伯格

　　在实施种族隔离之前遭遇搬迁的另一个社区是狄克文村,其位于库鲁曼皇家保留地上,土地被分配给库鲁曼市政作为公地之用。索丁与市政府的斗争在于水源,而市政府和狄克文之间的问题是畜牧权利。该村靠近泉源,其向库鲁曼河注入小支流。人们

---

① AnCRA, Peter Mokomele, n. d. , "Community Profile of Smouswane-Preliminary Information Gathering Meeting at Ellendale. "

曾经用其灌溉,但到了 1911 年,泉源枯竭了,其后很多人到城里工作。[①] 沃斯 1911 年的裁决维持了村庄留在库鲁曼皇家保留地的权利,其居民占地 557 公顷,大约是公用地块的十五分之一。[②] 1941年,公有地块被宣布为畜牧改良区,市政府要求阉割狄克文村的"矮小"公牛,并威胁说如有违反将导致整个村庄被搬迁。然而,事实上狄克文村已经阉割了他们的公牛,并在配种上求助邻近农民的公牛,所以当地的专员认为,公牛问题是胡扯:只是从公有地块强行迁移黑人的一个借口而已。[③] 1944 年,市政当局扣押表面上造成交通危险的马和驴,对畜牧业者的骚扰仍在继续。[④] 尽管当局许诺有新牧场、学校和补偿,社区仍然拒绝搬迁并聘请了一名弗雷堡律师,但是当他们耗尽了钱财时,就放弃了。像思茅斯瓦纳人一样,他们收到了一份相对满意的可用处所,于 1953 年 3 月搬迁到盖-纳塔勒朗(Ga-Ntalelang),这是提供给南非原住民信托基金的库鲁曼皇家保留地部分。[⑤] 他们收到的是部分货币补偿和重建房屋的一些木头。[⑥] 当然,城镇还是需要劳动力供应的,在这个被清理的地方,该市建立了一个有色人种小镇"Vaaldraai"(后来是"Wrenchville")。这就是后来 1963 年将前库鲁曼皇家保留地黑人小镇拆迁到莫替彼斯达特的前因。[⑦]

　　大约从这个时候开始,整个南非的白人领土出现不太统一的迁离,因为许多黑人劳工离开了白人拥有的农场。由于这一迁徙

① NAR NTS 4368 268/313, M. C. Vos, August 26, 1911.

② NAR NTS 6082 268/313, Native Commissioner, October 17, 1941.

③ NAR NTS 6082 218/313, Kuruman Town Clerk, July 11, 1941; NAR NTS 6082 218/313, Native Commissioner, August 11, 1941.

④ CTAR 1/KMN 13/43 N 9/15/3(2), correspondence from 1944.

⑤ CTAR 1/KMN 13/43 N 9/15/3(2), June 20,1948. CTAR 1/KMN 13/43 N 9/15/3(2),minutes of meeting,December 10,1948. AnCRA,Dikgweng correspondence,Peter Mokomele,"Dikgweng Profile," n. d.

⑥ AnCRA,Dikgweng correspondence,Moonawadibe Mmolaeng,"Land Claim Form."该表格将赔偿金额定为 40 卢比。这当然是在兰特成为货币之前,可能是 20 英镑。关于狄克文,参见 Snyman,*Kuruman*(1992),100,150 - 151,154 - 156,162,198。

⑦ Snyman, *Kuruman*(1992), 196.

长达数十年,包括了数千次从白人领土的许多地点到黑人领土的众多新址的独立的移动,因此很难概括。这个过程于 1949 年开始,当时丹尼尔斯凯尔(Danielskuil)的伦敦宣教会报告说他们正在失去从白人农场转移到信托地区的教区成员。[1] 南非原住民信托的土地和保留地也吸引着来自附近波斯特马斯堡、金伯利和海伊农场的人们,那里没有大量的公共土地。我找到了很多以前的劳力,他们原住在巴塔拉洛斯河以西五公里处,下库鲁曼保留地,他们向我解释了自己的经历。直到 20 世纪 60 年代,盖-西博劳一直是一个放牛场,当时政府在那里养殖了很多牛群。这里农场的消亡不同于保留地的被迫"强制"搬迁,而是因为农场的压力越来越大,人们遭受经济胁迫,只能选择离开。[2] 有几个人说,他们的父母或他们的祖父母离开了农场,因为业主要求他们出售自己的牲畜。"在农场,你不可以拥有十只山羊。"一个人说。[3]

接下来的一次强制迁移发生在 1959 年,这发生在实施种族隔离政策之后,规模更大,暴力胁迫更甚。科农保留地有许多泉源,距离"库鲁曼之睛"最近。[4] 它有一个政府建设的灌溉项目,一项持久投资,但其农业价值和居民的粗放生产模式使其地位受到质疑。1935 年和 1946 年间,邻近地区的农民试图在保留地边缘购买土地,1948 年,库鲁曼农民联盟呼吁取消保留地。[5] 这个问题在 1949 年提交至原住民事务委员会,当时自由党议员投票反对取消,但是多数人通过了一项议案,补偿了科农居民"双倍的拥有优质水源的土地",主席斯米特(D. L. Smit)称之为"虔诚的希望"(a pious hope)。[6] 无法获得足够的土地导致搬迁拖延,白人农民再次提出了这个问

---

[1] MMT, LMS Annual Reports for the Kuruman District, B. J. Haai, March, 1950, 4; December 1951, 7.

[2] 关于自愿离开农场和被赶出农场之间的细微差别的评论,参见 Murray, *Black Mountain* (1992), 214.

[3] Interview A at Ga-Sebolao in Appendix C3. See also Interview with Joseph Kopman in Appendix C2.

[4] 科农的官方人口数据。参见 NAR NTS 7791 228/335, Chief Native Commissioner, April 20, 1956。

[5] 1935 年、1946 年以及 1948 白人农民的要求和回应,参见 NAR NTS 7791 228/335。

[6] NAR NTS 7791 228/335, minutes of meeting of the Native Affairs Commission, October 7, 1949.

题,他们说粗放农业的条件——人口少,草原焚烧,畜牧而不是耕作,使搬迁合法化。[1] 当然,哪种农业更合适,旁观者清。我们的访谈表明,当时科农已经种植了谷物、水果、蔬菜和烟草,并没有看出他们的农业生产力不足。[2] 一名妇女回忆说,1959 年的驱逐有一个故事,足以印证这个过程的强制性和暴力程度:

> 那天,第一批到达的卡车有三辆,他们停在一间屋前,有人问房子里的人,自己知道他们那天要搬家吗?人们说他们不知道。他们说,你看到这些车就是要搬东西啦,现在就搬。然后货车越过河流到村庄的另一边。我的房子是村头的第一个。他们在泉源那里找到了我,我正在汲水。他们对我说,都要搬家了,你还取水干什么?我什么也没有说,只是这样站着,鸡还在那里。我想带走它们,但它们在外面,他们说等不及我把鸡从灌木丛中捉回来。他们将我的房顶扔到卡车上,把人们赶进货车,把我房子的墙壁推倒。[3]

许多牲畜在旅途中被遗弃或死亡,但是当他们回去取被遗弃的财物和动物时,被以非法入侵的罪名逮捕。[4] 到达南非原住民信托农场的人们发现,规划者还没有规划好街道和划分区块,他们只有自己组织了。他们告诉我们,安置地没有房子、水量少、环境不利于畜牧、没有学校、没有运输服务,并且他们认为补偿不足。[5] 1960 年以后,科农保留地被分为 12 个农场,卖给了白人。[6] 一位居

---

① NAR NTS 7791 228/335, Attorney Barnard, March 8, 1955.

② Interview A and Interview B at Churchill in Appendix C3.

③ Interview B at Churchill in Appendix C3.

④ 引用自 AnCRA, "Kono correspondence," Konong Community Committee, Land Claim. 在我的采访中,人们证实了这些说法。

⑤ Interview B at Churchill in Appendix C3.

⑥ AnCRA "Kono correspondence",未注明日期,未签署的文件。

民回忆说:"我们被强制搬离的原因是,这些官员想要开一个钻石矿……以及一座煤矿,但最终没有开采,只是把土地交给了白人农民。我们相信他们是在有意欺骗大家。"①

在此期间,有一个保留地改变了其黑人居住点的属性定位。实际上在戈登尼亚地区,库伊斯是库鲁曼管理的最北端保留地。这个村庄跨越南非与贝专纳兰保护区(Bechuanaland Protectorate)之间干涸的莫洛波河。喀拉哈里的水的运输和钻井取水费用使得这个保留地特别令原住民事务处头疼。② 1953 年,事务处提出把边界南非一边的库伊斯人民搬迁到信托土地,但人们拒绝了,说提供的马掌形地块区域堪比流放地。③ 显然,搬迁和水源开发都不值得尝试,1959 年政府官员们放弃了搬迁的问题,而且停止了钻井。④

分别发展与种族迫迁,1963—1977

1960 年的时候,可以说,库鲁曼的隔离过程已经完成了。南非原住民信托农场连接了中央保留地之后——下库鲁曼、波切切莱萨和曼尼汀——土地征用减速。⑤ 有理由认为剩下的四个附属保留地可依然存在。移除库伊斯的想法已经被摒弃了。西南地区的马雷马纳和盖-特罗斯(61 829 公顷)面积非常大,在 1953 年,市政当局明确表示,东南部的弗拉克方丹/卡贡不能成为黑人居住点。⑥尽管如此,到 1960 年隔离意识形态也发生了很大的变化,分别发展的新政策为进一步的迫迁行为提供了力量。分别发展是寻求民族

---

① AnCRA "Kono correspondence",引用自 Kate Owen,Deneys Reitz Attorneys〔n. d.〕,3。

② NAR Bantu Administration and Development Series (hereafter BAO) 7761 44/335.

③ NAR BAO 7761 44/335, minutes of meeting, January 12, 1954.

④ NAR BAO 7761 44/335, notes from undersecretary, October 7, 1959. For the 1959 census, NAR BAO 7761 44/335, June 23, 1959.

⑤ 比较 1949 年以前购买的农场(found in 2/KMN 30 2/7/2 II)以及 1963 年购买的农场(Breutz, *Tribes of Kuruman*〔1963〕,59 - 62),只发现了 5 处额外的财产。然而,一些 1949 年以前的农场可能只是财产的一部分。

⑥ 1941 年,当地事务部长裁定马雷马纳不是一个黑人定居点。NAR NTS 7806 316/335 I, Secretary of Native Affairs, October 31, 1941. See also NAR NTS 7791 228/335, Secretary of Native Affairs, March 26, 1955; NAR NTS 3126 1746/305, Secretary of Native Affairs, November 9, 1953.

和种族隔离的更大设想。虽然早期政策强调保护白人特权,但分别发展声称是为了非洲人自己的决定权,这混淆了黑人的隔离经验。最终,"分别发展"导致以种族定义的"班图斯坦人"被授予虚假的"独立",包括博普塔茨瓦纳——"联合茨瓦纳土地"(The Land of the United Tswana)。[1][2] 博普塔茨瓦纳由 19 个保留地组成,因为要表现为一个自治国家就需要一些连续的领土,这些地区在 1977 年之前通过征地拆迁合并为 7 个地块。[3] 这个过程将库鲁曼人和弗雷堡的所有剩余保留地连接起来,最终把黑人进一步推向了北部地区。

分别发展的总设计师维尔沃德(H. F. Verwoerd)总理似乎在确定库鲁曼黑人与白人之间的土地分配方面发挥了积极的作用。1962 年,他派遣接班人到原住民事务委员会——班图事务委员会(the Bantu Affairs Commission)[4]调查进一步土地购买的可能性。[5] 随后,1963 年 10 月他主持了一次关键会议,重组了库鲁曼地区的黑人和白人地区,通过授权南非原住民信托购买在下库鲁曼保留地以北的农场,包括一些位于弗雷堡但边界尚未包括在原始解禁区域的部分。他还切断了未经购买的南非原住民信托农场,弗拉克方丹/卡贡与解禁地区核心保留地的联系,并决定将弗拉克方丹/卡贡,马雷马纳和盖-特罗斯移交给北方的信托农场。[6] 结果导致大部分人被迁往不适宜居住的地区。

---

① 分别发展意识形态者借用"班图"语言群体名称,作为描述南非黑人的通用术语。由于种族隔离当局的归类,因此被认为是令人反感的。

② 关于博普塔茨瓦纳,参见 Jeffrey Butler, Robert I. Rotberg, and John Adams, *The Black Homelands of South Africa: The Political and Economic Development of Bophuthatswana and KwaZulu* (Berkeley: University of California Press, 1977)。

③ Thompson, *A History of South Africa* (1990), 191.

④ 因为更多的"班图非洲"命名被视为适当,原住民事务委员会成为班图事务委员会(BAC)。同样地,在 1958 年,原住民事务处成为班图经济与发展部(南非共和国班图管理发展部联合会,也以其南非荷兰语首字母缩写为 BAO)。

⑤ NAR BAO 4437 D4/1363/01, Prime Minister Verwoerd, February 7, 1962.

⑥ CTAR 2/KMN 31 II N 2/7/2 5, Secretary BAO, October 31, 1963; Desmond, *The Discarded People* (1971), 207 – 218.

像科农保留地一样，弗拉克方丹/卡贡位于一个令人印象深刻的泉源之旁，格鲁特·布萨普河的源头，向东南部先是流入哈茨河，然后是瓦尔河。附近是一个白人小镇雷菲洛，这里是一个干酪工厂的所在地，该工厂加工的牛奶主要由广大地区的白人奶农出售。① 与库鲁曼市政府不同，雷菲洛并没有控制住自己的水源地，在 1954 年，它自己请愿取消保留地。② 政府在 1963 年与保留地的黑人举行了会议，但人们告诉我们，这些都是不公开讨论。"我们不同意！我们受到了压迫！我们被逼无奈！""如果在那个会议上你有很多话要说，要问很多的问题，你就被要求坐下。"③政府警告他们，清拆卡车于 1966 年 10 月 15 日及 16 日过去，最好在拆除之前，尽力挽救他们的房屋建筑构件。有些居民选择前往塔昂保留地，有些人前往新的雷菲洛乡镇，因为在那里他们可以继续在奶酪厂工作，但大多数人去了政府提供的安置区卡贡，在库鲁曼镇以东的信托地。这个地点的优势在于它位于库鲁曼和弗雷堡之间的主要道路上。卡贡的安置相对较为有序，设立新社区的创伤似乎不及科农或盖-特罗斯和马雷马纳地区的搬迁。政府根据房屋的类型给予人们赔偿，铺设街道，划定分区，并提供了帐篷作为临时房屋。动物跋涉到新址，但是在盖普高原上向新地点迁移导致了高死亡率。④

库伊斯于 1965 年再次成为一个官方关注的焦点，这并非巧合，那是博普塔茨瓦纳获得独立的前一年，政治家们担心它成为一个跨越独立黑人国家边界的村庄。据报道，"外来班图人"（foreign Bantu）正在过境库伊斯，前往南非寻求工作。⑤ 此时，沿着莫洛波

① Snyman, *Kuruman* (1992), 144, 183.

② NAR NTS 3126 1746/305, Reivilo Town Management Board, March 10, 1954. 关于取消保留地的决定，参见 NAR NTS 3126 1746/305, minutes of meeting, September 23, 1963。在 20 世纪 60 年代，政府的记录有时把这个保留地称为梅齐马齐，是保留地上的一个村庄。

③ Interview B at Kagung in Appendix C3.

④ AnCRA, Kagung Correspondence, March 23, 1996; Interview B at Kagung in Appendix C3.

⑤ See correspondence in NAR BAO 3319 c43/1363.

河的一个畜类检疫隔离栏已将库伊斯人与该村的博普塔茨瓦纳人分开。尽管村民仍然可以在国家之间移动,但围栏限制了牧场和水源,阻断了其一半的放牧环境。无法渡河,围栏构成了严重问题,它的建造让南非这一侧的人们不得不搬迁。这一搬迁是自愿的,因为他们认识到了必要性。正如头人所解释的:

> 我们早就听说黑人必须搬迁,但我们从来没有抱怨过生活在这里的麻烦。当局说我们从这里搬走是明智的……我们必须遵循法律,我们是守法民众。如果我们拒绝去法律规定的地方,我们将会遇到更多的麻烦……我已经放弃了。我现在同意,我们在这里的麻烦是这里的检疫栏。如果我们离开这里,我们就会过得更好,上帝会给我们更多雨水。[1]

1968 年 3 月,库伊斯人迁移到了彭林(Penryn)——位于北部边界的下库鲁曼保留地和弗雷堡区西南边界之间的南非原住民信托基金地区,以及其他定居点。作为一个象征性的战略举措,南非警方在空无一人的保留地上设立了边境哨所。[2]

马雷马纳和盖-特罗斯的领土及人数是迄今为止库鲁曼境内遭受搬迁的地区中规模最大的,据记录搬迁情况的非政府组织过剩人口研究项目(Surplus People Project)估计,人口在10 000 到20 000 之间。[3] 大概是由于喀拉哈里地区的这种拆迁规模和挑战性的安置环境,南非政府推迟了对这些保留地的强制迁移工作,直

---

[1] CTAR 2/KMN 233 N 2/10/3/(5), minutes of a meeting, July 17, 1967.

[2] AnCRA 84/1995 "Khuis correspondence."

[3] The Surplus People Project, *Forced Removals in South Africa* (1983), 3, 89. 官方人口数量,参见 Department of Cooperation and Development 8/7/2/2/K69/43, September 16, 1969. 1998 年,国土资源部的调查人员与我分享了合作与发展部以及区域与国土资源部的档案。

到 1976—1977 年。[①] 规划者难以获得充足的水量,也难以铺设从少数水源到众多供应点的管道。最大的定居点是本德尔(Bendell),大约有 79 502 公顷,需要 100 公里的新道路,但是在沙地上搞建设困难重重。[②]

如此大规模的迁移表明,该州愿意为种族隔离付出高昂的代价,但是盖-特罗斯人和马雷马纳人却独自承担了大部分的费用。他们到达新家园时,遭遇了粮食和水资源短缺,设施不齐全,学校未建好的问题。[③] 搬迁到欠发达的沙漠营地使他们受到很大的伤害。35 个孩子在安置过程中丧生。除了水和卫生条件欠佳外,本德尔和邻近社区的人们还将其健康问题归咎于新址上一个寄生虫侵扰的沙地,但是医疗专业人员却没有确定这种蠕虫。[④] "过剩人口研究项目"(The Surplus People Project)1982 年访问本德尔地区后指出,南非最糟糕的地区在库鲁曼北部。威克斯、本德尔、迪尔沃德[⑤]和巴塔拉洛斯饱受贫困、干燥、尘土飞扬,被其他区域所孤立和遗忘。获取水源是一场耗时费力的斗争。"过剩人口研究项目"人员被本德尔的一个"巨大坟墓场"所震撼。[⑥] 由于受影响人数过巨,政府准备不足,喀拉哈里环境恶劣,在库鲁曼所有的搬迁中,盖-特罗斯和马雷马纳的搬迁付出了最高昂的代价,包括人口死亡率。搬迁后,南非国防军获得前保留地——洛哈特拉作为军事基地。

---

① 在此期间的一份报告,参见 Desmond, *The Discarded People* (1971), 114 - 115。

② 有关规划迁移过程的记录,参见 Department of Cooperation and Development 188/1363/46, volumes 18 and 24。

③ Department of Cooperation and Development 188/1363/43, report of visit by Tlharo Chief J. B. Toto, October 1, 1976. 关于缺水的抱怨仍在继续,参见 1976 年 11 月 8 日本德尔会议记录。

④ Department of Regional and Land Affairs 6/7/2/K19/43, Case no. 958/93. 5, 1992. Affidavit by Bokhutlo Denis Holele in the Supreme Court of South Africa (Northern Cape Division) in the matter of the Minister of Defense and Joseph Free and 44 others.

⑤ 迪尔沃德是 1973 年撤离的弗雷堡的迪塔瓦宁保留地安置点。威克斯是盖-特罗斯和马雷马纳的人员安置点。

⑥ Platzky and Walker, *The Surplus People* (1985), 55, 285; The Surplus People Project, *Forced Removals in South Africa* (1983), 3, 89.

环境历史与种族隔离

库鲁曼案例揭示了南非隔离史中的环境因素。而对南非及其他地区的研究则将进一步揭示环境的具体特征如何影响隔离过程和结果。但是,环境因素必须纳入我们对隔离政策的认识之中,这只是本章最基本的一课。本章最重要的结论涉及环境史中的社会类别,社会制度和权力。这些因素从最早的金合欢草原的历史上就清晰可见,酋长、普通男人、女人和巴拉拉之间的生产特权划分就是如此。这些制度性限制使得开普边境的革新对于受酋长制约的人具有吸引力。殖民统治将欧洲血统和现代国家引入南部非洲。从殖民统治开始,环境干预的可能性就存在,不同种族的人同水源和土地建立良好关系的能力也不同。在 20 世纪的南非,白人和黑人之间的隔离成为国家的主要关切。在隔离的过程中,国家发展并行使了干预力量,重塑了黑人与水、土的关系。在强制搬迁的过程中,国家为了白人的利益,动用了迄今为止在环境领域最为集中的权力手段。

第八章

改良运动和博普塔茨瓦纳驴屠杀:部族人的环境权利,20 世纪 40 年代至 1983 年

> 牛和土地应该得到照顾。我们是政府的牛。我们给
> 政府提供牛奶。税金就是牛奶。政府应该给予它的牛绿
> 色牧场,否则他们就会中断供应。①

强制搬迁是国家干预黑人与环境关系的一种明显且粗暴形式,但这不是种族隔离影响环境的唯一方面。保留自己土地的黑人成为国家干预的对象,因此受到包括环境权在内的种种权利限制。20 世纪 30 年代之后,国家实施了保护项目,并成为黑人与环境关系中积极但通常不受欢迎的伙伴。关于非洲保留地,保护手段是通常被称为“改良运动”发展方案的一部分。改良运动是要对非洲人在土地上生活的方式进行全面和强制性改变,最初于 1939年立法,1949 年修订,是按照现代农业生产和科学保护原则“规划”非洲地区的政策。它将非洲农民和牧民描述为破坏土壤、森林和放牧的败家子。鉴于高度的技术专家政治论调,改良运动授予原

---

① CTAR 2/KMN 20 N 1/15/4 I, statement by Headman Smous Holele of Ga-Tlhose at meeting of Headmen and Councilors, April 13, 1943.

住民事务部(后来的班图管理与发展部)官员权力,通过规划土地
使用来支持推定的滥用行为。它也旨在通过最大限度地利用公共
土地来支持隔离政策实施。这涉及将人员搬迁到紧凑型村庄,划
定和圈定特定的耕作和畜牧区域,在耕地上实行土壤保护措施,并
计算牧场的承载能力(以大型畜类单位确定)。对受影响人士来
说,最重要的是,改良运动涉及淘汰牲畜,要将畜类数量减少到计
算所得的承载能力范围之内。①

　　虽然改良运动是农村规划项目,但对于大都市社会来说意义
重大,而且许多改良运动的历史都是通过讨论该计划背后的力量
和影响来审视其国家背景。国家力量包括政治控制和对廉价劳动
力的需要,以及降低有威胁的意识形态。② 这些政策考量可以使人
深入了解改良运动背后的动机,但是使激进干预成为可能 的条件
更值得评论。因此,我将探讨种族隔离和间接统治的国家背景。
我将讨论全国范围内的问题,但不仅仅是关注决策者的目标,而是
将重点放在国家与农村黑人的关系上。在本章中,我还将研究改
良运动的当地效应。一些作者已经强调了改良运动对人们生活方
式的改变,包括伊莎贝尔·霍夫迈尔(Isabel Hofmeyr),探讨了其对
口述叙事的影响,以及克里斯· 德· 韦特,他讨论了影响社区关
系的方式。像这些一样,我自己对改良运动的讨论将侧重环境、农
业和社会影响方面。③

　　本章从联邦和共和国政府开始讨论,并随黑人家园的发展推

---

① 总体了解改良历史,参见 De Wet, *Moving Together, Drifting Apart* (1995), 39 – 57, 196 – 203。
② 论政策动机,参见 De Wet, *Moving Together, Drifting Apart* (1995), 57 – 67。关于廉价劳工及改
良,参见 Fred Hendricks, *The Pillars of Apartheid: Land Tenure, Rural Planning and the Chieftaincy*
(Uppsala: Uppsala University Press, 1990)。关于政治控制,参见 Joanne Yawitch, *Betterment: The
Myth of Homeland Agriculture* (Johannesburg: South African Institute of Race Relations, 1981)。关于
环境退化担忧,参见 Beinart, "Soil Erosion, Conservationism and Ideas about Development: A
Southern African Exploration, 1900—1960," *Journal of Southern African Studies* 11(1984): 52 – 83。
③ Isabel Hofmeyr, "*We Spend Our Years as a Tale That Is Told*": *Oral Historical Narrative in a South
African Chiefdom* (Portsmouth, NH: Heinemann, 1993), 80 – 83; De Wet, *Moving Together, Drifting
Apart* (1995).

进。与南非其他地区相比,博普塔茨瓦纳的保护政策特别严厉,甚至暴力,最终导致 1983 年的驴屠杀行为。在库鲁曼附近特别极端,博普塔茨瓦纳军队和警察杀死了多达 10 000 头驴。对于这个地区的许多人来说,这是种族隔离最具创伤性的经历。虽然它针对动物,却是国家权力对穷人和被剥夺者的暴力展示。在 20 世纪 80 年代的暴力事件中,驴屠杀是一种极端但并非例外的保护措施。它是由实施改良运动的政府机构执行,并以其原则为基础。正如地方政府从殖民结构发展而来,博普塔茨瓦纳的保护手段是改良运动的野蛮生长产物。

间接统治和环境权利

据马姆达尼说,改良运动只是非洲殖民国家对农村生产者采取的许多有力行动之一。他认为,习惯上的土地使用权提供了一些免受市场力量影响的保护,导致殖民地国家转而采用强制手段来实现其发展规划。将非洲农村人定义为部落臣民使得强力实施成为可能。马姆达尼的观察对于殖民地非洲的环境史研究至关重要,因为他提出了殖民地国家不同环境干预背后的共同逻辑:耕作、土壤保持、农业发展和动物宰杀。[①] 要了解改良运动干预措施,有必要探索这个为部落主体而创造的惯习世界是如何形成的。在南非,它是强加隔离的大力推手。

自 19 世纪 80 年代以来,殖民地的共同权属已经就位,但间接统治是在南非联邦于 1910 年成立之后的 50 年中建立起来的。在 1910 年至 1936 年间,开普省在联邦中是个例外,因为它保留了基于财产的而不是以种族为基础的选举权。为了实现隔离目标,联邦政府根除了平等参与政治的可能性,并废除了倾向于直接统治的开普体系。1927 年的"原住民管理法"是这一进程中的

---

① Mamdani, *Citizen and Subject* (1996), 124, 138 – 179.

重要一步,尽管它并没有使得开普体系与该国其他地方完全保持一致。

这个地区没有酋长,因此想要通过酋长在库鲁曼实施统治是一个问题。1897 年的反叛之后,开普政府废除了塔拉洛的酋长制度。19 世纪 20 年代,塔拉坪酋长从库鲁曼搬到了塔昂,虽然他表面上对所有的塔拉坪人都有权力,但实际上他众所周知地无力作为。酋长不存在,就有必要创造,政府在 1944 年任命了库鲁曼地区的塔拉坪酋长,并于 1945 年重新任命了塔拉洛酋长。[1] 在重建酋长制时,政府选择了 19 世纪统治者的后裔,但没有为公民治理会议——所有人的集合体制定官方身份。政府还为非传统的社区领导人建立了结构关系。1948 年,当地的一个由塔拉坪人和塔拉洛代表组成的理事会于该区成立。官员任命 3 名成员,还有 6 名由新成立的治区推选。酋长和头人在理事会中没有任何正式职位,尽管他们很可能是成员。[2] 地方议会决定统一库鲁曼与开普省人口较多的科萨地区的制度,但这个地方政府并不是基于传统的结构。相反,1948 年掌权的南非白人民族主义者的种族意识形态要求部落进行部族宪政治理。种族隔离制度的力量日益增长,很快挑战了议会制度。[3]

全国建立隔离行政区划进程的下一步:1951 年"班图当局法"通过,部分是出于执行保护问题。1944 年以后,所有南非原住民信托土地自动受到改良运动条例的约束,但是对旧保留地(相对于最近购买的南非原住民信托土地)而言,实施改良需要有社区的正式请求。然而,这并不是说保留地居民可以自由选择。[4] 毫不奇怪,

---

① Breutz, *Tribes of Kuruman* (1963), 8, 160; CTAR 2/KMN 57 11/1/2 I, Native Commissioner, November 13, 1952.

② Proclamation by governor general No. 206 1948; by minister of native affairs No. 1644, August 6, 1948.

③ 关于德兰斯凯议会体系,参见 Evans, *Bureaucracy and Race* (1997), 183 - 185。

④ UG 51 - 1950, *Report of the Department of Native Affairs for the Years 1948—49*, 6; UG 61 - 1951, *Report of the Department of Native Affairs for the Years 1949—50*, 8.

很多人常常因不满意而反对改良措施，特别是牲畜宰杀。这在几个农村地区引起了强烈抵抗，如1943年在德兰士瓦北部的佩迪地区，1950年在莱索托北部边界的维齐休克（后来是库瓦库瓦的家园），1960年在德兰斯凯。① 国家的回应是通过班图当局加强其对保留地的存在影响——补选酋长参与间接统治体系。目的是利用酋长来沟通和组织社区改良运动，这涉及使非洲人进一步受到权利限制。反对改良运动并不是促进间接统治的唯一力量——"部落"的自决愿景已经先在，但是20世纪50年代，改良运动需要国家对保留地的更强大的代表性。结果就是1951年的"班图当局法"，为南非黑人成立了一个三级政府。1959年，"班图自治促进法"赋予他们自治权力。②

班图当局的最低层级是间接统治的基本组成部分：部落当局，地方酋长和治安法官任命的薪酬成员理事会。③ 1955年和1956年，库鲁曼接受了塔拉坪和塔拉洛部落当局。塔拉坪人当局有对曼尼汀、波切切莱萨、索丁、下库鲁曼保留地的一部分，以及思茅斯瓦纳人搬迁的南非原住民信托土地的管辖权。塔拉洛部落当局对大部分的下库鲁曼保留地、盖-特罗斯、马雷马纳、库伊斯和剩余的信托地有管辖权。部落当局与地方议会制度不同，因为塔拉坪和塔拉洛的结构不同。部落当局向农村社区提供基本服务，并对学校管理、诊所、改建项目进行征税，如围栏，道路建设，牲畜改良和水资源开发等。然而，他们很难征到税，所以南非原住民信托银行资助了这些计划。④ 其上一级是有权管理教育、公共工程、卫生保

---

① Delius, *A Lion Amongst the Cattle: Reconstruction and Resistance in the Northern Transvaal* (Portsmouth: Heinemann, 1996), 55 – 62, 69 – 71; Tom Lodge, *Black Politics in South Africa since 1945* (New York: Longman, 1983), 269 – 273, 281 – 283; Rich, *State Power* (1996), 153 – 156; Murray, *Black Mountain* (1992), 172 – 184.

② 关于种族管理的隔离政策，参见 Posel, *The Making of Apartheid 1948—1961: Conflict and Compromise* (1991)。

③ Butler, Rotberg, and Adams, *The Black Homelands of South Africa* (1977), 28.

④ NAR NTS 8963 185/362 (2) (a), Secretary of Native Affairs, June 17, 1957; Breutz, *Tribes of Kuruman* (1963), 102, 170.

健和部落集群农业推广的地方当局。1958 年，塞奥卡马·迪察巴区域管理局成立，将库鲁曼和弗雷堡地区当局的所有塔拉坪人和塔拉洛部落当局统管在塔拉洛首领偌班印·托托（Robanyane Toto）之下。[①] 1962 年，南非共和国的所有讲茨瓦纳语的群体在第三级由茨瓦纳领土管理局联合起来，其接管了地方当局的许多职责，包括农业服务和规划。[②] 尽管采取了这些干预措施，地方酋长仍然相对较弱。[③] 塔拉坪人和塔拉洛领导人并没有成为引擎，并驱动改良运动。联邦和共和国政府的官员们发挥了这一作用，但他们试图利用部落当局进行沟通协调以获取保留地居民同意。

金合欢草原的改良意识

改良运动始于官方之于环境变化的意识形态，及其原因与影响。要了解"库鲁曼"地区改良运动的具体内容，就必须讨论其本土保护意识形态的变化。在 20 世纪的非洲，官方环境意识形态往往发展成为"共识智慧"，而现在的学者们正在批判性地对它加以研究，认为关于环境和适当用途的知识具有米歇尔·福柯（Michel Foucault）所理解的话语权威性。[④] 退化判断常常是以选择性证据为依据，通常并不了解当地人的想法。对退化的描述取决于殖民地的权力关系——哪一方有权决定和传达真相。在 20 世纪 30 年代后的南非，对保护工作的官方立场就是非洲保留地的土壤侵蚀造成了相当大的威胁。贝纳特已说明，对南非环境退化的担忧首先针对定居者农业，其后仅针对非洲保留地。一个重要的里程碑是 1923 年干旱调查委员会的报告，他们警告说，白人农场牧区的

---

① Breutz, *Tribes of Kuruman* (1963), 10.

② Butler, Rotberg, and Adams, *Black Homelands of South Africa* (1977), 33 - 34.

③ 关于 19 世纪 80 年代塔垃坪酋长的相对弱点观察，参见 Mackenzie *Austral Africa*, 1(1887), 76。Breutz, *Tribes of Kuruman* (1963), 39; John Comaroff, "Tswana Transformation, 1952—1975," in Schapera, *The Tswana*, [4th ed]另有约翰·科马洛夫的补充章节和亚当·库珀的补充书目（London: KPI, 1984），73 - 74。

④ 参见 Leach and Mearns, "Introduction," in *Lie of the Land* (1996), 8 - 9。

过度使用造成了沙漠化。^① 继 20 世纪 30 年代的北美"尘暴"(dust bowl)之后,官员们对非洲地区的土壤侵蚀有了急切的关注,并且比起关注当地环境条件更加注重国际警报。这种保守主义话语随着种族隔离的加剧而发展,但贝纳特认为,保护不仅仅是一个隔离主义者的惯性思维,它具有国际起源——生物自然意识和技术动力。^②

通过谴责非洲的土地利用做法,保护主义者话语是早期传教士或家长式行政人员对非洲农牧业看法的产物。然而,与之前不同,种族隔离保护主义并不宣称为了寻求非洲人的道义或经济进步而进行干预,而是因为担心马尔萨斯农业崩溃会对城市和白人占领的南非产生影响。随着从"改良"非洲人到保护白人动机的转变,对保留地的农业推广使用了更少的"胡萝卜"和更多的"棍棒"。^③ 因为它赋予群体高于个人的特权,种族自决的意识形态支持比早期的家长式精神更极端的干预。家长式作风不符合极端隔离、自决和文化保护的意识形态,因此在 1948 年种族隔离制度实施后并没有持续很长时间。它的消亡在库鲁曼非常明显,政府对灌溉计划的支持落空,畜牧产业淘汰开始。虽然改良运动背后的力量不足以发展成为隔离行动,但此时种族隔离的加剧无疑使得在农业推广中引入强制措施更容易。

关于保留地土壤侵蚀的殖民话语中,权力/知识驱动是显而易见的,因为那些具有专门知识和权威的人之间形成了"共识智慧",并在与非洲人进行最少磋商和对实际环境条件进行很少研究的情况下实施了政策。国家和国际上对水土流失的过度关注,并没有

---

① 干旱委员会提到的开普北部只是与中部地区进行对比。它认为,在开普北部,对草原的破坏和干旱的影响没有那么严重,因为有限的水源保护了这片土地不被过度使用。UG 49 - 1923, *Drought Investigation Commission Final Report*, 274.

② Beinart, "Soil Erosion," *Journal of Southern African Studies* 11(1984). 有关与东非的比较,参见 David Anderson, "Depression, Dust Bowl, Demography and Drought: The Colonial State and Soil Conservation in East Africa during the 1930s," *African Affairs* 83(1984): 321 - 343。

③ 想了解 20 世纪 30 年代中期以后更具强制性的开发和农业项目特点,请参阅 Beinart, "Soil Erosion," *Journal of Southern African Studies* 11 (1984), 69; Rich, *Black Politics* (1996), 131; Evans, *Bureaucracy and Race* (1997), 175, 201。

轻易地影响到库鲁曼,它是由沙质和泥土构成的平地,因此没有沟渠侵蚀。尽管如此,专家们构建了半干旱土地利用的两个方面作为引发当地土壤侵蚀的原因:驴的饲养和旱地耕作,但是这种联系非常牵强。针对这些经济边缘活动的政策在没有对其效用或环境影响进行调查的情况下被制定了。

除了对土壤的影响,出于种种原因,官方对驴的判定极端消极。这就需要否认贫穷黑人发现的驴只的多种用途:旅行、运输、耕作以及食用。他们使驴声名狼藉,官方甚至发出"驴威胁"的警告。[1] 1932年的一份备忘录详细介绍了驴是如何被认定为有问题的,说它们的尸体无人认领,藏有肉毒杆菌,从而使环境不利于牛的健康。它们通过啃掘和践踏毁坏草地;它们繁殖速度较快但没有市场价值;它们的价值不及所损坏的作物;它们造成伤害时无人承担;它们在过度放牧的牧场上消耗了大量的饲料。[2] 很少白人官员认识到驴的实用性,正如1950年的这份报告:

> 尽管库鲁曼本质上是畜牧之地,但令人惊讶的是,当地人鲜有牛只,多有驴产(约有10 000头)。看起来牛因为需要持续服用骨粉……是一种风险,还需要照管,比如食物和水的定期供应。另一方面,驴不需要看管,还是一种实用的役畜,如果死了,它们的肉将像牛肉一样方便食用。[3]

不考虑为什么它们适应人们的需要,官员们谴责驴只和人口的过剩。在随后的几年里,随着机动交通的普及,出现了另一个问题:面对迎面而来的交通工具,驴肆无忌惮地不躲不避。佩塔·琼

---

① CTAR 2/KMN 48 N 8/5/2 I, Additional Native Commissioner, June 30, 1947.

② NAR NTS 9352 19/380, Native Commissioner Vryburg, August 24, 1932.

③ NAR NTS 7387 305/327(5), Deputy Director of Native Agriculture Trip Report no. 44, Western Areas, Winter 1950. 另参见 NAR NTS 3007 368/305, Assistant director of Native Agriculture, Northern Areas, n. d., (probably October 1937)。

斯（Peta Jones）从驴的角度重构了这样的遭遇。

> 一旦驴习惯了机动车辆，它就会意识到这些机器可以驾驶和停止，就像驴一样。由于驴总是停下来并绕转固定的物体，因此当驴本身固定不动时，它也期望车辆会绕着它转，它们通常站在道路的中间，因为这样视野好。它们似乎没有意识到的是，机动车实际上可以比驴更快，因此在转向和停止方面效率较低，并且还得由人类对不合理路权进行判断。可悲的是，很多驴在它们被撞死的那一刻才明白的道理。[1]

事实上，驴对运输造成的危害是移除狄克文的一个表面上的原因。[2] 其他主张如动物是野性的、非洲人冷漠，也都确立了干预的需要。保护地官员确定的第二个问题是旱地（雨养或无灌溉）犁耕。自农牧业革命以来，库鲁曼人认识到，畜牧比耕作更有利。20世纪的保留地居民将自己的精力投入到德兰士瓦西部的玉米收获而不是家庭种植，使得这种可信度得到了肯定。但是，有些年份雨水充足时，他们并没有停止对灌溉园的耕作。作为回应，官员认为干旱犁耕具有破坏性，扰动干旱土壤容易使其受到风蚀。1947年的一份备忘录详细说明了犁耕问题。

> 首先是犁耕容易导致土壤侵蚀（风蚀），其次从未收获过农作物，第三，本地定居者通过在整个农场肆意耕作未开垦的土地，破坏了其上所有的植被。我注意到沙丘已经在荒芜的周边形成，土壤被剥离了，只有裸露的石块和岩石。[3]

---

[1] Peta Jones, *Donkeys for Development* (1997), 12.
[2] CTAR 1/KMN 13/43 N 9/15/3(2). 见本文中1944年末至1945年初的通信。
[3] NAR NTS 3079 1003/305 II, Additional Native Commissioner Hattingh, September 9, 1947.

由于警觉到危险,原住民事务处高级农业官员进行了实地检查。他报告说,干燥季节的休耕还会导致"形成尘暴坑,我们实际上看到了一个这样的地面,高于或低于坑洞 6 英寸左右,沙……已经形成了一个完整的包围圈"。① 这是目击者对退化的描述。然而,与灌木侵占一样,很难确定当地证据在何种程度上代表问题的广泛性。原住民事务处认为,该地区面临的问题,让人想起了 20世纪 30 年代的美国尘暴。1951 年,年报报道说,沙尘暴足以使塔昂的火车脱轨!② "土壤侵蚀是有"③,但也有夸大。这种严重的危机需要确认,我在 1951 年的库鲁曼原住民专员报告或农业报告中没有发现有关这些极端环境条件的佐证。斯奈曼的当地历史研究也没有提到沙尘暴。④ 我们知道当地农民不赞同原住民事务处关于荒漠化威胁的看法。一名官员说,"原住民和欧洲农民均不理解",旱地犁耕会将"土地变成沙漠"。⑤ 缺乏佐证表明,关于普遍危机的警报与当地实际情况不符。

改良运动意识的最后一个重要方面是经济,其次是环境。最初人们的愿景是将农业权限限于数量有限的"经济单位",这些"经济单位"将拥有资源,包括永久性私有土地使用权、农业生产商业化。"经济单位"被定义为商业生产所需的可耕地面积或牲畜数量。库鲁曼被认为是牧区,经济单位是 25 个大型家畜单位(LSUs)。⑥ 理论上认为,全职农民将日渐发展出对实行保护土地的理解和投资。当然,这种限制有赖于为流落到没有耕作权的"农村"富余人口另谋出路。这个想法在汤姆林森委员会(Tomlinson

---

① NAR NTS 3079 1003/305 II, Senior Agricultural Officer, September 15, 1948.
② UG 61 – 1951, *Report of the Department of Native Affairs for the Years 1949—50*, 3.
③ Michael Stocking, "Soil Erosion: Breaking New Ground," in *Lie of the Land* (1996), Leach and Mearns, eds., 140 – 154.
④ 报告发现自 CTAR 2/KMN 22 N 1/15/6 II 和 CTAR 2/KMN 54 II, N 8/21/4。
⑤ Breutz, *Tribes of Kuruman* (1963), 63, 81. 与那些有更多犁耕地的潮湿地区相比,一名白人农民否认沙尘暴在库鲁曼曾经是一个问题。Interview with J. J. van der Merwe in Appendix C1.
⑥ CTAR 2/KMN 47 N 8/4/2, Chief Bantu Affairs Commissioner, Western Areas, February 6, 1962, quoting proclamation by the Secretary of Native Affairs dated July 17, 1941.

Commission)1954—1955年的报告中得到了最清晰的发展,他们的建议将使许多人离开土地。[1] 它建议给予农业阶层以土地权,但是维尔沃尔德政府拒绝这样做,理由是"个人保有权会破坏整个部落结构"。[2] 委员会还呼吁进行大量投资为非农业人士提供就业机会,但是维尔沃尔德政府拒绝按照建议对保护区进行工业化投资。汤姆林森委员会的建议因此受到否决,它显示出分别发展的局限性,因此具有重要意义。虽然经济部门的规划没有得到政治上的支持,但是有改良主义思想的官员并没有放弃促进商业生产的想法。这个概念还没有被抛弃,伴随而来的对耕作权的限制,在1983年的驴屠杀中再次出现。

因此,主流意识形态变成驴和旱地耕作导致土壤被侵蚀,这种信念为推动库鲁曼两个变化的激进干预提供了理由。首先,它阻止了有利于商业生产的补充自给农业。此外,它重塑了地貌。在这两种情形的延续下,随着时间的推移,这些行动的环境理由无人提及,人们转而重点支持政治和经济活动,规划获得了更多动力。[3]

重塑地貌

实质上,在库鲁曼,涉及房地产开发的改良运动开始于一个最不可能的地点。20世纪60年代和70年代,改良运动不太注重保护土地,而是更注重为遭受迫迁的人们提供住宿。集约化使用土地可以带来革命性的变化,而库鲁曼的人们长期以来一直没有想到这种可能性。通过国家的资本投资,而不是居民的劳动投入,环

---

① Hendrick, *Pillars of Apartheid* (1990), 126 - 132; De Wet, *Moving Together, Drifting Apart* (1995), 47, 54 - 55; Murray, *Black Mountain* (1992), 179 - 180.

② 引自 Evans, *Bureaucracy and Race* (1997), 243。关于改良政策的后期发展及汤姆林森委员会发展,参见 De Wet, *Moving Together, Drifting Apart* (1995), 45 - 48; Evans, *Bureaucracy and Race* (1997), 203 - 204, 239 - 245。

③ 关于南罗得西亚对黑人农业干预中缺乏保护主义性质的关注,参见 Ian Phimister, "Discourse and the Discipline of Historical Context: Conservationism and Ideas about Development in Southern Rhodesia 1930—1950," *Journal of Southern African Studies* 12(1986): 263 - 275。关于保护主义的衰落是南非改良的一个机遇,参见 Hendricks, *Pillars of Apartheid* (1990), 122 - 140。

境可以被重新塑造以支撑更大的人口。这不是通过改变耕作技术来加强,而是通过建立最大化牧区使用,并留出更密集人群居住所需的空间。轮牧、钻井技术和道路建设成为强大的工具,使规划者很少考虑环境条件。重塑地貌是一项艰巨的任务,它面临着严重的组织挑战。也许是因为这样的事业实在不小,或者也许是由于官僚主义的驱动,规划过程的文件记录最为完整。很明显,当地的环境和经济条件并没有推动发展,因为他们几乎没有相关讨论。例如,一份 1956 年的报告有两段敷衍地记录了气候类型和大草原植物种属。剩下的 17 页可作为"详细"规划的一个例子,技术性信息被组织成要点、次要点和表格。① 该报告描述了弗雷堡边界附近 41 424 公顷土地上 1 658 人、3 999 大型家畜单位的发展情况。该报告提出了一个轮牧系统,给出了所需的铁丝网里数以及钻井、手动泵、风车、浇水池和大门的数量,并附有成本估算。② 1969 年的一份报告描述了本德尔附近 79 503 公顷土地的开发情况,并对盖-特罗斯和马雷马纳的拆迁情况进行了详细记录。它根据标签分类厘定大草原植物种属,并描述了亚临界或临界状态。它关于改良计划的记录非常明确,包括一张地图,可以显示 27 个拟建村庄位置,它们以道路相连。改良计划为失去农权的人口提供了栖息地,尽管限制这种权利的政策从未在库鲁曼实施。③ 这些丰富的房地产开发的记录有用性有限,因为它们没有记录对地貌和居住在这里的人们生活之影响。这些问题的答案必须求助于其他来源,特别是那些经历过改良运动的人的回忆。

改良运动划分了独立的住宅和生产空间。空间重组最恼人的

---

① 关于"零散"和"详细"的规划,参见 Hendricks, *Pillars of Apartheid* (1990), 107 - 119; personal communication, Derick Fay, January 30, 2001。

② CTAR 2/KMN 33 N 2/11/4 II, ad hoc planning committee, June 1, 1956.

③ Department of Cooperation and Development 8/7/2/2K69/43, 1969 年 9 月 16 日,除盖-特罗斯和马雷马纳的报告。该档案保存在本地事务部,其发展报告和建议见 NAR NTS 10251 40/423(1), Correspondence from 1952 - 8 on Vlakfontein; NAR NTS 10251 40/423(3), Correspondence from 1952 - 8 on Konong; CTAR 2/KMN 33 N 2/11/4 II, correspondence on SANT farms。

方面是将人们迁移到"临街位置上"，沿四分之一或一半摩根平铺村庄安置。我听到有关搬迁过程的不同说法，有时政府提供卡车，有时候人们使用自己的驴。[1] 我只找到一例对索丁人赔偿的案例，额度为4 000英镑。[2] 有些人不合作，他们的房子因此被毁了。[3] 人造水源对于重建至关重要。改造期间钻井数量和钻井技术效率都大幅上升。1930年以前，库鲁曼保留地只有6口井。20世纪30年代增加了64口（大约一半可以出水）；20世纪40年代增加了156口（可能三分之二出水）；20世纪50年代增加了80口；而在短短1960年和1961年两年内又增加了72口井。[4] 其中一些井位于新建的村庄，这些村庄人口增加了很多，但还有许多井分布在草地上，这些井的存在显著扩大了可放牧的地理范围。

由于整个公共区域都获得了改善，所以这是一个合理的假设，即在20世纪50年代和70年代之间，几乎每一个农村黑人家庭（除了那些房屋恰好位于新址的之外）都经历了被迫搬迁。我所看到的每个村庄，在保留地或耕地上，都是1965年之前在网格上重新组织而成的。[5] 我被告知，在"改造"之前，人们"依照他们的家族姓氏分布居住，像舍特家族会留在这个地方，另一个家族则在另一个地方"。[6] 这些宅基地间距很远，彼此相距50—200米，官员们批评了这种情况，理由是宅基地之间的人流步道造成侵蚀，这种断言在这个人口稀少地区简直荒谬。隔离相较于水土流失是开发平地村庄的明显驱动。1960年，最大的新定居点——莫替彼斯达特在索丁东部建立，其大部分人口来自1963年被拆除的库鲁曼市"定居

---

① Interview I at Batlharos and Interview A at Seodin in Appendix C3.

② Snyman, *Kuruman* (1992), 198 – 199.

③ Interview F at Ncweng and Interview A at Seodin in Appendix C3.

④ 有关库鲁曼水源开发的问题，参见 NAR NTS 7931 159/337. CTAR 2/KMN 40 N 5/1/2 IX。

⑤ CTAR 2/KMN 33 N 2/11/4 III. 1965年的一份清单指出，除了盖-特罗斯和马雷马纳以外的所有保留地以及许多有人居住的南非原住民信托基金农场，其余部分的"95%"或"100%"被列入计划。

⑥ Interview I at Ga-Mopedi in Appendix C3；Breutz, *Tribes of Kuruman*, 75.

点"。[1] 隔离政策将索丁人搬迁到一个称为"索丁—朗格伯格"的地方。在 1962 年至 1968 年间,他们被迫从分散的房屋搬迁,因为《群体区域法》规定在他们的村庄和市政边界之间需要设立缓冲区。[2] 即使人们没有被驱逐出新的白人空间,他们的搬迁也有利于隔离——巩固人口,构建更大的定居点,为黑人和来自白人农场的新移民提供空间。更紧密的定居点也有利于政治控制,高杆上明亮的夜灯很容易就可以照亮整个莫替彼斯达特。

在其他地区,改良运动引发了强烈的抵抗,政治民族学家布鲁兹报道说:"由于关于城镇宣传的影响,人们通常反对任何一种改良计划。"[3]但是,库鲁曼人却没有过多抵制。毕竟,如一个骄傲的传教士所描述的那样:这个区域是"联邦中最守法的原住民地区"[4],对于改良运动,他们缄口不言。也许 1897 年叛乱时的经历使库鲁曼人谨慎起来。作为被征服的反叛分子后裔酋长托托,对班图当局作了评论,这一机构在其他区域遭遇了抵抗:

> 如果这个法案已经通过,我们几乎没有什么要说……过去日子里曾经是我们土地的地方,今天不再是了。我们必须接受这一点,因为它已经生效。我们已经尝试了几次拒绝,但这并没有帮到我们。让我们省省吧。[5]

这并不是说每个人都是宿命论的。在弗拉克方丹保留地的 115 个家庭中,只有 28 个人在听取了建议之后离开,前往其他保留地。[6]

---

① Snyman, *Kuruman* (1992), 196.

② CTAR 2/KMN 33 N 2/11/4 I, Humphrey Thompson, November 1, 1958; Interview with Don Riekert in Appendix C1; Interview B at Seodin in Appendix C3.

③ Breutz, *Tribes of Kuruman* (1963), 77.

④ CTAR 2/KMN 19 1/12/10 I, Humphrey Thompson, April 25, 1951.

⑤ CTAR 2/KMN 57 N 11/1/2 I, minutes of meeting, May 15, 1954.

⑥ NAR NTS 10251 40/423(1) Correspondence from 1952–1958.

改良运动剥夺了黑人使用土地和购买土地的权利。20 世纪 60 年代初,只有一个黑人雅各布·奥斯(Jacob Oss)拥有了库鲁曼解禁区的土地。[1] 汤姆林森委员会关于私人土地权属的建议被拒绝后,南非共和国班图管理发展部联合会权力机构拒绝接受黑人在信托土地上购买私人农场。重建完全基于公共使权属,而改建搬迁则是为了限制黑人权利。南非共和国班图管理发展部联合会已抛弃传教士和早期管理人员的信念:私人土地上的集约化使用是土地使用的最高形式。例如,马坦加(E. Mantanga)在一个农场园地里钻了一口井,但是当他被分配到另一个地区的一个地块时,他被迫放弃了井,并且没有得到补偿。[2] 另一位渴望拥有财产的黑人极力辩说私人所有权将鼓励人们对土地进行改善,一个官僚骂他说:"我必须指出,贫穷的租户,不能改善他所占用的土地,以获得最大的利用机会。"[3]这样的说教对于在改良运动和被迫移民中没有得到赔偿,失去家园、水井和种植园的人们是一种莫大讽刺,与事实严重不符。

村级化对社区关系提出了挑战,正如德·韦特将其放在书名中加以体现"一起搬,分散安"。有人告诉我,生活在道旁的优势在于靠近学校、教堂、医院和商店。[4] 另外,这也让人们更容易相互拜访。[5] 然而,更拥挤的定居容易引发争执。[6] 一个人解释了这个问题:"当你搬到一个新的体系,你旁边生活的人可能不够人道、温和,不关照你的东西,可能对动物残酷,可能不适合与其他人一起生活。"[7]此外,新的住宅模式也有粮食生产问题:人们抱怨邻居的

---

[1] Breutz, *Tribes of Kuruman* (1963), 58.

[2] CTAR 2/KMN 30 N 2/7/2 IV, 1959 correspondence regarding the case of E. Mantanga.

[3] 关于购买土地的请求,参见 CTAR 2/KMN 31 II, N 2/7/2 V, correspondence with Adam Molema from 1961—1963; CTAR 2/KMN 30 N 2/7/2 IV, correspondence with L. Gaetsewe in 1961。

[4] Interview with Peace Mabilo in Appendix C2.

[5] Interview with people from Ga-Tlhose and Interview B at Ga-Diboe in in Appendix C3.

[6] Interview A at Logobate in Appendix C3.

[7] Interview with White Koikanyang in Appendix C2.

鸡和山羊吃了给自家家畜预备的食物,另外,新的定居点使人们远离他们的田地和牧场,田地和牧场盗窃更为多发。[1]

　　除了改造住宅模式外,改良运动还规定了人们如何利用生产空间。由于该地区半干旱,除了在灌溉地区外,放牧成为唯一获得批准的土地使用方式,唯一批准的放牧方式是轮换营地牧作。营地轮牧的表面理由是土壤保护,但与村级化的情况一样,其他考虑中和了环保目的。官员们没有对草原条件进行调查,也没有进行检查,以确定如何终止"过度使用"的可能性。事实上,他们很少报告环境条件。[2] 正如第六章所讨论的那样,某些压力使草原在 20 世纪中叶更加茂密,但是轮牧的既定目标是防止侵蚀,是国家关切,而不是灌木丛入侵,那只是一个局部过程。[3] 除了划定牧场之外,改良运动还对使用牧场的动物数量进行了控制。每个系统允许的动物数量是通过将放牧面积的大小乘以设定的承载能力来确定的,根据降雨量,每 10 或 12 个摩根以上承载一个大型家畜饲养单位。类型学家们现在认为"不存在单一的生物学最优承载能力",不同的经济目标——例如,动物是为了上市而养肥,还是为了作为彩礼——应该允许不同的放养水平。[4]

　　除了河谷保留地的住宅区和耕地外,整个草地都受制于营区系统的时空规约限定。在改良运动之前,人们晚上在家里圈养他们的动物,改良运动将人类和动物分于不同的空间。动物搬到大型围栏里,不需要牧民。如表 8.1 所示,三营三年的季节性轮换牧

① Interview I at Ga-Mopide and Interview A at Batlharos in Appendix C3; Interview with Gladys Motshabe, Interview with Private Koikanyang, and Interview with White Koikanyang in Appendix C3.

② 关于租给白人牧民的南非原住民信托基金土地上的过度放牧情况,参见 NAR NTS 8134 377/340,特设委员会,1958 年 9 月 3 日。

③ 见有关食草动物引起的侵蚀和轮流放牧讨论视为解决方法的讨论。UG 44 - 1946, *Report of the Department of Native Affairs for the year 1944 - 45*; UG 48 - 1955, *Report of the Department of Native Affairs for the Year 1952 - 53*, 61。

④ Behnke and Scoones, "Rethinking Range Ecology," in *Range Ecology* (1993), 6. 关于承载力概念的讨论,见该文章第 2 - 8 页。1948 年 3 月 25 日政府第 625 号通知规定了保留地的承载力。CTAR 2/KMN 48 N 8/5/21。

作系统决定他们对牧场的利用安排。营区设计的逻辑是为了防止任何一个地区在两个季节内被过度放牧,并在一段时间内"休息",理论上说这样是可以防止动物选择性地过度啃食某片草地,从而防止灌木丛侵占和侵蚀。一名由政府资助但由酋长任命的护林员负责监督营区。[1] 我没有发现库鲁曼地区营系冲突记录,只是在19世纪90年代对保护区划界的最初抗议之后,人们要求以栅栏架设和维护,特别是在可能被白人农民侵占的边界上。在采访中,我了解到他们喜欢营区围栏,因为营区化更容易找到走失的动物。[2] 人们之所以诟病营区,是因为它太小并且限制了牧场数量。[3]

表 8.1　轮牧

	一营	二营	三营
第一年	春、冬	夏、冬	秋、冬
第二年	夏、冬	秋、冬	春、冬
第三年	秋、冬	春、冬	夏、冬

压制生存生产,力促商业生产

除了重塑当地地貌特征之外,改良运动,像整个非洲的殖民地农业规划一样,也阻碍了补充自给农业。在库鲁曼,尽管灌溉栽培受到质疑,国家却把驴产饲养和旱地耕作作为攻击目标。通过限制生产活动的数量,原住民事务处有效地限制了农耕人员的人数,并通过禁止一些维持生计的活动,为商业生产开辟空间。原住民事务处还启

---

[1] See Appendix C3, Interview with people removed from Ga-Tlhose, Interview I at Ga-Mopedi, Interview B at Maphiniki, and Interview B at Churchill.

[2] 关于围篱,参见 CTAR 2/KMN 23 II, N 2 /1/2 和 CTAR 2/KMN 24 N 2/1/2 中的通信。参见附录 C3,在马菲尼基的采访 B,在盖-莫佩迪的采访 I,在盖-西博劳的采访 C,对盖-特罗斯人的采访。库鲁曼接受营地围栏与在其他地方的抵制形成鲜明对比。伊莎贝尔·霍夫迈尔描述了北省的瓦尔滕,围篱代表着"一种界定或'书写'",它固定了白人在农村的权威地位",并将围绕营地和边界的围篱斗争描述为对白人统治的挑战。Hofmeyr, *We Spend Our Years as A Tale that is Told* (1993), 68 - 77。然而,我在库鲁曼的采访表明,牧民们对围栏对动物饲养影响的反应,超过了它的象征意义。他们区分了不同类型的围栏,不认为营地围栏限制了土地或伤害了羊群。

[3] Interview B at Maphiniki in Appendix C3.

动了促进商业畜类生产的方案。因此,汤姆林森委员会将耕作权限定于少数人的目标是通过减少投资和法律外干预来实现的。

第一步就是于 1949 年禁止在库曼地区的土地上进行"不加选择的"旱地耕作。① 由于所有的南非原住民信托农场都受到改良条例的制约,所以居民只能拥有一个很小的"园地"。就改良运动的所有方面而言,这个禁令是库鲁曼黑人与政府之间的最大争论点。非洲人知道,他们的保留地和私人土地的环境条件是一样的,而白人能够在库鲁曼区的私人农场上恣意耕作。此外,白人在相邻地区弗雷堡的耕作也是合法的。他们将这些不一致向原住民事务处进行了说明,但收效甚微。到 20 世纪 50 年代中期,土壤侵蚀成为一个官员不太关注的问题,取而代之的是经济考虑——创收。② 由于获得了权力,开发者甚至批评在本没有风蚀危险的灌溉土地上的耕种,提出浅湖区可以像牧作一样进行改良,比耕地更有价值。③

在整个 20 世纪 50 年代,人们进行反抗,并试图确保耕种权利。④ 耕种者于 1960 年 5 月获得了一些优势,当时迫使保留地的改良者加强了对塔拉洛部落权利的承认。那时候,政治体制改革的议程安排胜过了保护主义者的关切,人们对于改良政策的抵抗引起了政府的担忧,担心这种强硬手段会适得其反。⑤ 此外,实施改良需要多方同意,部落当局成立之后,关于实施改良运动的协商会变得更有意义。塔拉洛部落管理局不反对圈地和专门行动,但

<hr>

① CTAR 2/KMN 55 N 10/1/3 I,盖-莫佩迪的头人 P. 盖西斯韦,1949 年 8 月 22 日。在保留地耕地是合法的,弗雷堡的南非原住民信托基金农场是库鲁曼黑人的一个痛处。CTAR 2/KMN 20 N 1/15/4 II,会议记录,1955 年 3 月 30 日。

② CTAR 2/KMN 47 N 8/1/5(1),Minutes of meeting, February 15, 1951.

③ CTAR 2/KMN 33 N2/11/4 II 委员会报告特别指定,6 月 1 号,1956 年 5 月。关于是否允许在河谷地区继续耕作,参见 CTAR 2/KMN 23 II,N 2/1/2,土著专员。这封信报道了在下库鲁曼保留地的人们非常担心失去可灌溉保留地的耕种权。

④ CTAR 2/KMN 20 N 1/15/4 II,酋长和校长季度会议记录,1952 年 6 月 24 日。CTAR 2/KMN 55 N 10/1/3 I,曼坦加在 1949 年和 1950 年写了五封信,请求准许犁地。NAR NTS 8962 185/362 II,会议记录,1954 年 8 月 13 日。在准备迁移的过程中,思茅斯瓦纳人在他们的新定居点谈判耕种权。NAR NTS 7806 316/335 第一部分,美国特别委员会,1941 年 10 月 14 日。狄克文居民也试图获得耕种权,但没有成功。CTAR 1/KMN 13/43 N9 15/3/(2),会议纪要,1952 年 9 月 10 日。

⑤ De Wet, *Moving Together, Brifting Apart* (1995), 51.

它对牲畜宰杀表示关切，并拒绝让步耕作权利。[1] 事已至此，一个沮丧的官员不得不承认，禁止犁耕并不是环保的必然要求："与班图人的进一步争论是浪费时间。过去两年来，我一直在做这些事情……这里的保留地并不比弗雷堡和利赫腾堡的风险更大。适当建立防风墙完全可以有效对抗。"[2] 政府同意就这个问题让步，1962 年，下库鲁曼、马雷马纳和盖-特罗斯地区成为改良地区，而保留了旱地耕作权利。[3] 然而，开发者通过将居民区设置在耕地上减少了旱作面积。[4]

畜类生产作为商业上可行事业的愿景需要形成非洲人畜群和市场之间的联系。第一个环节是奶制品生产，原住民事务处在 1942 年建立了示范乳畜群。[5] 因为奶制品生产既适合牧区又兼具商业性，所以它非常适合改良地区，因此在 1951 年几个保留地建立了地区乳品合作社。男人保留了他们对奶牛的所有权，但要在一个集中位置挤奶。合作社记录每个成员的生产情况，出售牛奶并按月支付款项。[6] 乳制品生产使得开发者对贴补生计生产提出反对意见，他们建议人们在灌溉土地上种植饲料作物而不是玉米。[7] 但是试验并不成功。由于库鲁曼的 200 名黑人有奶油分离器（如第六章所述），问题一定出在合作社，而不是商业性的牛奶生产本身。1975 年当地黄油工厂关闭时，牛奶的私人销售也随即结束。他们与市场的紧密联系只能通过家畜销售进行。原住民事务处还举办了拍卖会，收获了巨额财富，例如 1953 年的23 224 英镑和

---

[1] CTAR 2/KMN 49 N 8/5/3 (3) IV, minutes of meeting of the Baga Motlhware Tribal Authority, May 10, 1960; March 27, 1961; April 21, 1961.

[2] CTAR 2/KMN 49 N 8/5/3 (3) IV, Bantu Affairs Commissioner, August 18, 1961.

[3] CTAR 2/KMN 49 N 8/5/3 (3) IV, *Government Gazette*, November 16, 1962, Proclamation 1886. 宣布塔拉坪保留地改良运动开始的公告是 CTAR 2/KMN 49 N 8/5/3 IV, *Government Gazette*, April 19, 1963, Proclamation 532.

[4] Interview A at Batlharos in Appendix C3.

[5] See correspondence in NAR NTS 7546 789/327 Part I.

[6] See correspondence from 1949—56 in CTAR 2/KMN 47 N 8/4/2.

[7] CTAR 2/KMN 47 N 8/1/5(2), minutes of meeting, April 21, 1951.

1965 年的 28 428 兰特,黑人也在库鲁曼公开拍卖中卖出家畜。商业畜类生产是非常显著的经济发展活动,但不幸的是,并没有人记录有多少人卖出牛或有多少家畜被出售。[①]

在拍卖中卖牛的人根据自己的能力和情况进行处理。将耕作权限制在有限数量的农民手中——他们只能饲养 25 头牛,这一设想从未在库鲁曼生效。[②] 1955 年,开发者拒绝限制农业权利,因为他们面临如何安置过剩非农人口的问题。[③] 1959 年准备在丘吉尔农场安置科农保留地的人们时,官僚阶层对这个问题有明显的怀疑。该提案带有南非荷兰语的边注,签名难以辨认:"我认为,在科农保留地内没有牛量蓄养限制……新的科农保留地将有牛的数量限制。我认为让这些人从水资源丰富的科农搬到沙漠,现在又给他们这个额外的负担只会带来苦难。这些人毫无防御能力,不应该这样对待他们。"手写的回应(也是南非荷兰语)提及了环境方面的常识,证明减少畜群是合理的:"如果农业做法不正确,我们真的会使这个地方成为一个沙漠,然后我想看看班图人对他们的搬迁有多满意。"[④]这些条款没有得到执行,但是官员们仍然认为商业生产是理想的,在库鲁曼和其他地方,"规划者仍然坚持从经济角度思考问题"。[⑤]

改良运动最为臭名昭著的方面是减少了畜产数量。库鲁曼的非洲人缺少畜产,保留地通常被描述为畜产不足。因此,对承载能力的担忧并没有导致畜产减少。国家宰杀劣等动物,而不是淘汰多余"动物",与"牛群"的"改良"品种相反,整个种类的驴群都被认为是劣等的。驴和改良是矛盾的,因为国家旨在支持少数人高

---

① Snyman,*Kuruman* (1992),190;Breutz,*Tribes of Kuruman* (1963),65–66,77. 布鲁兹似乎只以卖牛为生。当南非成为共和国时,它用一种新的货币兰特取代了南非镑,这种货币的价值是每磅两兰特。

② 例如,参见弗拉克方丹的困难,NAR NTS 10251 40/423(1),1952—1958 年间的通信。

③ NAR NTS 2299 798/280,Memorandum of conversation, August 7, 1955.

④ NAR NTS 10251 40/423(5) B, Margin notes on 1959 report on Konong.

⑤ De Wet, *Moving Together, Drifting Apart* (1995), 67. 例如,NAR NTS 5405 H 62/15/1/1363, 1961 年 10 月 2 日和 1961 年 10 月 31 日。

效的、现代化的和市场化的生产,而驴只是能够帮助许多人贴补生活必需而已。

官员们报告说,驴的数量非常多,并指出库鲁曼保护区内所有动物中有 40% 是马或驴,而弗拉克方丹/卡贡人均拥有近四头驴。[①]发生在区内的第一次宰杀是在 1949 年,就像随后那样,它只是涉及销售,而不是屠杀。1950 年,弗拉克方丹的销售商所安排的官员从国家骨粉工厂收到每只动物十先令的报价,但这个价格并没有吸引卖家。弗拉克方丹居民同意自愿限制驴的数量,他们将家庭拥驴的数量设定为 8 头,另允许驴车主人多有 8 头,官员们因此轻蔑地斥之为根本没有减控发生。1953 年,政府宣布该地区的所有保留地(即使是不符合改良条例规定条件的地方),都被设为驴的限养区域。规定实施后的第一个主要措施是要求宰杀 177 匹马和969 头驴。[②] 宰杀计划的目的是将被认为有价值的动物列为品牌,并安排出售或屠宰过剩畜群。也许是因为开普殖民地的行政传统延续了一种家长式的精神,这些限驴措施寻求了驴主人的共识。家长制并不是没有暴力和胁迫,而是将殖民地的作为想像为文明使命,缓和了一些极端倾向。

虽然没有明显的反对意见,但对宰杀计划的共同反应是不合作。官员认为人们在宰杀期间藏匿了他们的家畜,并要求酋长们努力减少村庄的人口,结果是政府遭遇挫败,而没有对保留地区域采取行动。[③] 这些反应强调了驴的价值。拍卖多余的家畜可能有助于现金贫乏的家庭,但人们并不总是通过出售驴换钱。例如,在 1967年的三次拍卖中,只有 16 头驴售出,表明没有多少过剩的驴或野驴

① NAR NTS 6577 918/327, Agriculture Officer, March 13, 1956.

② CTAR 2/KMN 48 8/5/2 (1). 1953 年 2 月 6 日第 256 条限驴公告。更多被捕杀动物的数量参见 CTAR 2/KMN 48 8/5/2 (1), Agricultural Officer, October 23, 1953; Breutz, *Tribes of Kuruman* (1963), 66.

③ CTAR 2/KMN 20 N 1/15/4 IV, minutes of meetings, July 1, 1959; March 29, 1966; March 23, 1967; March 28, 1968; June 27, 1968; September 26, 1968.

存在。事实上,活驴给人们提供的价值更大。[①] 官员们威胁采取更为
激烈的措施,但是在1953年以后几乎没有发生。20世纪40年代以
后,保留地的驴数量下降,但不如白人农场下降幅度大——从1946
年的11 007头降至1960年的5 891头。[②] 急剧下降的部分原因可能
是改良干预措施,部分原因也可能是货车和犁耕的消失。

　　没有什么直接证据记录失去驴的人们所受到的影响。会议纪
要偶尔可见"酋长、头人和人们"就驴的限制开过会,也有些许评
说。有些人力保这种动物,这是为了捍卫犁耕。[③] 然而,这些会议
的参与者并不是一致的驴的维护者。小组以66票对6票支持
1953年的驴数量限制公告。1951年和1952年的会议记录对驴群
有强烈的批评:

　　　　驴是无用的。要说有用无非就是拉车之用。如果驴
　　子减少,这个地区的牛会更好;

　　　　驴子一无是处,还被嫌弃;

　　　　在我所在地区有超过1 000只驴无人认领。驴造成
　　伤害时,我们找不到其主人;

　　　　驴被认为正在破坏库鲁曼地区。这项法律是减少驴
　　群数量的正确举措。我们允许拥有一些驴。我所在地区
　　的驴子四处游荡,没有主人。如果所有的驴都烙上主人
　　标记,这将是一件好事;

　　　　驴用尽了水,我们可用于其他畜群的水所剩无几。
　　这些驴给我们造成了很多麻烦。[④]

---

① CTAR 2/KMN 20 N 1/15/4 IV, minutes of meeting, June 29, 1967. 斯塔基声称,自愿在夸祖鲁出售
　　也没有成功,参见 Starkey, *Animal Traction in South Africa* (1995), 22。

② UG 77 – 1948, *Agricultural Census*, 1945 – 1946.

③ CTAR 2/KMN 20 N 1/15/4 II, minutes of meeting, September 25, 1953.

④ CTAR 2/KMN 20 N 1/15/4 II, minutes of meetings, May 28, 1951 and September 19, 1952. See also
　　CTAR 2/KMN 20 N 1/15/4 I, minutes of meeting, April 13, 1943.

在后来的会议中,有些人开始抱怨对驴的限制,但与禁止犁耕相反,其他人则支持驴减少。这些会议中的人与殖民国家就驴数量议题对抗可能有几个原因。茨瓦纳文化高度重视牛,而拥有驴是穷人的标志,没有声望。如果驴被认为在与牛竞争,就会有针对它们的情绪。此外,对妇女来说驴有用,当地习俗禁止妇女拥有牛产,而她们没有参加会议。此外,政府官员和种族隔离组织也恐吓异议人士。最重要的是,后来的事态发展表明,反驴情绪根植于商业牛肉生产者这一新兴阶层的利益,他们是参加这些会议的酋长、头人和领导人。他们由"进步农民"组成,可以从改良运动中获益,并能够借此积累牛产。这些都是畜产拍卖的卖家,他们自然会支持这种想法,即用金合欢草原养牛而不是驴。对于最大化商业生产和产品利润而言,他们更可能看到的是驴利用不足、过剩或被弃置。这个时期的纪录文件中,虽然拥有驴和牛的阶级分野并不明确,但可以推断,雄心勃勃的牛肉生产者属于反对饲养驴的人之一。

与会者可能会同意对驴进行限制的另一个原因是:那些使用驴的人也认为驴太多会造成损害。当然,否定人类和家养动物可能会损害环境是一种矫枉过正。人们有积累大量驴群的动机和能力,加之驴贪吃,随着其数量的增加,即使是借此贴补生活的牧民,土地代价的高企也变得很明显。关于使用驴的农村黑人是否也认为它们具有破坏性,南非最近的两项研究存在分歧。在对纳马夸兰的采访研究中,人们反馈说,驴比山羊吃得多,浪费饲料,对剩余的植被影响较大。受访者表示担心,驴,特别是野生的,会影响用于贴补生活用途的山羊蓄养。南非动物牵引网络在 1994 年对南非 500 多名受访者进行的一项全国性调查结果与此相矛盾,农村黑人对驴并没有负面评价。[①] 不幸的是,现在可能已经无法确定过

[①] Vetter, "Investigating the Impact of Donkeys," Honors thesis, University of Cape Town, 1996; Starkey, *Animal Traction in South Africa* (1995), 142 – 151.

去几十年来人们在多大程度上相信驴会导致环境退化。1983 年对驴的杀戮发生后,纪录文献和记忆材料受殖民者控制,他们有意掩盖了这段时期的声音。

改良运动的影响:来自上面的证据

迄今为止,对改良运动的分析是以口头证据为基础的,多是文献来源中的记载,并以口头证词的形式提供。但这还可以用其他非语言证据对这些来源进行第三方印证——黑白航拍照片,由测量总局提供。1958 年、1965 年、1972 年和 1981 年,飞往东西方的飞机均拍摄了库鲁曼地区。这些年来,我每年都从两个大致一致的东西走向带状地区获取照片,这些带状地区被选为公共区域的样本。我所选择的第一个样本是从位于下库鲁曼原住民保留地南部的库鲁曼山西面开始,向东经南非原住民信托农场延伸到波切切莱萨。第二个样本位于下库鲁曼原住民保留地的北部,始于库鲁曼和西部的马特瓦伦河汇聚处,向东到达马特瓦伦谷和邻近的南非原住民信托农场。① 因为看懂航空照片需要专业技术,我聘请了一名顾问,金·尤斯敦-布朗(Kim Euston-Brown)来负责解读它们。她辨认出了照片上的耕地、灌木丛、定居点、过度放牧场、牧场围栏和矿址,并将它们在地图上进行定位,她向我描述了其不同时期的地貌特征,这些我将在纪录文献和口述历史的背景下进行讨论。②

---

① 1958 年南部样品集照片第 10 条/工作 编号 414/照片 7 714－7 706 和 1 899－1 890;1965 年第 5 条/工作 编号 537/照片 220－210;1972 年第 6 条/工作 编号 700/照片 9 599－9 611;1981 年第 2 条/工作 编号 854/照片 446－435。北部样品集的照片为 1958 年第 4 条/工作 编号 414/照片 2 824－2 802;1965 年第 2 条/工作 编号 537/照片 73－62;1972 年第 6 条/工作 编号 700/照片 9 400－9 385;1981 第 2 条/工作 编号 854/照片 521－532。所有的照片都是 25 平方厘米的。1958 年的照片是 1∶30 000;1965 年的照片是 1∶60 000;1972 年的照片是 1∶50 000;1981 年的照片是 1∶150 000。我很感激美国历史协会授予我伯纳多特·E. 施密特奖助金来购买这些照片。
② 1973 年的 1∶50 000 的南区地图分别为 2723AD、2723BC 和 2724AC;而北区地图分别为 2723AA、2723AB 和 2723BA。

在这些航空照片所记录的南部大片区域（呈狭长分布）中，显示了该地区人口最多的地区，就在库鲁曼镇的北部，包括下游河谷，黑色公共区域最南端和东部的盖普高原。从1958年和1981年的第一组照片看，南部的河谷清晰可见（见图8.1和8.2）。这套照片展示了白人和黑人土地利用的差异、索丁被搬迁、莫替彼斯达特建立。虽然照片不完全一致，但是河谷的主要特征和标明"1"和"2"的两个点都提供了定位。

图8.1　1958年的库鲁曼河下游河谷

图8.2　1981年的库鲁曼下游河谷

这些照片的南部边界涉及城镇北部白人所占领的山谷。在图 8.1 中,黑人和白人区域之间的边界是可辨别的(用箭头标记)。由于更加集约化的种植,白人的种植园在河谷的最低处(在照片的最底部)呈现为暗色矩形。紧临着保留地的边界上方,阴影减轻,因为下库鲁曼原住民保留地的植被稀薄。1958 年,位于保留地边界北部的最初索丁位置(标记为"S")的宅基地和畜牧场在明亮的反射中清晰可见,那里的植被较为稀疏,钙质表面暴露在外。库鲁曼河在水坝拦蓄作用下充盈。沿河谷,远离金合欢草原山谷(标示为"F")的耕地清晰可见。图 8.2 中的 1981 年照片的变化包括索丁—朗格伯格(标记为"S－L")的新定居点纵横交错的街道,那里曾经是空旷的草原。此外,格栅成为最大的黑人定居点,莫替彼斯达特已经出现在河谷以东六公里处。

下一组航空照片显示了马掌形地块中的改良运动作用。在图 8.3,我们可以看到 1965 年的改良运动效果。显而易见的是,新改造的村庄拜尔方丹和赫兹格,以马掌形地块(标有"B"和"H")上的前白人农场命名。拜尔方丹周围的裸地显示出更集约化的土地使用,但是赫兹格看起来变化不大。在拜尔方丹和赫兹格之间营地的一个大斑点标明的是过度放牧(标记为"O"),周边的尖锐边缘(标有箭头)表示在受围栏保护的邻近营地植被较厚。图 8.4 显示,到 1972 年,营地之间的放牧压力相似,但赫兹格安置点的影响有所增加。1981 年更高的飞行高度为马掌形地块提供了广阔的视角(见图 8.5)。道路像蜘蛛网一样延伸,而新改造村庄栖息在十字路口,如肥胖的白色蜘蛛。1981 年更广泛地区的视图显示许多这样的定居点,分布规律,由碎石路连接,远离城市中心或祖先的土地。锋利的篱笆线(箭头标记)显示营地系统控制着放牧压力。

最显著的变化出现在 1958 年和 1972 年喀拉哈里南部的马特瓦伦谷的东北部。与早先的几组图片一样,图 8.6 至 8.8 中的照片

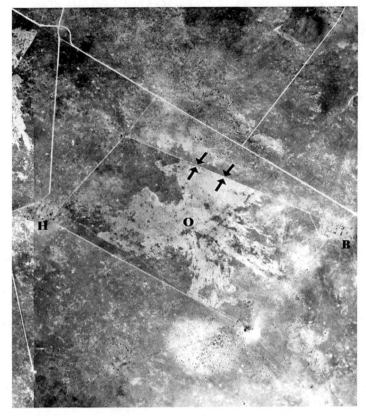

图 8.3　1965 年的马掌形地块

不完全一致，但标记为"1""2"和"3"的点提供了定位，白云石堤坝显示为黑线。1958 年（图 8.6），这片土地是白人拥有的，他们在这些区域耕作。道路很少，放牧的影响均匀，不会被围栏阻断。最引人注目的特征是沿着白云石堤坝聚集的灌木丛，水集中在其地下，草原上的灌木丛显示为黑色斑块。到 1965 年（图 8.7），南非原住民信托已经购买了该土地。① 当然，在信托土地上，耕作是非法的，而这些田野正在逐渐退化为原野。换言之，该地区未开发，位于人烟稀少的草原偏远角落。到了 1972 年（图 8.8），情况发生了巨大

①购买日期在 CTAR 2/KMN 33 N 2/11/4 中给出。

的变化，因为该地区准备接收弗雷堡的迪塔瓦宁保留地居民，后者
来年将被拆除。（图 8.8 中的照片是在较高的高度拍摄的，并且覆
盖了图 8.6 和 8.7 中较早照片南面的较大面积。）最不协调的是，
在以前的耕地上铺设了每边 1.5 公里的网格状碎石路。这是迪尔
沃德村的未来地址，等待着房屋和人们的到来。此外，在南部，一
个巨大的三角形死胡同将主干道连接到两个前农场宅基地，那里
将建造埃尔斯顿和盖-拉马塔勒村。对裸露草原的野蛮开发是令
人震惊的。以前的照片中没有一处表明，这个地区可以吸引人类
密集地定居。道路出现的唯一原因是为新村提供服务，而唯一可
能将村庄置于南部喀拉哈里的原因是南非政府不想在其他地方安
置他们。

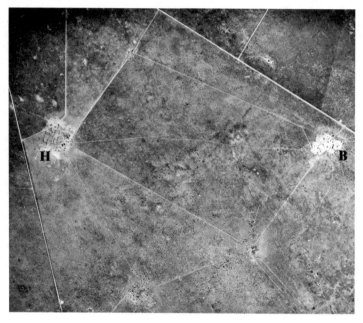

图 8.4　1972 年的马掌形地块

图 8.5　1981 年的马掌形地块

图 8.6　1958 年马特瓦伦河东北
　　　　部的喀拉哈里

图 8.7　1965 年马特瓦伦河东北
　　　　部的喀拉哈里

图 8.8　1972 年马特瓦伦河东北部的
　　　　喀拉哈里

博普塔茨瓦纳驴屠杀

　　如果班图斯坦要成为现代民族国家，按照"分别发展政策"规定，其不能仅靠部落结构来管理。因此，南非的分别发展与其他地方的间接统治有所不同，它在部落结构中套上了现代国家的外衣，在殖民机构之上叠加了官僚机构和软弱的议会。1968 年，茨瓦纳领土管理局有了一个官僚机构，其中包括一个农业部门，其白人官员与前任主管部门保持了连续性。① 现代化政治出现在 1971 年的选举中，酋长在博普塔茨瓦纳保留了议会席位。1972 年，博普塔茨瓦纳获得了自治地位，卢卡斯·曼戈佩（Lucas Mangope），巴哈苏特·巴·曼尼汀的酋长担任总统。1977 年博普塔茨瓦纳成为第二个获得"独立"的南非黑人家园。这些家园并不独立于比勒陀利亚（Pretoria），但南非政府确实下放了一些控制权。也有了选举，但议会中只有不到一半的席位可供民众竞选，并且投票经常存在舞弊行为。②

　　虽然这些机构是为种族隔离服务而创立的，但这些机构为自己的成员获得了依照自身利益行事的能力。长期以来，间接统治和公共保有权使得农村黑人任由国家干预支配。在联邦和南非共和国统治下，政府官员从未设法实行这样的政策：将农业权限限制在有限数量的农户上，以使得他们通过农业获得商业利益。在博普塔茨瓦纳，国家干预不受一个民族单位的自决意识形态限制。国家不民主，治理精英与被管理者直接就资源展开竞争。因此，博普塔茨瓦纳的驴只控制变得极其恶毒。此外，自 1960 年以来，整个南非的治理变得更加专制。

　　虽然超越了种族，但反驴的趋势仍然具有阶级特征。与其他非

---

① 1955 年的 806 号政府公告和 1956 年的 1932 号政府公告要求组建这个地区的部落当局。区域当局是根据 1958 年 3 月 7 日第 358 号政府公告设立的。关于他们的责任，参见 Butler, Rotberg, and Adams, *Black Homelands* (1977), 28, 33, 157 – 178。关于博普塔茨瓦纳官僚机构的结构，参见 D. A. Kotze *Bibliography of Official Publications of the Black South African Homelands*, 2nd ed. (Pretoria: University of South Africa, 1983), xvi – xvii。
② 关于博普塔茨瓦纳的国土宪法和选举，参见 Butler, Rotberg, and Adams, *Black Homelands* (1977), 36 – 37, 50 – 55；另参见 John Seiler, "Bophuthatswana: A State of Politics," in *Transforming Mangope's Bophuthatswana*, John Seiler, ed., Electronic publication by *Daily Mail and Guardian*, 1999. http://www.mg.co.za/mg/projects/bop/ch one.html。

洲殖民地的精英相比，这里反对驴的官员有较大的权力和物质利益。此外，他们很少被要求对当地居民负责。腐败和相互包庇是博普塔茨瓦纳治理的主要特点。事实上，1998 年 7 月，曼戈佩被判犯有 102 项盗窃罪，总金额达到 350 万兰特，另涉嫌三起诈骗罪，总金额 120 万兰特。① 矿产和玉米生产推动了博普塔茨瓦纳经济，但在库鲁曼附近最干旱的西部，养牛牧场提供了最大的财富，国家将这些财富大部分输向精英阶层。酋长的地位不明确。国家给予他们相当大的物质利益，包括议会薪资、垄断土地的能力和从政府合同中获益。然而，曼戈佩与酋长的关系紧张，有些人对他持有最强的批评和反对意见。在驴屠杀发生之前，曾担任原博普塔茨瓦纳农业部长的塔拉洛首席执行官托托与曼戈佩闹翻，并成为塞布森格韦反对党领袖。②

　　20 世纪 70 年代，有人指责库鲁曼的政府养牛项目直接出售畜群，而不是公开拍卖，以此支持富有者和关联购买者。此外，为了准备独立，博普塔茨瓦纳获得了公共领土外的额外土地，作为私营农场。这些农场的租赁者通常会是酋长、内阁成员或总统和他的小圈子，大多数商业性牛肉生产在这些农场进行，而不是靠近村庄的公共牧场。牛肉生产商通过比勒陀利亚向班图投资公司（BIC）提供的资金获得援助。1973 年以后，班图投资公司保证在博普塔茨瓦纳拍卖的每一只动物售价都很

① *Mail and Guardian*, July 24, 1998. http://web. sn. apc. org/wmail/issues/980724/ NEWS19. html. Seiler, "The North West Province from 1996 to 1999," in *Transforming Mangope's Bophuthatswana* (1999). http://www. mg. co. za/mg/projects/ bop/update. html. 从博普塔茨瓦纳成立到 1998 年，兰特严重贬值，但仍平均每美元 3 到 4 兰特。参见 Michael Lawrence and Andrew Manson, "'The Dog of the Boers': The Rise and Fall of Mangope in Bophuthatswana," *Journal of Southern African Studies* 20(1994): 447 – 461; Peris Sean Jones, "'To Come Together for Progress': Modernization and Nation-Building in South Africa's Bantustan Periphery – the Case of Bophuthatswana," *Journal of Southern African Studies* 25(1999): 578 – 605。
② M. Mosiamane, "What Lies Behind the Glittering Bophuthatswana Facade?" *Pace*, October 1983, 19 – 23. 巴塔拉洛斯的托托村村民们发现他们的首领并不支持曼戈佩政府。在巴塔拉洛斯的采访 I 见附录 C3。

低,而在1975—1976年,其中有22%是用其资金购买的。① 另外,班图投资公司还通过博普塔茨瓦纳国家发展公司,于1981年以后,向博普塔茨瓦纳农业投放商贷。农业部通过其拓展部门(成立于1979年,系原项目的扩建)增加了对市场营销的援助。关于博普塔茨瓦纳湿地耕种,政府明确了其适当引领的愿景,于1982年从奥地利引进了200台拖拉机。农业部因其1983年商业化的努力获得了回报,当时罗纳德·里根总统的贸易顾问访问并赞扬了其农业发展工作,承诺为博普塔茨瓦纳粮食生产寻求市场。②

由于这些发展商业牛肉行业的努力,博普塔茨瓦纳自治后,牛群陡然增长:1972年,塔拉坪—塔拉洛区(由以前位于库鲁曼和弗雷堡地区的土地组成)为43 607头,但1981年达到109 894头(见图8.9)。

塔拉坪—塔拉洛区把以前属库鲁曼和弗雷堡区的区域进行了合并,所以数量不与库鲁曼先前的统计数据相关,但牛和驴在数量上的比例变化值得注意:1946年在库鲁曼地区,牛的数量比驴要少一些,但是在1981年,塔拉坪—塔拉洛牛的数量是驴数量的8倍。1982年9月末,塔拉坪—塔拉洛生产商获得了80 795兰特的畜产销售额,占全体博普塔茨瓦纳总共103 769兰特的大部分。③ 在20世纪70年代,领土当局会议继续讨论驴的数量,同意限制免税动

① 关于拍卖,请参见 NAR KGM 35 4/2/4/8, 1974年和1975年区域管理会议记录。关于土地,参见 Seiler, "Bophuthatswana: A State of Politics," 1999; Interview with W. J. Seremane in Appendix C2。In 1998, Mr. Seremane was chief land claims commissioner for the Commission of Restitution of Land Rights. 关于 BIC, 参见 Butler, Rotberg, and Adams, *Black Homelands* (1977), 179 – 218; Bophuthatswana Department of Agriculture and Forestry, *Annual Report*, 1973, 12; Bophuthatswana Department of Agriculture and Forestry, *Annual Report*, 1976, 41。

② Loraine Gordon, et al., *Survey of Race Relations in South Africa*, 1978 (Johannesburg: South African Institute of Race Relations, 1979), 307; Loraine Gordon, et al., *Survey of Race Relations in South Africa*, 1980 (Johannesburg: South African Institute of Race Relations, 1981), 433; Peter Randall, et al., *Survey of Race Relations in South Africa*, 1982 (Johannesburg: South African Institute of Race Relations, 1983), 416; and Carole Cooper, et al., *Survey of Race Relations*, 1983 (Johannesburg: South African Institute of Race Relations, 1984), 376。

③ 来自博普塔茨瓦纳农林部的塔垃坪—塔拉洛地区牛和驴的统计数据,《年度报告》(*Annual Reports*),第1972 – 1988页。

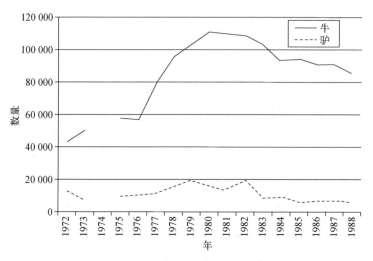

图 8.9　塔拉坪—塔拉洛区的牛群和驴只数量对比

物数量为每位拥有者 6 头，但后续执行情况未记录。独立后，关于驴数量高企的警告持续存在，塔拉坪—塔拉洛区被认为问题最大。在区议会和国民议会会议上，一些人认为驴是耕地所必需的，并为耕种权请愿。[1]

　　大多数农民有补充生计生产，没有参与商业养牛或拖拉机耕作。当然，很多人都拥有驴和牛，小农可以从一些新的计划中受益，但农业部的目标是帮助商业农民，正如 1986 年农业部的一份报告所述："土地只能通过耕种养活一小部分人口。"[2]然而，获得的土地仍然是公共的，所以物理的而不是市场的力量要求将生产投入商业农民手中。[3] 因为"惯例"机构几乎没有社区问责制，所以物

① NAR KGM 39 5/4/6, Minutes of Regional Council Meeting September 8, 1977. 关于驴问题的讨论，参见 Republic of Bophuthatswana, *DeBates of the Fourth Session of the First National Assembly*, *May 6*, *1981 - June 17*, *1981*, 1: 368 - 412; *DeBates of the Fifth Session of the First Bophuthatswana National Assembly*, *April 27*, *1982 - June 9*, *1982*。关于 1983 年前的控制情况，参见 Republic of Bophuthatswana, *DeBates of the First Session of the Second Bophuthatswana National Assembly*, *June 16 - July 28*, *1983*, 2:773, 783。

② Agricor *Annual Report*, *1985 - 86*, 4. 关于中产阶级农民土地使用规划，参见 Loraine Gordon, et al., *Survey of Race Relations*, *1978* (1979), 432 - 433。

③ Mamdani, *Citizen and Subject* (1996), 144.

理力量可行。

国家对驴及其业主采取行动的直接原因是天气。不幸的是，20 世纪 80 年代初，发生了毁灭性的干旱，像往常一样，牛最容易受到饲料和水源短缺的影响。在这个压力下，博普塔茨瓦纳采取行动打算为它们保留放牧空间。1983 年 5 月，一项政府法令宣布所有"剩余"驴只都应被宰杀，但证明其动物有"必要"的人可以保留四只。行动依照以前的驴子控制先例进行，但是带有更惊人的、无与伦比的气势。将这种宰杀转变为几近灭绝活动的意外缘由不得而知。博普塔茨瓦纳农业和农工部 1983 年的报告没有提到对驴的屠杀。农业部长默克格克（E. M. Mokgoko）在博普塔茨瓦纳国民议会的演讲中作了一个正式的解释。他重复了对驴的破坏性共识，声称自 1978 年以来，国家就试图减少驴只数量，并提到了干旱的严重性。[1] 然而，没有关于驴只影响的科学研究，没有办法确定驴在干旱期间对环境的影响。无论如何，干旱不能解释行动中的暴力行径和压迫行为。也许大屠杀的野蛮行为有政治动机，旨在恐吓人们并先发制人。当时南非政府加大了镇压力度，这一定让博普塔茨瓦纳政权有了行凶的底气。当年的政府记录尚未开放，因此比勒陀利亚在其中所起的作用无法确定，白人士兵确实加入了博普塔茨瓦纳的其他地方，尽管没有人报道他们在库鲁曼附近的存在。[2] 博普塔茨瓦纳持不同政见者塞雷曼回忆，街谈巷议说，曼戈佩总统差点在高速公路上与驴相撞，这导致他对于整个物种产生了敌意。[3] 无论直接原因为何，1983 年和前几年之间驴的控制差异不是由于驴的数量的变化或其对环境的影响，而是由于国家和经济的变化。

---

[1] Republic of Bophuthatswana, *DeBates of the First Session of the Second Bophuthatswana National Assembly* (1983), 2:743 - 749.

[2] 在我的研究过程中，我了解到一名南非国防部队的白人士兵参与了对驴的射杀，但我无法采访他。

[3] Interview with W. J. Seremane in Appendix C2. 驴对交通的危害，参见 Republic of Bophuthatswana, *DeBates of the Fourth Session of the First National Assembly* (1981), 1:379, 386, 398。

根据在耐克文、盖-莫佩迪、卡贡和索丁,库鲁曼附近村庄进行的访谈,我重构了该地区的驴屠杀情形。[1] 有时候,这些说法是矛盾的,因为人们收到了警告。有些人报告说,这次屠杀像早期的那样开始,会议议定减少驴的数量。然后人们试图出售,但找不到买主。其他人回忆说从收音机听到减少驴的计划,或者从那些已经被宰杀过驴的人那里听到。有些人得到警告,将驴送到两个未被从南非白人区搬迁,因此不在博普塔茨瓦纳管辖区域的小村庄。其他人将动物送到在白人农场工作的亲戚那里。[2] 然而,在每个村庄里,都有人措手不及。

博普塔茨瓦纳警察部队和博普塔茨瓦纳国防军的成员乘坐卡车或"河马"——20世纪80年代最臭名昭著的黑人城镇巡逻队乘用车——到达。在耐克文的小村庄,人们记得他们聚拢了自己的动物准备计数,就像以前的宰杀一样。他们几乎没有预料到绝大多数驴会被即刻射杀。他们很快就知道自己错了,因为士兵们在他们的车上就开始射击了。士兵到达后,他们没有解释程序,也没有统计聚拢的动物,而是立即开枪。有人预计只有雌性会被淘汰,但是士兵们不分青红皂白。射杀完聚拢的驴后,士兵以扇形散布开来。他们在街道、河谷和放牧区域到处搜索,射杀他们所看到的所有驴。有几个人意识到危险后,把驴藏在了他们的房子里。如果邻居们没有向士兵告密,不要求士兵搜查房子,这样做就会奏效。在索丁,头人报道说,一场干预暂时停止了枪杀。此后,士兵和警察不再随机行事,而是更加关注每户允许养多少头驴。[3]

虽然没有人被杀害,但枪杀的暴力行为对目击者造成了极大

---

① 驴屠杀的采访是在卡贡的采访F和采访G,在盖-莫佩迪的采访J和采访K,在耐克文的采访K,在索丁的采访C和采访D,见附录C3。

② 在索丁的采访C见附录C3;对格特·奥利维林的采访见附录C1。1998年5月19日,来自对艾伦·巴特勒的个人交流。

③ 对A. D. 塞特霍迪的采访见附录C2。关于塔巴恩楚的博普塔茨瓦纳波利斯滥用职权的问题,参见 Murray, *Black Mountain* (1992), 221 - 227。

的创伤。这个地区人民与国家之间的上一次武装冲突发生在 1897 年。在 1983 年以前,大多数库鲁曼人从来没有见过装甲运兵车或听到过枪声。而且,士兵们还明目张胆地威胁那些报怨枪击事件的人。采访中有强烈的一致性,即关于枪杀的残忍性,以及如何引起反感:"士兵没有瞄准,而是随时随地射杀动物,也不管自己是否杀死了它们。"[1]每次采访都佐证这些是不人道的杀戮。"我们对驴被杀害的实际方式感到非常不安,因为它们没有被杀死——它们受到踩踏。还有驴被射到眼睛,身体的不同部位和脚部被射伤,这使得现场的杀害非常可怕,因为它们不得不忍受太多的痛苦,不同于在头上被一枪击杀。"[2]人们告诉我,士兵不是当地的人,他们可能是有些同情心的,他们来自博普塔茨瓦纳的其他地方。一名男子报告说,他的表弟参加了,但后来他遭受噩梦困扰,离开了军队。[3]

许多许多驴被射杀了。有些人报告说失去了整个驴群,多达 18 只动物。即使是套上挽具的驴也不能幸免于难。一个人正在使用他的驴时,驴就被枪杀了:

> 士兵进来的时候,我正乘坐在我的驴车上,我正打算去取建筑材料。他们在路上遇到了我,根本没有问过我要去哪里,或者他们应该杀死几只。他们射杀了全部四头驴,我不得不请人来帮助我把车拉回家,把两头驴尸拖回家里,另外两头尸首留给想要吃驴肉的人。我很伤心,令我震惊的是,他们根本没有问过我距离有多远,以便我可以把车带回家,他们只是随意射杀了我的驴子。[4]

---

[1] Interview K at Ncweng in Appendix C3.

[2] Interview C at Seodin in Appendix C3.

[3] Interview K at Ncweng and Interview J at Ga-Mopedi in Appendix C3.

[4] Interview C at Seodin in Appendix C3.

一名妇女描述了她看到血液横流和驴尸堆叠时的感受："它们好像就是人。"[1]

驴的价值是每只 15 兰特，[2]但是当局没有提供任何赔偿。死驴作为食用肉类有价值，杀戮的震撼并没有阻止人们趁机大吃一顿。我问了一个小组："士兵离开后你做了什么？""我们吃驴肉。"他们耸耸肩。[3] 政府没有规定清理尸体，最终，许多驴尸在田间腐烂、发臭。枪杀行动不明原因地停止了，塞雷曼认为，可能是出于对白人动物爱好者的强烈抗议的畏惧，来自比勒陀利亚政府的压力阻止了对驴的杀戮。[4] 不可能说清楚有多少头驴被杀害，但是博普塔茨瓦纳农业普查报告显示驴的数量急剧下降。整个博普塔茨瓦纳已知的驴的数量从 1982 年的 47 927 减少到 1983 年的 28 835。超过一半的失踪驴只报告来自塔拉坪—塔拉洛区，其数量从 19 047 下降到 8 599。[5] 可以想见，并不是所有动物都死了，大概许多人因为警惕普查员，而将幸存的驴藏起来躲过了政府的耳目。

像其他的改良行动一样，驴被杀死"导致受影响人的生活贫困"。[6] 许多人声称，他们再也无法用驴车运送货物赚取收入，或者驴的被杀迫使他们支付现金购买以前本可以自足的服务。役畜的死亡使得人们难以从事耕种。一位老妇人认为，驴的屠杀对妇女来说特别不利："对于拥有驴的寡妇和离婚女性，这些驴曾经在体力劳动等方面起到家中男人的作用。从那时起，她们的痛苦就加剧了，现在她们也还在忍受痛苦。"[7]因为价格上涨，枪击事件后更换驴的成本很高。

---

[1] Interview K at Ncweng in Appendix C3.

[2] Cooper, et al. , *Survey of Race Relations*, 1983 (1984), 376.

[3] Interview J at Ga-Mopedi in Appendix C3.

[4] Interview with W. J. Seremane in Appendix C2.

[5] Bophuthatswana Department of Agriculture and Forestry, *Annual Report*, 1982; Bophuthatswana Department of Agriculture and Forestry, *Annual Report*, 1983.

[6] De Wet, *Moving Together*, *Drifting Apart* (1995), 197.

[7] Interview K at Ncweng in Appendix C3.

对于牛而言,杀驴并不足以拯救它们。这些物种的生物和地理生态位有重叠但不同。土地所有权模式性质决定了为市场出售饲养的驴和牛不会直接竞争同一片牧场。驴在村庄附近、人口稠密的公共土地上吃草,有更多的动物竞争,被盗窃风险也更大。有或没有驴,这些地方都不是商业牛生产的理想区域。此外,驴子适应的可能饲料比牛更广泛,包括抗旱灌木。的确,驴子确实吃了耐旱的草,而且比牛或山羊吃得多。然而,杀死它们并没有使得牛在灌木地,多疾病和易干旱的环境中更好生存。统计显示,塔拉坪—塔拉洛区再也无法维持 20 世纪 80 年代初期的蓄牛数。数字从 1983 年的 102 253 头下降到 1984 年的 92 763 头,1988 年为 84 971 头(见图 8.9)。作为确保牛肉生产可持续性的手段,对驴的屠杀是失败的。

胁迫与保护

胁迫改良运动背后有很强的动机。然而,强制保护不仅仅是达到目的的一种手段。保护在不同时期有不同的目的,如防止退化,分化隔离和政治控制,以促进国内精英的经济利益提升。事实上,德·韦特认为,在 20 世纪 50 年代和 60 年代,官僚技术专家解决问题的方式有足够的动力——为了自己而敦促保护。[①] 在整个大陆,这些不同的目的多伴有使用武力。分化隔离不是强制性保护的主要原因,因为即使在不实行南非隔离计划的英国殖民地,实施保护也涉及强制性行动。即使在南非内部,使用武力也有不同的目的。例如,国家对 1961—1962 年蓬多兰和泰姆布兰的反改良起义进行的报复旨在重申政治控制,并执行引起叛乱的"改良条例"。[②]

我没有问什么动机会引起使用武力,而是问什么条件使它成

---

① De Wet, *Moving Together, Drifting Apart* (1995), 67.

② Lodge, *Black Politics* (1983), 279 - 289.

为可能。在保护中使用胁迫揭示了南非国家更本质的东西，而不是对特定结果的凸显，它暴露了间接统治对环境滥用的可能性。尽管干预措施受技术官僚影响且"科学"，但其无疑是以种族隔离为前提的，难以想象国家会对白人占据的土地进行如此激烈的干预，因为白人拥有更大的政治权利并将他们的土地置于私人保有权之下。相比之下，黑人在决策者中几乎没有任何代表性。像其他强制性保护方案一样，改良运动只是把非洲人作为部落主体处理，因此，它从来没有打算回应当地人的关切，当地人从来都是一厢情愿的。土地共同拥有制是实现干预的重要条件。由于"社区"权属与社区机构无关，人们对于如何使用土地的决定参与度有限。此外，部落结构的殖民制造为使用武力奠定了基础。对禁止旱地耕耘的抵制表明，地方部落当局对人民有一定的责任感，但是，博普塔茨瓦纳政府并没有受到这种力量的限制。对驴的屠杀比以前的保护计划更为激烈。这不是因为博普塔茨瓦纳精英的物质利益所在，他们的利益并不比中央政府保持政治控制或实行隔离的需要更紧迫。不同的是，在博普塔茨瓦纳人的家园，殖民地机构的独裁潜力得到了更充分的发挥。国家权力的集中度越来越高，其臣民缺乏政治权利和公民权利，使得胁迫"保护"行为持续，包括驴只屠杀，这可能是南非历史上最具压制性的保护方案。

第九章

社会环境史与社会环境正义回顾

　　就像冲洗槽中的照片一样,当人类社会和生物自然环境混合在显影溶液中时,库鲁曼未被承认的历史就会出现。安静的金合欢草原和沉寂的人群在那里有着共同的复杂历史,200多年来,人们以各种不断变化的方式彼此互动,也与景观互动。然而,这本书的重点并不是要证明库鲁曼是一个充满活力的地方。更为重要的是,关于喀拉哈里边缘地带的这段历史,为更广阔的南部非洲历史领域提供了新视角。我们看到,环境是人民之间相互斗争的核心。同时,人们与生物自然条件和过程的不同作用方式,会塑造人类社会中的结构性不平等。从库鲁曼历史的社会—环境途径中生成的图像将在其他地方——南部非洲和非洲大陆其他地区的历史中得到反映。包括被归为采集阶层的班图语使用者;那些可以接受,但是瞧不上从欧洲所引进创新的农牧民;通过环境的作用变成被殖民主体的非洲人;外来畜牧和耕作的农民工;以及对殖民地的粮食生产采取行动的环境干预主义国家。

　　作为对库鲁曼的社会环境研究更大意义的回顾,我将就南非农村历史发展中的几点做出评论和阐释。首先,1900年左右的粗放农作制度体系的崩溃,和20世纪中叶到20世纪后期逐渐放弃的贴补生产方式，引发了这样一个问题，即旧有生产方式的消失是否导致了生活质量的下降。第二点是对集约化生产力不足的分析：粗放技术的坚持和粮食生产的消耗，提出了粗放生产在多大程度上是一个短板的问题。最后一点涉及面最广：每个时期的某些掌权者，在力求增加权力，行使权力时多大程度上利用了环境条件？这就提出了环境史上的权力问题。在回答这个问题时，我将从库鲁曼人的解释开始，然后用我自己的理解来结束。

衰退史和适应史

NJ：你认为不耕种，人有未来吗？

IS：我们没有前途。如果矿井关闭你要做什么？你不能指望矿山，但耕作从古持续到今。[1]

我们在这里告诉你的是我们的母亲过去做的事情。随着我们的成长，我们的生活变好了。[2]

关于殖民地人民的第一批环境史研究倾向于强调他们在环境中的文化、人口、自主权和生活方式的衰落。理查德·怀特的《根之所依》描述了美国本土环境管理系统的崩溃，这对我早期的思想有强大的影响力。事实上，我最初的设想是我对库鲁曼的研究会在20世纪之交结束于粗放生计生产的崩溃。然而，很清楚的是，这场崩溃之后，环境史继续下去，人们以有趣的方式所进行的调整值得思考。此外，关于退化的"普遍认知"的批评提醒我，殖民观察家所认为的环境恶化和破坏，也有可能系创新所在，例如适应灌木环境生活和使用驴子。很明显，即使原住民环境管理崩溃了，人们也会有独特的且经过深思熟虑的做法来减轻贫困和对现金经济的

---

① Interview B with Isaac Seamecho in Appendix C1. "NJ"是南希·雅各布斯。
② Interview A at Batlharos in Appendix C3.

依赖,例如德兰士瓦的玉米收获和作为辅助的石棉矿脉开采。这并不是说,殖民地非洲人无须机构制约,或者说他们的所有活动都是环保的,关键是他们可以创造性地、有意识地工作,以改善他们的处境并坚持下去。他们的努力和他们所发现的成功措施值得思考。在库鲁曼,这些与环境的创新关系表明,黑人农村在不发达的环境中并没有停滞不前。然而,最终,补充雇佣劳动的粮食生产减少了。尽管这种趋势广泛存在,但即使如此,一些不算富裕的人仍然会饲养动物——几头牛或更多的山羊和一些驴。有些人甚至还耕作,表明人们以不同的方式回应了食物生产的不利因素,以此遮掩不可阻挡的衰退。

社会分层是另一个因素,用于反驳"衰退"的解释。巴拉拉生活在非常艰苦的环境中,不会为旧秩序的消逝而悲痛。事实上,通过引入灌溉和前往矿山工作,他们促成了旧秩序的结束。最终,关于男人和女人应该如何与环境共存的处方消失了,所以今天可以看到有些寡妇管理控制家庭的畜群。需要强调的是,性别仍然是一个关键的社会因素,但与环境领域关系的性别差异已经消退。在20世纪,种族区分对人们的生活经历产生了全面的影响,但即使在黑人人群内部,有些人也会因为阶级划分而受益。不同类别的人经历了从一个时代到下一个时代的不同转变,因此描述一个普遍的衰退轨迹会碾平经历的多样性。

显然,库鲁曼人如同20世纪初那样遭受了创伤和损失。有时候,他们几乎没有回旋余地,通常是受害者而非主导者,比如他们遭受强迫搬迁。他们的环境变化,如增加的动物疫情、增加的灌木丛密度,以及市政当局对水资源的攫取,使得他们难以像过去那样继续耕作和放牧。然而,艰难时期并不意味着历史是关于衰退、退化或受害的。和预期一致,根据本节开头一些老年人的说法,如艾萨克·席默库,强调了和过去相比,情况的恶化,但其他人,例如上文引用的集体访谈中的一名妇女,认为她们的生活更容易,因为她们找到了养活自己的新方法。人们对以哪些方式来供养自己是最好的，持不同意见。在一次采访中，我的研究助理们要求一个小组制定一个模型，显示他们随时间经历的谋生方式的变化，包括粮食生产在内。参与采访者表明，在 20 世纪 30 年代之后，畜牧业和养殖业的重要性下降，其中养殖业下降到可以忽略不计的地步。在矿山工作和做家庭佣工在 20 世纪 60 年代达到顶峰，此后下降。20世纪 80 年代和 90 年代变得更加普遍的工作是在奥兰治河农场从事缝制、采摘葡萄、卖啤酒、制作砖块和买卖皮革。当被要求根据它们的优缺点对工作进行排名时，各人给出了不同的答案。有些人喜欢耕种、卖啤酒或缝制的独立性，因为矿工容易受到裁员影响。其他人更喜欢稳定工作的定期工资。有一个女人喜欢采摘葡萄，只是因为这是她最熟练的。① 这些不同的经历、不同的看法和差异化的优先权提醒人们不要在评估幸福感时过度概括。

人们在认知总体的历史趋势时，就表现出了不同观点和体验的差异。许多人对幸福感的增强或减弱的解释存在细微差别。可以理解，他们就目前的高失业率感到沮丧，有些人表达说随着时间的推移，看到的是普遍贫困。② 然而，20 世纪 60 年代以前在巴塔拉洛斯医院工作的护士回忆说当时人们严重营养不良，特别是在干旱期间，并表示现在因为教育程度的提高，营养增加了。③ 一群住在盖-莫佩迪的妇女与此观点相悖，认为她们的健康和营养水平，在自己从事粮食生产的时候更好，但她们承认居住在医院和学校附近或有工作的人的生活有所改善。④ 有人告诉我们，现在穷人的苦难比过去还要大，但是他们知道阶级分层一直存在，而且并不是每个人都是穷人。⑤ 也有人告诉我说，从事粮食生产的实际体力要

---

① Interview A at Maiphiniki in Appendix C3.

② Interviews C and D at Churchill in Appendix C3.

③ Interview F at Batlharos in Appendix C3. Interview with Vera Albutt in Appendix C2.

④ Interview B at Batlharos in Appendix C3.

⑤ Interview F at Batlharos in Appendix C3.

求很高。一个父母在别人田里工作的女人回忆说："他们很困难的,不是说笑。那段时间里真的很艰难。"①他们对过去的饮食有着复杂的记忆。今天还有人生吃野生食物,但是另一个人解释了为什么他喜欢商店里食物的味道:"野生食物的缺点在于,如果你吃了它们,有可能你会生病,有时候味道也不好。现在不像以前,店食不再味道难吃。也许这就是文明。"②即使人们对旧方式的失去感到遗憾,许多人表示,这种变化对不同的人来说意味着不同的代价和收益。

粗放生产的持久性

关于过去人们与生物自然环境相关联的方式,我强调生产是粗放型的。为此,我是基于欧洲来源的对非洲生产方式的批评,然而,我绝不是将粗放生产定性为落后或缺乏集约化的失败例证。第一,过去人们没有进行集约化生产,是因为他们没有理由这样做,而且有很好的理由支持他们不这样做。后来,则是他们根本无法进行。1800 年之前,农牧业刚刚建立、人口少、降雨量小,都使粮食生产依赖广阔的地域和低劳动力投入。开普边境前沿引进了新型的土地利用方式、灌溉和商业狩猎,人们将其改造成适应现有环境的劳作方式。这段历史的悲剧性讽刺之处在于,只有在贫困和政治剥夺使人们无法这样做时,殖民地土地异化造成的压力才会加剧。随着贴补粮食生产方式在 20 世纪 20 年代中期衰退,低产就成了种族隔离国家剥夺黑人土地和水源的借口。在改良运动下,国家通过投资资本,开发必要的基础设施,实行更加密集的居住安置和牧养安排。空旷的空间住满了人和牲畜,但从事粮食生产的人口比例下降了。与发达国家的富裕社会一样,农业人口的减少不再是一个问题,只是库鲁曼的许多非农人群对权利的要求没有保障。

---

① Interview D at Ncweng in Appendix C3.

② Interview C at Ncweng in Appendix C3.

　　喀拉哈里南部公共土地上人类与环境相互作用的未来是什么？某些形式的集约用地能否会为更多的人提供更多的生计？库鲁曼河谷中的许多黑人希望来自库曼之晴的水能够重新回到他们身边，梦想着精耕细作。一些有天赋的园丁依然做得很出色。我记得在索丁—朗格伯格就有一处美丽的园艺作品，沿着河流散步到巴塔拉洛斯一路上可以看到许多精心耕耘的菜园。在盖-莫佩迪，我们看到一块由一名妇女和她的孩子正在驱鸟的麦田，附近一块田里有一些驴子，年轻的男性亲属正在为一名老妇人犁耕。在位于瑟迪邦的完全干涸的河旁还有一个名副其实的果园，甚至在改造的村庄，我们看到了一些由私人井眼灌溉的健康菜园。

　　如果我们赞同埃斯特·博塞拉普，认为人口增长是农业增长的主要条件，那么如果有足够的人需要生产更多的食物，就会出现集约化。[①] 然而，博塞拉普确定了农业增长的逻辑——劳动厌恶被对于更高产量的需求所抵消——比她更有说服力的是环境条件。对农业增长的更现实的评估认为，在任何给定的环境中，某些人类的利用方式是可行的，而另一些则行不通。很少有人会认为，半干旱环境可以维持与潮湿环境相同的集约化，尽管它有泉源，半干旱的金合欢草原将不会有更多的集约用地。土壤中极低水平的磷酸盐和价格高昂的肥料，更不用说水的缺乏，均表明在不久的将来，耕作不会是一个具有成本效益的选择。不会有大量资本投入和劳动密集型生产，应该关注的是可持续的和负担得起的生产形式。可持续生产可能就包括高粱、山羊和驴，即使它们从价值上计算，不值得进行集约化商业生产。

环境正义的本地化理论

　　　　我们害怕去信托农场，因为我们的孩子们不会有任

---

① Boserup, *The Conditions of Agricultural Growth* (1965).

何工作,我们祖父的坟墓在达克文。干旱是白人造成的。[1]

一个白人曾经在我工作时问道,为什么白人变得富有时,他把驴给了黑人,但是黑人富足的时候,他们没有把驴给其他穷人,而是决定杀死它们?[2]

我最后的、最深远的问题是权力的作用。权力集中在不同种族、不同阶级和不同性别的人之间创造了结构性的不平等。这一历史表明,这些类别之间的不平等是人们与环境相关联方式的根本。因此,权力是环境史上必不可少的考虑因素,为了理解人与生物自然环境之间的历史动态,有必要确定社会的影响力、权威性和物质优势。然而,对权力的考虑不仅仅是历史实践,这是一个道德过程,涉及对人类如何在这个地球上生活的反思。在北方工业世界的环境思想家看来,道德反思提出了人类对生态系统和物种的影响问题,以及污染在贫困人群和有色人种中不成比例分布的问题。

同样,人与环境的关系在我的采访中也引发了道德思考,我的受访者用关于权力行使及其影响的理论——关于环境不公和正义的理论——解释了过去的环境关系。这在两个领域尤为明显。首先,人们频繁证明,干旱在金合欢草原变得越来越普遍,并表明是权力的不当行使造成了干旱,因此,人们对于渐进干燥的断言,反映出近乎普遍的浪漫怀念旧时代倾向,也为有生之年的权力滥用提供了注解;其次,人们传达了一种明确定义的民粹主义观点,即放牧驴是正当的,认为适当的环境关系必须是民主决定的,必须能够给穷人带来好处。

在我的采访中,人们几乎以一致的声音断言,库鲁曼地区发生

[1] NAR NTS 7933 165/337, minutes of meeting, December 10, 1948.

[2] Interview C at Seodin in Appendix C3.

了持续的干燥，尽管气象记录表明情况并非如此。在科农生活的一个群体甚至笃定在他们的老家过去没有干旱。[①] 即使他们描述说"letsema"的衰落和经济发展不利于耕作，他们仍然认为更多的人今天没有耕作或蓄养许多动物主要原因是降雨量的减少。"我们从店里购买食物的原因是没有更多的降雨，我们没有种子种植。在过去的日子里，除了咖啡和盐，我们的父母从来没有从商店买过食物。"[②]当然，大众记忆有一种把过去理想化的倾向。[③④]与使用其他来源的资料一样，使用口述数据的历史学家必须批判而不是否定过去田园诗般美好的故事，包括潮湿的环境。然而，气候记录并不能表明库鲁曼地区在历史记录中经历了渐进干燥。此外，在1997年，有人告诉我说降雨量正在减少，该地区实际上已经连续6年降雨量增加。虽然20世纪80年代初是非常干燥的，但1987至1988年度，一直到1996至1997年度的年平均降雨量为444毫米，高于1931至1932年度的年平均降水量416毫米（见图1.4及1.5）。在这些条件下，是什么导致有人说降雨量有所减少呢？

一种可能性是干旱的发生率和严重程度一直保持不变，但人们不能像以前一样适应。在这种环境下，放牧仍然是最显著的经济活动，但植被发生了变化。人们拿比较早期的草地与现在相比时，干旱的影响似乎更加严重，尤其是在金合欢丛草原灌木更为茂密的情况下。畜类蓄养的数量也比以前高出许多，草原枯萎的时候，当然会有更多的竞争。干旱期间，人们必须购买更多的饲料，他们对付出的成本非常敏感。由于人口众多，开阔的金合欢草原已经缩小，人们难以在艰难时期采集为生。此外，由于口味偏好和

---

① Interview B at Churchill in Appendix C3.

② Interview C at Neweng in Appendix C3. 另参见 Interview A at Ga-Sebolao, Interview B at Sedibeng, and Interview I at Ga-Mopedi in Appendix C3; Interview with Gladys Motshabe and Interview with Joseph Kopman in Appendix C2。

③ 早在18世纪80年代，约翰·麦肯齐就警告说，关于口头辩称的变旱说法不应该不加以批评。

④ CPSAA Mackenzie Papers no. 1575, Mackenzie, October 20, 1887.

对家庭劳动力的新要求,玉米替代高粱成为主食,由于玉米对干旱更加敏感,在这种环境也更难培育。因此,今天种玉米的人比过去种高粱的农民更容易受旱灾的困扰。在一次采访中,从过去历史上的雨量模型可以看到许多次干旱,但人们认为渐进干旱是中断耕作的原因。我反问过这种可能性:如果过去的干旱没有让人们不能耕种,那为什么今天就会呢?有人告诉我现如今干旱更严重,因为其他因素加剧了:"在过去的日子里,即使没有下雨,你有足够的畜产……今天很难。即使你有畜产,你担心会有人偷走它。"[①]由于历史的变化,干旱对粮食生产的影响比以往任何时候都要更大,即使它们不如过去频繁或严重。导致人们对雨水记忆与雨量记录之间有差异性的另一因素是:人们认为,他们目睹的人类各种不和谐现象可以引起干旱。

在茨瓦纳人中,"普拉"或"雨",是祝福的一个隐喻。这与对干旱加剧的证词的隐喻方面有关。我相信人们是将"干旱"作为解释社会起源和环境起源的困难时期的代号。但是,干旱不仅仅是一个象征,他们相信是由社会困难造成的。针对环境决定论者的解释,受访者将发展水平归因于干旱的金合欢草原的环境,我的受访者认为,不和谐的社会关系造成了日益干旱的金合欢草原。史蒂芬·费尔曼对坦桑尼亚沙姆巴伊(Shambaai)的"kuzifa shi"和"kubana shi"思想进行了阐述,提供了一个有关社会决定论的相关例子。"治愈土地"(kuzifa shi)和"伤害土地"(kubana shi)的概念描述了社会和政治行为对气候和环境的影响。沙姆巴伊人相信,当国王与人民不能保持和谐的关系,权力就不足以排斥有害的力量,从而导致干旱和饥荒,土地就会受到损害。当国王和他的臣民之间的适当关系得到恢复或统治者与挑战者之间的竞争结束,降雨恢复和水量充足的时候,土地就会愈合。其他学者在茨瓦纳人

---

① 在迈菲尼基的采访 A。

中观察到类似的信念:认为人类,尤其是酋长的行为会影响降雨。[①]

库鲁曼地区的社会关系和行为适当观念不像在沙姆巴伊那样以统治者为中心,但有一个相关的概念,"道德生态学"。例如,一群妇女告诉我们,她们是女孩的时候爬上过库鲁曼山的圆锥形山丘盖-莫加纳,见到看起来像乳房的岩石。但是,她们说,白人将乳房切成两半,导致这片土地(不仅仅是这条特定的溪流)变得干了。[②]在本节的开篇中提到的狄克文人于1948年抵抗搬迁,也将此归咎于白人。库伊斯头人于1967年同意搬迁,暗示与政府的不利关系是干旱的原因,认为搬迁将会带来降雨:"如果我们拒绝按照法律所说的去做,我们将会遇到更多的麻烦……如果我们离开这里,我们会过得更好,上帝会帮助我们多下雨。"[③]关于人造成干旱的主张也出现在1983年的纪念活动中。人们经常说,驴被杀后干涸变得严重,然后是"我们一生中最坏的时候"。另外,还有人声称,只有在许多牛死亡之后,可怕的干旱最终才会减轻,这明确表明环境创伤是社会违法行为的代价。[④]另一个关于生物自然环境变化的说法是,有一个人大笑着叙述,说是有一名对驴特别残酷的警察遭受了一种皮肤脱落的报应。[⑤]这些也许反映了非洲对环境不公的特殊看法。

人们共同生活的正确方式和在环境中生活的正确方式是相互联系的,这种想法在人们对驴及其影响的想法中变得更加清晰。1983年以后,对驴的屠杀被彻底地政治化,成为反对博普塔茨瓦纳和种族隔离的一个诱因。今天,在库鲁曼地区,有着强大的挺驴民意,赞扬它们对穷人、基督教、环境和民主的道德意义。驴对人们

---

① Feierman, *Peasant Intellectuals* (1990). Regarding the Tswana, 参见 Schapera, *Rainmaking Rites of Tswana Tribes* (Leiden: Afrika-Studiecentrum, 1971), 17-42, 133-138; Paul Landau, *Realm of the Word* (1995), 25。

② Interview C at Batlharos in Appendix C3.

③ CTAR 2/KMN 233 N.2/10/3/(5), minutes of a meeting, July 17, 1967.

④ Interview K at Ncweng and Interview C at Seodin in Appendix C3.

⑤ Interview C at Seodin in Appendix C3.

叙述世界的方式有特殊的分量。就像干旱一样,关于驴的证言显示人们对人类行为与环境条件之间关系的相关性。人们不仅声称杀死驴造成干旱,而且驴在道德上和经济上都是有价值的。在此基础上,他们反驳驴只控制观点。我认识到这种环境民粹主义,系殖民地同样有问题的"共识智慧"的另一个极端。国家从未设法压制这一言论,虽然挺驴的立场仍然是一种受制于政治力量的社会生产议题。

大众对驴的立场之历史很难追溯。很不幸,在过去几十年的文献记录中,鲜有从中受益的人之证言被保留下来。正如第八章所讨论的那样,20 世纪 50 年代初的"酋长、头人和人民代表大会"上有一些挺驴证词。博普塔茨瓦纳国民议会的一些成员在 1983年以前挺驴,尽管自治政府专横,在驴屠杀期间也遭到了激烈的反对。① 然而,大屠杀促使驴的价值凸显,因为对它们的屠杀被与博普塔茨瓦纳政府和种族隔离等同起来。

虽然驴比反刍动物吃得更多,而且在库鲁曼有很多驴,但在我的采访中,人们认为驴几乎没有负面影响,不论是对环境或其他方面。他们驳斥了屠杀驴的每一个理由。他们否认驴凶猛,还有发生在屠杀之前的草地短缺特别严重的问题。此外,他们不同意驴会吃大量的饲料。他们还历数了博普塔茨瓦纳政府使用的其他理由——驴的尿液特别有毒、驴有特别尖锐的蹄,踩毁了草,全部予以否认。他们甚至拒绝控驴的最温和理由,有一个人驳斥了任何在该地区使用过机动交通工具的人都会熟悉的顾虑。他强调了司机的责任,想了想说:"你有驾驶执照,而驴没有。"②

人们否定一切负面影响并解释说,使用驴是基督教的基本责任,对社会有利。库鲁曼人口中非常高的比例是基督徒,人们常常

---

① *DeBates of the Fourth Session of the First National Assembly* (1981), 1:391, 401. *DeBates of the First Session of the Second Bophuthatswana National Assembly* (1983), 2:750 – 799.

② Interview C at Seodin in Appendix C3.

认为,由于驴在《圣经》中的重要性,屠驴凶手的行径是严重的道德违法。提到棕枝主日的耶稣,一个男人向我解释说:"我们必须明白,上帝希望我们使用驴,因为《圣经》中有一句话,说你会找到栓在一根杆子上的驴,然后把它带到我这里。"①这种信仰,早在对驴的屠杀发生之前就存在。1981 年,博普塔茨瓦纳国民议会的一个议员对耶稣选择了驴大谈特谈:"我们的主耶稣基督不得不利用驴为其代步,因为他不习惯骑马,即使那时他有一匹马,因为马有可能使他摔下来,也可能是因为马要训练才能骑。"②

除了基督教意义之外,人们还强调了驴和普通人之间的特殊关系。普遍的认知是对驴的屠杀是一种基于阶级的不公正行为。就如国民议会的一员在 1983 年所说:"现在人们认为驴被杀害是因为政府富有。作出驴应该被杀这一决定的是有钱人。"③采访表明,阶级分析无所不在。一个人认为对驴和牛只的所有权决定阶级差别:

> 我们在库杜曼(库鲁曼)地区的人,情况是这样的:我们有不同的民族,有不同的生活。拥有牛的人,大多数不拥有驴。他们只养牛。这些拥有驴的人是生活水平很低的人。他们甚至连一辆车也没有——驴对他们意义重大。他们靠驴做大部分的工作,运输水、砖、砾石、沙子、木材……主要用于建筑。由于我们的失业率这么高,有些人靠用这些驴帮助那些没有驴的人谋生,为他们拉水,在建房的时候给他们运木头,就可以得到报酬,那就是他们所依赖的生活。所以在我们地区我们是两种不同类型的人。④

---

① Interview C at Seodin in Appendix C3.
② *DeBates of the Fourth Session of the First National Assembly* (1981), 1:401.
③ *DeBates of the First Session of the Second Bophuthatswana National Assembly* (1983), 2:770 – 771.
④ Interview D at Seodin in Appendix C3.

其他人支持他将这个事件归咎于牛产主："最令我不安的是做决定的人没有驴。他们应该知道驴在我们生活中的重要性，因为他们也有自己的牛羊啊。"[1]"我开始不信任任何一个富有的牛主，因为他们可能作出任何影响普通驴只生命的决定。"[2]一位知情人士称，昧良心的"幕后人"怂勇政府屠驴："即使那些无耻的人利用驴达成他们饲养母牛和马匹的条件，他们实际上也已经忘记了。"[3]想一想本节开头的第二句题词："一个白人曾经在我工作时问道，为什么白人变得富有时，他把驴给了黑人，但是黑人富足的时候，他们没有把驴给其他穷人，而是决定杀死它们？"[4]因此，有人把白人和黑人农民处理驴的方式加以对比，暗中批评黑人。

当然，白人有私人土地权属和政治权利，保护他们免受强制保护的戕害。事实上，在博普塔茨瓦纳屠驴的那个十年间，两个白人城市建立了关于这种动物的纪念碑。[5] 1984 年，阿平顿市竖立起一尊连接着泵的驴的青铜像，一个完全栩栩如生的动物站立在圆形路径环绕的机器上。1986 年，彼得堡农业联盟也竖立了一只驴的雕像。在阿平顿，驴动力机器帮助白人农民抽水，进行商业水果生产，在彼得堡，驴在 19 世纪后期的淘金热中运送石头。这两座雕像都铭刻着对驴的辛勤劳动和对人类经济贡献的承认。这些白人社区对驴贡献的认可（而不是黑人工人！），与大肆屠杀驴同时发生，这是南非历史上普遍存在的讽刺意味的一个显著表现。这些对待南非驴只的巨大差异源于人类之间的种族和阶级不同。在阿平顿和彼得堡，驴在私人农场上放养，农场主有土地权属及其使用

---

[1] Interview K at Ncweng in Appendix C3.

[2] Interview C at Seodin in Appendix C3.

[3] Interview C at Seodin in Appendix C3.

[4] Interview C at Seodin in Appendix C3.

[5] 对于南非白人来说，驴的物质和文化价值，请参见 Brian du Toit, *People of the Valley: Life in an Isolated Afrikaner Community in South Africa* (Cape Town: Balkema, 1974), 36, 45 - 46, 75 - 77。有关驴的纪念碑，参见 James Walton, *A Tribute to the Donkey* (published by the author, 1999), 24 - 25; Starkey, *Animal Traction in South Africa* (1995), 彩色照片 4。巴西也有一个驴雕像，参见 Frank Brookshier, *The Burro* (Norman: University of Oklahoma Press, 1974), 223。

权。一个白人所有者有权决定驴是否应该被杀掉或放牧到牧场。此外，阿平顿和彼得堡的驴有助于资本化，而博普塔茨瓦纳的驴则有利于那些无产者。值得纪念的驴帮助过有权力的人，按照强权者设定的条件生存或者毁灭。

政府好坏和民主与否同关于驴屠杀的回忆密切相关。博普塔茨瓦纳的政治反对派并没有忽视驴屠杀事件的重要性，尽管他们力量薄弱。屠驴事件之后，塔拉洛人首领 J. B. 托托和反对党塞布森格韦党的一名成员使驴屠杀成为一个政治议题，因此他们被称为"拉迪通基"（Rra-Ditonki）或"驴先生"。① 另外，非洲国民大会信徒和抗议歌手布隆迪·马克兰（Blondie Makhene）还写了一首关于驴屠杀的歌曲。歌曲描述了曼戈佩被驴的鬼魂缠住，敦促人们加入非国大的军事之翼——非洲人之矛。② 因此，与阿平顿和彼得堡的纪念碑不同，在博普塔茨瓦纳纪念驴的是一首革命之歌。

曼戈佩抵制住了 1994 年的暴力转型。马菲肯/姆马巴托的三月骚乱事件在全世界被公之于众，但是在巴塔拉洛斯和玛洛彭抗议者仍然走上街头喊道："还我们的驴。"警方的回应是开枪并杀死一名抗议者。③ 与我们交谈的人并没有忘记杀死驴子的博普塔茨瓦纳与民主的非国大政府之间的对比。由驴屠杀的主题引发，一名年轻女子将博普塔茨瓦纳统治与非洲国民大会作对比时，情绪高涨：

> 我们很高兴在 1994 年投票选出了人民民主政府……不同于你有什么不满足的，但无法说出来。在曼

① Mosiamane, "The Bophuthatswana Façade," 19 – 23.
② 电话采访布隆迪·马克兰。这首歌是在驴屠杀后不久创作并公开演唱的，但直到 1991 或 1992 年才进行录音。这首歌在过渡到多数人统治期间，在博普塔茨瓦纳的反对派集会上传唱。在采访中人们唱这首歌给我。我感谢安琪拉·英庇找到了马克兰先生。
③ 与艾伦·巴特勒的私人交流，引用了索菲·里特斯的话。Lawrence and Manson, "The Dog of the Boers"; http://www.amnesty.org/ailib/ aipub/1994/AFR/532094. AFR. txt.

戈佩统治期间,没有合作可言。尽管他们称自己是民主
主义者,但他们并没有实行民主。他们唯一知道的就是
压迫人们,因为他们是种族隔离政府借以压迫别人的马
前卒。①

一个有一只驴幸存的老妇人仍然心有余悸:"幸存下来的小驴已经
可以繁殖了,我很害怕,我甚至不相信现在的政府。我总是害怕悲
剧重演。"②

不是每一个库鲁曼人都是驴只民粹主义者。曼戈佩现在是联
合基督教民主党(UCDP)领导人,并在该地区有一些支持者。在
1999 年的选举中,联合基督教民主党在库鲁曼镇以北的公共地区
赢得了 18% 的选票。③ 在我的采访中,我没有听到曼戈佩的支持者
为他的驴政策辩护。我的研究助理和我在一次社区会议后进行访
谈时,目睹了与民粹主义立场保持一致的压力。在场的人听说我
们要讨论驴屠杀事件,便公开讨论是否应该允许我们就这样一个
敏感的话题进行采访。为了解除他们的担忧,我们会见了头人和
几位领导人,以解释我的目的并听取他们的意见。此后,我们被允
许进行访谈,决定人们可以畅所欲言。虽说如此,我注意到一个曼
戈佩的支持者离开了现场。我尝试采访这个人或农业部门官员,
但没有成功。他们的持续沉默和我即将返美的计划,使采访变得
非常困难。显然,像殖民地的官方立场一样,民粹主义有能力开展
运动反对其他不同观点。环境史学家必须解释形成它的社会动
因,他们应该结合生物自然世界关系中研究的社会分支,但是民粹
主义需要与官方的公认常识一样接受批判性考察,我们必须对价

---

① Interview C at Seodin in Appendix C3.
② Interview K at Ncweng in Appendix C3.
③ 关于 1999 年西北省的选举,参见 Andrew Reynolds, ed. ,*Election '99 South Africa: From Mandela to Mbeki* (New York: St. Martin's, 1999), 134 – 136, 189, 194. 我感谢约翰·塞勒给我提供库鲁曼的投票结果。可在独立选举委员会的网站找到相关信息:http://www. elections. org. za。

值判断和提案持批判性思考。①

社会环境史与社会环境正义

> 有人移动边界石，他们偷走牧场羊群。他们赶走了
> 孤儿家的驴、牵走了寡妇家抵押来的牛。他们把穷人从
> 路上推开，强迫所有的穷人躲藏起来。
>
> 这些贫穷人，如同野驴出到旷野，殷勤寻找食物。他
> 们靠着野地给儿女糊口，收割别人田间的禾稼，摘取恶人
> 余剩的葡萄。约伯 24：2-6（NIV）

土地剥离，畜产损失，穷人采集，在他人的田地上出苦力——
《约伯记》的这段话涵盖了金合欢草原的大部分环境史。就像库鲁
曼人一样，约伯对人们如何影响他人与环境的关系有道德评估。
约伯对自己的痛苦并不陌生，他直言不讳：造成环境不公的凶手正
是那些"邪恶的人"。然而，邪恶并没有足够的解释力来支持学
术研究的结论。这并不是说社会科学家可以在道德上与他们的
研究对象脱节。北美的环境历史学家和南非的社会历史学家都
有权挞伐那些当权者，因为他们犯下了破坏生物自然世界环境，
剥削和镇压人类的种种罪行。根据克罗农的观察，这两个领域的
大量例子都堪称优秀的历史："在最好的情况下，历史叙事通过向
我们展示如何以前所未有的方式关心世界及其起源，使我们在道
德上与世界保持联系。"②

正如克罗农所说，历史学家解释变化，而且也对变化进行评
估。前面的章节描述了环境和社会变化。故事的大部分内容都围
绕着权力的行使展开，而评价则围绕着不平等和正义的问题展开。

---

① 一部有关民粹主义同情的作品是 Jonathan S. Adams and Thomas O. McShane, *The Myth of Wild Africa*: *Conservation without Illusion* (Berkeley: University of California Press, 1996)。
② Cronon, "A Place for Stories," *The Journal of American History* 78(1992): 1375。

生态变化的评估特别困难。作为他者权力的一个对象主体,环境在某种程度上是有弹性的,但在其他方面它已经转变。在不平衡生态学产生之后,我一直对于将变化描述为生态退化持谨慎态度。金合欢草原变得更加灌木化,但是灌木化倾向一直存在,牧民对这一变化并不应完全负责。无论起因为何,如果它是不可逆转的,并且涉及生物多样性的丧失,它将被认定为退化。这个问题需要其他学科的研究人员通过实验来确定。这个历史包括生物自然世界的其他变化。泉源还在流淌,然而,人们现在从地上看到的是细流,导致了河谷生物群发生重大人为变化。大概,曾经栖息在金合欢草原上的动物,在这段历史中遭受了最惨重的损失。大型食草动物和食肉动物消失了,湿地的消失必然导致鸟类数量的减少。驴虽然已经被驯化,但作为一个物种也受到了人们的伤害。今天,这里有一个野生动物保护区,但这并不是说当地人与其他物种共存。位于库鲁曼西北部的喀拉哈里豪华的"私人沙漠狩猎保留地'茨瓦卢'"占地 1 000 平方公里,每人每晚 4 000 兰特,只有少数人能付得起,更不用说可能喜欢观赏当地动物群的公共保护区的黑人居民了。[1]

　　尽管植物和动物遭遇了巨大的变故,但是在这本书中,我更多地关注了不同类别的人类与环境互动方式的变化。阶级、性别和种族类别是大小不等的权力容器,所有这些都决定了不同人与生物自然世界的关系。社会权力与环境相互作用。人们既从生物自然世界获得权力,又将其用作对他人施加权力的工具。这项研究支持刘易斯在第一章中的主张,即"人类对自然的权力结果变成了一些人以自然为工具对其他人行使的权力"。[2] 在农业牧区边界地带,酋长们通过罚没畜产、毛皮和野生植物食品,保持其在生态循环中的优势。殖民地国家通过限制非洲人的土地来阻碍非洲人的

① http://www.explore-southafrica.co.za/explore/gameparks/tswalu/front.htm.
② Lewis, *The Abolition of Man* (1946), 40.

粮食生产，以获得自己所需劳动力。20世纪的国家，中央政府和博普塔茨瓦纳，攻击黑人与环境的关系，部分原因是要在执行种族隔离计划期间，继续保持其控制力。然而，环境不仅仅是这一历史的工具，它也为控制别人的权力提供了物质基础。同时它承载了对被主宰者所造成的多舛命运。

我并不是说与环境的直接关系是权力的最终来源。例如，性别划分产生于文化规范，同时在环境关系中得到表达和实现。南非白人对黑人的权力依靠其对基岩、水和表层土的控制，然而殖民主义和不平等的隔离政策也是欧洲与非洲长期以来许多历史因素相互作用的结果。在现代世界，来自不同大陆和国家的人们根据许多偶然因素进行互动，包括宗教、政治制度、经济和种族偏见以及各方的环境关系。[①] 环境视角的解释是必要的，但还不足以解释酋长制、殖民或资本主义经济中权力的获取。也就是说，南非历史学家还没有对必要的环境解释进行充分地整合。

一些分配中的环境不公比其他情况更严重吗？库鲁曼人的生活环境中曾有过更平等的历史时期吗？权力的不平衡总是以人们与环境相关的方式存在。在农牧区边界地带，富人比妇女和巴拉拉有优势。然而，妇女仍然控制着一种自己的生产方式，而巴拉拉可能在这个历史上是最艰难的物理存在，只要他们远离城镇，就可以享有更多的自由，但不大可能上升到强大的水平。在开普边境，引进灌溉和贸易为财富和权力的累积开辟了新的路线。在实施殖民限制之前，男性巴拉拉和从事食品生产的男性普通人有了新的立足之地，但妇女没有。少数人独立于首领，掌握灌溉工具，或者从事商业狩猎，他们付薪水给雇佣工人，但互惠劳动和委托劳动依然是规则。在这个时期，资本主义的不平等并没有取代农牧社会的不平等。

---

① 有关殖民主义与发展差异的环境解释，请参见 Alfred Crosby, *Ecological Imperialism* (1986)；Jared Diamond, *Guns, Germs and Steel* (New York：Norton, 1997)。

　　殖民时期,权力的中心位置从以往的性别和阶级定义转向出身、文化和种族,欧洲人获得了对非洲人的特权。对非洲人的征服表现在使其无法继续他们的生产实践,他们变得更加依赖现金经济而不是环境。这种对白人控制的经济的依赖导致了对另一个种族的集体从属。然而欧洲的统治不仅降低而且拉平了非洲社会,帝国吞并还破坏了原住民的治理方式、积累财富和权力的方式,其结果是阶级扁平化和性别模糊。自给自足的生产崩溃之后,共属土地性质的金合欢草原和河谷地带,变得不再是一类或一种性别的权力基础。相反,与当地环境的适应性选择减轻了边缘化人口在国家、社会中所遭受的不平等。

　　隔离与一个种族的经济和政治从属地位不同,种族隔离加剧和强化分化。种族隔离集中力量,使弱势的人受制于新的虐待。和以前的阶级和性别不平衡一样,种族类别中的权力集中体现在人们与环境的关系上。在种族隔离政策下,曾经的男、女分工,完全以被称为塔拉坪人、塔拉洛人或巴拉拉、基督徒、商业猎人或樵夫、殖民主义者、移民工人、石棉生产者牧民的区分所取代,农场主成为南非黑人中的第一类。如此分类后,他们根据任何其他身份行事的能力,以及根据任何其他分类行使权力的能力都是受限的。种族分类正在累积效应,并对黑人与非人类世界的互动方式产生了极大的限制作用。许多人实际上失去居住在自己原有家中的权利,并被重新安置在恶劣的环境中。然而,强迫搬迁并不是种族不平衡的唯一环境表现。通过改良运动,隔离政策还限制黑人如何利用他们生活环境的权利。这种种族驱动的政策,其讽刺性在于,如驴只大屠杀中显示的那样,它重新使得阶级作为权力的容器。因此,即使在南非种族隔离制度下,种族也不是人们与环境相联系的唯一显性特征。但隔离主义时期的不平等和不公正无疑是最为极端的,财富过度集中,对公民权利的分散机制最强。库鲁曼黑人所付出的身体和情感成本都很高,包括本德尔地区孩子们的生命。

然而，在这一时期结束时，粮食安全得到改善。19 至 20 世纪初期一直存在饥荒，但最近一次是在 1941 年。从季节性饥饿向慢性营养不良的过渡在南部非洲的弱势群体中很常见，但我们 1997 年采访的年长巴塔拉洛斯护士认为自 20 世纪 60 年代以来，营养不良也有所减少。[①] 这并不是说每个人都享有粮食安全，但有人当时正与库鲁曼的家人分享工资或退休金。尽管失业导致生活困难，但是生活在 20 世纪 90 年代的人们，生活正在改善，也许比他们之前的很多人还要好。艾滋病流行会使这种情况变得雪上加霜。

1994 年的政治解放值得高兴，情况有所改善。随之而来的是，改善基础设施的项目，遭受强制搬迁的人们提出了土地索赔。然而，多数人的统治并不一定能够使库鲁曼人摆脱环境不平等的历史。它只是提供了一个减轻殖民地不良影响的机会。马姆达尼指出，在独立的大部分非洲地区，农村间接统治殖民地制度尚未民主化，"惯习性"部落结构尚未开放给社区参与。[②] 除非民主和社区参与发生在南非，库鲁曼和其他地方的共有土地仍然容易受到不公正的国家干预，不论国家宪法如何改进。发展民主、投资贫困农村的政治意愿还有待证明。而且，由于南非是一个经济落后、传统守旧的贫穷国家，发展所需的资源奇缺。库鲁曼未来的可持续发展将涉及以下具体情况的改进：恢复或补偿人们在隔离统治期间失去的土地；鼓励多数人拥有小规模畜产而不是只有少数人养牛；清理致命的石棉垃圾；公平分配"库鲁曼之睛"的水源；并在干旱地区鼓励承载得起的小规模种植（可能是高粱）。然而，从根本上来说，有必要认识到环境与社会正义是联系在一起的。无论性别、贫富、种族关系为何，权力不平衡都将决定着人们彼此之间以及与自然世界相处的方式。

---

① Wylie, "The Changing Face of Hunger," *Past and Present* 122(1989). 关于 20 世纪 80 年代南非的营养不良问题，请参见 Francis Wilson and Mamphela Ramphele, *Uprooting Poverty: The South African Challenge* (Cape Town: David Philip, 1989), 100 – 120。

② Mamdani, *Citizen and Subject* (1996), 24 – 25, 288 – 289.

附录 A

南非人口普查

库鲁曼人口

	白人男性	白人女性	总计白人	有色男性	有色女性	总计有色	黑人男性	黑人女性	总计黑人	来源
1904	704	526	1 230	533	537	1 070	4 942	5 668	10 630	CPP G 19 – 1905
1905										
1906										
1907										
1908										
1909										
1910										

（续表）

	白人男性	白人女性	总计白人	有色男性	有色女性	总计有色	黑人男性	黑人女性	总计黑人	来源
1911	2 060	1 774	3 834	793	798	1591	5 632	6 468	12 100	UG 32 F－1912
1912										
1913										
1914										
1915										
1916										
1917										
1918										
1919										
1920										
1921	2 430	2 283	4 713	899	933	1 832	7 156	7 693	14 849	UG 15－1923
1922										
1923										
1924										
1925										
1926										
1927										
1928										

（续表）

	白人男性	白人女性	总计白人	有色男性	有色女性	总计有色	黑人男性	黑人女性	总计黑人	来源
1929										
1930										
1931										
1932										
1933										
1934										
1935										
1936	3 588	3 442	7 030	2 354	2 432	4 786	11 327	11 150	22 477	UG 50－1936
1937										
1938										
1939										
1940										
1941										
1942										
1943										
1944										
1945										
1946	3 459	3 284	6 743	1 295	1 182	2 477	14 319	13 984	28 303	UG 51－1949

（续表）

	白人男性	白人女性	总计白人	有色男性	有色女性	总计有色	黑人男性	黑人女性	总计黑人	来源
1947										
1948										
1949										
1950										
1951	2 191	2 327	4 518	846	856	1 702	10 775	11 304	22 079	UG 42 – 1955
1952										
1953										
1954										
1955										
1956										
1957										
1958										
1959										
1960	3 048	2 742	5 790	1 554	1 480	3 034	22 592	19 904	42 496	RP Special Report No. 234

南非家畜普查

非洲库鲁曼地区保留地家畜统计

	牛产	山羊	绵羊	驴只*	马匹	来源
1904						
1905						
1906	3 548					G 36 – 1907
1907				30	82	UG 32 – 1912
1908						
1909						

（续表）

	牛产	山羊	绵羊	驴只*	马匹	来源
1910						
1911						
1912						
1913						
1914						
1915						
1916						
1917						
1918						
1919						
1920						
1921						
1922						
1923	5 829					UG 25－1925
1924	7 456					UG 4－1926

（续表）

年份	牛产	山羊	绵羊	驴只*	马匹	来源
1925	7 608					UG 13－1927
1926	8 598					UG 24－1928
1927	7 197	52 560	20 638			UG 37－1928
1928	8 775	53 426	22 566			UG 41－1929
1929	8 232	45 376	16 050			UG 35－1930
1930	11 917	47 589	20 186	7 879		UG 12－1932
1931						
1932						
1933						
1934	5 074	26 793	12 140			UG 44－1935
1935	6 495	40 715	10 815			UG 54－1936
1936	7 809		13 711			UG 59－1937
1937	8 158	37 882	15 904	5 076	1 313	UG 18－1939
1938	8 340	40 317	16 493			UG 31－1940
1939	7 877	37 037	16 398			UG 27－1941
1940						

（续表）

	牛产	山羊	绵羊	驴只*	马匹	来源
1941						
1942						
1943						
1944						
1945						
1946	10 372	44 561	28 083	11 007	2 215	UG 77－1948
1947	9 744	61 128	38 170			UG 57－1949
1948	10 121	45 790	28 418			UG 30－1950
1949		51 559	45 150			Special Report Series 1 No. 4
1950	9 920	54 743	34 521			Special Report Series 1 No. 24
1951	11 601	54 527	42 103	7 630		Special Report Series 1 No. 5
1952		51 667	26 609			Special Report Series 1 No. 7
1953	10 211		34 425			Special Report Series 1 No. 8
1954	11 313	64 409	31 948			Special Report Series 1 No. 7
1955	1 594	65 162	34 735			UG 49－1958
1956	12 709	67 572	36 348			UG 56－1959

（续表）

	牛产	山羊	绵羊	驴只*	马匹	来源
1957	15 738	69 174				UG 67 – 1959
1958	2 970		55 143			UG 70 – 1960
1959						
1960	19 620	67 084	34 229	5 891	4 242	RP 10 – 1964
1961	19 716	66 854	31 674			RP 40 – 1964
1962	26 438	65 816	22 711			RP 64 – 1965
1963	23 482	50 185	29 877			Report No. 06 – 01 – 01
1964		54 861	28 597			Report No. 06 – 01 – 03
1965						
1966						
1967						
1968						
1969	19 903	87 999	40 243			Report No. 06 – 01 – 06

*1950 年之前的驴只统计数据来源于 CAR NTS 8331 14/350, Dec. 23, 1950.

附录 C1

1991 年的个人采访

受访人	访谈日期	访谈地点	翻译人员
Molema, John-A	7 June 1991	Bothetheletsa	Rosey Molokoane, Peter Mokomele
Keupilwe, James Letileng	11 June 1991	Batlharos	
Boihang, Boihang	14 June 1991	Seodin-Lareng	Rosey Molokoane
Mogodi, Mr. and Mrs.	14 June 1991	Batlharos	Rosey Molokoane, Peter Mokomele
Moeti, Simon	14 June 1991	Maropeng	
Setungwane, Prince	14 June 1991	Manyeding	Rosey Molokoane, Peter Mokomele
Seamecho, Isaac-A	15 June 1991	Ga-Mopedi	

（续表）

受访人	访谈日期	访谈地点	翻译人员
Gaelijwe, M.	18 June 1991	Mothibistad	
Motate, Kgakgolo	18 June 1991	Logobate	Constance Paul
Toto, Bogosing James	18 June 1991	Batlharos	Constance Paul
Marele, Mrs.	18 June 1991	Batlharos	
Kgokong, Mosiane-A	18 June 1991	Batlharos	Constance Paul
Pelele, Sannah	20 June 1991	Logobate	Rosey Molokoane
Gaetsewe, N. Mrs.	21 June 1991	Maropeng	Rosey Molokoane，Peter Mokomele
Seipotlane, Mr.，Baruni, B.，and Block, Mr.	21 June 1991	Batlharos	Rosey Molokoane
Seamecho, Isaac-B	21 June 1991	Ga-Mopedi	
Ditshetela, M.	24 June 1991	Mothibistad	
Itumeleng, Johannes	24 June 1991	Batlharos	
Lekalake, M.	24 June 1991	Mothibistad	
Moholeng, Evangelist	24 June 1991	Seodin	Richard Mogwera
Kgokong, Mosiane-B	26 June 1991	Batlharos	Rosey Molokoane，Peter Mokomele
Molema, Irene Nomanthamsanqa	10 Aug. 1991	Bothetheletsa	
Riekert, Don-A	20 Sept. 1991	Kuruman	

（续表）

受访人	访谈日期	访谈地点	翻译人员
Lombard, Larry	23 Sept. 1991	Kuruman	
Van der Merwe, J. J.	24 Sept. 1991	Kuruman	
Wing, Joseph	25 Sept. 1991	Kuruman	
Molema, John-B	25 Sept. 1991	Bothetheletsa	
Riekert, Don-B	26 Sept. 1991	Kuruman	
Seamecho, Isaac-C	26 Sept. 1991	Ga-Mopedi	
Seipotlane, M.	26 Sept. 1991	Batlharos	Rosey Molokoane
Seamecho, Marry Magdalene	26 Sept. 1991	Ga-Mopedi	
Olivier, Gert	27 Sept. 1991	Farm Avontuur	Johan Olivier
Mokgoje, Mr. And Mrs. M. J.	28 Sept. 1991	Manyeding	Julius Mogodi
Mogodi, Julius	28 Sept. 1991	Manyeding	
Van Wyk, Eddie	2 Oct. 1991	Kuruman	
Snyman, P. H. R.	26 Nov. 1991	Pretoria	
Van Wyk, Eddie	5 May 1994	Kuruman	

1997—1998 年的个人采访

附录 C2

受访人	采访日期	访谈地点	访谈执行人	翻译人员	访谈内容
Barnette, Benjamin	15 Oct. 1997	In car	Jacobs		概述
Plaatjie, Anna	21 Oct. 1997	Bathlaros	Waples	None	生平
Koikanyang, White	22 Oct. 1997	Bathlaros	Waples	None	生平
Tshebedi, Muriel	23 Oct. 1997	Bathlaros	Russell	Mosala	生平
Mabahanyane, Olebile	23 Oct. 1997	Bathlaros	Jacobs	Tshetlho	生平
Mabilo, Peace	23 Oct. 1997	Bathlaros	Jacobs	Tshetlho	生平
Orapeleng, Violet	27 Oct. 1997	Bathlaros	Russell	Tshetlho	生平
Kopman, Joseph	28 Oct. 1997	Sedibeng	Jacobs	Tshetlho	生平

（续表）

受访人	采访日期	访谈地点	访谈执行人	翻译人员	访谈内容
Motshabe, Gladys	28 Oct. 1997	Sedibeng	Mosala, Russell, Waples	Mosala	生平
Mosikatsi, Ascension	29 Oct. 1997	Batlharos	Russell	Mosala	生平
Barnette, Emma, Sana, Elizabeth, Jane, and Nokiya Plaatjie Jacobeth	29 Oct. 1997	Batlharos	Russell	Mosala	生平
Tanke, Emma	30 Oct. 1997	Sedibeng	Mosala, Russell, Waples	Mosala	生平
Mokosi, Gladys	30 Oct. 1997	Sedibeng	Mosala, Russell, Waples	Mosala	生平
Motlhabane, Edward	30 Oct. 1997	Ncweng	Mosala, Waples	Mosala	生平
Molema, John-C	3 Nov. 1997	Bothetheletsa	Jacobs, Russell	Mosala, Tshetlho	概述
Ditholelo, Vivian	7 Nov. 1997	Ncweng	Jacobs	Tshetlho	生平
Tshupologo, Timothy	7 Nov. 1997	Ncweng	Jacobs	Mosala	生平
Diewee, Kenalemang Martha	8 Nov. 1997	Ncweng	Tshetlho	n. a.	生平
Koikanyang, Private	8 Nov. 1997	Ncweng	Mosala	Mosala	生平
Albutt, Vera	1 Dec. 1997	Kuruman	Jacobs	n. a.	健康/营养
Gaobuwe, Shakerboy Kaotsane	21 July 1998	Batlharos	Kotoloane	n. a.	生平
Ilanka, Rose Peme	23 July 1998	Batlharos	Jacobs, Tshetlho	Tshetlho	生平
Setlhodi, Mr. Agisanang David	27 July 1998	Seodin	Jacobs, Chirwa	Chirwa	驴屠杀
Seremane, W. J.	31 July 1998	Pretoria	Jacobs	n. a.	驴屠杀
Makhene, Blondie	27 Nov. 1998	Telephone interview	Jacobs	n. a.	驴之歌

附录 C3

1991 以及 1997—1998 年的集体采访

访谈名称	访谈日期	访谈地点	访谈执行人	翻译人员	访谈对象人数	访谈类型
Heuning Vlei	28 Sept. 1991	Heuning Vlei	Jacobs	Julius Mogodi	3	
Manyeding	30 Sept. 1991	Manyeding	Jacobs	Moabi Kitchen, Peter Mokomele	4	
Ga-Mopedi-A	6 Oct. 1997	Ga-Mopedi clinic	Jacobs, Kristin Russell, Megan Waples	Bhangi Mosala, Kgomotso Tshetlho	65 名女性	测绘法
Batlharos-A	8 Oct. 1997	Batlharos Anglican Church Meeting Hall	Jacobs, Russell, Waples	Mosala, Tshetlho	3 名男性	测绘法

（续表）

访谈名称	访谈日期	访谈地点	访谈执行人	翻译人员	访谈对象人数	访谈类型
Ga-Mopedi-B	9 Oct. 1997	Ga-Mopedi clinic	Jacobs	Mosala, Tshetlho	25 名男性（社区聚合形式）	就某信息进行集体面谈
Batlharos-B	10 Oct. 1997	Batlharos Anglican Church Meeting Hall	Waples	Tshetlho	5 名女性	测绘法和集体面谈
Ga-Mopedi-C	11 Oct. 1997	Ga-Mopedi	Jacobs	Mosala	5—6 名女性	直接观察法
Ncweng-A	12 Oct. 1997	Ncweng school	Jacobs	Mosala	45	测绘、问答法
Ncweng-B	11 Oct. 1997	Ncweng school	Waples	White Koikanyang	10, 主要是男性	直接观察法
Sedibeng-A	12 Oct. 1997	Fields of Sedibeng	Jacobs	Mosala	15 名女性	直接观察法
Batlharos-C	13 Oct. 1997	Batlharos Anglican Church Meeting Hall	Jacobs, Russell	Mosala	5 名女性	测绘、面谈
Ga-Mopedi-D	13 Oct. 1997	Ga-Mopedi clinic	Jacobs	Mosala	5 名女性	食品清单
Ncweng-C	14 Oct. 1997	Ncweng Agricor office	Mosala	Mosala, Tsholo Steenkamp	25	测绘、面谈
Ncweng-D	14 Oct. 1997	Ncweng Agricor office	Steenkamp	Mosala, Steenkamp	25	调整的食品矩阵
Batlharos-D	15 Oct. 1997	Tour of West Batlharos	Jacobs	Mosala	3 名男性	实地、问答法
Ga-Mopedi-E	16 Oct. 1997	Ga-Mopedi clinic	Mosala	Mosala	14 名男性	草原物种矩阵
Batlharos-E	17 Oct. 1997	B. Barundi's home, Batlharos	Jacobs	Mosala	5	生平

（续表）

访谈名称	访谈日期	访谈地点	访谈执行人	翻译人员	访谈对象人数	访谈类型
Batlharos-F	18 Oct. 1997	Kagelelo Andreas's home	Russell, Waples	none	7—8 名女性	贫富排序，营养探讨
Ncweng-E	20 Oct. 1997	Ncweng clinic	Mosala	Mosala	23	饲料矩阵降秩
Ga-Mopedi-F	20 Oct. 1997	Ga-Mopedi clinic	Tshetlho	Tshetlho	7 名女性	食品矩阵降秩
Ga-Sebolao-A	22 Oct. 1997	Ga-Sebolao	Jacobs	Benjamin Barnette	大群	问答法
Ga-Mopedi-G	22 Oct. 1997	Ga-Mopedi clinic	Jacobs	Mosala, Tshetlho	25 名男性（社区聚会形式）	草原物种矩阵降秩
Ga-Sebolao-B	22 Oct. 1997	Ga-Sebolao	Mosala, Tshetlho	Mosala, Tshetlho	5 名女性	测绘，问答法
Batlharos-G	24 Oct. 1997	B. Barrundi's home, Batlharos	Russell, Tshetlho, Waples	Tshetlho	15	时间轴面谈
Ga-Tlhose	25 Oct. 1997	John Pasediwe's home, Kagung	Jacobs	Mosala	5	测绘，搬迁讨论
Ncweng-F	27 Oct. 1997	Ncweng Agricorp office	Mosala, Waples	Mosala	5	时间轴面谈，贫富排序
Ga-Mopedi-H	27 Oct. 1997	Ga-Mopedi clinic	Russell, Tshetlho	Tshetlho	9 名女性	贫富排序
Ncweng-G	28 Oct. 1997	Ncweng	Jacobs, Russell	Tshetlho	9	直接观察法
Sedibeng-B	28 Oct. 1997	Sedibeng, outside of Kgotla	Jacobs	Tshetlho	30	饲料矩阵降秩，降雨量比较

（续表）

访谈名称	访谈日期	访谈地点	访谈执行人	翻译人员	访谈对象人数	访谈类型
Ga-Sebolao-C	29 Oct. 1997	Ga-Sebolao	Jacobs	Tshetlho	8	降雨量排序，问答法
Ga-Sebolao-D	30 Oct. 1997	Ga-Sebolao	Waples	Steenkamp	4	贫富排序
Ga-Mopedi-I	30 Oct. 1997	Ga-Mopedi clinic	Tshetlho, Jacobs	Tshetlho	3 名男性	草原物种详细讨论
Maiphiniki-A	31 Oct. 1997	Maiphiniki	Jacobs, Mosala, Russell, Tshetlho, Waples	Mosala, Tshetlho	7	降雨量排序，生活水平排序
Batlharos-H	2 Nov. 1997	Andreas' sisters home, Batlharos	Russell, Waples	none	5 名女性	非正式面谈，健康讨论
Maiphiniki-B	4 Nov. 1997	Maiphiniki	Mosala, Russell, Tshetlho, Waples	Mosala, Tshetlho	9	牲畜矩阵秩，非正式面谈
Ga-Diboye-A	5 Nov. 1997	Mr. Itumaleng's home, Ga-Diboye	Russell, Tshetlho, Waples	Tshetlho	30	生活水平排序
Ga-Diboye-B	5 Nov. 1997	Mr. Itumaleng's home, Ga-Diboye	Jacobs	Mosala	10	问答法，草原物种矩阵秩
Ga-Lotlhare-A	6 Nov. 1997	Ga-Lotlhare school	Mosala, Russell	Mosala	10	牲畜矩阵秩
Logobate-A	17 Nov. 1997	Logobate school	Jacobs	Karabo Noko	3	问答法
Logobate-B	17 Nov. 1997	Logobate school	Waples	Afrikander, Tsatsimpe	25	牛奶和肉类排序，问答法

（续表）

访谈名称	访谈日期	访谈地点	访谈执行人	翻译人员	访谈对象人数	访谈类型
Ga-Lotlhare-B	18 Nov. 1997	Ga-Lotlhare school	Waples	Poppy Afrikander	17	性别讨论
Ga-Lotlhare-C	18 Nov. 1997	Ga-Lotlhare school	Jacobs	Tsatsimpe	16	牲畜/疾病讨论
Neweng-H	19 Nov. 1997	Neweng Agricorp office	Jock McCulloch, Jacobs	Karabo Noko	8	石棉问答法
Neweng-I	20 Nov. 1997	Neweng	McCulloch, Jacobs	Noko	4 名男性	石棉矿实地考察法
Churchill-A	24 Nov. 1997	Churchill primary school	Russell	Victoria Tsatsimpe	6	问答法（复）：搬迁
Churchill-B	24 Nov. 1997	Churchill primary school	Tshetlho, Waples	Tshetlho	21	问答法（复）：搬迁
Kagung-A	24 Nov. 1997	Kagung school	Russell	Afrikander, Tshetlho	10	问答法，多主题
Seodin-A	24 Nov. 1997	Seodin tribal offices	Jacobs, Waples	Tsatsimpe		问答法（复）：搬迁
Batlharos-I	25 Nov. 1997	Batlharos Anglican Church Meeting Hall	Afrikander, Russell, Tshetlho	Afrikander, Tshetlho	3 名女性	问答法，搬迁和改良
Maiphiniki-C	27 Nov. 1997	Maiphiniki	Waples	Afrikander, Tshetlho	8	牲畜疾病列举
Ga-Diboye-C	27 Nov. 1997	Mr. Itumaleng's home, Ga-Diboye	Afrikander, Russell, Tshetlho, Waples	Afrikander, Tshetlho	11 名女性	性别讨论，生活水平排序
Churchill-C	1 Dec. 1997	Churchill primary school	Russell	Victoria Tsatsimpe	15	牲畜对比工资劳动等级

（续表）

访谈名称	访谈日期	访谈地点	访谈执行人	翻译人员	访谈对象人数	访谈类型
Churchill-D	1 Dec. 1997	Churchill primary school	Tshetlho, Waples	Tshetlho	14	贫富排序
Seodin-B	1 Dec. 1997	Seodin, tour of old areas	Jacobs	Tshetlho	10	实地法，问答法（复）：搬迁
Kagung-B	3 Dec. 1997	Kagung middle school	Jacobs, Russell	Afrikander	20	问答法（复）：驴屠杀
Kagung-C	20 July 1998	Kagung middle school	Jacobs	Tshetlho	7	问答法（复）：自然
Kagung-D	20 July 1998	Kagung middle school	Jacobs	Tshetlho	7	问答法（复）：驴屠杀
Kagung-E	20 July 1998	Kagung middle school	Peter Heywood	Stephen Kotoloane	9 名男性	问答法（复）：驴屠杀
Kagung-F	21 July 1998	Kagung middle school	Heywood	Kotoloane	9 名男性	问答法（复）：环境态度
Kagung-G	21 July 1998	Kagung middle school	Jacobs	Tshetlho	7	问答法（复）：驴屠杀
Ga-Mopedi-J	22 July 1998	Ga-Mopedi	Jacobs	Tshetlho	7	问答法（复）：驴只和环境态度
Ga-Mopedi-K	23 July 1998	Ga-Mopedi	Heywood, Kotoloane	Kotoloane		问答法（复）：水资源

（续表）

访谈名称	访谈日期	访谈地点	访谈执行人	翻译人员	访谈对象人数	访谈类型
Ncweng-J	23 July 1998	Ncweng	Heywood, Kotoloane	Kotoloane	31	问答法（复）：环境态度
Ncweng-K	24 July 1998	Ncweng	Jacobs	Kopano Chirwa	10	问答法（复）：驴屠杀
Seodin-C	27 July 1998	Seodin tribal offices	Jacobs	Chirwa	14	问答法（复）：驴屠杀
Seodin-D	27 July 1998	Seodin tribal offices	Heywood	Kotoloane	20	问答法（复）：驴屠杀

附录 D

档案资料来源说明

  除去第一章中所描述的口头证言和所公布的一、二级资料来源外,在本研究中我广泛采用了档案来源资料。我参考过的主要档案馆有世界基督使团档案理事会亚非学院(伦敦),伦敦公共档案馆,开普敦档案馆,比勒陀利亚国家档案馆。除此之外,我还参考了津巴布韦国家档案馆和威特沃特斯兰大学的专门收藏。另外,在库鲁曼的莫法特使团所收集的小而有趣的藏品也很有帮助。①

  在亚非学院,我阅读了 1815—1910 年伦敦传教士协会在茨瓦纳地区的传教士的信函。这些信件没有按主题编入索引,所以我一页一页地读。在最初的 85 年里,这些信件详细介绍了使团在操茨瓦纳语人群中工作的环境和社会方面。对于传教士来说,被压迫阶级的存在和粗放生产方式是非洲落后的证据,粮食生产方式对于他们对自身、对基督教的认识是不可或缺的。到了 19 世纪 70 年代,他们把基督教、帝国主义、集约生产和土地保有权联系起来,

---

① 关于这些藏品,参见 Kristin Russell and Megan Waples, "The Kuruman Moffat Mission Trust Archives Unearthed," *South Africa Historical* Journal 40(1999):239 – 246。

对这些问题的评论为对帝国兼并时期的认识提供了很好的证据。世纪之交,传教士们描述并表达了对牛瘟、暴力和饥荒的关注。因此,这些资料非常丰富,但如第一章所述,需要对它们进行仔细的、批判性的阅读。在这些信件中,非洲人很少为自己说话。尽管如此,与 1900 年后伦敦宣教会信件中的证据相比,具有一致偏见的证据,要好于证据缺失。看来,对独立的、新殖民地农牧民的研究工作需要更多地对社会环境问题进行调查,而不是主要靠带有依附性质的移民劳工。1900 年以后,传教士对粮食生产和社会组织很少提及了。

　　下一组记录,殖民地文件,保存在伦敦公共档案馆和开普敦档案馆。在这两个档案馆,藏品都是计算机化的,我通过关键字搜索来找文件。在伦敦公共档案馆,我读取了殖民地办公系列,涵盖从 1871—1895 年间的西格里夸兰和英属贝专纳兰。在开普敦档案馆,我阅读了有关英属贝专纳兰王国殖民地的记录,包括 1884—1885 年土地委员会所收集的非常有用的证据。1895 年后,这个地区与开普殖民地合并,其记录也保存在开普敦档案馆。在这些记录中,我还读到了库鲁曼地区官员写给原住民事务部、土地部和其他部门的通信。我在库鲁曼地方治安法官的信件系列(1/KMN)和库鲁曼当地专员的信件系列(2/KMN)中也发现了许多这样的信件。1/KMN 和 2/KMN 系列文件中包含了来自开普殖民管理局、联邦政府和南非共和国的文件,对我的研究非常有用。这些早期的殖民文献提供了与传教士书信相似的丰富描述,同样需要批判性阅读。

　　最后一组记录,来自联邦和共和国的信件,保存在比勒陀利亚国家档案馆。其材料也是计算机化的,我从几个部门的通信系列中搜索出了库鲁曼地区的数百个文件。最重要的是那些关于原住民事务部的,后来被称为班图管理发展部。其他有用的部门包括灌溉部、土地部和马菲肯总督的,其中包含茨瓦纳地区管理局的记录。

　　20 世纪家长式的官员们对人们之间的关系以及人与环境的关系很感兴趣，因为他们想进行"改良"。然而，与伦敦宣教会的记录一样，开普敦档案馆和国家档案馆的官方通信中关于社会和环境信息记录的质量和数量都下降了。与早期的官员相比，那些在种族隔离制度下工作的人，对黑人的生活方式或政策影响的兴趣要少得多。越来越多的政府档案记录了政府项目的执行情况，而没有太多涉及受这些项目影响的人。即使是关于改良和强制搬迁的记录，对社会环境史研究的意义也不大。对这些文件的批判性阅读有利于对国家及其意识形态的理解，但令人失望的是，人们与政府的关系不得而知。因此，收集关于这一时期的口头证据是绝对必要的。幸运的是，那些记得它的人还活着，还能够讲述他们自己的故事经历。如果没有他们的记忆，未来的历史学家可能比其早期的同行更难研究 20 世纪中期南非黑人的经历。

　　恰逢盛世，人们对环境方面的关注与日俱增。我国域外知识研究正逐渐从以西方为中心转而强调全球化视野，非洲研究是当代中国"域外研究"的新兴领域，《新时代的中非合作》白皮书业已正式发布。江苏人民出版社满腔热诚，致力于提醒大众跳脱出眼前短期利益羁绊、努力建立"星球意识"，通过译介国际上研究环境历史与生态危机主流著作，从"全球史"的宏大视野看待当代中国由发展所带来的问题。选择与非洲环境史相关的论题加以研讨，不但可以丰富我国非洲研究领域的成果，也可以实现中非文明的互利互鉴，对于我国当前生态文明建设无疑具有积极意义。

　　译者因在林业大学工作，有机会和这样的团队合作，承接这样的翻译项目不得不说是一种幸运。《环境、权力与不公》从环境、社会、政治、经济等维度构建了一部南非历史。该书通过审视南非社会在不同历史时期，不同群体与其周边非人类环境的关系，突出强调在南非发展历史上的资源分配"规则"。人群因种族、阶级和性别的划分被加以异化处理，不同的人群被赋予对应的"权利—环境"关系。而在具体的人类小生境争夺中，环境绝不是价值无涉的，对于人类而言，环境从来不只是一种物理生存空间，它还是生产要素，这就可以部分解释南非社会结构在今天的样貌特征。

　　和大多数译者一样，每一部作品的翻译过程中都会遇到老问题和新问题，所引发的对于翻译理论与实践的思考每次都是新的收获。首先，在书名的翻译上，网络上的建议是《环境，权力与非正义》，而作者看到北京大学历史系包茂红教授在提及其美国访学时的导师南希·雅各布斯（即本书著者）的这本书时，用名为《环境、权力与不公正》。另外，译者根据书中第四页提及的环境非正义和环境不公时间上的界定（环境正义为工业社会当代社会活动家为边缘化人群争取清洁、健康环境的主要关注点。而环境不公——人们与其生物自然环境关系的结构上的不平等——存在于非工业化社会以及更早的时期）。再加上语言节奏上的考虑（三个关键词：Huanjing、Quanli、Bugong，均是两个字两个音节的构成），因此采用了《环境、权力与不公》。同时也希望这样能够贴近普通读者的接受心理。微观层面，对于文中出现的非英文语言的理解和翻译，要借助于翻译工具，并综合判断。例如，文中的部分字词原文系荷兰语、法语或茨瓦纳语。即使是英语也有部分词语需要作出决定性取舍，如"the Orange River"就有"奥兰治河"与"橘河"的异化和归化取向翻译权衡这样的老问题。"Detinis""拘榴"一类则是自认为实现了音义结合翻译的中意之"选"。较为宏观的层面，则涉及对茨瓦纳文化和南非历史与现实知识的研究，以及恰当再现。例如，茨瓦纳语言分布特征、南非的行政区划等都是要求译者"做足译前准备功课"的"硬骨头"。要知道南非是实际上唯一有三个首都的国家，只是这一点就足以构成其特有文化迷局的重官，另外"博普塔茨瓦纳"的实体名谓还尚有争议。更不用说译者所要通盘考虑的对译文风格的定调了，是把它译成艰涩的专业学术著作，还是处理成亲民、接地气的适合普通读者的大众读物，这都是译者要权衡的取向和定位。

　　好在,译者在翻译的过程中有幸际遇戴宁宁主任和责任编辑龚权、特约编辑孟璐。他们不仅仅拥有严谨、认真的职业操守,更有一份待人真诚的温润。这使得译者在翻译过程中减少了部分思想负担,也被赋予了相对宽松的思考时间和空间。本次再版,很荣幸地得到了非洲水资源研究专家张瑾老师的审校,环境史学专家包茂红教授的导读引领。另外,在着手翻译之初,译者的两位研究生,王鹏和韩清舟,帮助梳理了部分专有名词对应表,这里加以说明并致谢,当然,文责在译者本人。真诚欢迎热爱这本书的读者给予不断改进阅读舒适度的批评和学术翻译问题上的指教,具体建议或者意见请发送到译者的电子邮箱 fyw@ njfu. edu. cn,也可以联系出版社,为谢! 且为小记。

王富银

2021 年 12 月 2 日草于宁

2020 年第一版《环境、权力与不公》首印，我就入手阅读并推荐作为当时研究生们的参考用书。欣赏译者文笔的同时，也和学生们就中英文版本中的诸多不同进行讨论，从合金欢花之地，讲到学界关于"边疆"的概念和理解。不知不觉中，竟也加深了对于南非环境史和社会进程的再次理解。所以当 2021 年江苏人民出版社计划修订再版，莫莹萍编辑经北京大学侯深教授找到我，希望我能对本书进行审校再版时，我没有多想就应了下来。

谁知，真正要在译者的语言风格基础上，用非洲文化的理解基础来重新处理文字，使其更加贴近非洲、环境史、社会史的主题，竟是非常艰深和迷离的工作。首先，字斟句酌，尤其是关键概念的错漏必然要改；对个别存在的原文文意缺失的情况，在校对的过程中需要相应的补充。其次，校对稿件不能离原译者的语言风格太远而失去第一版本的文采。最后，为保证校对稿件前后的连贯和逻辑性，需要对部分译文进行适当增译、分译、转化。由此，我原计划每天用两个小时来接近原著和译者，但实际上至少花费了两倍的时长。尤其是在第一版对于"边疆"（frontier）的至少 5 种以上的译法中，怎么从上下文返回作者原意，又能使相应文字不至于与第一版大相径庭，我涸思干虑，有时真有和首译者 battle 一场的想法。

至 2023 年春，校对全部完成。因在南京开会的机缘与王富银老师见面，聊起对非洲的各种迷思和翻译中的各种趣味，才又意识到"人非生而知之者，孰能无惑"的道理。以文结友，喜不自胜。

2015 年，我因参加包茂红教授在北京大学组织的"世界史研究前沿"的研修，得以阅读了本书的英文版本。这是自上一年我刚获批的国家社科基金青年项目《南部非洲国际河流水资源利用的历史考察》后，真正锚定环境史学科研究的开始。因此本次再版的推荐序中，包教授提纲挈领地讲解本书内容和思想，包括作者对本书时间限制和关键词选择的原因，南非环境社会史的重要性和独特性，选取史料、进行口述访谈的方法等，也给了我再次学习和领会的机会。

从文本来看，本次校对除了对南部非洲、南非等语义进行检查外，主要针对一些字面和文化社会背景的词进行了重新还原和翻译。其中较为重要的是 Frontier 对应的概念，第一版中，译者将其在不同的上下文中作了"边境"等词汇的灵活处置，再版将其统一为"边疆"的概念（详见导读，在此不再赘述）。另外几个统一翻译的词语和词组还包括：首领→酋长（chief）；酋长/酋长政权→酋长国（chiefdom）；"丛林人"→"布须曼人"；"圣人"→"桑人"；罗隆人→洛隆人（Rolong）；从事采食→采集（foraging）；附庸人→奴仆（vassals）；吞并/兼并→（帝国主义对非洲的）瓜分狂潮；当地情况→本土知识（indigenous knowledge）；空军处/航空处→原住民事务部；现实→景观（landscape）；强制执行习俗→强制征税（custom）；"物理环境"→"自然环境"；"衰退叙事"→"衰败叙事"；种族隔离背景下的"独立开发"→"分别发展"；劳动力水库→劳动力储备（labor reservoir）；变耕/粗放土地利用→轮垦（Rotation）；循环放牧→轮牧（cycle grazing）；模糊休耕→不定期休耕；工资劳动→雇佣劳动等。在特定的历史背景下，将第一版的"轻食者""吞食者""鱼族""羊族"等词语，改成了更确切的食草动物、食叶动物、捕鱼族、牧羊族，并将"移除"（removal）之类的概念，确定为"种族迫迁"等更加符合上下文的词语或词组。另外，对于南部非洲已经有译名的人群，比如"洛隆人"进行了中文翻译的修正和统一；对于没有确切翻译的专名，比如比涂瓦纳人、摩勒巴哥、巴特兰卡、卡贡，等等，后面加上了英文注释。

本次校对得到了上海商学院沈兰心老师的大力支持。兰心老师不仅分担了我在该校兼职对外教学中的很多行政事务，更以专业的翻译素养帮助我再次审读和核实了全书，提出了一些专有名词和翻译中的句式问题，对我和本书都助益良多，深表感谢！

感谢江苏人民出版社孟璐、莫莹萍两位编辑的协助，她们对于环境史出版的兢兢业业令我感动。

感谢搭建本书学术桥梁的侯深教授、包茂红教授，感谢一直在热爱非洲研究的同仁们。

本来希望联系南希能为再版写一篇中文版序，但她没有答应。她表示自己在书中已经表达了所有，现在已脱离了当时的田野，不能再表达更多。南希的拒绝给了我很大震撼：学者之于研究的最高境界，或许就是文本的言类悬河和作者的大辩不言。

最后，希望读者们同样喜欢再版的《南非之泪：环境、权力与不公》，期待大家以本书的南非"金合欢草原"为一个基点，看到非洲史的神秘与魅力、丰富与多彩、无奈与机遇，期待在文字中的再见！

张瑾

2023 年 7 月于昆明语洺轩

"同一颗星球"丛书书目